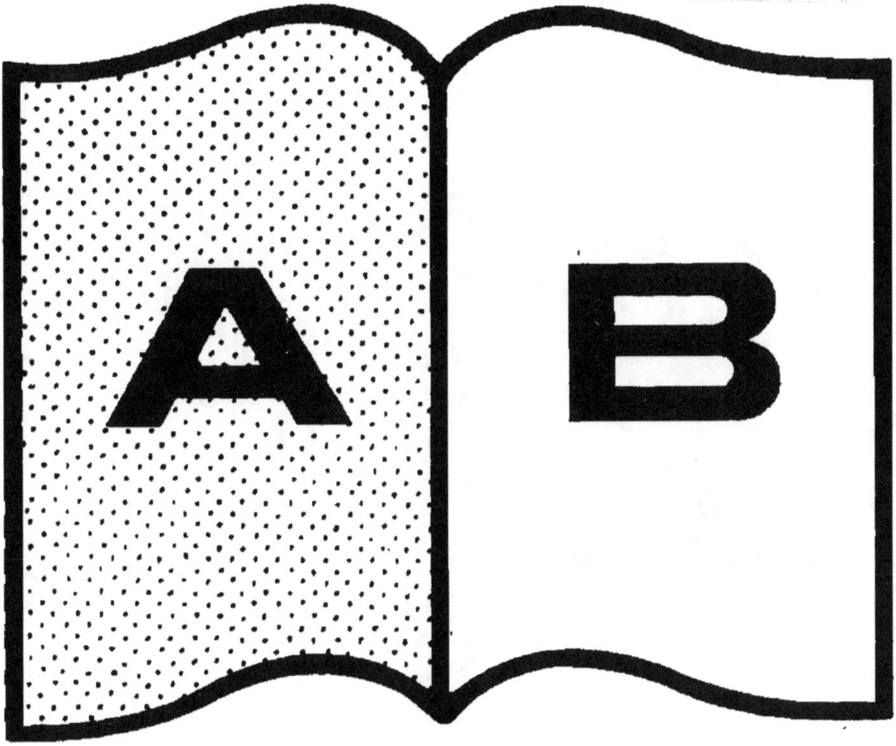

Contraste insuffisant

NF Z 43-120-14

8
Cicéron — cont.

R 218934

RÉPERTOIRE

DE LA

LITTÉRATURE

ANCIENNE ET MODERNE.

IMPRIMERIE DE E. POCHARD,
RUE DU POT-DE-FER, N° 14, A PARIS

RÉPERTOIRE

DE LA

LITTÉRATURE

ANCIENNE ET MODERNE,

CONTENANT :

1º LE LYCÉE DE LA HARPE, LES ÉLÉMENTS DE LITTÉRATURE DE MARMONTEL, UN CHOIX D'ARTICLES LITTÉRAIRES DE ROLLIN, VOLTAIRE, BATTEUX, etc.;

2º DES NOTICES BIOGRAPHIQUES SUR LES PRINCIPAUX AUTEURS ANCIENS ET MODERNES, AVEC DES JUGEMENTS PAR NOS MEILLEURS CRITIQUES, TELS QUE :

D'Alembert, Batteux, Bernardin de Saint-Pierre, Blair, Boileau, Chénier, Delille, Diderot, Dussault, Fénelon, Fontanes, Ginguené, La Bruyère, La Fontaine, Marmontel, Maury, Montaigne, Montesquieu, Palissot, Rollin, J.-B. Rousseau, J.-J. Rousseau, Thomas, Vauvenargues, Voltaire, etc.;

Et MM. *Amar, Andrieux, Auger, Burnouf, Buttura, Chateaubriand, Duviquet, Feletz, Gaillard, Le Clerc, Lemercier, Patin, Villemain*, etc.;

3º DES MORCEAUX CHOISIS AVEC DES NOTES

TOME HUITIÈME.

A PARIS,

CHEZ CASTEL DE COURVAL, LIBRAIRE-ÉDITEUR,

RUE DE RICHELIEU, Nº 87;

ET BOULLAND ET Cie, PALAIS ROYAL, GALERIES DE BOIS, Nº 254

M DCCC XXIV.

RÉPERTOIRE
DE LA
LITTÉRATURE
ANCIENNE ET MODERNE.

SUITE DES JUGEMENTS SUR CICÉRON.

III. Analyse des Ouvrages oratoires.

SECTION PREMIÈRE. — *De la différence de caractère entre l'éloquence de Démosthène et celle de Cicéron ; et des rapports de l'une et de l'autre avec le peuple d'Athènes et celui de Rome.* (Voyez DÉMOSTHÈNE.)

Nous avons entendu Démosthène dans les deux genres d'éloquence, le judiciaire et le délibératif, et nous avons vu que dans l'un et dans l'autre sa logique était également pressante, et ses mouvements de la même impétuosité. Cicéron procède en général d'une manière différente : il donne beaucoup aux préparations ; il semble ménager ses forces en multipliant ses moyens ; il n'en néglige aucun, non-seulement de ceux qui peuvent servir à sa cause, mais même de ceux qui ne vont qu'à la gloire de son art ; il ne veut rien perdre, et n'est pas moins occupé de lui que de la chose. C'est sans doute pour cela que Fénelon, dont le tact est si délicat, préférait Démosthène, comme allant plus directement au but. Quintilien, au contraire, paraît préférer

Cicéron, et l'on sait qu'entre deux orateurs d'une telle supériorité, la préférence est plutôt une affaire de goût que de démonstration. Telle a toujours été ma manière de penser sur ces sortes de comparaisons, si souvent ramenées dans les entretiens et dans les discussions littéraires. J'ai toujours cru que ce qui importait le plus, n'était pas de décider une prééminence qui sera toujours un problème, attendu la valeur à peu près égale des motifs pour et contre, et la diversité des esprits, mais de bien saisir et de bien apprécier les caractères distinctifs et le mérites particuliers de chacun.

J'avais toujours préféré Cicéron, et je les préfère encore comme écrivain; mais depuis que j'ai vu des assemblées délibérantes, j'ai cru sentir que la manière de Démosthène y serait peut-être plus puissante dans ses effets que celle de Cicéron.

Remarquez que tous deux ne sont plus pour nous, à proprement parler, que des écrivains; nous ne les entendons pas, nous les lisons; ils ne sont plus là pour nous persuader, mais pour nous plaire. Philippe et Eschine, Antoine et Catilina sont jugés il y a long-temps; c'est Cicéron et Démosthène que nous jugeons, et cette différence de point de vue est grande; car, pour les Grecs et pour les Romains, c'était de la chose qu'il s'agissait avant tout, et ensuite de l'orateur. Tous deux ont eu les mêmes succès, et ont exercé le même empire sur les âmes; mais aujourd'hui je conçois très bien que Cicéron, qui a toutes les sortes d'esprit et toutes les sortes de style, doit être plus généralement goûté que Démosthène, qui n'a pas cet avantage. Cicéron est devant les lecteurs; il leur donne plus de jouissances diverses; il peut l'emporter : devant des auditeurs, nul ne l'emporterait sur Démosthène, parce qu'en l'écoutant, il est impossible de ne pas lui donner raison; et certainement c'est là le premier but de l'art oratoire.

Ne pourrait-on pas encore observer d'autres motifs de disparité, tirés de la différence des gouvernements et du caractère des peuples à qui tous deux avaient affaire? Il n'y avait dans Athènes qu'une seule puissance, celle du peuple; c'était une démocratie absolue, telle que Rousseau la voulait exclusivement *pour les petits états* : il la croyait impossible dans les grands, et il n'y en avait jamais eu d'exemple.

Le peuple athénien était volage, inappliqué, amoureux du repos, idolâtre des plaisirs, confiant dans sa puissance et dans son ancienne gloire. Il avait besoin d'être fortement remué; et, quoique la manière de Démosthène fût sans doute le résultat des qualités naturelles de son talent, elle dut aussi être modifiée, jusqu'à un certain point, par la connaissance qu'il avait de ses auditeurs; et cette étude était trop importante pour échapper à un homme d'un aussi excellent esprit que le sien. Il songea donc principalement à frapper fort sur cette multitude inattentive, sachant bien que, s'il lui donnait le temps de respirer, s'il lui permettait de s'occuper des agréments de son style et des beautés de sa diction, tout était perdu. Les Athéniens étaient capables d'oublier tout ce qu'il leur disait pour s'extasier sur ses phrases, et faire parade de leur bon goût en se récriant sur le sien. Il le savait si bien, qu'à la fin de la *Philippique* que j'ai traduite, et qui lui attira beaucoup d'applaudissements, il leur adressa ces derniers mots: « Eh! n'applaudissez pas l'orateur, et faites ce qu'il « vous conseille; car je ne saurais vous sauver par « mes paroles : c'est à vous de vous sauver par des « actions. »

Aussi, quand il avait entraîné le peuple, il avait tout fait : on le chargeait sur-le-champ de rédiger le décret suivant la formule ordinaire, qui en laissait à l'orateur et l'honneur et le danger : *De l'avis de Démosthène, le peuple d'Athènes arrête et décrète*, etc. Nous avons encore une foule de ces décrets, conservés chez les historiens et les orateurs de la Grèce.

Il n'en était pas de même à Rome : il y avait une concurrence de pouvoirs et une complication d'intérêts divers à ménager. Quoique la souveraineté résidât de fait dans le peuple, sans être théoriquement établie, comme elle l'a été chez les modernes, le gouvernement habituel appartenait au sénat, si ce n'est dans les occasions où les tribuns portaient une affaire devant le peuple assemblé, et faisaient passer un plébiscite; dans ce cas, le sénat même y était soumis. Pour ce qu'on appelait une loi, il fallait réunir le consentement du peuple et du sénat; et de là ces fréquentes divisions entre les deux ordres, dans lesquelles le peuple eut presque toujours l'avantage, et, ce qui est plus remarquable, presque toujours raison. Mais ce qui prouve que la théorie de la souveraineté du peuple n'était pas très clairement connue, c'est que tous les actes publics portaient textuellement : *Senatus populusque romanus;* ce qui était inconséquent : les principes exigeaient que l'on dît : *Populus senatusque romanus.* Mais cette différence entre la souveraineté et le gouvernement n'a été suffisamment développée que dans les écrits de Locke, et c'est de là que Rousseau l'a reportée dans son livre du *Contrat social.*

Les affaires étaient donc souvent traitées en même temps, et dans le sénat et devant le peuple, et la différence d'auditoire devait en mettre dans l'éloquence. De plus, il y avait des citoyens si puissants, qu'ils faisaient seuls et par leur crédit particulier, un poids considérable dans la balance des délibérations publiques : l'orateur devait avoir égard à toutes ces considérations.

Le peuple romain était beaucoup plus sérieux, plus réfléchi, plus mesuré, plus moral que celui d'Athènes. On peut dire même que, de tous les peuples libres de l'antiquité, il n'en est pas un qui puisse lui être comparé. Il a donné des exemples sans nombre de cette modération qui semble ne pas appartenir à une multitude, dont les mouvements ont ordinairement d'autant moins de mesure, qu'ils ont par eux-mêmes plus de force ; et l'on sait que la modération n'est autre chose que la mesure juste de toutes les affections, de tous les devoirs et de toutes les vertus. Ce qui est rare dans un individu doit l'être encore plus dans un amas d'hommes : et c'est pourtant ce qu'on vit sans cesse dans le peuple romain, et ce qui le montre aux yeux observateurs comme particulièrement destiné à commander aux autres. Cette vérité, qui pourrait donner une face nouvelle à l'histoire romaine, si elle était écrite aujourd'hui par quelqu'un qui joignît à l'éloquence des anciens la philosophie qui leur a souvent manqué, n'est pas très communément sentie, parce que tous les historiens latins ont plus ou moins de partialité pour le sénat. C'était sans doute une compagnie très sage, sur-tout dans sa politique extérieure, où ses passions ne dominaient pas, du moins jusqu'à l'époque de la corruption ; mais dans le gouvernement intérieur, il serait facile de prouver que le peuple montra souvent beaucoup plus de justice et de vertu que lui. Où trouvera-t-on, par exemple, rien qui ressemble aux Romains lorsque leur armée quitte son camp au bruit de le mort de Virginie (premier crime individuel de la tyrannie décemvirale, et qui fut le dernier), entre dans Rome, enseignes déployées, sans commettre la plus légère violence ; se borne à rétablir les autorités légitimes, à traduire Appius devant les tribunaux ; et, quand il est condamné, reçoit encore son appel au peuple, quoique lui-même eût abrogé ce droit d'appel ?

Ce peuple était fier, et il avait raison ; il sentait sa force, et n'en abusait pas : c'est la véritable énergie ; c'est avec celle-là qu'on fait de grandes choses.

La corruption régnait dans Rome au temps de

Cicéron ; mais il est juste d'avouer encore qu'elle était infiniment plus sensible chez les grands que chez le peuple. L'immoralité des principes n'eût pas été supportée dans la tribune aux harangues : elle le fut quelquefois dans le sénat, et se montra souvent dans sa conduite. Mais aussi dans aucun temps, la fierté du peuple et la sévérité romaine n'auraient pu s'accomoder des objurgations amères et humiliantes que Démosthène adressait aux Athéniens. Caton seul se les permit quelquefois, et on les pardonnait à son stoïcisme reconnu : on respectait sa vertu sans estimer sa politique, qui en effet était médiocre. Il rendit peu de services, parce qu'il manquait de cette mesure dont je parlais tout à l'heure, et que Tacite appelle *tenere ex sapientiá modum* (Mœurs des Germains). Cicéron en rendit de très grands pendant toute sa vie, et mérita d'être appelé père de la patrie. Je me souviens à ce propos qu'un homme, qui apparemment ne savait de Cicéron que ce qu'on en sait dans les classes, et ne connaissait pas le Cicéron de l'histoire, me dit, un jour que je lui en faisais l'éloge : « Allez, votre Ci-
« céron n'était qu'un modéré. Ce n'est pourtant pas
« à ce titre, lui dis-je, que les triumvirs l'assassinè-
« rent ; mais c'est qu'apparemment on ne connais-
« sait pas à Rome la faction des modérés. »

D'après ces observations, on ne sera pas étonné des deux caractères dominants dans l'éloquence délibérative de Cicéron, l'insinuation et l'ornement : l'insinuation, parce qu'il avait à ménager, soit dans le sénat, soit devant le peuple, soit dans les tribunaux, une foule de convenances étrangères à Démosthène; l'ornement, parce que la politesse du style, qui n'était introduite à Rome que depuis la conquête de la Grèce, était une sorte d'attrait qui se faisait sentir plus vivement à mesure que tous les arts de goût et de luxe étaient plus accrédités dans Rome. Au milieu des jouissances de toute espèce, celles de l'esprit et de l'oreille étaient devenues une véritable passion. On attachait un grand prix à la diction, sur-tout dans les tribunaux, où les plaidoiries étaient prolongées comme pour l'amusement des juges, plus encore que pour leur instruction.

Cicéron s'attacha donc extrêmement à l'élégance et au nombre. Il savait que l'on se faisait une fête de l'entendre dans le Forum, que tous ses discours étaient enlevés dans le sénat, par la même méthode que nous employons aujourd'hui, par des *tachygraphes*, que l'on nommait en latin *notarii* et *librarii*. Ainsi, quoique l'élocution fût également regardée par les Grecs et les Romains comme la partie la plus essentielle et la plus difficile de l'art oratoire, parce qu'on y comprenait, dans le langage des rhéteurs, non seulement toutes les figures de diction qui en sont l'ornement, mais toutes les figures de pensées qui en sont l'âme, je conçois que Cicéron ait pu mettre plus de soin que Démosthène, dans ce qu'on appelle le fini des détails, et qu'il ait recherché la parure et la richesse d'expression en raison de ce qu'on attendait de lui. Cela est si vrai, que ceux qui se piquaient d'être amateurs de l'atticisme reprochaient à Cicéron d'être trop orné : et Quintilien, son admirateur passionné, s'est cru obligé de le justifier sur ce point, et de réfuter ces prétendus attiques, qui en effet allaient trop loin. L'atticisme consistait principalement dans une grande pureté de langage, un entier éloignement de toute affectation, et une certaine simplicité noble qui devait avoir l'aisance de la conversation, quoiqu'elle fût en effet beaucoup plus soutenue et plus relevée : c'est en cela qu'excellait Démosthène. Mais cette simplicité n'excluait point les ornements naturellement amenés, comme le prétendaient ces critiques trop délicats, qui auraient rendu la diction maigre et nue à force de la rendre simple. Cette simplicité n'excluait que l'affectation, et jamais Cicéron n'a rien affecté. Chez lui tout coule de source; et s'il ne paraît pas, au même point que Démosthène, s'oublier tout-à-fait comme orateur, pour ne laisser voir que l'homme public, il sait cacher son art, et vous ne vous en apercevez que par le charme que son élocution vous fait éprouver.

La gravité des délibérations du sénat, nécessairement différentes de celles du peuple, toujours un peu tumultueuses, ne comportait pas d'ordinaire toute la véhémence, toute la multiplicité de mouvements qui était nécessaire à Démosthène pour fixer l'attention et l'intérêt des Athéniens. Aussi les *Philippiques* de Cicéron sont-elles généralement beaucoup moins vives que celles de l'orateur grec. La seconde qui est la plus forte de toutes, ne fut pas prononcée; elle n'est pas du même genre que les autres : c'est une violente invective contre Antoine, en réponse à celle que le triumvir avait vomie contre lui en son absence, au milieu du sénat. Dans les autres, qui ont pour objet de faire déclarer Antoine ennemi de la patrie, et d'autoriser Octave à lui faire la guerre, Cicéron n'avait pas, à beaucoup près, autant d'obstacles à vaincre que Démosthène. Le sénat, au moins en grande partie, était contre Antoine, et il ne s'agissait guère que de diriger ses mesures, de lui inspirer de la fermeté et de la résolution, et de le rassurer contre la défiance qu'on pouvait avoir d'Octave. Cicéron fit tout ce qu'il voulut, et rédigea tous les décrets.

S'il se rapprocha quelquefois, dans les délibérations du sénat, de la véhémence de Démosthène, c'est quand il eut en tête des ennemis déclarés, tels que Catilina, Clodius, Pison, Vatinius. Il réservait d'ailleurs les foudres de l'éloquence pour les combats judiciaires : c'est là qu'il avait devant lui une carrière proportionnée à l'abondance et à la variété de ses moyens : c'est là le triomphe de son talent. Mais, en cette partie même, il diffère de Démosthène, en ce que celui-ci va toujours droit à l'ennemi, toujours heurtant et frappant ; au lieu que Cicéron fait pour ainsi dire un siège en forme, s'empare de toutes les issues, et se servant du discours comme d'une armée, enveloppe son ennemi de toutes parts, jusqu'à ce qu'enfin il l'écrase. Mais avant d'entrer dans le détail de ses ouvrages, il faut voir ce que l'éloquence romaine avait été jusqu'à lui.

Section II. — *Des Orateurs romains qui ont précédé Cicéron, et des commencements de cet orateur.*

Cicéron, dans son Traité *des Orateurs célèbres*, où il s'entretient avec Atticus et Brutus, après avoir parlé des Grecs qui se distinguèrent dans l'éloquence, depuis Périclès jusqu'à Démétrius de Phalère, qui avec beaucoup de mérite commença pourtant à faire sentir quelque altération dans la pureté du goût attique, et marqua le premier degré de la décadence, vient à ceux des Romains, qui, dès les premiers temps de la république, s'étaient fait un nom par le talent de la parole. Il en trace une énumération assez étendue pour nous faire comprendre combien cet art avait été long-temps cultivé sans faire de progrès remarquables, jusqu'au temps de Caton le Censeur et jusqu'aux Gracches, les seuls qu'il caractérise de manière à laisser d'eux une assez grande idée, non pas celle de la perfection (ils en étaient encore loin), mais celle du génie qui n'est pas encore guidé par l'art ni poli par le goût. La véhémence et le pathétique étaient le caractère des Gracches, la gravité et l'énergie celui de Caton; mais tous trois manquaient encore de cette élégance, de cette harmonie, de cet art d'arranger les mots et de construire les périodes : toutes choses qui occupent une si grande place dans l'art oratoire, non moins obligé que la poésie de regarder l'oreille comme le chemin du cœur. Les Gracches paraissent avoir été du nombre de ceux qui furent instruits les premiers dans les lettres grecques, que l'on commençait à connaître dans Rome. L'histoire nous apprend qu'ils durent cette instruction, alors assez rare, à l'excellente éducation qu'ils reçurent de leur mère Cornélie. Mais la langue latine n'était pas encore perfectionnée ; elle ne le fut qu'au septième siècle de Rome, à l'époque où fleurirent Antoine, Crassus, Scévola, Sulpitius, Cotta, que nous avons vus tous jouer un grand rôle dans les dialogues de Cicéron *sur l'Orateur*. L'éloge qu'il en fait n'est fondé en partie que sur une tradition qui se conservait facilement parmi tant d'auditeurs et de juges ; car plusieurs n'avaient rien écrit, et ceux dont les ouvrages étaient entre les mains de Cicéron n'ont pu échapper à l'injure des temps. Nous ne les connaissons que par le témoignage honorable qu'il leur rend ; en sorte que toute l'histoire de l'éloquence romaine, et tous les monuments qui nous en restent, sont pour nous renfermés à la fois dans les écrits de Cicéron [*].

---

[*] Voici le jugement que porte sur cet ouvrage M. Burnouf dans l'introduction de sa traduction du *Brutus*. (*Cic.* de M. J. V. Le Clerc.)

« Ce dialogue est l'histoire la plus complète que l'antiquité nous ait
« laissée de la littérature romaine. L'auteur y raconte les commencements
« et les progrès de l'art oratoire, les noms et les époques des orateurs qui
« se sont distingués. Il marque leurs défauts et leurs perfections ; il fait plus,
« il définit tous les genres d'éloquence, et il révèle, comme en passant, les
» mystères de ce grand art ; en sorte que si tous ses ouvrages didactiques
« étaient perdus, cet entretien pourrait presque en tenir lieu. A l'histoire,
« et aux réflexions de goût, Cicéron semble avoir voulu joindre des
« exemples et des modèles, sans toutefois sortir des convenances du dialogue.
« Ainsi dans cet ouvrage on trouve tous les tons, toutes les manières,
« depuis la simplicité, la familiarité même, jusqu'au style le plus élevé, et
« tout cela traité comme savait le faire un homme qui embellit tout ce qu'il

Lorsqu'il parut dans la carrière oratoire, Hortensius y tenait le premier rang : on l'appelait *le roi du barreau*. Cicéron, dès les premiers pas qu'il fit, rencontra cet illustre adversaire, eut la gloire de lutter contre lui avec avantage, et de mériter son estime et son amitié. Mais lui-même nous apprend (et son impartialité connue le rend très croyable) qu'Hortensius ne soutint pas sa réputation jusqu'au bout. Il ne s'aperçut pas que l'éclat et l'ornement qui étaient le principal mérite de ses discours, son action plus faite pour le théâtre que pour les tribunaux, toutes ces séductions qui avaient fait applaudir sa jeunesse, convenaient moins à un âge plus mûr, dont on exige des qualités plus importantes, et qui doit mettre dans ses paroles tout le poids, toute la dignité qui appartiennent à l'expérience. On vit Hortensius baisser à mesure que Cicéron s'élevait. Cette concurrence inégale jeta quelques nuages dans leur liaison. Cicéron crut avoir à se plaindre de lui dans le temps de son

« touche, et dans la bouche duquel la parole acquiert une grace inconnue.
   « Il est curieux, il est beau de voir un tel orateur passer en revue et juger
« avec la supériorité de son génie, tous les personnages qui avaient paru
« avec plus ou moins d'éclat au barreau et à la tribune politique. On croit
« voir Apelle au milieu d'une galerie de tableaux, expliquant et appréciant
« les chefs-d'œuvre qui l'environnent. Cicéron se donne à lui-même dans ce
« *museum* de l'éloquence antique, la place que lui assignent la modestie et
« les bienséances, accompagnées de la noble confiance d'un talent qui se
« connaît. Après avoir jugé les autres, il laisse à Brutus, à Atticus, ou
« plutôt à la postérité, le soin de le juger lui-même. Mais il nous fait l'histoire de ses études, et nous montre par quels travaux et par quels degrés
« il est parvenu à cette hauteur, où l'admiration des hommes n'a encore
« placé à côté de lui que Démosthène et Bossuet. »

exil; ce qui ne l'empêcha pas de lui payer, à sa mort, le tribut de regrets qu'un aussi bon citoyen que lui ne pouvait refuser au mérite d'un rival et à intérêt de l'état, qui les avait souvent réunis dans le même parti.

Le plus beau triomphe qu'il remporta sur lui fut dans l'affaire de Verrès, dont je me propose de parler en détail. Mais il faut observer auparavant, pour la gloire de notre orateur, que, dans cette cause, comme dans beaucoup d'autres dont il se chargea, il y avait autant de courage à entreprendre que d'honneur à réussir. Il était venu dans des temps de trouble et de corruption : la brigue, le crédit, le pouvoir l'emportaient souvent dans les tribunaux sur l'équité : souvent l'oppresseur était si puissant que l'opprimé ne trouvait point de défenseur. C'est ce qui était arrivé, par exemple, dans le procès de Roscius d'Amérie, qui, dans le temps où les proscriptions de Sylla faisaient taire toutes les lois, avait été dépouillé de ses biens par deux de ses parents qui avaient assassiné son père, quoiqu'il ne fût pas au nombre des proscrits, et qui, craignant ensuite que le fils ne revendiquât ses biens, avaient osé le charger du meurtre qu'eux-mêmes avaient commis, et intenter contre lui une accusation de parricide. Ils étaient soutenus du crédit de Chrysogon, qui avait partagé les dépouilles : c'était un affranchi de Sylla, tout puissant auprès de son maître, qui était alors dictateur. Aucun avocat n'avait osé s'exposer aux ressentiments d'un ennemi si formidable. Cicéron, âgé de vingt-six ans, eut cette noble hardiesse. Plein de cette indignation qu'inspire l'injustice, et qu'une prudence timide refroidit trop souvent dans l'âge de l'expérience, mais qui allume le sang d'un jeune homme bien né, peut-être aussi emporté par cette ardeur de se signaler, l'un des plus heureux attributs de la jeunesse, il osa seul parler quand tout le monde se taisait; résolution d'autant plus étonnante, que c'était la première cause publique qu'il plaidait *.

Un autre mérite non moins admirable, c'est qu'il ait mis dans son plaidoyer toute l'adresse et toute la réserve que le courage n'a pas toujours. En attaquant Chrysogon avec toute la force dont il était capable, en le rendant aussi odieux qu'il était possible, il a pour Sylla tous les ménagements imaginables, et prend toujours le parti le plus prudent lorsque l'on combat l'autorité, celui de supposer qu'elle n'est point instruite, et même qu'elle ne saurait l'être. Nous ignorons quel fut l'évènement du procès**; mais nous savons que peu de temps après il eut encore la même confiance, et défendit le droit de quelques villes d'Italie à la bourgeoisie romaine, contre une loi expresse de Sylla qui la leur ôtait. Plutarque, qui écrivait plus d'un siècle

* On appeloit causes publiques celles qui étaient portées devant les sénateurs ou les chevaliers, et on les distinguait des causes privées, jugées dans les tribunaux inférieurs.

** « L'accusé fut absous, si l'on en juge par la manière dont Cicéron lui-
« même parle de ce discours (*Brut.*, 90 ; *de off.*, II, 14) et par ce qu'en
« dit Plutarque, *Vie de Cicéron*, III. Mais rien ne semble prouver que
« le jeune Roscius soit rentré dans les biens de son père. »

Introd. de la trad. du Disc. pour Sext. Roscius d'Amerie,
par Guéroult. (Cic. de M. J. V. Le Clerc)

après Cicéron, croit que son voyage dans la Grèce, et son absence qui dura deux ans, eurent pour véritable cause, non pas le besoin de rétablir sa santé, comme il le disait, mais la crainte des ressentiments de Sylla. Cette opinion de Plutarque est démentie par d'autres témoignages beaucoup plus authentiques, d'après lesquels on voit que Cicéron demeura un an dans Rome après le procès de Roscius. La conduite noble et courageuse qui marqua son entrée au barreau, fut dans la suite un des plus doux souvenirs qui aient flatté sa vieillesse. Il en parle à son fils avec complaisance, et lui cite son exemple comme une leçon pour tous ceux qui se destinent au même ministère, et qui doivent être bien convaincus que rien n'est plus propre à leur mériter de bonne heure la considération publique que ce dévouement généreux qui ne connaît plus de danger dès qu'il s'agit de protéger l'innocence. C'est le sentiment qui l'anime dans l'accusation contre Verrès. Il est vrai qu'il apportait dans cette cause de grands avantages. Il était dans la force de l'âge et dans la route des honneurs. Il avait exercé la questure en Sicile avec éclat, et venait d'être désigné édile. Le peuple romain, charmé de son éloquence et persuadé de sa vertu, lui prodiguait dans toutes les occasions la faveur la plus déclarée. Les applaudissements publics le suivaient partout ; mais il n'est pas moins vrai qu'en attaquant Verrès, il avait de grands obstacles à vaincre. Verrès, tout coupable qu'il était, se sentait appuyé du crédit de tout ce qu'il y avait de plus puissant dans Rome. Les grands, qui regardaient comme un de leurs droits de s'enrichir dans le gouvernement des provinces par les plus criantes concussions, faisaient cause commune avec lui, et ne voyaient dans la punition qui le menaçait qu'un exemple à craindre pour eux. On employait tous les moyens possibles pour le soustraire à la sévérité des lois. Cicéron, à qui les Siciliens avaient adressé leurs plaintes, comme au protecteur naturel de cette province depuis qu'il y avait été questeur, était allé sur les lieux recueillir les témoignages dont il avait besoin contre l'accusé. Il avait demandé trois mois et demi pour ce voyage; mais il apprit qu'on s'arrangeait pour traîner l'affaire en longueur jusqu'à l'année suivante, où M. Métellus devait être préteur, et Q. Métellus et Hortensius consuls. C'étaient précisément les défenseurs de Verrès; et ce concours de circonstances leur aurait donné trop de moyens de le sauver. Cicéron fit tant de diligence, que son information fut achevée en cinquante jours. Il revint à Rome au moment où on l'attendait le moins; et, considérant que la plaidoirie pouvait occuper un grand nombre d'audiences et consumer un temps précieux, il fit procéder tout de suite à la preuve testimoniale, et ne prononça qu'un seul discours, dans lequel, à chaque fait, il citait les témoins qu'il présentait à son adversaire Hortensius, qui devait les interroger. Les preuves furent si claires les dépositions si accablantes, les murmures de tout le peuple romain qui était présent se firent entendre avec tant de violence, qu'Hortensius atterré n'osa prendre la parole pour combattre l'évidence, et conseilla lui-même à Verrès de ne pas attendre le jugement, et de s'exiler de Rome. Quand on lit dans *Cicéron* le détail de ses crimes atroces et innombrables, dont un seul aurait mérité la mort, on est indigné que la jurisprudence romaine, digne d'éloges à tant d'autres égards, ait eu plus de respect pour le titre de citoyen romain que pour cette justice distributive qui proportionne le châtiment au délit, et qu'elle ait permis que tout citoyen qui se condamnait lui-même à l'exil fût regardé comme assez puni. Verrès cependant eut une fin malheureuse; mais ses crimes n'en furent que l'occasion, et non pas la cause. Après avoir mené dans son exil une vie misérable dans l'abandon et le mépris, il revint à Rome dans le temps des proscriptions d'Octave et d'Antoine; mais ayant eu l'imprudence de refuser à ce dernier les beaux vases de Corinthe et les belles statues grecques qui étaient le reste de ses déprédations en Sicile, il fut mis au nombre des proscrits, et Verrès périt comme Cicéron.

C'est la seule fois que ce grand homme, occupé sans cesse de défendre des accusés, se porta pour accusateur; et c'est aussi par cette remarque intéressante qu'il commence sa première Verrine. La tournure que prit cette affaire fut cause que, de sept harangues dont elle est le sujet, il n'y eut que les deux premières de prononcées. Cicéron écrivit les autres pour laisser un modèle de la manière dont une accusation doit être suivie et soutenue dans toutes ses parties. Les deux dernières *Verrines*, regardées généralement comme des chefs-d'œuvre, ont pour objet, l'une, les vols et les rapines de Verrès, l'autre, ses cruautés et ses barbaries. L'une est remarquable par la richesse des détails, la variété et l'agrément des narrations, par tout l'art que l'orateur emploie pour prévenir la satiété en racontant une foule de larcins, dont le fond est toujours le même ; l'autre est admirable par la véhémence et le pathétique, par tous les ressorts que l'orateur met en œuvre pour émouvoir la pitié en faveur des opprimés et exciter l'indignation contre le coupable. C'est cette dernière dont j'ai cru devoir traduire quelques morceaux : en nous faisant sentir l'éloquence de l'orateur, ils ont encore pour nous l'avantage précieux de nous donner une idée du pouvoir arbitraire qu'exerçaient les gouverneurs romains dans les provinces qui leur étaient confiées, et de l'abus horrible qu'ils en firent trop souvent, lorsque la corruption des mœurs l'eût emporté sur la sagesse des lois. C'est en jetant les yeux sur ces tableaux qui révoltent l'humanité que, malgré tout l'éclat dont la grandeur romaine frappe l'imagination, on rend graces au Ciel de l'anéantissement d'une puissance si naturellement tyrannique, qu'à quelques excès qu'elle se portât, il fallait absolument les souffrir, jusqu'à ce que, le terme du gouvernement expiré, on pût aller à Rome solliciter une vengeance incertaine, faible, tardive, qui n'expiait point les forfaits et ne réparait point les maux. C'est aussi par cette raison que, sans m'arrêter aux discours relatifs à des causes particulières, et dont les détails ne peuvent guère nous intéresser en eux-mêmes, j'ai choisi de préférence tous les exemples que je me propose de citer dans les harangues où l'intérêt public est mêlé, et où l'éloquence et l'histoire se réunissent ensemble pour nous instruire et nous émouvoir.

Section III. — *Les Verrines.*

Au moment où Verrès fut chargé de la préture de Sicile, les pirates infestaient les mers qui baignent cette île et les côtes d'Italie. Son devoir était d'entretenir la flotte que la république armait pour les combattre et protéger son commerce. Mais l'avarice du préteur ne vit dans ses moyens de défense qu'un nouvel objet de rapines et d'exactions; et faisant acheter leur congé aux soldats et aux matelots qui devaient servir sur les galères, vendant aux villes alliées et tributaires la dispense de fournir ce qu'elles devaient suivant les traités, et laissant manquer de tout le peu d'hommes qu'il se crut obligé de garder sur le petit nombre de vaisseaux qu'il eut en mer, il ne se mit pas en peine d'exposer la Sicile aux incursions des pirates, pourvu qu'il s'enrichît aux dépens de l'état et de la province. Il mit à la tête de cette misérable escadre, non pas un Romain, mais, ce qui était sans exemple, un Sicilien nommé Cléomène, dont la femme était publiquement la maîtresse du préteur. Il arriva ce qui devait arriver : la flotte romaine s'enfuit à la vue des pirates, et Cléomène le premier s'empressa de débarquer. Les autres commandants de galères, qui n'avaient que quelques soldats exténués par le besoin,

ne purent faire autre chose que de suivre l'exemple
de l'amiral. Les pirates brulèrent les vaisseaux abandonnés, à la vue de Syracuse, et entrèrent jusque
dans le port. Cet affront fait aux armes romaines,
cette alarme portée par des corsaires jusque dans
une ville aussi puissante que Syracuse, retentirent
bientôt jusqu'à Rome. Verrès craignit les suites d'un
si fâcheux éclat; et, pour ne pas paraître coupable
de ce désastre, il forma le dessein le plus abominable qui soit jamais entré dans la pensée d'un tyran également lâche et cruel. Il imagina d'accuser de
trahison les commandants siciliens, dont l'innocence
était connue, et qui n'avaient pu faire que ce qu'ils
avaient fait; et, sans la plus légère preuve, il les
condamna au dernier supplice. Toute la Sicile frémit de cet attentat. Cicéron en demanda vengeance.
On va voir de quelles couleurs il a su le peindre,
et avec quelle énergie il en détaille toutes les horreurs.

« Verrès sort de son palais, animé de toutes les
« fureurs du crime et de la barbarie. Il paraît dans
« la place publique, et fait citer les commandants
« à son tribunal. Ils viennent sans soupçon et sans
« crainte. Il fait soudain charger de fers ces malheu-
« reux qui se fiaient à leur innocence, qui récla-
« ment la justice du préteur et lui demandent la
« raison de ce traitement. C'est, leur dit-il, pour avoir
« livré par trahison nos vaisseaux à l'ennemi. Tout
« le monde se récrie, tout le monde s'étonne qu'il
« ait assez d'impudence pour imputer à d'autres
« qu'à lui la cause d'un malheur qui n'était que

« l'ouvrage de son avarice ; qu'un tel homme que
« Verrès, mis par l'opinion publique au rang des
« brigands et des corsaires*, ose accuser quelqu'un
« d'être d'intelligence avec eux; qu'enfin cette étrange
« accusation n'éclate que quinze jours après l'évè-
« nement. On demande où est Cléomène, non pas
« qu'on le crût plus digne de châtiment que les
« autres : qu'avait-il pu faire avec des vaisseaux dé-
« nués de toute défense? mais enfin sa cause était
« la même : où est Cléomène? On le voit à côté
« du préteur, lui parlant familièrement à l'oreille,
« comme il avait coutume de faire. L'indignation
« est générale, que les hommes les plus honnêtes,
« les plus distingués de leur ville soient mis aux
« fers, tandis que Cléomène, pour prix de ses com-
« plaisances infâmes, est l'ami et le confident du
« préteur. Il se présente cependant un accusateur :
« c'était un misérable, nommé Turpion, flétri sous
« les gouvernements précédents, bien fait pour le
« rôle abject dont on le chargeait, et connu pour
« être l'instrument de toutes les iniquités, de toutes
« les bassesses, de toutes les extorsions de Verrès**.
« les parents, les proches de ces infortunés accou-
« rent à Syracuse, frappés de cette funeste nou-
« velle ; ils voient leurs enfants accablés sous le
« poids des chaînes, portant, ô Verrès! la peine de
« ton exécrable avarice. Ils se présentent, réclament

* Cette traduction s'éloigne un peu du sens. Il faut entendre avec M.
Gueroult (*Cic.* de M. J. V. Le Clerc); « Soupçonné lui-même d'intelligence
« avec les pirates. »   H. P.

** La Harpe substitue, dans cette phrase, à des détails précis sur la
conduite de ce Turpion, des expressions plus générales et plus vagues. H. P.

« leurs enfants, les défendent à grands cris, implo-
« rent ta foi, ta justice, comme si tu en avais eu
« jamais. C'est là qu'on voyait Dexion de Tyndaris,
« un homme de la première noblesse, qui t'avait
« logé chez lui, que tu avais appelé ton hôte; et
« ni l'hospitalité, ni son malheur, ni le rang qu'il
« tient parmi les siens, ni sa vieillesse, ni ses lar-
« mes, n'ont pu te rappeler un moment à quelque
« sentiment d'humanité*... On voyait Eubulide; non
« moins considérable et non moins respecté, qui
« pour avoir dans ses défenses prononcé le nom de
« Cléomène, vit par tes ordres déchirer ses vêtements,
« et fut laissé presque nu sur la place. Et quel moyen
« de justification restait-il donc? Je défends, dit
« Verrès, de nommer Cléomène. — Mais ma cause
« m'y oblige. — Vous mourrez si vous le nom-
« mez. — Mais je n'avais point de rameurs sur mon
« navire. — Vous accusez le préteur. Licteurs, que
« sa tête tombe sous la hache. Juges, voilà le lan-
« gage de Verrès. Jamais il ne fit de moindres mena-
« ces... Écoutez, au nom de l'humanité, écoutez les
« outrages faits à nos alliés : écoutez le récit de leurs
« malheurs. Parmi ces innocents accusés paraissait
« aussi Héraclius de Ségeste, Sicilien de la plus haute
« naissance, que la faiblesse de sa vue avait empê-
« ché de s'embarquer sur son vaisseau, et qui avait

---

* La Harpe dans ce morceau, et en général dans ceux qu'il traduit, sup-
prime quelques détails pour donner plus de rapidité à ses citations. Nous
indiquons par des points ces retranchements toutes les fois qu'ils nous
paraissent de peu d'importance, lorsqu'ils nous semblent plus graves ils
deviennent l'objet d'une note.   H. P

« eu ordre de rester à Syracuse *. Certes, Verrès,
« celui-là n'a pu être coupable; il n'a pu ni livrer
« ni abandonner le navire où il n'était pas. N'im-
« porte : on met au nombre des criminels celui
« qu'on ne peut accuser même faussement d'aucun
« crime. Enfin de ce nombre était Furius d'Héraclée ;
« homme célèbre pendant sa vie, et qui l'est de-
« venu bien plus après sa mort : c'est lui qui eut
« le courage, non-seulement d'adresser en face à
« Verrès tous les reproches qu'il méritait (sûr de
« mourir, il n'avait plus rien à ménager), mais
« même d'écrire son apologie dans la prison, en
« présence de sa mère, qui, tout en larmes passait
« les jours et les nuits auprès de lui. Toute la Sicile
« l'a lue, cette apologie, l'histoire de tes forfaits et
« de tes cruautés : on y voit combien chaque com-
« mandant de galère a reçu de matelots de la ville
« qui devait les fournir, et combien ont acheté de
« toi leur congé : et lorsqu'à ton tribunal il allé-
« guait ses moyens de défenses, tes licteurs lui frap-
« paient les yeux à coups de verges, tandis que
« cet homme courageux, résolu à la mort et insen-
« sible à ses douleurs, s'écriait qu'il était indigne
« que les larmes de sa mère eussent moins de pou-
« voir sur toi pour le sauver que les caresses d'une
« prostituée pour sauver, l'infâme Cléomène...

« Verrès enfin les condamne tous de l'avis de son

* La Harpe omet ici un détail qui n'est pas sans importance. Après avoir
dit qu'Héraclius était resté à Syracuse, par ordre du commandant, Cicéron
ajoute : » S'il en eût été autrement, son absence coupable aurait été remar-
« quée au moment du départ. « (Trad. de M. Gueroult. *Cic.* de M. J. V. Le
Clerc) H. P.

« conseil ; mais pourtant, dans une cause de cette
« nature, dans une affaire capitale, il ne fait venir
« ni son questeur Vettius, ni son lieutenant Cer-
« vius..... Ce prétendu conseil n'était que le ramas
« des brigands qu'il avait à ses ordres. Juges, re-
« présentez-vous la consternation des Siciliens, nos
« plus fidèles et nos plus anciens alliés, si souvent
« comblés des bienfaits de nos ancêtres. Chacun
« tremble pour soi, personne ne se croit en sûreté.
« On se demande ce qu'est devenue cette ancienne
« douceur du gouvernement romain, changée en
« cet excès d'inhumanité ! Comment tant d'hommes
« ont pu être condamnés en un moment sans être
« convaincus d'aucun crime ! comment ce préteur
« indigne a pu imaginer de couvrir ses brigandages
« par le supplice de tant d'innocents ! Il semble en
« effet qu'on ne puisse rien ajouter à tant de scé-
« lératesse, de démence et de cruauté... Mais Verrès
« veut se surpasser lui-même : il veut enchérir sur
« ses propres forfaits. Je vous ai parlé de Phalargus,
« excepté de la condamnation générale, parce qu'il
« commandait le navire que montait Cléomène. Ti-
« marchide, l'un des agents de Verrès, fut instruit
« que ce jeune homme, ne croyant pas sa cause dif-
« férente de celle des autres, avait montré quelque
« crainte. Il va le trouver, lui déclare qu'en effet il
« est à l'abri de la hache, mais qu'il court risque
« d'être battu de verges, s'il ne se rachète de ce
« supplice ; et vous l'avez entendu vous spécifier *

---

* Le texte dit seulement « Vous l'avez entendu déposer que, par pré-

« la somme qu'il avait comptée pour se dérober aux
« verges des licteurs. Mais à quoi m'arrêté-je? Sont-
« ce là des reproches à faire à Verrès ? Un jeune
« homme noble, un commandant de vaisseau, se
« rachète des verges à prix d'argent ; c'est dans
« Verrès un trait d'humanité*. Un autre au même
« prix se dérobe à la hache : Verrès nous y a accou-
« tumés **; ce n'est pas à lui qu'il faut reprocher
« de tels crimes. Le peuple romain attend des
« horreurs nouvelles, des attentats inouïs; il sait
« que ce n'est pas un magistrat prévaricateur qu'on
« a mis en jugement devant vous, mais le plus abo-
« minable des tyrans : vous allez le reconnaître. Les
« innocents sont condamnés, on les traîne dans les
« cachots, on prépare leur supplice ; mais il faut
« que ce supplice commence dans leurs malheureux
« parents. On leur interdit la vue de leurs enfants ;
« on défend de leur porter des vêtements et de la
« nourriture. Ces pères infortunés qui sont ici de-
« vant vous, étaient étendus sur le seuil de la prison ;
« des mères déplorables y passaient la nuit dans les
« pleurs, sans pouvoir obtenir les derniers embras-
« sements de leurs enfants; elles demandaient pour
« toute grace qu'il leur fut permis de recueillir leurs

caution, il compta une somme d'argent à Timarchide. » (Trad. de Gueroult,
déjà citée.)   H. P.

* Cette traduction, qui est aussi celle de Clément, ne paraît pas conforme au sens. M. Gueroult (trad. déjà citée) explique dans une excellente
note le véritable sens de *humanum est*, qu'il traduit par ces mots : « C'est
« une chose toute simple. »   H. P.

** La Harpe restreint le sens de *usitatum est*, que M. Gueroult rend avec
raison d'une manière plus générale : « Il n'y a rien de bien extraordinaire »
   H. P.

« derniers soupirs, et le demandaient en vain. Là
« veillait le gardien des prisons, le ministre des
« barbaries de Verrès, la terreur des citoyens, le
« licteur Sestius, qui s'établissait un revenu sur les
« douleurs et les larmes de tous ces malheureux. —
« Tant pour visiter votre fils, tant pour lui donner
« de la nourriture : personne ne s'y refusait.—Que
« me donnerez-vous pour faire mourir votre fils
« d'un seul coup, pour qu'il ne souffre pas long-
« temps, pour qu'il ne soit pas frappé plusieurs
« fois ? Toutes ces graces étaient taxées. O condition
« affreuse ! ô insupportable tyrannie* ! ce n'était
« pas la vie que l'on marchandait, c'était une mort
« plus prompte et moins cruelle ! Les prisonniers
« eux-mêmes composaient avec Sestius pour ne
« recevoir qu'un seul coup ; ils demandaient à leurs
« parents, comme une dernière marque de leur
« tendresse, de payer cette faveur à l'inflexible Ses-
« tius. Est-ce assez de tourments ? la mort en sera-
« t-elle au moins le terme ? la barbarie peut-elle
« s'étendre au-delà ? Oui : quand ils auront été
« exécutés, leurs corps seront exposés aux bêtes
« féroces. Si c'est pour les parents un malheur de
« plus, qu'ils paient le droit de sépulture**. Vous le
« savez, vous avez entendu Onase de Ségeste vous

---

* Cette belle exclamation n'est pas assez fidèlement rendue. M. Gueroult traduit mieux : « O douleur ! ô nécessité cruelle et déchirante ! » H. P.

** *Le droit de sépulture* semble se rapporter à un usage général, ce qui n'est pas l'intention de l'orateur ; et puis il y a dans la phrase latine une sorte d'ironie qui n'est rendue ni dans la traduction de La Harpe, ni dans celle de Gueroult ; Cicéron fait parler Verrès, ou son bourreau : » Cela vous afflige « eh bien ! achetez le droit d'ensevelir votre fils. »   H. P.

« dire quelle somme il avait payée à Timarchide pour
« ensevelir Héraclius...Et qui, dans Syracuse, ignore
« que ces marchés pour la sépulture se traitaient
« entre Timarchide et les prisonniers eux-mêmes ;
« que ces marchés étaient publics ; qu'ils se con-
« cluaient en présence des parents ; que le prix des
« funérailles était arrêté et payé d'avance ?

« Le moment de l'exécution est arrivé : on tire
« les prisonniers de leurs cachots, on les attache au
« poteau : il reçoivent le coup mortel*. Quel fut
« alors l'homme assez insensible pour ne pas se
« croire frappé du même coup, pour ne pas être
« touché du sort de ces innocents, de leur jeu-
« nesse, de leur infortune, qui devenait celle de
« tous leurs concitoyens ? Et toi, dans ce deuil gé-
« néral, au milieu de ces gémissements, tu triom-
« phais sans doute ; tu te livrais à ta joie insensée ;
« tu t'applaudissais d'avoir anéanti les témoins de
« ton avarice. Tu te trompais, Verrès, en croyant
« effacer tes souillures et laver tes crimes dans le
« sang de l'innocence. Tu t'accusais toi-même en
« te persuadant que tu pourrais, à force de barba-
« rie, t'assurer l'impunité de tes brigandages. Ces
« innocents sont morts, il est vrai ; mais leurs pa-
« rents vivent, mais ils poursuivent la vengeance
« de leurs enfants, mais ils poursuivent ta punition.
« Que dis-je? Parmi ceux que tu avais marqués pour
« tes victimes, il en est qui sont échappés ; il en est

---

* La Harpe altère la gradation du morceau, en mettant ici ce dernier trait, placé plus bas par Cicéron, avant cette apostrophe « Et toi, dans ce « deuil général, etc. » H. P.

« que le Ciel a réservés pour ce jour de la justice.
« Voilà Philarque, qui n'a pas fui avec Cléomène;
« qui, heureusement pour lui, a été pris par les
« pirates, et que sa captivité a sauvé des fureurs
« d'un brigand plus inhumain cent fois que ceux
« qui sont nos ennemis. Voilà Phalargus [*], qui a
« payé sa délivrance à ton agent Timarchide. Tous
« deux déposent du congé vendu aux matelots, de
« la famine qui régnait sur la flotte, de la fuite de
« Cléomène. Eh bien! Romains, de quels senti-
« ments êtes-vous affectés? qu'attendez-vous en-
« core?.... où se réfugieront vos alliés? à qui s'adres-
« seront-ils, dans quelle espérance pourront-ils
« encore soutenir la vie, si vous les abandonnez?....
« C'est ici le port, l'asyle, l'autel des opprimés. Ils
« ne viennent pas y redemander leurs biens, leur
« or, leur argent, leurs esclaves, les ornements
« qui ont été enlevés de leurs temples et de leurs
« cités. Hélas! dans leur simplicité, ils craignent
« que le peuple romain ne fasse plus un crime à ses
« préteurs de les avoir dépouillés. Ils voient que
« depuis long-temps nous souffrons en silence que
« quelques particuliers absorbent les richesses des
« nations; qu'aucun d'eux même ne se met en peine
« de cacher sa cupidité et ses rapines; que leurs
« maisons de campagne sont toutes remplies, toutes
« brillantes des dépouilles de nos alliés, tandis que
« depuis tant d'années Rome et le Capitole ne sont
« ornés que des dépouilles de nos ennemis Où sont

[*] Le reste de la phrase est une explication ajoutée par La Harpe pour la clarté. H. P.

« en effet les trésors arrachés à tant de peuples
« soumis, aujourd'hui dans l'indigence? Où sont-
« ils? Le demandez-vous, quand vous voyez Athé-
« nes, Pergame, Milet, Samos, l'Asie, la Grèce,
« englouties dans les demeures de quelques ravis-
« seurs impunis? Mais non, Romains, je le répète :
« ce n'est pas là l'objet de nos plaintes et de nos
« prières. Vos alliés n'ont plus de biens à défen-
« dre.... Voyez dans quel deuil, dans quel dépouil-
« lement, dans quelle abjection ils paraissent devant
« vous! Voyez Sthénius de Therme, dont Verrès a
« pillé la maison : ce n'est pas sa fortune qu'il lui
« redemande; c'est sa propre existence que Verrès
« lui a ravie en le bannissant de sa patrie, où il te-
« nait le premier rang par ses vertus et par ses
« bienfaits. Voyez Dexion de Tyndaris : il ne récla-
« mera point ce que Verrès lui a pris; il réclame
« un fils unique; il veut, après avoir pris une juste
« vengeance de son bourreau, porter quelque con-
« solation à ses cendres. Voyez Eubulide, ce vieil-
« lard accablé d'années, qui n'a entrepris un pénible
« voyage que pour voir la condamnation de ce
« monstre après avoir vu le supplice de son fils.
« Vous verriez ici avec eux, si Métellus, le succes-
« seur et le protecteur de Verrès l'eût permis, vous
« verriez les mères, les femmes, les sœurs de ces
« malheureux. L'une d'elles, je m'en souviens, com-
« me j'approchais d'Héraclée au milieu de la nuit,
« vint à ma rencontre, suivie de toutes les mères
« de famille, à la clarté des flambeaux ; et m'appe-
« lant son sauveur, appelant Verrès son bourreau,

« répétant le nom de son fils, elle restait prosternée
« à mes pieds, comme si j'avais pu le lui rendre et
« le rappeler à la vie. J'ai été reçu de même dans
« toutes les autres villes, où la vieillesse et l'enfance,
« également dignes de pitié ont également sollicité
« mes soins, mon zèle et ma fidélité *. Non, Ro-
« mains, cette cause n'a rien de commun avec au-
« cune autre **. Ce n'est pas un vain désir de gloire
« qui m'a conduit comme accusateur à ce tribunal :
« j'y suis venu appelé par des larmes; j'y suis venu
« pour empêcher qu'à l'avenir les injustices de l'au-
« torité, la prison, les chaînes, les haches, les sup-
« plices de vos fidèles alliés, le sang des innocents,
« enfin la sépulture même des morts et le deuil des
« parents ne soient pour les gouverneurs de nos
« provinces l'objet d'un trafic abominable; et si,
« par la condamnation de ce scélérat, par l'arrêt de
« votre justice, je délivre la Sicile et vos alliés de
« la crainte d'un semblable sort, j'aurai satisfait à
« leurs vœux et à mon devoir. » (*De suppl.* 41—
49.)

Cicéron, fidèle aux règles de la progression oratoire, réserve pour la fin de ses différents plaidoyers le plus grand des crimes de Verrès, celui
d'avoir fait mourir ou battre de verges des citoyens
romains; ce qui était sévèrement défendu par les

* La Harpe confond ici ce que Cicéron divise : « Partout la vieillesse et
« l'enfance sollicitaient mon zèle, partout elles imploraient votre justice et
« votre compassion. » (Trad. de Gueroult.)   H P.

** Cette phrase est substituée à celle du texte qui porte « Aussi parmi
« toutes les autres plaintes des Siciliens, c'est surtout celle-là qu'ils m'ont
« chargé de vous faire entendre » (Trad de Gueroult.)   H. P.

lois, à moins d'un jugement du peuple ou d'un décret du sénat, qui donnait aux consuls un pouvoir extraordinaire. L'orateur s'étend principalement sur le supplice de Gavius. On ne conçoit pas, après ce qu'on vient d'entendre, qu'il trouve encore des expressions nouvelles contre Verrès; mais on peut se fier à l'inépuisable fécondité de son génie. Il semble se surpasser dans son éloquence à mesure que Verrès se surpasse lui-même dans ses attentats. Souvenons-nous seulement, pour avoir une juste idée de l'indignation qu'il devait exciter, souvenons-nous du respect profond, de la vénération religieuse qu'on portait dans toutes les provinces de l'empire, et même dans presque tout le monde connu, à ce nom de citoyen romain. C'était un titre sacré qu'aucune puissance ne pouvait se flatter de violer impunément. On avait vu plus d'une fois la république entreprendre des guerres lointaines et périlleuses, seulement pour venger un outrage fait à un citoyen romain : politique sublime, qui nourrissait cet orgueil national qu'il est toujours si utile d'entretenir, et qui de plus imposait aux nations étrangères et faisait respecter partout le nom romain.

« Que dirai-je de Gavius, de la ville municipale
« de Cosano? Où trouverai-je assez de paroles, assez
« de voix, assez de douleur? Ma sensibilité n'est
« pas épuisée, Romains; mais je crains que mes
« expressions n'y répondent pas. Moi-même, la
« première fois qu'on me parla de ce forfait, je
« crus ne pouvoir le faire entrer dans mon accu-

« sation. Je savais qu'il n'était que trop réel, mais
« je sentais qu'il n'était pas vraisemblable. Enfin,
« cédant aux pleurs de tous les citoyens romains
« qui font le commerce en Sicile, appuyé du té-
« moignage de toute la ville de Rhége et de plu-
« sieurs chevaliers romains qui par hasard étaient
« alors à Messine, j'ai exposé le fait dans mon pre-
« mier plaidoyer, et de manière à porter la vérité
« jusqu'à l'évidence. Mais que puis-je faire aujour-
« d'hui ? Il y a déjà si long-temps que je vous en-
« tretiens des cruautés de Verrès ! Je n'ai pas prévu,
« je l'avoue, les efforts qu'il me faudrait faire pour
« soutenir votre attention, et ne pas vous fatiguer
« des mêmes horreurs. Il ne me reste qu'un moyen,
« c'est de vous dire simplement le fait : il est tel,
« que le seul récit suffira. Ce Gavius, jeté, comme
« tant d'autres, dans les prisons souterraines de
« Syracuse, bâties par Denys le Tyran, trouva, je
« ne sais comment, le moyen de s'échapper de ce
« gouffre, et vint à Messine. Là, près des murs de
« Rhége et des côtes d'Italie, sorti des ténèbres de
« la mort, il se sentait renaître en revoyant le jour
« pur de la liberté ; il était comme ranimé par ce
« voisinage bienfaisant qui lui rappelait Rome et ses
« lois. Il parla tout haut dans Messine, se plaignit
« qu'un citoyen romain eût été jeté dans les fers.
« Il allait, disait-il, droit à Rome ; il allait demander
« justice contre Verrès *. Le malheureux ne se dou-

* Le latin est plus vif, « Il allait droit à Rome, et Verrès l'y trouverait
« à son retour (Gueroult). » Il y a dans cette traduction de La Harpe,
d'ailleurs rapide et animée, beaucoup d'omissions et d'inexactitudes volontaires, que nous ne croyons pas devoir relever minutieusement. H. P.

« tait pas que s'exprimer ainsi devant les Messinois,
« c'était comme s'il eût parlé dans le palais du
« préteur. Je vous l'ai dit, et vous le savez, Romains,
« qu'il avait choisi les Messinois pour être les com-
« plices de tous ses crimes, les recéleurs de ses vols,
« les associés de son infamie. Gavius est conduit
« aussitôt devant les magistrats de Messine, et par
« malheur Verrès y vint lui-même ce jour-là. On
« l'informe qu'un citoyen romain se plaint d'avoir
« été plongé dans les cachots de Syracuse; qu'au
« moment où il mettait le pied dans le vaisseau,
« en proférant des menaces contre Verrès, il avait
« été arrêté; qu'on le gardait, afin que le préteur
« décidât de son sort. Il les remercie de leur zèle
« et de leur fidélité, et, transporté de fureur, arrive
« à la place publique : ses yeux étincelaient; tous
« ses traits exprimaient la rage et la cruauté. Tout
« le monde était dans l'attente de ce qu'il allait
« faire, quand tout-à-coup il ordonne qu'on saisisse
« Gavius, qu'on le dépouille, qu'on l'attache au
« poteau, et que les licteurs préparent les instru-
« ments du supplice. L'infortuné s'écrie qu'il est
« citoyen romain, qu'il a servi avec Prétius, cheva-
« lier romain, en ce moment à Palerme, et qui peut
« rendre témoignage à la vérité. Verrès répond
« qu'il est bien informé que Gavius est un espion
« envoyé en Sicile par les esclaves fugitifs, restes de
« l'armée de Spartacus; imputation absurde, dont
« il n'existait pas le moindre soupçon, le moindre in-
« dice. Il ordonne aux licteurs de l'entourer et de le
« frapper. Dans la place publique de Messine, on

« battait de verges un citoyen romain, tandis qu'au
« milieu des douleurs, au milieu des coups dont on
« l'accablait, il ne faisait entendre d'autre cri, d'au-
« tre gémissement que ce seul nom : *Je suis ci-*
« *toyen romain!* Il pensait que ce seul mot devait
« écarter de lui les tortures et les bourreaux; mais,
« bien loin de l'obtenir, loin d'arrêter la main des
« licteurs pendant qu'il répétait en vain le nom de
« Rome, une croix, une croix infâme, l'instrument
« de la mort des esclaves, était dressée pour ce
« malheureux, qui jamais n'avait cru qu'il existât
« au monde une puissance dont il pût craindre ce
« traitement*. O doux nom de la liberté! ô droits
« augustes de nos ancêtres! loi Porcia! loi Sempro-
« nia! puissance tribunitienne si amèrement re-
« grettée, et qui vient enfin de nous être rendue,
« est-ce là votre pouvoir? Avez-vous donc été éta-
« blie pour que dans une province de l'empire, dans
« le sein d'une ville alliée, un citoyen romain fût
« livré aux verges des licteurs par le magistrat
« même, qui ne tient que du peuple romain ses
« licteurs et ses faisceaux? Que dirai-je des feux,
« des fers brûlants dont on se servait pour le tour-
« menter? Et cependant Verrès n'était touché ni
« de ses plaintes, ni des larmes de tout ce qu'il y
« avait à Messine de nos citoyens présents à cet
« affreux spectacle! Toi, Verrès, toi, tu as osé at-
« tacher à un gibet celui qui se disait citoyen ro-

---

* La Harpe paraît ici s'écarter du sens, auquel M. Gueroult est plus fidèle lorsqu'il dit : « Qui n'avait jamais vu l'exemple d'un tel abus de pouvoir. »

H. P.

« main! Je n'ai pas voulu, vous m'en êtes témoins,
« je n'ai pas voulu, le premier jour, me livrer à
« ma juste indignation; j'ai craint celle du peuple
« qui m'écoutait; j'ai craint le soulèvement général
« qui s'annonçait de toutes parts; je me suis con-
« tenu, de peur que la fureur publique, assouvie
« sur ce monstre, ne le dérobât à la vengeance
« des lois. J'ai applaudi à la prudence du préteur
« Glabrion, qui, voyant ce mouvement général, fit
« promptement écarter de l'audience le témoin que
« l'on venait d'entendre..... Mais aujourd'hui, Ver-
« rès, que tout le monde sait l'état de la cause et
« quelle en doit être l'issue, je me renferme avec
« toi dans un seul point..... je m'en tiens à ton
« propre aveu : cet aveu est ta sentence mortelle.
« Vous vous souvenez, juges, qu'au moment de
« l'accusation, Verrès, effrayé des cris qu'il enten-
« dait autour de lui, se leva tout-à-coup, et dit
« que Gavius n'avait prétendu être un citoyen ro-
« main que pour retarder son supplice; mais qu'en
« effet ce Gavius n'était qu'un espion..... Il ne m'en
« faut pas davantage; je laisse de côté tout le reste.
« Je ne te demande pas sur quoi tu fondes cette
« imputation; je récuse mes propres témoins; mais
« tu le dis toi-même, tu l'avoues, qu'il criait : *Je*
« *suis citoyen romain!* Eh bien! réponds-moi, mi-
« sérable! si tu te trouvais parmi des nations bar-
« bares, aux extrémités du monde, près d'être con-
« duit au supplice, que dirais-tu? que crierais-tu?
« si ce n'est : *Je suis citoyen romain!* Et s'il est vrai,
« que partout où le nom de Rome est parvenu, ce

« titre sacré suffirait pour ta sûreté, comment cet
« homme, quel qu'il fût, invoquant ce titre invio-
« lable, l'invoquant devant un préteur romain,
« n'a-t-il pu, je ne dis pas échapper au supplice,
« mais même le retarder d'un moment ?.....

« Otez cet appui à nos citoyens, ôtez-leur ce
« garant de leur salut, et les provinces, les villes
« libres, les royaumes, le monde entier, où ils
« voyagent avec sécurité, va désormais être fermé
« pour eux..... Mais pourquoi m'arrêter sur Ga-
« vius, comme si tu n'avais été l'ennemi que de lui
« seul, et non pas celui du nom romain, des droits
« de Rome, des droits des nations et de la cause
« commune de la liberté ! En effet, cette croix que
« les Messinois, suivant leur usage, avaient fait
« dresser dans la voie Pompéia, pourquoi l'as-tu
« fait arracher? pourquoi l'as-tu fait transporter
« à l'endroit qui regarde le détroit qui sépare la
« Sicile de l'Italie? Pourquoi? C'était, tu l'as dit
« toi-même, tu ne peux le nier, tu l'as dit publi-
« quement, c'était afin que Gavius, qui se vantait
« d'être citoyen romain, pût, du haut de son gibet,
« regarder en expirant sa patrie *. Cette croix est
« la seule, depuis la fondation de Messine, qui ait
« été placée sur le détroit. Tu as choisi ce lieu
« afin que cet infortuné, mourant dans les tour-
« ments, vît, pour comble d'amertume, quel es-
« pace étroit séparait le séjour où la liberté règne,
« et celui où il mourait en esclave ; afin que l'Italie
« vît un de ses enfants attaché au gibet, périr dans

* Le texte ajoute « et reconnaître sa maison. » H P.

« le supplice honteux réservé pour la servitude.

« Enchaîner un citoyen romain est un attentat;
« le battre de verges est un crime; le faire mourir
« est presque un parricide : que sera-ce de l'atta-
« cher à une croix? L'expression manque pour cette
« atrocité, et pourtant ce n'a pas été assez pour
« Verrès : Qu'il meure, dit-il, en regardant l'Italie;
« qu'il meure à la vue de la liberté et des lois.
« Non, Verrès, ce n'est pas seulement Gavius, ce
« n'est pas un seul homme, un seul citoyen que tu
« as attaché à cette croix, c'est la liberté elle-
« même, c'est le droit commun de tous, c'est le
« peuple romain tout entier. Croyez tous, croyez
« que s'il ne l'a pas dressée au milieu du Forum,
« dans l'assemblé des comices, dans la tribune
« aux harangues; s'il n'en a pas menacé tous les
« citoyens romains, c'est qu'il ne le pouvait pas.
« Mais au moins il a fait ce qu'il pouvait, il a
« choisi le lieu le plus fréquenté de la province,
« le plus voisin de l'Italie, le plus exposé à la vue;
« il a voulu que tous ceux qui naviguent sur ces
« mers vissent à l'entrée même de la Sicile, et
« comme aux portes de l'Italie, le monument de
« son audace et de son crime. » (*De suppl.* 61-66.)

La péroraison fait voir de quelle fermeté Cicéron s'armait contre l'orgueil et la tyrannie des
grands, jaloux de la fortune et de l'élévation de
ceux qu'ils appelaient des hommes nouveaux, c'est-
à-dire qui n'avaient d'autre recommandation que
leur mérite. Cicéron, qui devait tout au sien et
à la justice que lui rendait le peuple romain, ne

croyait pas pouvoir mieux lui marquer sa reconnaissance qu'en soutenant avec courage cette guerre naturelle et interminable qui subsiste entre l'homme de bien et les méchants. Il menace hautement les juges de les traduire devant le peuple, s'ils se laissent corrompre par l'argent de Verrès. Cet audacieux brigand avait dit publiquement qu'il avait fait le partage des trois années de son gouvernement de Sicile, qu'il y en avait une pour lui, une pour ses avocats, une pour ses juges. Il avait compté beaucoup, non-seulement sur l'éloquence, mais sur le crédit d'Hortensius, qui n'était pas, à beaucoup près, aussi délicat que Cicéron sur les moyens qu'il employait pour gagner ses causes. Cicéron s'adresse à lui, et l'avertit qu'il aura les yeux ouverts sur sa conduite, et qu'il lui en fera rendre compte. Il faut se souvenir que ces harangues, quoiqu'elles n'aient pas été prononcées, furent rendues publiques, et que par conséquent l'orateur n'ignorait pas à combien de ressentiments et de dangers l'exposait son incorruptible fermeté.

« Mais quoi! me dira-t-on, voulez-vous donc
« vous charger du fardeau de tant d'inimitiés? Je
« réponds qu'il n'est ni dans mon caractère ni
« dans mon intention de les chercher; mais qu'il
« ne m'est pas permis d'imiter ces nobles qui attendent
« dans le sommeil de l'oisiveté les bienfaits
« du peuple romain. Ma condition est tout autre
« que la leur. J'ai devant les yeux l'exemple de
« Caton, de Marius, de Fimbria, de Célius *, qui

* Tout ce passage et les suivants ont été fort abrégés par le traducteur B P.

« ont senti comme moi que ce n'était qu'à force
« de travaux supportés, à force de périls surmon-
« tés, qu'ils pouvaient parvenir aux mêmes hon-
« neurs où ces nobles, heureux favoris de la for-
« tune, sont portés sans qu'il leur en coûte rien.
« Voilà les modèles que je fais gloire d'imiter. Je
« vois avec quel œil d'envie on regarde l'avance-
« ment des hommes nouveaux, qu'on ne nous par-
« donne rien, qu'il nous faut toujours veiller, tou-
« jours agir..... Et pourquoi craindrais-je d'avoir
« pour ennemis déclarés ceux qui sont secrètement
« mes envieux; ceux qui, par la différence des in-
« térêts et des principes, sont nécessairement mes
« adversaires et mes détracteurs? Je le déclare donc:
« si j'obtiens la réparation due au peuple romain
« et à la Sicile, je renonce au rôle d'accusateur;
« mais si l'évènement trompe l'opinion que j'ai de
« mes juges, je suis résolu à poursuivre jusqu'à la
« dernière extrémité et les corrupteurs, et les cor-
« rompus. Ainsi, que ceux qui voudraient sauver le
« coupable, quelques moyens qu'ils emploient, ar-
« tifice, audace ou vénalité, soient prêts à répondre
« devant le peuple romain; et s'ils ont vu en moi
« quelque chaleur, quelque fermeté, quelque vigi-
« lance dans une cause où je n'ai d'ennemi que
« celui que m'a fait l'intérêt de la Sicile, qu'ils s'at-
« tendent à trouver en moi bien plus de vivacité et
« d'énergie quand je combattrai les ennemis que
« m'aura faits l'intérêt du peuple romain. » (*De suppl.* 70-72.)

Il finit par une apostrophe, aussi brillante que

pathétique, à toutes les divinités dont Verrès avait pillé les temples. Cette énumération religieuse, dont l'effet est fondé sur les idées que ces noms réveillaient chez les Romains, ne peut être du même poids auprès de nous, qui ne sommes pas accoutumés à respecter Jupiter et Junon. Je me contenterai donc d'en citer les dernières phrases :

« Et vous, déesses vénérables qui présidez aux
« fontaines d'Enna, aux bois sacrés de la Sicile, dont
« la défense m'a été confiée!.... Vous, à qui Verrès
« a déclaré une guerre impie et sacrilège, vous dont
« les temples et les autels ont été dépouillés par
« ses brigandages! je vous atteste et vous implore.
« Si dans cette cause je n'ai eu en vue que le salut
« de nos provinces et la dignité du peuple romain;
« si j'ai rapporté à ce seul devoir tous mes soins,
« toutes mes pensées, toutes mes veilles, faites que
« mes juges, en prononçant leur sentence, aient
« dans le cœur les sentiments qui ont toujours été
« dans le mien; que Verrès, convaincu de tous les
« crimes que peuvent commettre la perfidie, l'ava-
« rice et la cruauté réunies; que Verrès, condamné
« par les lois comme il l'est par sa conscience,
« trouve une fin digne de ses forfaits; que la répu-
« blique, contente de mon zèle dans cette accusation,
« n'ait pas à m'imposer une seconde fois le même
« devoir, et qu'il me soit permis désormais de m'oc-
« cuper plutôt à défendre les bons citoyens qu'à
« poursuivre les méchants. » (*De suppl.* 72.)

Il était d'usage, chez les Romains comme parmi nous, que la partie plaignante fixât l'estimation des dommages qu'elle répétait : apparemment aussi que les juges avaient coutume, ainsi qu'aujourd'hui, de rabattre beaucoup de cette estimation, qu'il est assez naturel de supposer un peu exagérée. Ce qui est certain, c'est que, selon le rapport d'Asconius, auteur contemporain dont nous avons d'excellents commentaires sur les *Harangues* de Cicéron, Verrès ne fut condamné à restituer aux Siciliens qu'une somme qui équivaut à peu près à cinq millions de notre monnaie actuelle, et que, suivant l'évaluation de Cicéron, qui avait demandé douze millions cinq cent mille livres, les dommages qu'il obtint n'étaient pas la moitié de ce que Verrès avait volé dans la Sicile.

Section IV. — *Les Catilinaires.*

Qui croirait que de nos jours Cicéron eût encore, je ne dis pas des critiques (la gloire de l'homme supérieur est d'occuper l'opinion dans tous les siècles), mais des ennemis, des détracteurs, qui calomnient son caractère et déprécient ses talents avec une injustice également odieuse et absurde? Je sais que, heureusement pour nous, on pourra me répondre : Quels ennemis! quels détracteurs! leur nom seul est une réponse à leurs injures. Il est vrai; mais pourtant c'est une triste observation à faire sur l'humanité, que cette espèce de perversité bizarre, qui fait que l'on s'acharne, après deux mille ans, contre un grand homme, sans autre intérêt, sans autre motif que cette haine pour la vertu, qui semble être l'instinct des méchants. Sans doute ils se disent à eux-mêmes, en lisant ses écrits : Si nous avions vécu du temps de cet homme, il eût été notre ennemi (car les ouvrages et les actions de l'homme de bien accusent la conscience de celui qui ne l'est pas). Peut-être aussi affecte-t-on aujourd'hui plus que jamais cette déplorable singularité de démentir ce qu'il y a de plus généralement reconnu. Comment expliquer autrement ce qu'on imprima il y a quelque temps, que *la conjuration de Catilina était une chimère que la vanité de Cicéron avait fait croire aux Romains ?* * Certes, depuis le P. Hardouin, qui, à force de se lever matin pour travailler à ses recherches d'érudition, parvint à rêver tout éveillé, et crut un jour avoir découvert que la plupart des ouvrages des anciens avaient été fabriqués par des moines du moyen âge; depuis ce ridicule fou, qui fut le scandale et la risée du monde littéraire, on n'a rien imaginé de plus étrange, de plus incompréhensible que ce démenti donné à tous les historiens de l'antiquité, et en particulier à Salluste, auteur contemporain, ennemi de Cicéron, et qui apparemment s'est amusé à écrire tout exprès l'histoire d'une conjuration imaginaire. On ne sait quel nom donner à ce genre de démence; mais ce qui est remarquable et consolant, c'est qu'on est aujourd'hui si accoutumé à cette folie des paradoxes, qu'on n'y fait plus même attention. Celui-ci, que m'ont rappelé les *Catilinaires* de Cicéron, qui vont nous occuper, a passé sans qu'on y prît garde; et à force d'abuser de tout, nous avons du moins obtenu cet avantage, que l'extrava-

* C'est un des paradoxes de Linguet.   H. P.

gance même n'est plus un moyen de faire du bruit.

Des quatre harangues de Cicéron contre Catilina, il y en a deux qui sont d'autant plus admirables qu'on voit, par la nature des circonstances, que l'orateur qui les prononça n'avait guère pu s'y préparer; et quoiqu'en les publiant il les ait sans doute revues avec le soin qu'il mettait à tout ce qui sortait de sa plume, le grand effet qu'elles produisirent dès le premier moment ne doit nous laisser aucun doute sur le mérite qu'elles avaient, lors même que l'auteur n'y avait pas mis la dernière main. On demandera peut-être comment il pouvait se souvenir des discours que son génie lui dictait sur-le-champ dans les occasions importantes, discours qui ne laissaient pas d'avoir quelque étendue. Les historiens nous apprennent de quel moyen Cicéron se servait. Il avait distribué dans le sénat des copistes qu'il exerçait à écrire par abréviation, presque aussi vite que la parole. Cet art fut perfectionné dans la suite; et l'on voit que cette invention, long-temps perdue et renouvelée de nos jours, appartient à Cicéron, quoique nous ne sachions pas précisément quel procédé il employait.

Quand l'audacieux Catilina parut inopinément au milieu de l'assemblée du sénat, dans le moment même où le consul y rendait compte de la conjuration, qui pouvait s'attendre qu'il eût l'impudence d'y paraître? On le conçoit d'autant moins, que cette bravade désespérée n'avait aucun objet; qu'il ne pouvait se flatter d'en imposer ni au sénat ni au consul, et que cette folle témérité ne pouvait tourner qu'à sa confusion. L'historien Salluste, dont le témoignage ne saurait être suspect, dit en propres termes : « C'est alors que Cicéron pro-« nonça cet éloquent discours qu'il publia dans la « suite. » (XXXI.) S'il y avait eu une différence marquée entre le discours prononcé et le discours écrit, est-ce ainsi qu'un ennemi se serait exprimé? Les termes de Salluste sont un éloge d'autant moins récusable, que dans ce même endroit il lui échappe un trait de malignité qui décèle son inimitié : « Soit, « dit-il, qu'il craignît la présence de Catilina, soit « qu'il fût ému d'indignation. » Le second motif est si évident, qu'il y a de la mauvaise foi à supposer l'autre. Quand toute la conduite du consul, aussi ferme qu'éclairée et vigilante, ne prouverait pas suffisamment qu'il ne craignit jamais le scélérat qu'il combattait, était-ce au milieu du sénat, que les chevaliers romains entouraient l'épée à la main, était-ce sur le siège de sa puissance et de son autorité, que Cicéron pouvait craindre Catilina*? On va voir qu'il ne craignait pas même les dangers trop manifestes où sa fermeté patriotique l'exposait pour l'avenir; qu'il connaissait l'envie et s'attendait à l'ingratitude, et qu'il brava l'une et l'autre. Aussi dans un bel ouvrage où cette grande âme est si fidèlement peinte, où l'exagération n'est jamais à côté de la grandeur, ni la déclamation près du su-

---

* Peut-être ces mots de Salluste, *Sive præsentiam ejus timens*, ne renferment-ils pas l'intention malveillante qu'y aperçoit La Harpe. Peut-être l'historien a-t-il voulu dire simplement que Cicéron craignait l'effet que pouvait produire sur l'esprit des sénateurs la démarche audacieuse de Catilina. H. P.

blime, dans la tragédie de *Rome sauvée*, Cicéron paraît avoir dicté lui-même ce vers admirable dans sa simplicité :

Et sauvons les Romains, dussent-ils être ingrats.
(Act. IV, sc. 7.)

En effet, pour bien apprécier ces harangues, dont je vais extraire quelques morceaux, il faut se mettre devant les yeux l'état où était alors la république. L'ancien esprit de Rome n'existait plus ; la dégradation des âmes avait suivi la corruption des mœurs. Marius et Sylla avaient fait voir que les Romains pouvaient souffrir des tyrans, et il ne manquait pas d'hommes dont cet exemple éveillait l'ambition et les espérances. L'amour de la liberté et de la patrie, fondé sur l'égalité et les lois, ne pouvait plus subsister avec cette puissance monstrueuse, et ces richesses énormes dont la conquête de tant de pays avait mis les Romains en possession. César, déjà soupçonné d'avoir eu part à une conspiration, blessé de la prééminence de Pompée et de la prédilection qu'avait pour lui le sénat, ne songeait qu'à faire revivre le parti de Marius. Pompée, sans aspirer ouvertement à la tyrannie, aurait voulu que les troubles et les désordres nés de l'esprit factieux qui régnait partout réduisissent les Romains au point de se mettre sous sa protection en le nommant dictateur. Les grands, à qui les dépouilles des trois parties du monde pouvaient à peine suffire pour assouvir leur luxe et leur cupidité, redoutaient tout ce qui pouvait relever l'autorité des lois et réprimer leurs exactions et leurs brigandages. Un petit nombre de bons citoyens, et Cicéron à leur tête, soutenait la république sur le penchant de sa ruine; et c'en était assez pour être l'objet de la haine secrète ou déclarée de tout ce qui était interessé au renversement de l'état. C'est dans ces conjonctures que Catilina, dont Cicéron avait fait échouer les prétentions au consulat, perdu de dettes et de débauches, chargé de crimes de toute espèce, et dont l'impunité prouvait à quel excès de licence et de corruption l'on était parvenu, s'associe tout ce qu'il y avait de citoyens aussi déshonorés que lui, aussi dénués de ressources; forme le projet de mettre le feu à Rome, et d'égorger tout le sénat et les principaux citoyens; envoie Mallius, un des meilleurs officiers qui eussent servi sous Sylla, soulever les vétérans, à qui le dictateur avait distribué des terres, et qui ne demandoient qu'un nouveau pillage. Mallius en forme un corps d'armée entre Fézules et Arezzo, promet de s'avancer vers Rome, au jour marqué pour le meurtre et l'incendie, et de se joindre à Catilina pour mettre tout à feu et à sang, renverser le gouvernement et partager les dépouilles. Ces affreux complots commençaient à éclater de toutes parts : on n'ignorait pas les engagements de Mallius avec Catilina; on savait que les vétérans avaient pris les armes, que les conjurés avaient des intelligences dans Préneste, l'une des villes qui couvraient Rome. Ce n'était plus le temps où, sur de bien moindres alarmes, on avait fait périr sans forme de procès, un Melius, un Cassius, parce qu'alors la première des lois était le salut de la patrie. La consternation était dans Rome : chacun s'exagérait le péril, et Cicéron seul s'occupait de le prévenir. Armé de ce décret du sénat dont la formule, réservée pour les dangers extrêmes, donnait aux consuls un pouvoir extraordinaire, il veillait à la sûreté de la ville, fortifiait les colonies menacées, faisait lever des troupes dans l'Italie, opposait à Mallius le peu de forces qu'on avait pu rassembler; car il faut avouer que Catilina et les conjurés avaient choisi le moment le plus favorable à leur entreprise. Il n'y avait en Italie aucun corps d'armée considérable : les légions étaient en Asie, sous les ordres de Pompée*. Ces circonstances, les alarmes déjà répandues, les précautions déjà prises, tout avertissait Catilina qu'il fallait précipiter l'exécution. Il convoque une assemblée nocturne de ses complices les plus affidés, et leur donne ses derniers ordres. A peine étaient-ils séparés, que Cicéron fut instruit de tout par Fulvie, maîtresse de Curius, un des conjurés, qui, pour se faire valoir auprès d'elle, lui avait confié tout le détail de la conjuration. Cette femme en eut horreur, et vint la révéler à Cicéron, qui assembla aussitôt le sénat dans le temple de Jupiter Stator, bien fortifié : c'est là que Catilina, qui était loin de se douter que le consul eût appris

---

* In extremis finibus mundi arma Romana peregrinabantur. (Florus, lib. IV. ch. 1.)

Les armes romaines voyageaient aux extrémités du monde.

L'armée est en Asie et le crime est dans Rome ;
Mais pour sauver l'état, il suffit d'un grand homme.

VOLTAIRE, *Rome Sauvée*, act. I, sc. 6.

ses dernières démarches, osa se présenter. Quand on n'est pas très instruit des mœurs romaines et de l'histoire de ce temps-là, on s'étonne que le consul ne le fît pas arrêter. Le décret du sénat lui en donnait le pouvoir; mais il aurait révolté tout le corps des nobles, et même beaucoup de citoyens, jaloux à l'excès de leurs privilèges, s'il eût voulu se servir de toute sa puissance pour faire arrêter un patricien qui n'était pas convaincu, ni même accusé. Ce procédé extrajudiciaire était donc très dangereux. Cicéron lui-même va nous exposer les autres motifs, non moins importants, qui devaient régler sa conduite; et nous reconnaîtrons dans sa véhémente apostrophe l'orateur, le consul et l'homme d'état*.

« Jusques à quand, Catilina, abuseras-tu de notre
« patience? Combien de temps encore ta fureur
« osera-t-elle nous insulter? Quel est le terme où
« s'arrêtera cette audace effrénée? Quoi donc! ni
« la garde qui veille la nuit au mont Palatin, ni
« celles qui sont disposées par toute la ville, ni
« tout le peuple en alarme, ni le concours de tous
« les bons citoyens, ni le choix de ce lieu fortifié
« où j'ai convoqué le sénat, ni même l'indignation
« que tu lis sur le visage de tout ce qui t'environne
« ici, tout ce que tu vois enfin ne t'a pas averti que
« tes complots sont découverts, qu'ils sont exposés
« au grand jour, qu'ils sont enchaînés de toutes
« parts! Penses-tu que quelqu'un de nous ignore ce

---

* Rapprochez de cette exposition celle de M. Burnouf dans son introduction à sa traduction des *Catilinaires*. (V. le *Cicéron* de M. J. V. Le Clerc.) H. P.

« que tu as fait la nuit dernière et celle qui l'a pré-
« cédée, dans quelle maison tu as rassemblé tes
« conjurés, quelles résolutions tu as prises? O
« temps! ô mœurs! le sénat en est instruit, le con-
« sul le voit, et Catilina vit encore! Il vit! que dis-
« je? il vient dans le sénat! il s'assied dans le conseil
« de la république! il marque de l'œil ceux d'entre
« nous qu'il a désignés pour ses victimes *; et nous,
« sénateurs, nous croyons avoir assez fait si nous
« évitons le glaive dont il veut nous égorger! Il y
« a long-temps, Catilina, que les ordres du consul
« auraient dû te faire conduire à la mort.... Si je le
« faisais dans ce même moment, tout ce que j'au-
« rais à craindre, c'est que cette justice ne parût
« trop tardive, et non pas trop sévère. Mais j'ai
« d'autres raisons pour t'épargner encore. Tu ne
« périras que lorsqu'il n'y aura pas un seul citoyen,
« si méchant qu'il puisse être, si abandonné, si
« semblable à toi, qui ne convienne que ta mort
« est légitime. Jusque-là tu vivras; mais tu vivras
« comme tu vis aujourd'hui, tellement assiégé
« (graces à mes soins) de surveillants et de gardes,
« tellement entouré de barrières, que tu ne puis-
« ses faire un seul mouvement, un seul effort contre
« la république. Des yeux toujours attentifs, des

---

* Catilina l'emporte, et sa tranquille rage,
Sans crainte et sans danger, médite le carnage.
Au rang des sénateurs il est encore admis;
Il proscrit le sénat, et s'y fait des amis;
Il dévore des yeux le fruit de tous ses crimes:
Il vous voit, vous menace, et marque ses victimes.
VOLTAIRE, *Rome sauvée*, act. IV. sc. 4.

« oreilles toujours ouvertes me répondront de tou-
« tes tes démarches, sans que tu puisses t'en aper-
« cevoir *. Et que peux-tu espérer encore quand
« la nuit ne peut plus couvrir tes assemblées crimi-
« nelles, quand le bruit de ta conjuration se fait
« entendre à travers les murs où tu crois te renfer-
« mer? Tout ce que tu fais est connu de moi comme
« de toi-même. Veux-tu que je t'en donne la preuve?
« Te souvient-il que j'ai dit dans le sénat, qu'avant
« le 6 des calendes de novembre, Mallius, le mi-
« nistre de tes forfaits, aurait pris les armes, et levé
« l'étendard de la rebellion? Eh bien! me suis-je
« trompé, non-seulement sur le fait, tout horrible,
« tout incroyable qu'il est, mais sur le jour? J'ai
« annoncé en plein sénat quel jour tu avais marqué
« pour le meurtre des sénateurs : te souviens-tu
« que ce jour-là même, où plusieurs de nos prin-
« cipaux citoyens sortirent de Rome, bien moins
« pour se dérober à tes coups que pour réunir con-
« tre toi les forces de la république; te souviens-tu
« que ce jour-là je sus prendre de telles précautions,
« qu'il ne te fut pas possible de rien tenter contre
« nous, quoique tu eusses dit publiquement que,
« malgré le départ de quelques-uns de tes ennemis,
« il te restait encore assez de victimes? Et le jour
« même des calendes de novembre, où tu te flattais
« de te rendre maître de Préneste, ne t'es-tu pas
« aperçu que j'avais pris mes mesures pour que

** Tu ne peux m'imposer, perfide ; ne crois pas
Éviter l'œil vengeur attaché sur tes pas.
    VOLTAIRE, *Rome sauvée*, act. 1, sc. 5.

« cette colonie fût en état de défense? Tu ne peux
« faire un pas, tu n'as pas une pensée dont je n'aie
« sur-le-champ la connaissance. Enfin, rappelle-toi
« cette dernière nuit, et tu vas voir que j'ai encore
« plus de vigilance pour le salut de la république
« que tu n'en as pour sa perte. J'affirme que cette
« nuit tu t'es rendu, avec un cortège d'armuriers [*],
« dans la maison de Lecca : est-ce parler clairement?
« qu'un grand nombre de ces malheureux que tu
« associes à tes crimes s'y sont rendus en même
« temps. Ose le nier : tu te tais! Parle; je puis te
« convaincre. Je vois ici, dans cette assemblée, plu-
« sieurs de ceux qui étaient avec toi. Dieux immor-
« tels! où sommes-nous? Dans quelle ville, ô Ciel!
« vivons-nous? Dans quel état est la république!
« Ici, ici même, parmi nous, Pères Conscrits, dans
« ce conseil, le plus auguste et le plus saint de l'u-
« nivers, sont assis ceux qui méditent la ruine de
« Rome et de l'empire; et moi, consul, je les vois,
« et je leur demande leur avis; et ceux qu'il fau-
« drait faire traîner au supplice, ma voix ne les a
« pas même encore attaqués! Oui, cette nuit, Cati-
« lina, c'est dans la maison de Lecca que tu as dis-

[*] Ces mots *un cortège d'armuriers* ne sont guère intelligibles, et il est bien probable que La Harpe n'a pas saisi le sens du passage. Voici comment s'en explique dans une note M. Burnouf :

« *Inter falcarios.* Quelques-uns veulent que ces mots signifient *en-
« touré de satellites armés*; ce qui n'est pas probable; car *falcarius* n'est
« pas synonyme de *Sicarius*. Suivant Priscien, ils désignent le lieu où ha-
« bitent les marchands ou fabricants de faulx. Comme en français le nom
« d'une rue ou d'un quartier n'a rien d'oratoire, nous avons omis dans la
« traduction ce détail indifférent pour nous. Cicéron l'ajoutait pour faire
« voir à Catilina qu'il était bien instruit. »   H. P.

« tribué les postes de l'Italie, que tu as nommé
« ceux des tiens que tu emmènerais avec toi, ceux
« que tu laisserais dans ces murs, que tu as dési-
« gné les quartiers de la ville où il faudrait mettre
« le feu. Tu as fixé le moment de ton départ : tu as
« dit que la seule chose qui pût t'arrêter, c'est que
« je vivais encore. Deux chevaliers romains ont of-
« fert de te délivrer de moi, et ont promis de m'égor-
« ger dans mon lit avant le jour. Le conseil de tes
« brigands n'était pas séparé que j'étais informé de
« tout. Je me suis mis en défense : j'ai fait refuser
« l'entrée de ma maison à ceux qui se sont présen-
« tés chez moi comme pour me rendre visite ; et
« c'était ceux que j'avais nommés d'avance à plu-
« sieurs de nos plus respectables citoyens, et l'heure
« était celle que j'avais marquée.

« Ainsi donc, Catilina, poursuis ta résolution :
« sors enfin de Rome : les portes sont ouvertes :
« pars. Il y a trop long-temps que l'armée de Mal-
« lius t'attend pour général. Emmène avec toi tous
« les scélérats qui te ressemblent ; purge cette ville
« de la contagion que tu y répands ; délivre-la des
« craintes que ta présence y fait naître ; qu'il y ait
« des murs entre nous et toi. Tu ne peux rester
« plus long-temps : je ne le souffrirai pas, je ne le
« supporterai pas, je ne le permettrai pas *..... Hé-

* *Non feram, non patiar.* « Comme homme je ne puis *supporter* ta pré-
« sence ; je ne puis *souffrir* un si cruel supplice. — *Non sinam.* Comme ma-
« gistrat, je ne permettrai pas que tu restes parmi nous. » Telle est la gradation qu'offrent ces trois verbes, et que nous avons essayé de faire sentir
dans la traduction : « Non, tu ne peux vivre plus long-temps avec nous ; je
« ne pourrais le souffrir ; je ne dois pas le permettre. »   BURNOUF.

« sites-tu à faire par mon ordre ce que tu faisais
« de toi-même? Consul, j'ordonne à notre ennemi
« de sortir de Rome.... Et qui pourrait encore t'y
« arrêter? Comment peux-tu supporter le séjour
« d'une ville où il n'y a pas un seul habitant, ex-
« cepté tes complices, pour qui tu ne sois un objet
« d'horreur et d'effroi? Quelle est l'infamie domes-
« tique dont ta vie n'ait pas été chargée? Quel est
« l'attentat dont tes mains n'aient pas été souillées?...
« Enfin, quelle est la vie que tu mènes? Car je veux
« bien te parler un moment, non pas avec l'indi-
« gnation que tu mérites, mais avec la pitié que tu
« mérites si peu*. Tu viens de paraître dans cette
« assemblée : eh bien! dans ce grand nombre de
« sénateurs, parmi lesquels tu as des parents, des
« amis, des proches ; quel est celui de qui tu aies
« obtenu un salut, un regard? Si tu es le premier
« qui aies essuyé un semblable affront, attends-tu
« que des voix s'élèvent contre toi, quand le silence
« seul, quand cet arrêt, le plus accablant de tous,
« t'a déjà condamné ; lorsqu'à ton arrivée les sièges
« sont restés vides autour de toi, lorsque les consu-
« laires, au moment où tu t'es assis, ont aussitôt
« quitté la place qui pouvait les rapprocher de toi?
« Avec quel front, avec quelle contenance peux-tu
« supporter tant d'humiliations? Si mes esclaves
« me redoutaient comme tes concitoyens te redou-
« tent, s'ils me voyaient du même œil dont tout le
« monde te voit ici, j'abandonnerais ma propre

* C'est ainsi que s'explique un reste de pitié.
VOLTAIRE, *Rome sauvée*, act. I, sc. 5.

« maison.... Et tu balances à abandonner ta patrie,
« à fuir dans quelque désert, à cacher dans quel-
« que solitude éloignée cette vie coupable réservée
« aux supplices! Je t'entends me répondre que tu
« es prêt à partir, si le sénat prononce l'arrêt de
« ton exil. Non, je ne le proposerai pas au sénat;
« mais je vais te mettre à portée de connaître ses
« dispositions à ton égard, de manière que tu n'en
« puisses douter. Catilina, sors de Rome; et puisque
« tu attends le mot d'exil, exile-toi de ta patrie. Eh
« quoi! Catilina, remarques-tu ce silence, et t'en
« faut-il davantage? Si j'en disais autant à Sextius,
« à Marcellus, tout consul que je suis, je ne serais
« pas en sûreté dans le sénat. Mais c'est à toi que
« je m'adresse, c'est à toi que j'ordonne l'exil, et
« quand le sénat me laisse parler ainsi, il m'ap-
« prouve; quand il se tait, il prononce : son silence
« est un décret.

« J'en dis autant des chevaliers romains, de ce
« corps honorable qui entoure le sénat en si grand
« nombre, dont tu as pu, en entrant ici, recon-
« naître les sentiments et entendre la voix, et dont
« j'ai peine à retenir la main prête à se porter sur
« toi. Je te suis garant qu'ils te suivront jusqu'aux
« portes de cette ville que depuis si long-temps tu
« brûles de détruire.... Pars donc : tu as tant dit
« que tu attendais un ordre d'exil qui pût me rendre
« odieux. Sois content : je l'ai donné : achève, en t'y
« rendant, d'exciter contre moi cette inimitié dont
« tu te promets tant d'avantages. Mais si tu veux
« me fournir un nouveau sujet de gloire, sors avec

« le cortége de brigands qui t'est dévoué; sors avec
« la lie des citoyens; va dans le camp de Mallius;
« déclare à l'état une guerre impie; va te jeter dans
« ce repaire où t'appelle depuis long-temps ta fureur
« insensée.... Là, combien tu seras satisfait! Quels
« plaisirs dignes de toi tu vas goûter! A quelle hor-
« rible joie tu vas te livrer, lorsqu'en regardant
« autour de toi, tu ne pourras plus ni voir ni en-
« tendre un seul homme de bien!.... Et vous, Pères
« Conscrits, écoutez avec attention, et gravez dans
« votre mémoire la réponse que je crois devoir
« faire à des plaintes qui semblent, je l'avoue, avoir
« quelque justice. Je crois entendre la patrie, cette
« patrie qui m'est plus chère que la vie; je crois
« l'entendre me dire : Cicéron, que fais-tu? Quoi!
« celui que tu reconnais pour mon ennemi, celui
« qui va porter la guerre dans mon sein, qu'on at-
« tend dans un camp de rebelles, l'auteur du cri-
« me, le chef de la conjuration, le corrupteur des
« citoyens, tu le laisses sortir de Rome! tu l'en-
« voies prendre les armes contre la république! tu
« ne le fais pas charger de fers, traîner à la mort! tu
« ne le livres pas au plus affreux supplice! Qui
« t'arrête? Est-ce la discipline de nos ancêtres? Mais
« souvent des particuliers même ont puni de mort
« des citoyens séditieux. Sont-ce les lois qui ont
« borné le châtiment des citoyens coupables*? Mais

* La traduction de M. Burnouf présente un sens plus net et plus juste :
« Les lois qui assurent au citoyen accusé de solennelles garanties. » Ce sont les
lois *Porcia* et *Sempronia* invoquées par Cicéron dans le beau passage des
Verrines que citait tout à l'heure La Harpe (*De suppl* 63)   H. P.

« ceux qui se sont déclarés contre la république
« n'ont jamais joui des droits de citoyen. Crains-tu
« les reproches de la génération suivante ? Mais le
« peuple romain, qui t'a conduit de si bonne heure
« par tous les degrés d'élévation jusqu'à la première
« de ses dignités, sans nulle recommandation de
« tes ancêtres, sans te connaître autrement que par
« toi-même, le peuple romain obtient donc de toi
« bien peu de reconnaissance, s'il est quelque con-
« sidération, quelque crainte qui te fasse oublier
« le salut de ses citoyens !....

« A cette voix sainte de la république, à ces
« plaintes qu'elle peut m'adresser, Pères Concrits,
« voici quelle est ma réponse. Si j'avais cru que le
« meilleur parti à prendre fût de faire périr Catilina,
« je ne l'aurais pas laissé vivre un moment. En effet,
« si les plus grands hommes de la république se sont
« honorés par la mort de Flaccus, de Saturninus,
« des deux Gracches, je ne devais pas craindre que
« la postérité me condamnât pour avoir fait mourir
« ce brigand, cent fois plus coupable, et meurtrier
« de ses concitoyens : ou s'il était possible qu'une
« action si juste excitât contre moi la haine, il est
« dans mes principes de regarder comme des titres
« de gloire les ennemis qu'on se fait par la vertu.
« Mais il est dans cet ordre même, il est des hommes
« qui ne voient pas tous nos dangers et tous nos
« maux, ou qui ne veulent pas les voir. Ce sont
« eux qui, en se montrant trop faibles, ont nourri
« les espérances de Catilina ; ce sont eux qui ont
« fortifié la conjuration en refusant d'y croire. En-

« traînés par leur autorité, beaucoup de citoyens
« aveuglés ou méchants, si j'avais sévi contre Cati-
« lina, m'auraient accusé de cruauté et de tyran-
« nie. Aujourd'hui, s'il se rend, comme il l'a résolu,
« dans le camp de Mallius, il n'y aura personne
« d'assez insensé pour nier qu'il ait conspiré contre
« la patrie. Sa mort aurait réprimé les complots qui
« nous menacent, et ne les aurait pas entièrement
« étouffés. Mais s'il emmène avec lui tout cet exé-
« crable ramas d'assassins et d'incendiaires, alors
« non-seulement nous aurons détruit cette peste
« qui s'est accrue et nourrie au milieu de nous,
« mais même nous aurons anéanti jusqu'aux se-
« mences de la corruption.

« Ce n'est pas d'aujourd'hui, Pères Conscrits, que
« nous sommes environnés de pièges et d'embû-
« ches ; mais il semble que tout cet orage de fureur
« et de crimes ne se soit grossi depuis long-temps
« que pour éclater sous mon consulat. Si parmi tant
« d'ennemis nous ne frappions que Catilina seul, sa
« mort nous laisserait respirer, il est vrai ; mais le
« péril subsisterait, et le venin serait renfermé dans
« le sein de la république....... Ainsi donc, je le ré-
« pète, que les méchants se séparent des bons ; que
« nos ennemis se rassemblent en une seule retraite ;
« qu'ils cessent d'assiéger le consul dans sa maison,
« les magistrats sur leur tribunal, les pères de Rome
« dans le sénat ; d'amasser des flambeaux pour em-
« braser nos demeures ; enfin, qu'on puisse voir
« écrits sur le front de chaque citoyen ses senti-
« ments pour la république. Je vous réponds, Pères

« Conscrits, qu'il y aura dans vos consuls assez de
« vigilance, dans cet ordre assez d'autorité, dans
« celui des chevaliers assez de courage, parmi tous
« les bons citoyens assez d'accord et d'union, pour
« qu'au départ de Catilina, tout ce que vous pouvez
« craindre de lui et de ses complices soit à la fois
« découvert, étouffé et puni.

« Va donc, avec ce présage de notre salut et de
« ta perte, avec tous les satellites que tes abomina-
« bles complots ont réunis avec toi; va, dis-je,
« Catilina, donner le signal d'une guerre sacrilège.
« Et toi, Jupiter Stator, dont le temple a été élevé
« par Romulus, sous les mêmes auspices que Rome
« même! toi, nommé dans tous les temps le soutien
« de l'empire romain! tu préserveras de la rage de
« ce brigand tes autels, ces murs et la vie de tous
« nos citoyens; et tous ces ennemis de Rome, ces
« déprédateurs de l'Italie, ces scélérats liés entre eux
« par les mêmes forfaits, seront aussi, vivants et
« morts, réunis à jamais par les mêmes sup-
« plices*. »

Ce fut sans doute la première punition de Catilina, d'avoir à essuyer cette foudroyante harangue.
En venant au sénat, il s'exposait à cette tempête.
Il n'y avait aucun moyen d'interrompre un consul
parlant au milieu des sénateurs, et l'usage ne per-

---

* Dans cet extrait rapide de la première *Catilinaire*, il y a, comme dans
les passages précédemment cités, un grand nombre d'inexactitudes de détail
que La Harpe a commises volontairement dans la vue d'abréger, et sur lesquelles nous avons cru devoir passer. Nous avons continué et nous conti-
nuerons à indiquer par des points les passages entièrement supprimés par le
traducteur.

mettait pas même d'interrompre un sénateur opinant. Cependant ni la voix de Cicéron, ni celle de la conscience, ne purent intimider assez Catilina pour lui ôter le courage de répliquer. Il prit une contenance hypocrite, et se leva pour répondre; mais à peine eut-il dit quelques phrases vagues, que Salluste nous a conservées, et qui portent sur l'opinion que doit donner de lui sa naissance opposée à celle de Cicéron, que les murmures s'élevant de tous côtés lui firent bien voir qu'on ne reconnaissait plus en lui les privilèges d'un sénateur. Bientôt un cri général l'empêcha de poursuivre, les noms de parricide et d'incendiaire retentissaient à ses oreilles; il fallut alors jeter le masque; et, n'étant plus maître de lui, il laissa pour adieux au sénat ces paroles furieuses, citées par plusieurs historiens, et dont l'énergie est remarquable : « Puisque je suis poussé « à bout par les ennemis qui m'environnent, j'étein- « drai sous des débris l'incendie qu'on allume autour « de moi. »

L'évènement justifia la politique de Cicéron. La nuit suivante, Catilina sortit de Rome avec trois cents hommes armés, et alla se mettre à la tête des troupes de Mallius. On sait quelle fut l'issue de cette guerre, et que, dans cette sanglante bataille où il fut défait, ses soldats se firent presque tous tuer, et délivrèrent Rome et l'Italie de ce qu'elles avaient de plus vicieux et de plus à craindre pour leur repos. Si l'on demande pourquoi Catilina, devant qui Cicéron avait manifesté ses intentions et ses vues, prend précisément le parti que le consul désirait qu'il prît, c'est qu'il n'y en avait pas un autre pour lui; c'est que, tout étant découvert, et Rome si bien gardée, qu'il ne lui était guère possible d'y rien entreprendre, il n'avait plus de ressource que la force ouverte et l'armée de Mallius.

Dès qu'il fut parti, Cicéron monta à la tribune aux harangues, et rendit compte au peuple romain de tout ce qui s'était passé : c'est le sujet de la seconde *Catilinaire*. L'orateur s'y propose principalement de dissiper les fausses et insidieuses alarmes que les partisans secrets de Catilina affectaient de répandre en exagérant ses ressources et le danger de la république. Cicéron oppose à ces insinuations aussi lâches que perfides le tableau fidèle des forces des deux partis, et le contraste de la puissance romaine et d'une armée de brigands désespérés. En effet, il était évident qu'on ne pouvait craindre de Catilina qu'un coup de main, qu'un de ces attentats subits et imprévus qui peuvent bouleverser une ville. Ce n'était que dans Rome qu'il était vraiment redoutable : réduit à faire la guerre, il devait succomber. Ainsi, tout concourt à faire voir que les vues de Cicéron furent aussi justes que sa conduite fut noble et patriotique.

Celle des conjurés fut si imprudente, qu'elle précipita leur perte long-temps avant celle de leur chef. Il avait laissé dans Rome, Lentulus et Céthégus, et quelques autres de ses principaux confidents, pour épier le moment de se défaire, s'il était possible, de cet infatigable consul, le plus grand obstacle à tous leurs desseins, pour mettre le feu dans Rome, et attaquer le sénat à l'instant où Catilina se montrerait aux portes avec son armée; enfin, pour grossir jusque-là leur parti par tous les moyens imaginables. Ils essayèrent d'y entraîner les députés des Allobroges, et leur remirent un plan de la conjuration avec leur signature. Tout fut porté sur-le-champ à Cicéron. Muni de ces pièces de conviction, il convoque le sénat, mande chez lui Lentulus, Céthégus, Céparius, Gabinius et Statilius, qui, ne se doutant pas qu'ils fussent trahis, se rendent à ses ordres. Il s'empare de leurs personnes et les mène avec lui au sénat, où il fait introduire d'abord les députés des Allobroges. On entend leur déposition ; on ouvre les dépêches : les preuves étaient claires. Les coupables sont forcés de reconnaître leur seing et leur cachet. C'est à cette occasion que l'on rapporte une bien belle parole de Cicéron à Lentulus. Ce conjuré était de la famille des Cornéliens, la plus illustre de Rome. Lui-même était alors préteur. Son cachet représentait la tête de son aïeul, qui avait été un excellent citoyen. « Le reconnaissez-vous, ce cachet? « lui dit le consul ; c'est l'image de votre aïeul, qui « a si bien mérité de la république. Comment la « seule vue de cette tête vénérable ne vous a-t-elle « pas arrêté au moment où vous alliez vous en servir « pour signer le crime ? »

Le sénat décerne des récompenses aux Allobroges, des actions de graces et des honneurs sans exemple au consul : on ordonne les fêtes appelées *Supplications*, qui, après le triomphe, étaient le prix le plus honorable des victoires*. Cicéron harangue le peuple, et lui expose tout ce qui s'est fait dans le sénat, et de quel péril Rome vient d'être délivrée : c'est la troisième *Catilinaire*. Enfin il ne s'agissait plus que de décider du sort des coupables. Silanus, désigné consul pour l'année suivante, opine à la mort. Son avis est suivi de tous ceux qui parlent après lui, jusqu'à César, qui opine à la prison perpétuelle et à la confiscation des biens. Il avait déjà un grand crédit, et son opinion pouvait entraîner d'autant plus de voix, que ceux même qui étaient les plus attachés à Cicéron, craignant que quelque jour on ne lui demandât compte du sang des citoyens qui, dans les formes ordinaires, ne pouvaient être condamnés à mort que par le peuple, paraissaient incliner à l'indulgence, pour ne pas exposer un grand homme qu'ils chérissaient. Ils semblaient chercher dans ses yeux l'avis qu'ils devaient ouvrir. Cicéron s'aperçut du danger nouveau que courait la république dans ce moment de crise ; il savait que les amis et les partisans des conjurés ne s'occupaient qu'à se mettre en état de forcer leur prison ; et si le sénat eût molli dans une délibération si importante, c'en était assez pour relever le parti de Catilina. L'intrépide consul prit la parole ; et c'est dans cette harangue, qui est la quatrième *Catilinaire*, qu'il a le plus manifesté l'élévation de ses sentiments, et ce dévouement d'une âme vraiment romaine, qui

---

* Quand un général avait remporté une victoire signalée, le sénat ordonnait de rendre des actions de graces dans tous les temples, *supplicatio* vel *supplicium*. Tit. Liv. III, 63   Adam, *Antiquités romaines*.

n'ignorait pas ses propres périls, et qui les bravait pour le salut de l'état*.

« Je m'aperçois, Pères Conscrits, que tous les
« yeux sont tournés sur moi, que vous êtes occupés
« non-seulement des dangers de la république, mais
« des miens. Cet intérêt particulier qui se mêle au
« sentiment de nos malheurs communs est sans
« doute un témoignage bien doux et bien flatteur;
« mais, je vous en conjure au nom des dieux, ou-
« bliez-le entièrement; et, laissant à part ma propre
« sûreté, ne songez qu'à la vôtre et à celle de vos
« enfants. Si telle est ma condition, que tous les
« maux, toutes les afflictions, tous les revers doi-
« vent se rassembler sur moi seul, je les suppor-
« terai non-seulement avec courage, mais avec joie,
« pourvu que par mes travaux j'assure votre dignité
« et le salut du peuple romain. Depuis qu'il m'a
« décerné le consulat, vous le savez, les tribunaux,
« sanctuaires de la justice et des lois; le champ de
« Mars, consacré par les auspices; l'assemblée du
« sénat, qui est le refuge des nations; l'asyle des
« dieux pénates, regardé comme inviolable; le lit
« domestique, où tout citoyen repose en paix; enfin
« ce siége d'honneur, cette chaire curule, ont été
« pour moi un théâtre de dangers renaissants et
« d'alarmes continuelles: c'est à ces conditions que
« je suis consul. J'ai souffert, j'ai dissimulé, j'ai par-

---

* Voyez les analyses que M. Burnouf a faites des *Catilinaires* dans les Introductions dont il a fait précéder la traduction de ces discours, et dont nous avons déjà mentionné la première. (Cicéron de M. J. V. Le Clerc.) H P

« donné* : j'ai guéri plusieurs de vos blessures en
« cachant les miennes; et si les dieux ont arrêté
« que ce serait à ce prix que je sauverais du fer et
« des flammes, de toutes les horreurs du pillage et
« de la dévastation, Rome et l'Italie, vos femmes,
« vos enfants, les prêtresses de Vesta, les temples
« et les autels, quel que soit le sort qui m'attend,
« je suis prêt à le subir. Lentulus a bien pu croire
« que la destruction de la république était attachée
« a sa destinée et au nom Cornélien : pourquoi ne
« m'applaudirais-je pas que l'époque de mon con-
« sulat ait été fixée par les destins pour sauver la
« république? Ne pensez donc qu'à vous-mêmes,
« Pères Conscrits, et cessez de penser à moi... D'a-
« bord je dois espérer que les dieux, protecteurs de
« cet empire, m'accorderont la récompense que j'ai
« méritée; mais s'il en arrivait autrement, je mourrai
« sans regret; car jamais la mort ne peut être ni hon-
« teuse pour un homme courageux, ni prématurée
« pour un consulaire**, ni à craindre pour le sage.
« Ce n'est pas que je me fasse gloire d'être insensible
« aux larmes de mon frère qui est ici présent, à la
« douleur que vous me témoignez tous ; que ma
« pensée ne se reporte souvent sur la désolation où
« j'ai laissé chez moi une épouse et une fille égale-
« ment chères, également frappées de mes dangers;
« un fils encore enfant, que Rome semble porter

---

* Peut-être ce mot *pardonné* ne rend-il pas très bien *concessi*, que M. Burnouf traduit par le mot *sacrifices*. H. P.

** Car rien ne peut ajouter à la gloire et au bonheur de celui que le peuple romain a honoré de la suprême magistrature. J. L. Burnouf.

« dans son sein comme un garant de ce que lui doit
« mon consulat; que mes yeux ne se tournent sur
« un gendre qui dans cette assemblée attend, ainsi
« que vous, avec inquiétude, l'évènement de cette
« journée : je suis touché de leur situation et de
« leur sensibilité, je l'avoue : mais c'est une raison
« de plus pour que j'aime mieux les sauver tous avec
« vous, même quand je devrais périr, que de les
« voir enveloppés avec vous dans une même ruine.
« En effet, Pères Conscrits, regardez l'orage qui vous
« menace, si vous ne le prévenez. Il ne s'agit point
« ici d'un Tibérius Gracchus, qui ne voulait qu'ob-
« tenir un second tribunat; d'un Caïus, qui ameu-
« tait dans les comices les tribus rustiques*; d'un
« Saturninus, qui n'était coupable que du meurtre
« d'un seul citoyen, de Memmius : vous avez à juger
« ceux qui ne sont restés dans Rome que pour l'in-
« cendier, pour y recevoir Catilina, pour vous
« égorger tous; vous avez dans vos mains leurs
« lettres, leurs signatures, leur aveu. Ils ont voulu
« soulever les Allobroges, armer les esclaves, in-
« troduire Catilina dans nos murs; en un mot, leur
« dessein était qu'après nous avoir fait périr tous,
« il ne restât pas un seul citoyen qui pût pleurer sur
« les débris de l'état. Voilà ce qui est prouvé, ce qui
« est avoué; voilà sur quoi, Pères Conscrits, vous
« avez déjà prononcé vous-mêmes. Et que faisiez-
« vous en effet, quand vous avez porté en ma faveur
« un décret d'actions de graces pour avoir décou-
« vert et prévenu une conspiration de scélérats ar-

* Par *agrarios* M. Burnouf entend les partisans de la loi agraire. H. P.

« més contre la patrie; quand vous avez forcé Len-
« tulus à se démettre de la préture; quand vous
« l'avez mis en prison lui et ses complices; quand
« vous avez ordonné une *supplication* aux dieux,
« honneur qui jusqu'à moi n'a jamais été accordé
« qu'aux généraux vainqueurs; enfin, quand vous
« avez honoré des plus grandes récompenses la fidé-
« lité des Allobroges? Tous ces actes si solennels,
« si multipliés, ne sont-ils pas la condamnation des
« conjurés? Cependant, puisque j'ai cru devoir
« mettre l'affaire en délibération devant vous, puis-
« qu'il s'agit de statuer sur la peine due aux cou-
« pables, je vais vous dire, avant tout, ce qu'un
« consul ne doit pas vous laisser ignorer. Je savais
« bien qu'il régnait dans les esprits une sorte de
« vertige et de fureur, que l'on cherchait à exciter
« des troubles, que l'on avait de pernicieux desseins;
« mais je n'avais jamais cru, je l'avoue, que des ci-
« toyens romains pussent former de si abominables
« complots..... Si vous croyez que peu d'hommes y
« aient trempé, Pères Conscrits, vous vous trompez:
« le mal est plus étendu que vous ne le croyez. Il a
« non-seulement gagné l'Italie, il a passé les Alpes;
« il s'est glissé sourdement dans les provinces* : les
« lenteurs et les délais ne peuvent que l'accroître;
« vous ne sauriez trop tôt l'étouffer; et, quelque
« parti que vous choisissiez, vous n'avez pas un mo-

---

* Un feu dont l'étendue embrase au même instant
Les Alpes, l'Apennin, l'aurore et le conchant,
Que Rome doit nourrir, que rien ne peut éteindre.
    VOLTAIRE, *Rome sauvée*, act. III, sc. 1.

« ment à perdre : il faut prendre votre résolution
« avant la nuit. » (I , 3.)

Il discute en cet endroit l'avis de Silanus et celui
de César, toujours avec les plus grands ménagements pour ce dernier. Il a même l'adresse de faire
sentir qu'il ne faut pas croire que son avis ait été
dicté par une indulgence criminelle*. Il entre habilement dans la pensée de César, qui, ne voulant
pas avoir l'air d'épargner les conjurés, avait paru
regarder la captivité perpétuelle comme une peine
beaucoup plus sévère que la mort, qui n'est que
la fin de tous les maux. Il appuie sur cette idée, et
n'insiste sur la peine de mort que parce que les
circonstances et l'intérêt de l'état la rendent nécessaire. Après ce détail, il semble prendre de nouvelles
forces pour donner au sénat tout le courage dont
il est lui-même animé, et cette dernière partie de
son discours inspire cet intérêt mêlé d'admiration,
qui est un des plus beaux effets de l'éloquence.

« Je ne dois pas vous dissimuler ce que j'entends
« tous les jours** : de tous côtés viennent à mes
« oreilles les discours de ceux qui semblent craindre
« que je n'aie pas assez de moyens, assez de force
« pour exécuter ce que vous avez résolu. Ne vous y
« trompez pas, Pères Conscrits : tout est préparé,
« tout est prévu, tout est assuré, et par mes soins
« et ma vigilance, et plus encore par le zèle du

---

* S'il n'est point vertueux, ma voix le force à l'être.

VOLTAIRE, *Rome sauvée*, act. V, sc 3

* *Tous les jours* altère le sens : c'est autour de lui, dans le sénat, qu'il entend faire ces objections.
H P.

« peuple romain, qui veut conserver son empire,
« ses biens et sa liberté. Vous avez pour vous tous
« les ordres de l'état : des citoyens de tout âge ont
« rempli la place publique et les temples, et occu-
« pent toutes les avenues qui conduisent au lieu de
« cette assemblée. C'est qu'en effet cette cause est
« la première depuis la fondation de Rome, où tous
« les citoyens n'aient eu qu'un même sentiment,
« qu'un même intérêt, excepté ceux qui, trop sûrs
« du sort que leur réservent les lois, aiment mieux
« tomber avec la république que de périr seuls. Je
« les excepte volontiers, je les sépare de nous : ce
« ne sont pas nos concitoyens, ce sont nos plus
« mortels ennemis. Mais tous les autres, grands
« dieux! avec quelle ardeur, avec quel courage,
« avec quelle affluence ils se présentent pour as-
« surer la dignité et le salut de tous! Vous parle-
« rai-je des chevaliers romains, qui, vous cédant le
« premier rang dans l'état, ne disputent avec vous
« que de zèle et d'amour pour la patrie? Après les
« longs débats qui vous ont divisés, ce jour de dan-
« ger, la cause commune, vous les a tous attachés;
« et j'ose vous répondre que toutes parties de l'ad-
« ministration publique ne doivent plus redouter
« aucune atteinte, si cette union établie pendant
« mon consulat peut être à jamais affermie. Je vois
« ici parmi vous, je vois remplis du même zèle les
« tribuns de l'épargne, ces dignes citoyens qui, dans
« ce même jour, pour concourir à la défense géné-
« rale, ont quitté les fonctions qui les appelaient, ont
« renoncé au profit de leurs charges, et sacrifié tout

« autre intérêt à celui qui nous rassemble. Et quel
« est en effet le Romain à qui l'aspect de la patrie
« et le jour de la liberté ne soient des biens chers
« et précieux ? N'oubliez pas dans ce nombre les
« affranchis, ces hommes qui, par leurs travaux et
« leur mérite, se sont rendus dignes de partager
« vos droits, et dont Rome est devenue la mère,
« tandis que ses enfants les plus illustres par leur
« nom et leur naissance ont voulu l'anéantir. Mais
« que dis-je? des affranchis?... il n'y a pas même
« un esclave, pour peu que son maître lui rende
« la servitude supportable, qui n'ait les conjurés en
« horreur; qui ne désire que la république subsiste;
« et qui ne soit prêt à y contribuer de tout son
« pouvoir. N'ayez donc aucune inquiétude, Pères
« Conscrits, de ce que vous avez entendu dire qu'un
« agent de Lentulus cherchait à soulever les artisans
« et le petit peuple. Il l'a tenté, il est vrai, mais vai-
« nement; il ne s'en est pas trouvé un seul assez
« dénué de ressources, ou assez dépravé de carac-
« tère, pour ne pas désirer de jouir tranquillement
« du fruit de son travail journalier, de sa demeure
« et de son lit. Toute cette classe d'hommes ne peut
« même fonder sa subsistance que sur la tranquil-
« lité publique : leur gain diminue quand leurs ate-
« liers sont fermés : que serait-ce s'ils étaient em-
« brasés? Ne craignez donc pas que le peuple romain
« vous manque : craignez vous-mêmes de manquer
« au peuple romain. Vous avez un consul que les
« dieux, en l'arrachant aux embûches et à la mort,
« n'ont pas conservé pour lui-même, mais pour

« vous..... La patrie commune, menacée des glaives
« et des flambeaux par une conjuration impie, vous
« tend des mains suppliantes; elle vous recommande
« le Capitole, les feux éternels de Vesta, garants
« de la durée de cet empire; elle vous recommande
« ses murs, ses dieux, ses habitants. Enfin, c'est
« sur votre propre vie, sur celle de vos femmes et
« de vos enfants, sur vos biens, sur la conservation
« de vos foyers, que vous avez à prononcer aujour-
« d'hui..... Songez combien il s'en est peu fallu que
« cet édifice de la grandeur romaine, fondé par tant
« de travaux, élevé si haut par les dieux, n'ait été
« renversé dans une nuit. C'est à vous de pourvoir
« à ce que désormais un semblable attentat ne
« puisse, je ne dis pas être commis, mais même
« être médité. Si je vous parle ainsi, Père Conscrits,
« ce n'est pas pour exciter votre zèle, qui va sans
« doute au-devant du mien, c'est afin que ma voix,
« qui doit être la première entendue, s'acquitte en
« votre présence des devoirs de votre consul. Je
« n'ignore pas que je me fais autant d'ennemis im-
« placables qu'il existe de conjurés, et vous savez
« quel en est le nombre ; mais ils sont tous, à mes
« yeux, vils, faibles et abjects; et quand même il
« arriverait qu'un jour leur fureur, excitée et
« soutenue par quelque ennemi plus puissant, pré-
« valût contre moi sur vos droits et sur ceux de la
« république, jamais je ne me repentirai de mes
« actions ni de mes paroles*. La mort dont ils me

* Je connais l'inconstance aux humains ordinaire,
J'attends sans m'ébranler les retours du vulgaire.

« menacent est réservée à tous les hommes ;
« mais la gloire dont vos décrets m'ont couvert
« n'a été réservée qu'à moi. Les autres ont été
« honorés pour avoir servi la patrie ; mais vos
« décrets n'ont attribué qu'a moi seul l'honneur de
« l'avoir sauvée. Qu'il soit à jamais célèbre dans vos
« fastes, ce Scipion qui arracha l'Italie des mains
« d'Annibal ; cet autre Scipion qui renversa Car-
« thage et Numance, les deux plus cruelles enne-
« mies de Rome ; ce Paul Émile dont un roi puissant
« suivit le char de triomphe ; ce Marius, qui délivra
« l'Italie des Cimbres et des Teutons ; que l'on mette
« au-dessus de tout le grand Pompée, dont les ex-
« ploits n'ont eu d'autres bornes que celles du
« monde, il restera encore une place assez hono-
« rable à celui qui a conservé aux vainqueurs des
« nations une patrie où ils puissent venir triompher.
« Je sais que la victoire étrangère a cet avantage
« sur la victoire domestique, que dans l'une les
« vaincus deviennent des sujets soumis ou des alliés
« fidèles ; dans l'autre, ceux qu'une fureur insensée
« a rendus ennemis de l'état, ne peuvent, quand
« vous les avez empêchés de nuire, être réprimés
« par les armes ni fléchis par les bienfaits. Je m'at-
« tends donc à une guerre éternelle avec les mé-

Scipion, accusé sur des prétextes vains,
Remercia les dieux et quitta les Romains.
Je puis en quelque chose imiter ce grand homme :
Je rendrai grace au ciel et resterai dans Rome.
A l'état malgré vous j'ai consacré mes jours ;
Et, toujours envié, je servirai toujours.
   VOLTAIRE, *Rome sauvée*, act. V, sc. 5.

« chants. Je la soutiendrai avec le secours de tous
« les bons citoyens, et j'espère que la réunion du
« sénat et des chevaliers sera dans tous les temps
« une barrière qu'aucun effort ne pourra renverser.

« Maintenant, Pères Conscrits, tout ce que je
« vous demande en récompense de ce que j'ai sa-
« crifié pour vous, du gouvernement d'une pro-
« vince et du commandement d'une armée où j'ai
« renoncé pour veiller à la sûreté de l'état, de tous
« les honneurs et de tous les avantages que j'ai né-
« gligés pour ce seul motif, de tous les soins que
« j'ai pris, de tout le fardeau dont je me suis chargé;
« tout ce que je vous demande, c'est de garder un
« souvenir fidèle de mon consulat *. Ce souvenir,
« tant qu'il sera présent à votre esprit, sera le plus
« ferme rempart que je puisse opposer à la haine
« et à l'envie. Si mes espérances sont trompées, si
« les méchants l'emportent, je vous recommande
« l'enfance de mon fils; et je n'aurai rien à craindre
« pour lui, rien ne doit manquer un jour ni à sa
« sûreté, ni même à sa dignité, si vous vous souve-
« nez qu'il est le fils d'un homme qui, à ses pro-
« pres périls, vous a garantis de ceux qui vous
« menaçaient.

« Ce qui vous reste à faire en ce moment, c'est
« de statuer avec promptitude et fermeté sur la
« cause de Rome et de l'empire; et, quoi que vous
« puissiez décider, croyez que le consul saura main-

---

* Romains, j'aime la gloire, et ne veux point m'en taire;
Des travaux des humains c'est le digne salaire.

VOLTAIRE, *Rome sauvée*, act. V, sc. 2.

« tenir votre autorité, faire respecter vos décrets,
« et en assurer l'exécution. » (VII, 11.)

C'est avec ce langage qu'on intimide les méchants, qu'on rassure les faibles, qu'on encourage les bons; en un mot, que l'âme d'un seul homme devient celle de toute une assemblée, de tout un peuple. La sentence de mort fut prononcée d'une voix presque unanime, et exécutée sur-le-champ. Cicéron, un moment après, trouva les partisans, les amis, les parents des conjurés, encore attroupés dans la place publique : ils ignoraient le sort des coupables, et n'avaient pas perdu toute espérance. *Ils ont vécu*, leur dit le consul en se tournant vers eux; et ce seul mot fut un coup de foudre qui les dissipa tous en un moment. Il était nuit : Cicéron fut reconduit chez lui aux acclamations de tout le peuple, et suivi des principaux du sénat. On plaçait des flambeaux aux portes des maisons pour éclairer sa marche. Les femmes étaient aux fenêtres pour le voir passer, et le montraient à leurs enfants. Quelque temps après, Caton devant le peuple, et Catulus dans le sénat, lui décernèrent le nom de père de la patrie, titre si glorieux, que dans la suite la flatterie l'attacha à la dignité impériale, mais que Rome libre, dit heureusement Juvénal, n'a donné qu'au seul Cicéron.

Roma patrem patriæ Ciceronem libera dixit.

Tous ces faits sont si connus, nous sont si familiers dès nos premières études, que je ne les aurais pas même rappelés, s'ils ne faisaient une partie nécessaire de l'objet qui nous occupe et des ouvrages que nous considérons; et j'ai pu m'y refuser d'autant moins, qu'il est plus doux, en faisant l'histoire du génie, de faire en même temps celle de la vertu.

SECTION V. — *Des autres harangues de Cicéron.*

Dans le temps même où les dangers de la république occupaient tous les moments, toutes les pensées de Cicéron; lorsque, après avoir forcé Catilina de sortir de Rome, il observait tous les pas des conjurés, et cherchait à s'assurer des preuves du crime, il se chargea dans les tribunaux d'une affaire très importante, et dont le succès intéressait à la fois son amitié, son éloquence et sa politique. On aurait peine à concevoir comment chez lui les soins de l'administration laissaient place encore aux affaires du barreau, comment, parmi tant de fatigues qui lui permettaient à peine quelques heures de sommeil, le consul eut encore le loisir d'être avocat, et de composer un plaidoyer aussi bien travaillé que celui dont je vais parler, si l'on ne savait quelle prodigieuse facilité de travail il tenait de la nature et de l'habitude, et ce que peut l'homme qui s'est accoutumé à faire un usage continuel de son temps et de son génie. D'ailleurs, le premier de tous les intérêts pour Cicéron, celui de l'état, l'appelait à la défense de Licinius Muréna, désigné consul pour l'année suivante, mais alors accusé de brigue, et à qui une condamnation juridique pouvait faire perdre la dignité qu'il avait obtenue. C'était un citoyen plein d'honneur et de courage, qui avait servi avec la plus grande distinction sous

Lucullus, et très attaché à Cicéron et à la patrie. Dans le trouble et le désordre où étaient les affaires publiques, il était de la dernière importance que la bonne cause ne perdît pas un tel appui, que Muréna entrât en charge au jour marqué, et qu'on ne fût pas exposé au danger d'une nouvelle élection. Les circonstances rendaient sa défense difficile et délicate. Cicéron lui-même, à la prière de tous les honnêtes gens, révolté de la corruption qui régnait dans les comices, avait porté contre la brigue une loi plus sévère que les précédentes. Muréna avait pour accusateur l'un de ses compétiteurs au consulat, Sulpitius, jurisconsulte renommé, et compté aussi parmi les amis de Cicéron. Mais ce qui donnait le plus de poids à l'accusation, c'est quelle était soutenue par un homme dont le caractère était généralement respecté, par Caton, qui dans ce même temps était près d'obtenir le tribunat. Pressé de faire un exemple, il avait dit publiquement que l'année ne se passerait pas sans qu'il accusât un consulaire. On peut croire que l'excès de son zèle mit un peu de précipitation et d'humeur dans ses poursuites ; car, au rapport des historiens, Muréna, sans être absolument irréprochable, n'était pas dans le cas de la loi, et ne s'était permis que cette espèce de sollicitation passée en usage, et que les plus honnêtes gens ne rougissaient pas d'employer. On ne pouvait lui imputer aucune transgression formelle, et ce n'était pas l'exemple qu'il fallait choisir : aussi fut-il absous par tous les suffrages. Nous avons entendu l'orateur romain tonnant contre Verrès et Catilina avec toute la véhémence, tout le pathétique, toute l'énergie de l'éloquence animée par la vertu et la patrie. Nous allons voir son talent et son style se plier à un ton tout différent. Nous passons ici du sublime au simple, et nous verrons comme il saisit habilement tous les caractères propres à ce genre de composition oratoire, l'art de la discussion, le choix des exemples, l'agrément des tournures, la finesse, la délicatesse, et même la gaieté, celle du moins que la nature de la cause peut comporter.

Cicéron, après avoir établi, dans un exorde aussi noble qu'intéressant, les rapports et les liaisons qui l'attachent à Muréna; après avoir réfuté les imputations de Sulpitius, poursuit ainsi :

« Il est temps d'en venir au plus grand appui
« de nos adversaires, à celui qu'on peut regarder
« comme le rempart de nos accusateurs, à Caton;
« et quelque gravité, quelque force qu'il apporte
« dans cette cause, je crains beaucoup plus, je
« l'avoue, son autorité que ses raisons. Je deman-
« derai d'abord que la dignité personnelle de Caton,
« l'espérance prochaine du tribunat, la gloire de sa
« vie, ne soient point des armes contre nous, et
« que les avantages qu'il n'a reçus que pour être
« utile à tous ne servent pas à la perte d'un seul.
« Scipion l'Africain avait été deux fois consul, avait
« renversé Carthage et Numance, les deux terreurs
« de cet empire, quand il accusa Lucius Cotta; il
« avait pour lui une grande éloquence, une grande
« réputation de probité et d'intégrité, une autorité

« telle que devait l'avoir un homme à qui le peuple
« romain devait la sienne. J'ai souvent ouï dire à
« nos vieillards que rien n'avait tant servi Cotta
« auprès de ses juges que cette prééminence même
« de Scipion. Ces hommes si sages ne voulurent
« pas qu'un citoyen succombât dans les tribunaux
« de manière à faire croire qu'il avait été opprimé
« par l'excessive prépondérance de son accusateur.
« Ne savons-nous pas aussi, Caton, que le jugement
« du peuple romain sauva Sergius Galba des pour-
« suites d'un de vos ancêtres, citoyen très courageux
« et très considéré, mais qui semblait trop s'achar-
« ner à la perte de son adversaire? Toujours, dans
« cette ville, le peuple en corps, et en particulier
« les juges éclairés et qui regardent dans l'avenir,
« ont résisté aux trop grandes forces de ceux qui
« accusaient. Je ne veux point qu'un accusateur
« fasse sentir dans les tribunaux une supériorité
« trop marquée, trop de pouvoir, trop de crédit :
« employez tous ces avantages pour le salut des in-
« nocents, pour le soutien des faibles, pour la dé-
« fense des malheureux, oui; mais pour le péril et
« la ruine des citoyens, jamais. Qu'on ne vienne
« donc point nous dire qu'en se présentant ici con-
« tre Muréna, Caton a jugé la cause : ce serait poser
« un principe trop injuste, et faire aux accusés une
« condition trop dure et trop malheureuse, si l'opi-
« nion de leur accusateur était regardée comme
« leur sentence. Pour moi, Caton, le cas singulier
« que je fais de votre vertu ne me permet pas de
« blâmer votre conduite et vos démarches en cette

« occasion ; mais peut-être puis-je y trouver quelque
« chose à réformer..... Vous ne commettez point de
« fautes, et l'on ne peut pas dire de vous que vous
« avez besoin d'être corrigé, mais seulement qu'il y
« a quelque chose en vous qui peut être adouci
« et tempéré. La nature elle-même vous a formé
« pour l'honnêteté, la gravité, la tempérance, la
« justice, la fermeté d'âme. Elle vous a fait grand
« dans toutes les vertus; mais vous y avez ajouté
« des principes de philosophie où l'on voudrait plus
« de modération, plus de douceur, qui sont enfin,
« pour dire ce que j'en pense, plus sévères et plus
« rigoureux que la nature et la vérité ne le com-
« portent; et puisque je ne parle pas ici devant une
« multitude ignorante, vous me permettrez, juges,
« quelques réflexions sur ce genre d'études philo-
« sophiques, qui par lui-même n'est éloigné ni de
« votre goût ni du mien.

« Sachez donc que tout ce que nous voyons dans
« Caton, d'excellent, de divin, est à lui, lui ap-
« partient en propre; au contraire, ce qui nous
« laisse quelque chose à désirer n'est pas de lui,
« mais du maître qu'il a choisi, de la secte qu'il a
« embrassée. Il y eut parmi les Grecs un homme
« de grand esprit, Zénon, dont les sectateurs s'ap-
« pellent stoïciens *. Voici quelques-uns de leurs

---

* M. B. A. de Wailly, auteur d'une bonne traduction de ce discours, insérée dans le *Cicéron* de M. J. V. Le Clerc, fait remarquer dans une note l'art
de l'orateur, qui voulant affaiblir l'autorité de Caton, attaque non sa personne,
mais la secte stoïcienne dont il suivait les maximes. Il cite à ce sujet les observations de Quintilien, XI, 1, 68 : « L'embarras est plus grand lorsque
« ceux contre qui nous plaidons sont tels que nous devons appréhender de

« principes : Que le sage n'a point d'égard pour
« quelque titre de faveur que ce soit; qu'il ne par-
« donne jamais aucune faute; que la compassion et
« l'indulgence ne sont que légèreté et folie; qu'il
« n'est point digne d'un homme de se laisser tou-
« cher ni fléchir; que le sage, même s'il est contre
« fait, est le plus beau des hommes, le plus riche,
« même en demandant l'aumône; roi, même dans
« l'esclavage; et que nous tous, qui ne sommes pas
« des sages, nous ne sommes que des esclaves et
« des insensés; que toutes les fautes sont égales;
« que tout délit est un crime; que celui qui tue un
« poulet, quand il n'en a pas le droit, est aussi cou-
« pable que celui qui étrangle son père; que le sage

« les blesser. Cicéron plaidant pour Muréna, eut à combattre tout à la fois
« deux personnes de ce caractère, M. Caton, et Serv. Sulpitius. Cependant
« avec quelle grace, après avoir accordé à Sulpitius toutes sortes d'avan-
« tages et de vertus, lui refuse-t-il l'art d'obtenir le consulat!... et pour ce
« qui regarde Caton, quelle dextérité, quelle finesse ne met-il point dans la
« manière dont il en parle, lorsqu'après avoir admiré et célébré sa vertu, il
« le représente comme un homme un peu trop dur, moins par un défaut de
« son naturel, que par la faute de la secte stoïcienne, dont il était partisan
« rigide! Vous disiez que ce n'était pas un procès qu'ils eurent ensemble,
« mais une dispute sur quelque opinion philosophique. La bonne manière et
« le précepte le plus sûr, c'est donc de s'en tenir à la pratique de ce grand
« homme. » Il paraît cependant, ajoute M. de Wailly, que Cicéron reconnut
depuis qu'il avait été trop sévère contre le stoïcisme, et, dans ses dialogues
de finibus, IV, 27, il dit en s'adressant à Caton : « Vous prétendez que toutes
« les fautes sont égales. Je ne plaisanterai pas avec vous sur ce principe,
« comme dans mon plaidoyer pour L. Muréna que vous accusiez. Je parlais
« alors devant des ignorants ; il fallait aussi donner quelque chose à la mul-
« titude. Examinons aujourd'hui la question. » Remarquez que ces auditeurs
dont Cicéron a dit dans son plaidoyer, *non est hæc oratio habenda cum im-
imperitâ multitudine*, il les appelle ici des ignorants, *apud imperitos tum
illa dicta sunt*. Il ne parlait plus devant eux.   H. P.

« ne se repent jamais, ne se trompe jamais, ne
« change jamais d'avis.

« Telles sont les maximes que Caton, dont vous
« connaissez l'esprit et les lumières, a puisées dans
« de très savants auteurs, et qu'il s'est appropriées,
« non pas comme tant d'autres, pour en faire un
« sujet de controverse, mais pour en faire la règle
« de sa vie. Les fermiers de la république deman-
« dent quelque remise : prenez garde, dit Caton,
« n'accordez rien à la faveur. Des malheureux sup-
« plient : c'est un crime d'écouter la compassion.
« Un homme avoue qu'il a commis une faute, et
« demande grâce : c'est se rendre coupable que de
« pardonner. Mais la faute est légère : toutes les
« fautes sont égales. Avez-vous dit quelque chose
« sans réflexion, il ne vous est plus permis d'en
« revenir. Mais j'ai été entraîné par l'opinion : le
« sage ne connaît que la certitude, et nullement
« l'opinion. Vous êtes-vous trompé involontaire-
« ment sur un fait : ce n'est point une erreur, c'est
« un mensonge, une calomnie. De là une conduite
« parfaitement conforme à cette doctrine. Pourquoi
« Caton est-il ici accusateur? C'est qu'il a dit dans
« le sénat qu'il accuserait un consulaire. Mais vous
« l'avez dit dans la colère : le sage ne se met point
« en colère. Mais c'était un propos du moment,
« qui ne vous engageait à rien : le sage ne peut sans
« honte changer d'avis, il ne peut sans crime se
« laisse fléchir ; toute compassion est une faiblesse ;
« toute indulgence un forfait.

« Et moi aussi, dans ma première jeunesse, me

« défiant de mes propres lumières, j'ai recherché,
« comme Caton, celles des philosophes; mais les
« maîtres que j'ai suivis, Platon et Aristote, ont des
« principes différents. Leurs disciples, hommes
« mesurés dans leurs opinions, pensent que le sage
« même peut accorder quelque chose aux circons-
« tances, aux considérations particulières; que
« l'homme de bien peut céder à la pitié; qu'il y a
« des degrés dans les délits et dans les peines; que
« la vertu et la fermeté peuvent faire grace; que
« le sage lui-même peut être quelquefois entraîné
« par l'opinion, emporté par la colère, touché par
« la compassion; qu'il peut sans honte revenir sur
« ce qu'il a dit, et changer d'avis, s'il en trouve un
« meilleur; qu'enfin toutes les vertus ont besoin de
« mesure, et doivent craindre l'excès.

« Si, avec le caractère que vous avez, Caton, le
« hasard vous eût adressé aux mêmes maîtres que
« moi, vous ne seriez pas plus homme de bien,
« plus courageux, plus tempérant, plus juste; cela
« ne se peut pas: mais vous seriez un peu plus
« enclin à la douceur; vous ne vous seriez pas
« rendu gratuitement l'agresseur et l'ennemi d'un
« homme plein de modestie dans ses mœurs, plein
« d'honneur et de noblesse dans ses sentiments.
« Vous auriez pensé que, la fortune vous ayant
« tous les deux préposés dans le même temps à la
« garde de la république, lui comme consul, et
« vous comme tribun, il devait y avoir entre vous
« une sorte de liaison patriotique. Vous auriez sup-
« primé, vous auriez oublié ce que vous avez dit

« dans le sénat avec trop de violence, ou vous
« auriez vous-même tiré de vos paroles une consé-
« quence moins rigoureuse. Croyez-moi, vous êtes
« maintenant dans le feu de l'âge, dans toute l'ar-
« deur de votre caractère, dans tout l'enthousiasme
« de la doctrine que vous avez adoptée; mais le
« temps, l'usage, l'expérience, doivent sans doute
« quelque jour vous calmer, vous modérer, vous
« fléchir. En effet, ces législateurs de vertu, ces
« précepteurs que vous avez suivis, ont porté, ce
« me semble, les devoirs de l'homme au-delà des
« bornes de la nature. Nous pouvons en spéculation
« aller aussi loin qu'il nous plaît, nous élever jus-
« qu'à l'infini; mais dans la pratique, dans la réa-
« lité, il est un terme où il faut s'arrêter. Ne
« pardonnez rien, nous dit-on. Et moi, je réponds :
« Pardonnez quand il y a lieu à l'indulgence. N'é-
« coutez aucune considération personnelle : et je
« dis qu'il ne faut y avoir égard qu'autant que le
« devoir et l'équité le permettent. Ne vous laissez
« pas émouvoir à compassion : jamais sans doute
« au point d'affaiblir l'autorité des lois, mais autant
« que le prescrit la première de toutes, l'humanité.
« Soyez fermes dans vos sentiments : oui, si l'on
« ne vous en propose pas de meilleurs. Ainsi par-
« lait ce grand Scipion, qui eut, comme vous,
« Caton, la réputation d'un homme très instruit,
« d'un homme presque divin dans la discipline do-
« mestique* ; mais que la philosophie dont il faisait

---

* Il faut que La Harpe, au lieu de ces mots *quem non pœnitebat..... habere eruditissimum hominem ac penè divinum domi* ait lu *haberi*. Cicéron

6.

« profession, puisée dans la même source que la
« vôtre, n'avait point rendu plus sévère qu'il ne
« faut l'être, et qui au contraire a toujours passé
« pour le plus doux de tous les hommes. Lélius
« avait pris ces mêmes leçons : eh! qui jamais a eu
« plus d'aménité dans ses mœurs, et a rendu la
« sagesse plus aimable? J'en puis dire autant de
« Gallus, de Philippe, mais j'aime mieux prendre
« des exemples dans votre maison. Qui de nous n'a
« pas entendu parler de Caton le Censeur, l'un de
« vos plus illustres aïeux? et qui jamais a été plus
« mesuré dans sa conduite et dans ses principes,
« plus traitable, plus facile dans le commerce de la
« vie? Quand vous l'avez loué dans votre plaidoyer
« avec autant de justice que de dignité, vous l'avez
« cité comme un modèle domestique que vous vous
« proposiez d'imiter. Les liens du sang, les rapports
« de caractère vous y autorisent, il est vrai, plus
« qu'aucun de nous; mais pourtant je le regarde
« comme un exemple pour moi autant que pour
« vous-même; et, si vous pouviez aussi à votre sé-
« vérité naturelle mêler un peu de sa facilité et de
« sa douceur, toutes les qualités que vous possédez
« n'en seraient pas meilleures, mais en deviendraient
« plus aimables.

« Ainsi, pour en revenir à ce que j'ai dit d'abord,
« que l'on écarte de cette cause le nom de Caton;

veut dire, comme a traduit M. de Wailly. « Tel fut Scipion qui comme vous
« se faisait honneur de ces maximes, et qui avait chez lui un homme d'un
« savoir presque divin... » Il s'agit de P. Panétius, célèbre philosophe stoïcien, avec lequel Scipion (le second africain) et Lélius étaient intimément
liés.   H. P.

« que l'on mette à part son autorité, qui doit être
« nulle dans un jugement légal, ou n'avoir de cré-
« dit que pour faire le bien; que l'on nous attaque
« par des faits. Que voulez-vous, Caton, que de-
« mandez-vous? sur quoi porte votre accusation?
« Vous vous élevez contre la brigue : je ne la défends
« pas. Vous me reprochez de justifier dans les tribu-
« naux ce que j'ai proscrit par mes lois : j'ai proscrit
« la brigue, et je défends l'innocence. N'accusez-vous
« que le crime? Je me joins à vous. Prouvez que Mu-
« réna l'a commis, et j'avouerai que mes propres
« lois le condamnent. » (XXVIII, 32.)

Ce seul morceau, parmi tant d'autres, suffirait pour nous faire sentir toute la flexibilité du talent de Cicéron. Il était nécessaire d'écarter de la balance de la justice ce poids que pouvait y mettre un nom tel que celui de Caton. Il ose employer contre lui le ridicule; mais, pour peu qu'il n'eût pas su en émousser la pointe, on n'aurait pas souffert qu'il s'en servît contre un homme si révéré. La cause de Caton serait devenue celle de tous les honnêtes gens, et même de ceux qui ne l'étaient pas : car lorsque la vertu est généralement reconnue, ceux même qui ne l'aiment point veulent qu'on la respecte : c'est un hommage qui coûte peu et qui n'engage à rien. Avec quelle habilité, avec quelle adresse il sépare la personne de Caton de sa doctrine! Comme il se joue doucement de l'une sans affaiblir en rien la vénération que l'on doit à l'autre! Ses traits, en tombant sur le stoïcisme de Caton, ne vont jamais jusqu'à lui; c'est en le comblant d'éloges qu'il lui ôte, sans qu'on s'en aperçoive, toute l'autorité de son opinon; car dès qu'une fois il est parvenu à faire rire sans le blesser, sa gravité n'a plus de pouvoir : il n'y a plus de place pour elle. Aussi lui-même ne put la garder : il ne put s'empêcher de sourire au portrait que trace Cicéron du rigorisme stoïque; et, moitié riant, moitié grondant, il dit au sortir de l'audience : « En vé-« rité, nous avons un consul très plaisant. »

C'étaient, d'ailleurs, ces morceaux par lesquels l'orateur tempérait, autant qu'il le pouvait, l'austérité du genre judiciaire; c'étaient ces sortes d'épisodes, toujours heureusement placés, qui délassaient les juges de la fatigue des querelles du barreau, de l'amertume des controverses judiciaires et de la criaillerie des avocats. Voilà ce qui rendait l'éloquence de Cicéron si agréable aux Romains, et faisait recueillir avec tant d'avidité toutes ses harangues, dès qu'il les avait prononcées. Nul ne possédait au même degré que lui cet art de répandre de l'agrément sur les matières les plus sèches; et la vraie marque de la supériorité, c'est de pouvoir ainsi se rendre maître de tous les sujets, et de savoir, en traitant tous les genres, avoir le ton et la mesure de tous.

C'est encore ce qu'il fit en plaidant la cause d'Archias, célèbre poète grec, à qui l'on contestait fort mal à propos le titre de citoyen romain. Il était né à Antioche, mais il avait reçu le droit de cité à Héraclée, ville alliée, qui jouissait des privilèges de la bourgeoisie romaine. Les archives de cette ville avaient été brûlées dans le temps de la guerre sociale, et, vingt-huit ans après, un nommé Gratius, ennemi d'Archias, voulut tourner contre lui cet accident, qui lui enlevait la preuve de son titre. Heureusement il avait pour lui le témoignage de Lucullus, dont la protection lui avait procuré cette faveur des habitants d'Héraclée. Il fut défendu par Cicéron, et l'orateur nous apprend dans son exorde les droits qu'avait le poète à son amitié, et même à sa reconnaissance. C'est une observation à faire, que Cicéron, dans chaque cause qu'il plaide, commence par établir les motifs personnels qui l'ont déterminé à s'en charger; et l'importance qu'il met à les bien fonder prouve qu'indépendamment de la cause même, il y avait des convenances particulières à garder pour se charger, avec l'approbation générale, du rôle d'accusateur ou de défenseur. C'était pour les hommes considérables une fonction publique, souvent liée aux intérêts de l'état, bien différents de cette foule de petits procès particuliers que les orateurs de réputation et les hommes en place abandonnaient aux avocats subalternes, à ceux qui sont désignés en latin par un mot qui signifie *plaideurs de causes* (*causidici*). Le procès d'Archias semblait devoir être de ce dernier genre. Il n'offrait que la discussion d'un fait très simple, qui dépendait sur-tout de la preuve testimoniale, et n'exigeait que quelques minutes de plaidoirie. Le discours de Cicéron n'est tout au plus que d'une demi-heure de lecture, et le fait lui-même n'occupe pas quatre pages. Le reste est un éloge de la poésie et des lettres, des avantages et des agréments qu'on en retire, et des honneurs qu'on leur doit. Il semble que Cicéron, qui partout fait profession d'aimer extrêmement la poésie et ceux qui la cultivent, ait été bien aise d'avoir l'occasion de leur rendre un hommage. C'en était un bien flatteur pour Archias que de prendre sa défense. Nous allons voir que cette démarche ne fait pas moins d'honneur au caractère de Cicéron qu'au mérite du client.

Il y avait loin d'un consul romain à un poète grec, et la cause ne demandait pas les efforts d'un orateur. Aussi le plaidoyer n'a-t-il presque rien de commun avec le genre judiciaire. Il tient beaucoup plus du démonstratif; et, après avoir vu Cicéron dans le sublime et dans le simple, je choisis chez lui ce morceau comme un exemple du style tempéré que caractérisent la grace, la douceur et l'ornement.

« Si j'ai quelque talent, juges (et je sens combien
« j'en ai peu), quelque habitude de la parole (et
« j'avoue quelle est en moi assez médiocre), quel-
« que connaissance de l'art oratoire, puisée dans
« l'étude des lettres, qui ne m'ont été étrangères
« en aucun temps de ma vie, tous ces avantages,
« quels qu'ils soient, je les dois à Licinius Archias,
« qui a droit d'en réclamer le fruit et la récompense.
« Aussi loin que ma mémoire peut remonter dans
« le passé et revenir sur mes premières années, je
« le vois dirigeant mes premières études et m'intro-
« duisant dans la carrière que j'ai parcourue; et si
« ma voix, affermie et encouragée par ses leçons,

« a été quelquefois utile à mes concitoyens, je dois
« sans doute, autant qu'il est en moi, servir celui
« qui m'a mis en état de servir les autres. Ce que
« je dis peut étonner ceux qui ne feraient attention
« qu'à la différence qu'ils trouvent dans le genre
« de mes travaux et de ceux d'Archias; mais l'élo-
« quence n'a pas été ma seule étude, et tous les
« arts qui tiennent à la culture de l'esprit ont entre
« eux comme un lien de parenté, et forment pour
« ainsi dire une même famille.

« Peut-être aussi sera-t-on surpris, que dans une
« question de droit, dans un procès qui se plaide
« publiquement devant un préteur si distingué et
« des juges si graves, en présence d'une si nom-
« breuse assemblée, j'emploie un langage tout dif-
« férent de celui du barreau; mais c'est une liberté
« que j'attends de l'indulgence de mes juges, et j'es-
« père qu'elle ne leur déplaira pas. Le caractère de
« l'accusé, homme de lettres, excellent poète, dont
« le loisir et le travail ont toujours été également
« éloignés des altercations et du bruit des tribu-
« naux; le concours d'hommes lettrés qu'attire ici
« sa cause; votre goût pour les beaux-arts qu'il cul-
« tive, et celui du magistrat qui préside à ce juge-
« ment; tout m'autorise à croire que vous me per-
« mettrez de m'écarter un peu de la méthode ordi-
« naire; et si j'obtiens de vous cette grace, je me
« flatte de vous démontrer que non-seulement Ar-
« chias ne doit point être retranché du nombre de
« nos concitoyens, mais même que, s'il n'en était
« pas, il mériterait d'y être admis.

« Né d'une famille noble d'Antioche, ville ancien-
« nement célèbre et opulente, remplie de savants
« hommes, et florissante par les arts et les lettres,
« Archias était à peine sorti des études de l'enfance,
« que ses écrits le placèrent au premier rang. Bien-
« tôt il devint si célèbre dans l'Asie et dans la
« Grèce, que son arrivée dans chaque ville était
« une fête; l'attente et la curiosité qu'il excitait al-
« laient encore au-delà de sa renommée; et quand
« on l'avait entendu, cette attente même était sur-
« passée par l'admiration.

« Les lettres grecques étaient alors répandues
« dans l'Italie, cultivées dans les villes latines plus
« qu'elles ne le sont aujourd'hui, et favorisées dans
« Rome même par la tranquillité dont jouissait la
« république. Les peuples de Tarente, de Rhège et
« de Naples, s'empressèrent d'honorer Archias du
« droit de cité et de récompenses de toute espèce;
« tous ceux qui étaient faits pour juger des talents
« le regardèrent comme un homme dont l'adoption
« leur faisait honneur.

« Marius et Catulus étaient consuls lorsqu'il vint
« à Rome, où sa réputation l'avait devancé. Il y
« trouvait deux grands hommes, dont l'un pouvait
« lui fournir de grandes choses à célébrer, et l'autre,
« joignant à la gloire des exploits militaires le bon
« goût et les connaissances, était digne d'entendre
« celui qui pouvait le chanter. Archias, encore re-
« vêtu de la robe prétexte, fut reçu dans la maison
« de Lucullus; et il doit non-seulement à son génie
« et à ses écrits, mais encore à son caractère et à

« ses mœurs, cet avantage honorable, que la maison
« où sa jeunesse fut accueillie est encore aujourd'hui
« l'asyle de sa vieillesse. Il était bien venu de Mé-
« tellus le Numidique et de son fils; Emilius l'écou-
« tait avec plaisir; il vivait avec les deux Catulus,
« père et fils; Lucius Crassus le cultivait; il était
« étroitement lié avec toute la famille de Lucullus,
« d'Hortensius, d'Octavius, avec Drusus et Caton;
« et c'est encore un honneur pour lui, que, parmi
« ceux qui le recherchaient, les uns le faisaient par
« goût et parce qu'ils savaient l'apprécier et jouir de
« son talent; les autres voulaient seulement s'en
« faire un mérite. » (I , 3.)

Suit un détail très court et très clair sur le fond
de la cause, et Cicéron pouvait s'en tenir là, s'il
n'eût voulu que la gagner : elle était évidente ; mais
il avait promis dans son exorde de faire autre chose
qu'un plaidoyer; il tient parole, et, s'adressant à
l'accusateur, il continue ainsi :

« Vous me demanderez pourquoi je parais si atta-
« ché à Licinius Archias : parce que c'est à lui que
« je dois chaque jour le délassement le plus doux
« des travaux du Forum et du tulmute des affaires.
« Et croyez-vous que je pusse trouver dans mon
« esprit de quoi suffire à tant d'objets différents, si
« je ne puisais sans cesse de nouvelles richesses
« dans l'étude des lettres, ou que je pusse supporter
« tant de travaux, si les agréments de cette même
« étude ne servaient à me récréer et à me soutenir?
« J'avoue que je m'y livre le plus qu'il m'est pos-
« sible. Que ceux-là s'en cachent, qui n'en savent

« rien retirer qui appartienne à l'utilité commune,
« ou qui puisse être produit au grand jour ; mais
« pourquoi ne l'avouerais-je pas, moi, qui depuis
« tant d'années ai vécu de manière que jamais ni
« mon loisir, ni mes intérêts, ni mes plaisirs, ni
« même mon sommeil, n'ont refusé un seul de mes
« moments aux besoins de mes concitoyens ? Qui
« pourrait me savoir mauvais gré de donner à ce
« genre d'occupation le temps que d'autres donnent
« aux spectacles, aux voluptés, aux jeux, aux fes-
« tins, à l'oisiveté ? L'on doit d'autant plus me le
« permettre, que cet art même dont je fais profes-
« sion, et qui a été le refuge de mes amis dans
« tous leurs périls, ce talent de la parole fait partie
« de ces études que j'ai toujours aimées ; et si l'on
« trouve que c'est peu de chose, il est des avantages
« bien plus grands dont je leur ai obligation. Et en
« effet, si tout ce que j'ai lu, tout ce que j'ai appris
« ne m'avait bien persuadé, dès ma jeunesse, que
« rien n'est plus désirable dans cette vie que la
« gloire et la vertu, qu'il faut leur sacrifier tout et
« compter pour rien les tourments, l'exil et la mort,
« me serais-je exposé pour le salut public à tant de
« combats et aux attaques continuelles des méchants ?
« Mais tous les livres, tous les monuments de l'an-
« tiquité, toutes les paroles des sages répètent cette
« grande leçon ; et toutes ces instructions seraient
« ensevelies dans les ténèbres, si le génie ne leur
« avait prêté sa lumière. Combien d'excellents mo-
« dèles se présentent à nous dans ces portraits des
« grands hommes qu'ont tracés les écrivains de la

« Grèce et de l'Italie! C'est eux que j'ai toujours eus
« devant les yeux dans l'administration des affaires
« publiques ; c'est en pensant à eux que mon âme
« s'élevait et se formait à leur ressemblance.

« Quelqu'un me dira : Ces hommes dont les lettres
« nous ont conservé la gloire et les vertus étaient-ils
« eux-mêmes lettrés ? Je ne puis l'affirmer de tous :
« je pense qu'il y en a eu plusieurs d'un naturel
« assez heureux pour se porter d'eux-mêmes à tout
« ce qui était honnête et glorieux, sans avoir besoin
« de leçons; et j'ajouterai encore que la nature sans
« l'instruction a communément plus de pouvoir que
« l'instruction sans la nature. Mais aussi, quand on
« joint à ce qu'on a reçu de l'une tout ce que peut
« ajouter l'autre, c'est alors qu'il en résulte ce qu'il
« y a de plus beau, de plus grand, de plus admi-
« rable dans l'humanité.

« De ce nombre était Scipion l'Africain, que nos
« pères ont vu ; Lélius, Furius, ces hommes dont
« la sagesse avait maîtrisé toutes les passions ; ce
« Caton l'ancien, le citoyen le plus courageux et le
« plus éclairé de son temps : et si tous ces illustres
« personnages avaient cru la culture des lettres inu-
« tile à la connaissance et à la pratique de la vraie
« vertu, en auraient-ils fait une de leurs occupations ?

« Mais quand' on ne la considérerait pas par son
« utilité et son importance, quand on n'y verrait
« que l'agrément et le plaisir, ce serait encore celui
« de tous qui conviendrait le mieux à l'homme bien
« élevé. Les autres en effet ne sont ni de tous les
« temps ni de tous les lieux, ni faits pour tout âge :

« les lettres sont à la fois l'instruction de la jeunesse,
« le charme de l'âge avancé, l'ornement de la pros-
« périté, la consolation de l'infortune ; elles nous
« amusent dans la retraite, ne sont point déplacées
« dans la société ; elles veillent avec nous, elles nous
« accompagnent dans nos voyages, elles nous suivent
« dans les campagnes ; enfin, quand nous n'en au-
« rions pas le goût, nous ne pourrions leur refuser
« notre estime et notre admiration *.

« Pour ce qui regarde la poésie en particulier,......
« nous avons entendu dire aux meilleurs juges que
« les autres talents s'acquièrent par les préceptes,
« mais que celui de la poésie est un don de la na-
« ture, une faculté de l'imagination, une sorte d'ins-
« piration divine. Aussi, notre vieil Ennius appelle
« les poètes des *hommes saints*, parce qu'ils sont dis-
« tingués à nos yeux par les présents de la Divinité.
« Qu'il soit donc saint parmi vous, parmi des hommes
« aussi instruits que vous l'êtes, ce nom de poète,

---

* Beaux arts ! eh ! dans quel lieu n'avez-vous droit de plaire ?
Est-il à votre joie une joie étrangère ?
Non ; le sage vous doit ses moments les plus doux :
Il s'endort dans vos bras, il s'éveille avec vous.
Que dis-je ? autour de lui tandis que tout sommeille,
La lampe inspiratrice éclaire encor sa veille.
Vous consolez ses maux, vous parez son bonheur ;
Vous êtes ses trésors, vous êtes son honneur,
L'amour de ses beaux jours, l'espoir de son vieil âge,
Ses compagnons des champs, ses amis de voyage ;
Et de paix, de vertus, d'études entouré,
L'exil même avec vous est un abri sacré.
Tel l'orateur romain, dans les bois de Tuscule
Oubliait Rome ingrate, etc.
  DELILLE, *l'Homme des champs.*

« que les barbares mêmes n'ont jamais violé. Les
« rochers et les déserts semblent répondre à la voix
« du poète; les bêtes mêmes paraissent sensibles à
« l'harmonie : et nous y serions insensibles ! Les
« peuples de Colophon, de Chio, de Salamine, de
« Smyrne, et d'autres encore, se disputent Homère,
« et lui élèvent des autels : ils veulent, long-temps
« après sa mort, l'avoir pour concitoyen, parce
« qu'il a été grand poète; et celui qui est réellement
« le nôtre par sa volonté et par nos lois, nous pour-
« rions le rejeter ! Nous rejetterions celui qui a
« employé son génie à chanter la gloire du peuple
« romain ! Oui, dès sa première jeunesse, il a com-
« posé un poème sur la guerre des Cimbres; et cet
« hommage flatta Marius même qui était vous le
« savez, assez étranger au commerce des Muses.
« C'est qu'il n'est personne, si dur et si farouche
« qu'il puisse être, qui ne soit flatté de voir son
« nom porté par la poésie aux générations à venir.
« On demandait à ce célèbre Athénien, Thémistocle,
« quelle était la voix qu'il entendrait avec le plus de
« plaisir : *Celle*, dit-il, *qui chantera le mieux ce que
« j'ai fait*..... Ce même Archias a célébré dans un
« autre ouvrage les victoires de Lucullus sur Mithri-
« date, et cette guerre si fertile en révolutions, qui
« a ouvert aux armes romaines des contrées que la
« nature semblait leur avoir fermées; ces batailles
« mémorables où Lucullus, avec peu de soldats, a
« défait des troupes innombrables; ce siége de Cyzi-
« que, où il a sauvé une ville, notre alliée, des
« fureurs de Mithridate; cet incroyable combat de

« Ténédos, où les forces navales de ce puissant roi
« ont été anéanties avec les généraux qui les com-
« mandaient. La gloire de Lucullus est la nôtre ; ce
« qu'on a fait pour lui, on l'a fait pour nous ; et
« dans les chants d'Archias, consacrés à Lucullus,
« seront perpétués les trophées, les monuments et
« les triomphes de Rome.

« Et qui de nous ignore combien Ennius fut cher
« à notre fameux Scipion l'Africain ? La statue de
« ce poète est élevée en marbre dans le tombeau
« des Scipions. Son poème de *la Guerre punique*
« est regardé comme un hommage rendu au nom
« romain : c'est là que les Fabius, les Marcellus, les
« Fulvius, les Caton, sont comblés de louanges hono-
« rables que nous partageons avec eux, sont cou-
« verts d'un éclat qui rejaillit sur nous. Aussi nos
« ancêtres donnèrent à ce poète, né dans la Calabre,
« le titre de citoyen romain, et nous le refuserions
« à Archias, à qui nos lois l'ont accordé ! Et qu'on
« n'imagine pas que ses travaux doivent nous inté-
« resser moins, parce qu'il écrit en vers grecs : ce
« serait se tromper beaucoup. La langue grecque est
« répandue dans tout monde; la nôtre est renfermée
« dans les limites de notre empire ; et si notre puis-
« sance est bornée aux pays que nous avons conquis,
« ne devons-nous pas souhaiter que notre gloire par-
« vienne jusqu'où nos armes n'ont pu pénétrer ? Si
« cette espèce d'illustration est agréable et chère
« aux peuples mêmes dont le poète raconte les ex-
« ploits, de quel prix ne doit-elle pas être, quel

« encouragement ne doit-elle pas donner aux chefs,
« aux généraux, aux magistrats qui n'envisagent
« que la gloire dans leurs travaux et leurs périls!
« Alexandre avait à sa suite un grand nombre d'écri-
« vains chargés de composer son histoire; mais,
« quand il vit le tombeau d'Achille, il s'écria: *Heu-*
« *reux Achille, qui as trouvé un Homère pour te*
« *chanter?* Et en effet, sans cette immortelle *Iliade*,
« le même tombeau qui couvrit les restes du vain-
« queur de Troie aurait enseveli sa mémoire. Que
« dirai-je de notre grand Pompée, dont la fortune
« extraordinaire a égalé la valeur ; et qui, en pré-
« sence de son armée, a proclamé citoyen romain
« Théophane de Mytilène, l'historien de ses exploits?
« Et nos soldats, ces hommes sans lettres, la plupart
« rustiques et grossiers, sensibles pourtant aux hon-
« neurs de leur général, et croyant les partager,
« ont répondu par leurs acclamations à l'éloge qu'il
« faisait de Théophane...

« Avouons-le, Romains, osons dire tout haut
« ce que chacun de nous pense tout bas: nous ai-
« mons tous la louange, et ceux qu'elle touche le
« plus vivement sont aussi ceux qui savent le mieux
« la mériter*. Les philosophes qui écrivent sur le

---

* Nous reproduisons ici ces vers de *Rome sauvée* (act. V, sc. 2.) que nous avons cités plus haut à l'occasion d'un autre passage de Cicéron, et qui se présentent naturellement à la pensée toutes les fois qu'il est question des généreux sentiments qui menaient ce grand homme *à la vertu par la gloire*, selon la belle expression de Montesquieu.

Romains, j'aime la gloire et ne veux point m'en taire ;
Des travaux des humains c'est le digne salaire.
Sénat, en vous servant il la faut acheter :
Qui peut la vouloir, n'ose la mériter.   H. P.

« mépris de la gloire mettent leurs noms à leurs
« écrits et sont encore occupés d'elle, même en pa-
« raissant la mépriser. Décimus Brutus, aussi grand
« capitaine que bon citoyen, grava sur les monu-
« ments qu'il avait élevés, les vers d'Accius; son
« ami Fulvius, que notre Ennius accompagnait lors-
« qu'il triompha des Étoliens, consacra aux Muses
« les dépouilles qu'il avait remportées. Est-ce donc
« la toge romaine qui se déclarera leur ennemie,
« quand les généraux d'armée les révèrent? Et qui
« refusera aux poètes la protection et les récom-
« penses que leur accordent les guerriers?

« J'irai plus loin; et, s'il m'est permis de parler
« de mon propre intérêt, si j'ose montrer devant
« vous cet amour de la gloire, trop passionné peut-
« être, mais qui ne peut jamais être qu'un senti-
« ment noble et louable, je vous avouerai qu'Ar-
« chias a regardé comme un sujet digne de ses vers
« les évènements de mon consulat, et tout ce que
« j'ai fait avec vous pour le salut de la patrie. L'ou-
« vrage est commencé, je l'ai entendu, j'en ai été
« touché, et je l'ai exhorté à l'achever; car la vertu
« ne désire d'autre récompense de ses travaux et
« de ses dangers que ce témoignage glorieux qui
« doit passer à la postérité; et si on veut le lui ôter,
« que restera-t-il dans cette vie si rapide et si courte,
« qui puisse nous dédommager de tant de sacrifi-
« ces? Certes, si notre âme ne pressentait pas l'ave-
« nir, s'il fallait que ses pensées s'arrêtassent aux
« bornes de notre durée, qui de nous pourrait se
« consumer par tant de fatigues, se tourmenter par

« tant de soins et de veilles, et faire si peu de cas de
« la vie? Mais il y a dans tous les esprits élevés une
« force intérieure qui leur fait sentir jour et nuit
« les aiguillons de la gloire, un sentiment qui les
« avertit que notre souvenir ne doit pas périr avec
« nous, et qu'il doit s'étendre et se perpétuer dans
« tous les âges. Eh! nous tous, victimes dévouées à
« la défense de la république, nous rabaisserions-
« nous au point de nous persuader qu'après avoir
« vécu de manière à n'avoir pas un seul moment
« de repos et de tranquillité, nous devons encore
« périr tout entiers? Si les plus grands hommes sont
« jaloux de laisser leur ressemblance dans des ima-
« ges et des statues périssables, combien ne devons-
« nous pas attacher un plus grand prix à ces mo-
« numents du génie qui transmettent à nos derniers
« neveux l'empreinte fidèle de notre âme, de nos
« sentiments, de nos pensées*! Pour moi, Romains,
« en faisant ce que j'ai fait, je croyais dès ce moment

* Cicéron paraît se ressouvenir ici de quelques phrases d'Isocrate, à la fin
de l'éloge d'Évagoras : « Je pense, ô Nicoclès, qu'il ne faut pas dédaigner
« les statues et les tableaux qui nous représentent l'extérieur des grands
« hommes ; mais j'estime bien plus l'image fidèle de leurs actions et de leurs
« pensées, que d'habiles écrivains peuvent seuls nous offrir. Je préfère un
« tel portrait, d'abord parce que je vois l'homme de bien et d'honneur
« moins jaloux de la beauté du corps que des belles actions et de la gloire ;
« ensuite, parce que les statues et les tableaux restent nécessairement im-
« mobiles chez ceux qui les possèdent, tandis qu'un ouvrage éloquent par-
« court la Grèce entière, et va de tous côtés faire les délices des connaisseurs,
« juges dont l'approbation vaut mieux que tous les suffrages; enfin, parce
« les chefs-d'œuvre des sculpteurs et des peintres ne nous serviront jamais de
« modèle pour réformer notre extérieur, au lieu que les mœurs et les senti-
« ments d'autrui, recueillis par un écrivain peuvent aisément servir d'exemple
« à quiconque ne craint pas de nobles efforts et chérit la vertu. » (*Traduc-*

« en répandre le souvenir dans toute la terre et
« dans l'étendue des siècles; et soit que le tombeau
« doive m'ôter le sentiment de cette immortalité,
« soit, comme l'ont cru tous les sages, qu'il doive
« rester quelque partie de nous qui soit encore ca-
« pable d'en jouir, aujourd'hui du moins l'on ne
« peut m'ôter cette pensée, qui est mon plaisir et
« ma récompense.

« Conservez donc, Romains, un citoyen d'un mé-
« rite également prouvé, et par la qualité, et par
« l'ancienneté des liaisons les plus respectables; un
« homme d'un génie tel que nos concitoyens les
« plus illustres ont désiré de se l'attacher et d'en
« recueillir les fruits; un accusé dont le bon droit
« est attesté par le bienfait de la loi, par l'autorité
« d'une ville municipale, par le témoignage d'un
« Lucullus, par les registres d'un Métellus... Faites
« que celui qui a travaillé pour ajouter autant qu'il
« est en lui à votre gloire, à celle de vos généraux
« et du peuple romain, qui promet encore de con-
« sacrer; la mémoire de ces orages récents et do-
« mestiques dont vous venez de sortir; qui est du
« nombre de ces hommes dont la personne est re-
« gardée comme inviolable chez toutes les nations;
« faites qu'il n'ait pas été amené devant vous pour
« y recevoir un affront cruel, mais pour obtenir un
« gage de votre justice et de votre bonté. » (VI.—
XII.)

tion nouvelle.) On trouve à peu près la même pensée dans Xénophon, *Éloge d'Agésilas*, XI, 7, et dans Tacite, *Vie d'Agricola*, XLVI.

J. V. LE CLERC.

On aime, en lisant ce discours, à voir l'auteur s'y peindre tout entier, à reconnaître en lui cette sensibilité franche, cet enthousiasme de gloire, que traitent de vanité et de faiblesse des hommes qui, à la vérité, ne seraient pas capables d'en avoir une semblable. Je sais qu'on peut dire qu'il est beaucoup plus beau de faire de grandes choses sans songer à la louange et à la gloire, mais il est un peu plus aisé d'en donner le précepte que d'en trouver l'exemple; et cette espèce de vertu sera toujours si rare et si difficile à trouver, qu'il vaut bien mieux, pour l'intérêt commun, ne pas décrier ce mobile, au moins le plus noble de tous, qui a produit tant de bien, et qui en produira toujours. Il serait bien maladroit de décourager ceux qui, en faisant tout pour nous, ne nous demandent que des louanges. Si c'est une vanité, puisse-t-elle devenir générale! C'est, ce me semble, le vœu le plus utile et le plus sage qu'on puisse former pour le bonheur des hommes [*].

Peut-être en traduisant ce morceau, ai-je cédé, sans m'en apercevoir, au plaisir de vous montrer combien Cicéron avait honoré l'art de la poésie. Mais j'ai eu un autre motif pour entreprendre la traduction de ce discours et de plusieurs autres morceaux choisis dans les harangues de Cicéron ; c'est qu'il n'y a guère d'auteurs dont les ouvrages soient moins connus de ceux qui n'entendent pas

---

[*] M. J. V. Le Clerc qui a donné dans son Cicéron une traduction nouvelle de ce discours, où l'on retrouve la fidélité et l'élégance qui distinguent généralement ses traductions, l'a fait précéder d'une excellente introduction dont nous extrairons quelques passages. (Voy. la note A à la fin du vol.)

sa langue. Il n'en existe point de traduction qui soit répandue. On ne lit guère dans le monde que ses lettres, qui ont été assez bien traduites par l'abbé Mongault. La version des *Catilinaires* par l'abbé d'Olivet est très médiocre, et je n'en ai fait aucun usage, non plus que de celles que Tourreil et Auger ont données de Démosthène et d'Eschine.

Il m'est doux de pouvoir excepter de cette condamnation, avouée par tous les bons juges, la traduction de quelques harangues de Cicéron, formant un volume, qui parut, il y a quelques années, composée par deux maîtres de l'université de Paris, qui ont prouvé leur modestie en venant siéger aujourd'hui parmi nous* sous le titre d'élèves, après avoir prouvé leur talent pour écrire et pour enseigner, les deux frères Gueroult, que le goût des mêmes études unit autant que la fraternité naturelle et civique. Leur ouvrage atteste une égale connaissance des deux langues et du style oratoire, et ne laisse rien à désirer, si ce n'est la continuation d'un travail qui sera toujours un titre honorable et précieux auprès des amateurs des lettres et de l'antiquité**. Pour moi, désirant de faire connaître par des exemples l'éloquence des deux plus grands orateurs de Rome et d'Athènes, je n'ai voulu m'en rapporter qu'à ce que leur lecture m'inspirait, et mon zèle n'a point été arrêté par la difficulté de

---

* Aux Écoles Normales.

** Ces traductions ont été retouchées par M. Gueroult, aîné et font maintenant partie du *Cicéron* de M. J. V. Leclerc. Nous avons déjà eu occasion de les citer.   H. P.

faire parler dans notre langue des écrivains si supérieurs, et particulièrement Cicéron, dont la singulière élégance et l'inexprimable harmonie ne peuvent guère être conservées tout entières dans une traduction. Malgré tout ce qui peut manquer à la mienne, au moins en aurai-je retiré ce fruit, que vous pourrez aisément apercevoir combien cette manière d'écrire des anciens est différente de celle qui malheureusement est aujourd'hui trop à la mode. Il n'y a, dans tout ce que vous avez entendu, rien qui sente le moins du monde la recherche, l'affectation, l'enflure; rien de faux, rien de tourmenté, rien d'entortillé : tout est sain, tout est clair, tout est senti, tout coule de source et va au but. Ils n'ont point la misérable prétention d'écrire pour montrer de l'esprit; ce qui, comme a si bien dit Montesquieu, *est bien peu de chose*. Ils nous occupent toujours de leur objet, et jamais des efforts de l'auteur. Ce ne sont point de ces éclairs multipliés, semblables à ceux des feux d'artifice, qui, après avoir ébloui un moment, ne laissent après eux que l'obscurité et la fumée; c'est la lumière d'un beau jour qui plaît aux yeux sans les fatiguer, qui éclaire sans éblouir, et s'épanche d'elle-même sans s'épuiser.

Si le talent de la parole est un glaive contre le crime, c'est aussi le bouclier de l'innocence, et Cicéron savait se servir de l'un et de l'autre avec la même force et le même succès. Nous l'avons vu poursuivre des scélérats : il faut le voir défendre des citoyens purs et courageux. Au reste les deux espèces de guerre, l'offensive et la défensive, se confondent souvent dans l'ordre civil et politique comme dans la science militaire; et il faut être également prêt à l'une et à l'autre, quand on a dévoué son talent à la cause commune; car l'ami de la vertu est nécessairement l'ennemi du crime, et celui qui croirait pouvoir séparer deux choses si inséparables se tromperait beaucoup, et les méconnaîtrait toutes deux. Qui ne hait point assez le crime, n'aime point assez la vertu : c'est un axiome de morale; et c'en est un autre en politique, qu'il n'y a point de traité avec les méchants, à moins qu'ils ne soient absolument hors d'état de nuire. Jusque-là leur devise est toujours la même : « Qui n'est pas pour nous est « contre nous. » Voilà leur principe, et leur conduite y est conséquente. On peut être sûr que, dès qu'ils se croient les plus forts, ils n'épargnent pas plus l'homme faible qu'ils méprisent, que l'homme ferme qu'ils redoutent. La faiblesse, d'ailleurs (qu'il faut bien distinguer de la prudence : l'une est l'absence de la force, l'autre n'en est que la mesure), la faiblesse, on ne saurait trop le redire, soit dans l'autorité publique, soit dans le caractère particulier, est le plus grand de tous les défauts et le plus mortel de tous les dangers. Voltaire l'a caractérisée dans ce vers :

Tyran qui cède au crime et détruit les vertus.

(*Henriade.*)

Tyran est une expression juste; car la faiblesse, comme la tyrannie, anéantit les droits naturels de l'homme, et lui ôte ses facultés. Cicéron, qui fut généralement très prudent, fut aussi quelquefois faible; il est si naturel et si commun d'avoir le défaut qui est le plus près de nos bonnes qualités! Caton et Brutus commirent des fautes par un excès d'énergie, et Cicéron en commit par un excès de circonspection; mais Cicéron du moins ne fut jamais faible comme homme public; il ne le fut que comme particulier. Aussi ses fautes ne nuisirent guère qu'à sa gloire, et celles de Brutus et de Caton nuisirent à la chose commune. Je ne connais qu'une occasion où Cicéron, pour avoir eu un moment de pusillanimité, perdit la cause d'un citoyen généreux, d'un de ses meilleurs amis, de Milon. S'il eût montré autant de fermeté que dans celle de Sextius, il eût triomphé de même. Ce sont ces deux causes qui vont nous occuper aujourd'hui.

Un des plus beaux plaidoyers de Cicéron est celui qu'il prononça pour le tribun Sextius. Qu'on juge s'il devait se porter à sa défense avec chaleur: c'était en quelque sorte sa propre cause qu'il plaidait. Il satisfaisait à la fois deux sentiments très légitimes, sa haine pour Clodius, le plus furieux de tous ses ennemis, et sa reconnaissance envers Sextius, l'un de ses plus ardents défenseurs. Il faut se rappeler que Cicéron, quatre ans après son consulat, éprouva le sort qu'il avait prévu. Il fut obligé de céder à la faction de Clodius, soutenue assez ouvertement par César, qui voulait dompter la liberté républicaine de Cicéron, et secrètement par Pompée lui-même, qui était jaloux de la réputation et du crédit de l'orateur. Il prit le parti de s'éloigner, et fut rappelé seize mois après avec tant d'éclat, qu'on peut dire qu'il dut à sa disgrace le plus beau jour de sa vie; mais il en coûta du sang pour obtenir son retour. Quoique alors tous les ordres de l'état fussent réunis en sa faveur, quoique toutes les puissances de Rome se déclarassent pour lui, le féroce Clodius, que rien n'intimidait, s'étant mis à la tête d'une troupe de gladiateurs salariés et de brigands échappés à la déroute de Catilina, assiégeait le Forum, et prétendait, à force ouverte, empêcher les tribuns de convoquer l'assemblée du peuple, où devait se proposer le rappel de Cicéron. Milon et Sextius, voyant qu'il fallait absolument repousser la force par la force, se mirent en défense, et bientôt les rues de Rome et la place publique devinrent le théâtre du carnage. Dans une de ces rencontres tumultueuses, Sextius fut laissé pour mort, et le frère de Cicéron courut risque de la vie.

Toutes les violences de Clodius n'empêchèrent pas le retour de Cicéron, parce que l'autorité légale se rendit bientôt assez forte pour rétablir l'ordre et en imposer à Clodius. Mais ce forcené eut l'impudence, un an après, de faire accuser Sextius de *violence** par Albinovanus, un de ses affidés, tandis que lui-même se préparait à accuser Milon. Il n'en eut pas le temps, et périt misérablement, comme il le méritait; mais auparavant il eut encore la douleur de se voir arracher par Cicéron une victime qu'il n'avait pu égorger de son propre glaive, et qu'il voulait faire périr par celui des lois.

* *De vi.*

Si jamais Cicéron parut égaler la véhémence impétueuse de Démosthène, c'est dans cette harangue, et sur-tout dans l'endroit où il rappelle le combat qui pensa être si fatal à Sextius. Il peint des couleurs les plus vives un tribun du peuple percé de coups, et n'échappant à ses meurtriers que parce qu'ils le croient mort. « Et c'est Sextius, c'est lui
« qui est accusé de violence! Pourquoi? Quel est
« son crime? c'est de vivre encore. Mais Clodius
« ne peut pas même le lui reprocher. S'il vit, c'est
« qu'on ne lui a pas porté le dernier coup, le coup
« qui devait être mortel. A qui t'en prends-tu,
« Clodius? Accuse donc le gladiateur Lentidius,
« qui n'a pas frappé où il fallait. Accuse ton satellite
« Sabinius de Réate, qui cria si heureusement, si
« à propos pour Sextius : Il est mort! Mais lui,
« que lui reproches-tu? S'est-il refusé au glaive?
« Ne l'a-t-il pas reçu dans ses flancs, comme les
« gladiateurs du cirque à qui l'on ordonne de re-
« cevoir la mort? De quoi donc est-il coupable,
« Romains? Est-ce de n'avoir pu mourir? d'avoir
« couvert du sang d'un tribun les marches du tem-
« ple de Castor? Est-ce de ne pas s'être fait repor-
« ter sur la place lorsqu'il fut rendu à la vie, de
« ne s'être pas remis sous le glaive? Mais je vous le
« demande, Romains, s'il eût péri dans ce malheur,
« si cette troupe d'assassins eût fait ce qu'elle vou-
« lait faire, si Sextius, que l'on crut mort, fût
« mort en effet, n'auriez-vous pas tous pris les
« armes pour venger le sang d'un magistrat dont
« la personne est inviolable et sacrée, pour venger

« la république des attentats d'un brigand ? Verriez-
« vous tranquillement Clodius paraître devant votre
« tribunal ? et celui dont la mort vous eût fait pous-
« ser un cri de vengeance, pour peu que vous vous
« fussiez souvenus de vos droits et de vos ancêtres,
« peut-il craindre quelque chose de vous, quand
« vous avez à prononcer entre la victime et l'as-
« sassin ? » (XXXVII—XXXVIII.)

On a plus d'une fois mis en question (car ces grands événements nous intéressent encore comme s'ils venaient de se passer) si le parti que prit Cicéron, de quitter Rome lorsqu'il fut poursuivi par Clodius, était en effet le meilleur ; si, se voyant soutenu par tout le sénat qui avait pris le deuil, par tout le corps des chevaliers, qui avait pris les armes, il devait abandonner le champ de bataille. Sans doute, s'il n'avait eu à le disputer qu'à Clodius, il eût pu compter sur le succès. Mais lui-même va nous faire entendre assez clairement ce qu'on aperçoit en lisant l'histoire avec un peu de réflexion, que Clodius n'était pas pour lui l'ennemi le plus à craindre. César, prêt à partir pour les Gaules, était aux portes de la ville avec une armée ; et si dans ces circonstances le carnage eût commencé dans Rome, si l'on eût versé le sang d'un tribun, peut-on douter que César ne se fût bientôt mêlé de la querelle, et n'eût saisi une si belle occasion de prendre les armes et de se rendre maître de la république ? Rome eût été asservie dix ans plus tôt. Voilà le danger dont la préserva le généreux dévouement de Cicéron, qui s'applaudit avec raison dans cette harangue, d'avoir sauvé deux fois la patrie. Il faut l'entendre lui-même nous développer ses motifs :

« Je vais vous rendre compte, Romains, de ma
« conduite et de mes pensées, et je ne manquerai
« pas à ce qu'attend de moi cette assemblée, la plus
« nombreuse que j'aie vue jamais entourer ces tri-
« bunaux. Si, dans la meilleure de toutes les causes,
« quand le sénat me montrait tant d'attachement,
« tous les bons citoyens, tant de zèle et d'union;
« quand l'Italie entière était prête à tout faire, à
« tout risquer pour ma défense; si avec tant d'ap-
« puis j'ai pu craindre les fureurs d'un tribun, le
« plus vil des hommes, et la folle audace de deux
« consuls, aussi méprisables que lui, j'ai manqué
« sans doute à la fois, et de sagesse, et de fermeté.
« Métellus s'exila lui-même, il est vrai; mais
« quelle différence! sa cause était bonne, je l'avoue,
« et approuvée par tous les honnêtes gens; mais le
« sénat ne l'avait pas solennellement embrassée;
« tous les ordres de l'état, toute l'Italie, ne s'étaient
« pas déclarés pour lui par des décrets publics....
« Il avait affaire à Marius, au libérateur de l'em-
« pire, alors dans son sixième consulat, et à la tête
« d'une armée invincible; à Saturninus, tribun fac-
« tieux, mais magistrat vigilant et populaire, et de
« mœurs irréprochables.... Et moi, qui avais-je à
« combattre? Ce n'était pas une armée victorieuse,
« c'était un ramas d'artisans stipendiés, qu'excitait
« l'espoir du pillage. Qui avais-je pour ennemi? Ce
« n'était point Marius, la terreur des barbares, le

« boulevard de la patrie ; c'étaient deux monstres
« odieux, qu'une honteuse indigence et une dépra-
« vation insensée avaient faits les esclaves de Clo-
« dius.... c'était Clodius lui-même, un compagnon
« de débauche de nos baladins, un adultère, un
« incestueux, un ministre de prostitution, un fa-
« bricateur de testaments, un brigand, un assassin,
« un empoisonneur ; et si j'avais employé les armes
« pour écraser de tels adversaires, comme je le
« pouvais aisément, et comme tant d'honnêtes gens
« m'en pressaient, je n'avais pas à craindre qu'on
« me reprochât d'avoir opposé la force à la force,
« ni que quelqu'un regrettât la perte de si mauvais
« citoyens, ou plutôt de nos ennemis domestiques ;
» mais d'autres raisons m'arrêtèrent. Ce forcené
« Clodius, cette furie ne cessait de répéter dans ses
« harangues que tout ce qu'il faisait contre moi,
« c'était de l'aveu de Pompée, de ce grand homme,
« aujourd'hui mon ami, et qui l'aurait toujours été,
« si on lui avait permis de l'être. Clodius nommait
« parmi mes ennemis, Crassus, citoyen courageux,
« avec qui j'avais les plus étroites liaisons ; César,
« dont jamais je n'avais mérité la haine. Il disait
« que c'étaient là les moteurs de toutes ses actions,
« les appuis de tous ses desseins ; que l'un avait une
« armée puissante dans l'Italie, que les deux autres
« pouvaient en avoir une dès qu'ils le voudraient,
« et qu'ils l'auraient en effet ; enfin ce n'étaient pas
« les lois, les jugements, les tribunaux dont il me
« menaçait, c'étaient les armes, les généraux, les
« légions, la guerre. Mais quoi ! devais-je faire si

« grand cas des discours d'un ennemi qui nommait
« si témérairement les plus illustres des Romains?
« Non, je n'ai pas été frappé de ses discours, mais
« de leur silence; et quoiqu'ils eussent d'autres rai-
« sons de le garder, cependant aux yeux de tant
« d'hommes disposés à tout craindre, en se taisant,
« ils semblaient se déclarer; en ne désavouant pas
« Clodius, ils semblaient l'approuver.... Que de-
« vais-je faire alors? combattre? Eh bien! le bon
« parti l'aurait emporté; je le veux. Qu'en serait-il
« arrivé? Avez-vous oublié ce que disait Clodius
« dans ses insolentes harangues, qu'il fallait me
« résoudre à périr ou à vaincre deux fois? Et qu'é-
« tait-ce que vaincre deux fois! N'était-ce pas avoir
« à combattre, après ce tribun insensé, deux con-
« suls aussi méchants que lui, et ceux qui étaient
« tout prêts à se déclarer ses vengeurs? Ah! quand
« le danger n'eût menacé que moi seul, j'aurais
« mieux aimé mourir que de remporter cette se-
« conde victoire, qui était la perte de la républi-
« que.... C'est vous que j'en atteste, ô dieux de la
« patrie! dieux domestiques! C'est vous qui m'êtes
« témoins que, pour épargner vos temples et vos
« autels, pour ne pas exposer la vie des citoyens,
« qui m'est plus chère que la mienne, je n'ai pu me
« résoudre à cet horrible combat.... Était-ce donc la
« mort que je pouvais craindre? Et lorsqu'au mi-
« lieu de tant d'ennemis je m'étais dévoué pour le
« salut public, n'avais-je pas devant les yeux l'exil et
« la mort? N'avais-je pas dès lors prédit moi-même
« tous les périls qui m'attendaient?.... Mon éloi-

« gnement volontaire a écarté de vous les meurtres,
« l'incendie et l'oppression. J'ai sauvé deux fois la
« patrie : la première fois avec gloire, et la seconde
« avec douleur ; car je ne me vanterai point d'avoir
« pu me priver, sans un mortel regret, de tout ce
« qui m'était cher au monde, de mon frère, de
« mes enfants, de mon épouse, de l'aspect de ces
« murs, de la vue de mes concitoyens qui me pleu-
« raient, de cette Rome qui m'avait honoré. Je ne
« me défendrai pas d'être homme et sensible ; et
« quelle obligation m'auriez-vous donc, si tout ce
« que j'abandonnais pour vous j'avais pu le perdre
« avec indifférence ? Je vous ai donné, Romains, la
« preuve la plus certaine de mon amour pour la pa-
« trie, lorsque, me résignant au plus douloureux
« sacrifice, j'ai mieux aimé l'achever que de vous
« livrer à vos ennemis. » (XVI—XXII.)

Ce plaidoyer eut le succès qu'avaient ordinairement ceux de l'orateur : Sextius fut absous d'une
voix unanime*.

Il semblait qu'il fût de la destinée de Cicéron
d'avoir à défendre tous ceux qui l'avaient défendu
lui-même ; mais il fut moins heureux pour Milon
qu'il ne l'avait été pour tant d'autres. Ce n'est pas
que sa cause fût plus mauvaise ; mais il faut avouer
d'abord que les circonstances politiques, qui avaient
tant d'influence sur les affaires judiciaires, ne lui
furent pas favorables. J'ai déjà parlé de la guerre
ouverte que Clodius et Milon se faisaient au milieu

---

*Voyez dans le *Cicéron* de M. J. V. Le Clerc la traduction de ce discours, par M. Gueroult, et l'introduction qui la précède. H. P.

de Rome : on ne doutait pas que l'un des deux ne dût périr. Cicéron, dans plus d'un endroit, parle de Clodius comme d'une victime qu'il abandonne à Milon. Celui-ci demandait le consulat, et Clodius la préture; et ce dernier, qui avait tant d'intérêt à ne pas voir son ennemi revêtu d'une magistrature supérieure, avoit dit publiquement, avec son audace ordinaire, que dans trois jours Milon ne serait pas en vie. Milon paraissait déterminé à ne pas l'épargner davantage. Ce fut pourtant le hasard, et non aucun projet de part ni d'autre, qui amena la rencontre où périt Clodius. Il revenait de la campagne avec une suite d'environ trente personnes; il était à cheval, et Milon, qui allait à Lanuvium, était dans un chariot avec sa femme; mais sa suite était plus nombreuse et mieux armée. La querelle s'engagea : Clodius blessé et se sentant le plus faible, se retira dans une hôtellerie, comme pour s'en faire un asyle. Mais Milon ne voulut pas manquer une si belle occasion : il ordonna à ses gladiateurs de forcer la maison et de tuer Clodius. Dans un état tranquille et bien policé, ce meurtre n'aurait pas été excusable; mais quand les lois ne sont pas assez fortes pour protéger la vie des citoyens, chacun rentre dans les droits de la défense naturelle, et c'était là le cas de Milon. Cependant celui qu'il avait tué était un homme trop considérable pour que ses parents et ses amis ne poursuivissent pas la vengeance de sa mort. Milon fut accusé, et ce procès fut, comme tout le reste, une affaire de parti. Pompée, qui était alors le citoyen le plus puissant de Rome, n'était pas fâché qu'on l'eût défait de Clodius, qui ne ménageait personne; mais en même temps il laissa voir qu'il serait bien aise aussi qu'on le défît de Milon, dont le caractère ferme et incapable de plier, ne pouvait manquer de déplaire à quiconque affectait la domination. Ce fut donc d'abord cette disposition de Pompée, trop bien connue, qui nuisit beaucoup à Milon. Cette cause fut plaidée avec un appareil extraordinaire, et devant une multitude innombrable qui remplissait le Forum. Le peuple était monté jusque sur les toits pour assister à ce jugement, et des soldats armés, par l'ordre du consul Pompée, entouraient l'enceinte où les juges étaient assis. Les accusateurs furent écoutés en silence; mais dès que Cicéron se leva pour leur répondre, la faction de Clodius, composée de la plus vile populace, poussa des cris de fureur. L'orateur, accoutumé à des acclamations d'un autre genre, se troubla : il fut quelque temps à se remettre, et parvint avec peine à se faire écouter; mais il ne put jamais revenir de cettte première impression, qui affaiblit toute sa plaidoirie, et ne lui permit pas de déployer tous ses moyens.

De cinquante juges, Milon n'en eut que treize pour lui; tous les autres le condamnèrent à l'exil. Il est vrai que, parmi les voix qui lui furent favorables, il y en eut une qui valait seule plus que toutes celles qu'il n'eut pas : Caton fut d'avis de l'absoudre; et si quelquefois on accusa Caton de trop de sévérité, jamais on ne lui a reproché trop d'indulgence. Il pensait que Milon avait rendu service à la république en la délivrant d'un si mauvais citoyen. Ce fut aussi l'opinion de Brutus, qui publia un mémoire où il soutenait que le meurtre de Clodius était légitime. Il avait même conseillé à Cicéron de ne désavouer ni le fait ni l'intention, et de soutenir que Milon, en voulant tuer Clodius, et en le tuant, n'avait fait que ce qu'il devait faire. Cicéron trouva cette défense trop hasardeuse, et dans l'état des choses il avait raison. Il prit donc une autre tournure, et se serait habilement de toutes les circonstances de l'action pour prouver que Clodius avait tendu des embûches à Milon sur la voie Appienne, et pour rejeter tout l'odieux du meurtre sur les esclaves qui avaient agi sans l'ordre de leur maître. Son discours passe pour un de ses chefs-d'œuvre ; mais celui que nous avons n'est pas celui qu'il prononça. Il était trop intimidé pour avoir tant d'énergie. Aussi, lorsque Milon, qui soutenait son exil avec beaucoup de courage, reçut le plaidoyer que Cicéron lui envoyait, tel qu'il nous a été transmis, il lui écrivit : « Je vous remercie de « n'avoir pas fait si bien d'abord : si vous aviez parlé « ainsi, je ne mangerais pas à Marseille de si bon « poisson. » Un homme qui prenait son parti avec tant de résolution méritait le suffrage de Caton et de Brutus.

Quoique Cicéron n'eût pas voulu établir sa défense sur le plan qu'on lui avait proposé, cependant il ne le rejette pas tout entier, et après avoir démontré, autant qu'il le peut, dans la première partie de son discours, que c'est Clodius qui était

intéressé à faire périr Milon, et qui en a eu le dessein, dans la seconde il va plus loin : se servant de tous ses avantages, et rappelant tous les forfaits de Clodius, il soutient que, quand même Milon l'eût poursuivi ouvertement comme un ennemi public, bien loin d'être puni par les lois, il mériterait la reconnaissance du peuple romain. Mais il me semble avoir choisi ses moyens en orateur habile, lorsqu'il a préféré de mettre cette assertion en hypothèse, et non pas en fait : elle en a bien plus de force. Il y avait quelque chose de trop dur à dire crûment : J'ai voulu le tuer, et je l'ai tué : au lieu qu'après avoir présenté son adversaire comme l'agresseur, comme l'insidiateur, on est reçu bien plus favorablement à dire : Quand même j'aurais voulu sa mort, il m'en avait donné le droit. On parle alors à des esprits préparés, qui peuvent plus aisément se laisser persuader ce qui aurait pu les révolter d'abord. Cette progression dans les idées qu'on présente, et dans les impressions qu'on veut produire, est un des secrets de l'art oratoire. On obtient, avec des ménagements et des préparations, ce qu'on ne pourrait pas emporter de vive force. Mais, après toutes les précautions qu'il a prises, Cicéron paraît triompher lorsqu'il dit : « Si dans ce
« même moment Milon, tenant en sa main son épée
« encore sanglante, s'écriait : Romains, écoutez-
« moi; écoutez-moi, citoyens, oui, j'ai tué Clodius;
« c'est avec ce bras, c'est avec ce fer que j'ai écarté
« de vos têtes les fureurs d'un scélérat que nul frein
« ne pouvait plus retenir, que les lois ne pouvaient

« plus enchaîner; c'est par sa mort que vos droits,
« la liberté, l'innocence, l'honneur, sont en sûreté :
« si Milon tenait ce langage, aurait-il quelque chose
« à craindre? Et en effet, aujourd'hui, qui ne l'ap-
« prouve pas? Qui ne le trouve pas digne de louange?
« Qui ne pense pas, qui ne dit pas tout haut que
« jamais homme n'a donné au peuple romain un
« plus grand sujet de joie? De tous les triomphes
« que nous avons vus, nul, j'ose le dire, n'a répandu
« dans ces murs une plus vive allégresse, et n'a
« promis des avantages plus durables. Je me flatte,
« Romains, que vous et vos enfants êtes destinés à
« voir dans la république les plus heureux chan-
« gements : persuadez-vous bien que vous ne les
« verriez jamais, si Clodius vivait encore. Tout nous
« autorise à espérer qu'avec un consul tel que le
« grand Pompée, cette même année verra mettre un
« frein à la licence, verra la cupidité réprimée, les
« lois affermies; et ces jours de salut que nous at-
« tendons, quel homme assez insensé se flatterait
« de les voir luire du vivant de Clodius? Que dis-je?
« Quelle est celle de vos possessions domestiques
« dont vous eussiez pu vous promettre une jouis-
« sance assurée et paisible, tant que ce furieux au-
« rait pu faire sentir sa domination? Je ne crains
« pas qu'on impute à mes ressentiments particuliers
« de mettre dans mes accusations plus de violence
« que de vérité. Quoique j'eusse plus que tout autre
« le droit de le haïr, cependant ma haine person-
« nelle ne pourrait pas être au-dessus de l'horreur
« universelle qu'il inspirait..... Enfin, juges, je vous

« le demande, il s'agit de prononcer sur le meurtre
« de Clodius : imaginez-vous donc (car la pensée
« peut nous représenter un moment les objets
« comme si l'on en voyait la réalité), imaginez-
« vous, dis-je, que l'on me promet d'absoudre Mi-
« lon, sous la condition que Clodius revivra! Vous
« frémissez tous! Eh quoi! si cette seule idée, tout
« mort qu'il est, vous a frappés d'épouvante, que
« serait-ce donc s'il était vivant? » (XXVIII—XXIX.)

On regarde assez généralement la péroraison de
ce discours comme la plus belle qu'ait faite Cicéron.
L'objet le plus ordinaire de cette dernière partie des
plaidoyers est, comme on sait, d'exciter la pitié des
juges en faveur de l'accusé, et cette méthode est
celle des modernes comme des anciens. Si l'on avait
une idée exacte de la justice et du ministère de
ceux qui la rendent, on ne verrait pas les orateurs
de tous les temps et de toutes les nations se mettre,
avec les accusés, aux pieds des juges, et employer,
pour les émouvoir, tout l'art des supplications.
N'est-ce pas en effet une espèce d'outrage à des
juges, de les supplier d'être justes? Est-il permis
de demander à la compassion ce qu'on ne doit attendre que de l'équité; de faire parler ses pleurs,
comme si l'on se défiait de ses raisons; d'oublier
enfin que le ministre de la loi, celui dont le premier devoir est d'être impassible comme elle, ne
doit point venger l'innocent, parce qu'il le plaint,
mais parce qu'il le juge? Voilà ce que pourrait dire
une philosophie rigoureuse. Mais l'éloquence a trop
bien entendu ses intérêts pour les fonder sur une

perfection presque absolument idéale. L'orateur a pensé que, si la philosophie, dans ses spéculations, peut sans risque ne voir dans les juges que la loi vivante, il était bien plus sûr pour lui et pour sa cause de n'y voir autre chose que des hommes. Il s'est souvenu qu'il est dans notre nature d'aimer à n'accorder que comme une grace ce qu'on peut exiger comme une justice; qu'on se rend à la conviction comme à la force, mais qu'on cède à l'attendrissement comme à son plaisir; qu'un peu de sensibilité est plus facile et plus commun que beaucoup d'équité et de lumières ; que l'on dispute contre son cœur beaucoup moins que contre sa raison; et que, quand tous les deux peuvent décider du sort de l'accusé, le défenseur ne peut mieux faire que de s'assurer de tous les deux.

C'est ce que Cicéron entendait mieux que personne, mais ce que le caractère et la conduite de Milon rendaient très difficile. Il ne fallait pas que l'avocat parût en contradiction avec son client; et le fier Milon, intrépide dans le danger, n'avait rien fait de ce qu'avaient coutume de faire les accusés pour se rendre leurs juges favorables. Il n'avait point pris le deuil, n'avait fait aucune sollicitation, ne témoignait aucune crainte. Il y avait là de quoi déranger beaucoup le pathétique d'un orateur vulgaire : le nôtre s'y prend si bien, qu'il tourne en faveur de son client cette sécurité qui pouvait indisposer contre lui en ressemblant à l'orgueil.

« Que me reste-t-il à faire, si ce n'est d'implorer
« en faveur du plus courageux des hommes la pitié

« que lui-même ne demande point, et que je de-
« mande même malgré lui? Si vous ne l'avez pas vu
« mêler une larme à toutes celles qu'il vous fait
« répandre; si vous n'avez remarqué aucun change-
« ment dans sa contenance ni dans ses discours,
« vous ne devez pas pour cela prendre moins d'in-
« térêt à son sort; peut-être même est-ce une raison
« pour lui en devoir davantage. Si, dans les combats
« de gladiateurs, quand il s'agit du sort de ces
« hommes de la dernière classe, nous ne pouvons
« nous empêcher d'avoir de l'aversion et du mépris
« pour ceux qui se montrent timides et suppliants,
« et qui nous demandent la vie; si au contraire nous
« nous intéressons au salut de ceux qui font voir
« un grand courage et s'offrent hardiment à la
« mort; si nous croyons alors devoir notre compas-
« sion à ceux qui ne l'implorent pas, combien cette
« disposition est-elle encore plus juste et mieux
« placée quand il s'agit de nos meilleurs citoyens!
« Pour moi, je l'avoue, je suis pénétré de douleur,
« quand j'entends ce que Milon me répète tous les
« jours, quand j'entends les adieux qu'il adresse
« à ses concitoyens: Qu'ils soient heureux, me dit-
« il; qu'ils vivent dans la paix et la sécurité; que la
« république soit florissante; elle me sera toujours
« chère, quelque traitement que j'en reçoive. Si je
« ne puis jouir avec elle du repos que je lui ai pro-
« curé, qu'elle en jouisse sans moi et par moi. Je
« me retirerai, je m'éloignerai, content de trouver
« un asyle dans la première cité libre et bien gou-
« vernée que je rencontrerai sur mon passage. O

« travaux inutiles et mal récompensés! s'écrie-t-il;
« ô espérances trompeuses! ô trop vaines pensées!
« Moi qui, dans ces temps déplorables, marqués
« par les attentats de Clodius, quand le sénat était
« dans l'abattement, la république dans l'oppression,
« les chevaliers romains sans pouvoir, tous les bons
« citoyens sans espérance, leur ai dévoué, leur ai
« consacré tout ce que le tribunat me donnait de
« puissance, me serais-je attendu à être un jour
« abandonné par ceux que j'avais défendus! Moi
« qui t'ai rendu à ta patrie, Cicéron (car c'est à moi
« qu'il s'adresse le plus souvent), devais-je croire
« qu'il ne me fût pas permis d'y demeurer? Où est
« maintenant ce sénat dont nous avons pris en main
« la cause? Où sont ces chevaliers romains qui de-
« vaient toujours être à toi? Où sont ces secours que
« nous promettaient les villes municipales, ces re-
« commandations de toute l'Italie? Enfin, où est ta
« voix, ô Cicéron! qui a sauvé tant de citoyens? Ta
« voix ne peut donc rien pour mon salut, après que
« j'ai tout risqué pour le tien!

« Ce que je ne puis répéter ici qu'avec des gé-
« missements, il le dit avec le même visage que
« vous lui voyez. Il ne croit point ses concitoyens
« capables d'ingratitude; il ne les croit que faibles
« et timides. Il ne se repent point d'avoir prodigué
« son patrimoine pour s'attacher cette partie du
« peuple que Clodius armait contre vous; il compte
« parmi les services qu'il vous a rendus, ses libéra-
« lités, dont le pouvoir, ajoutant à celui de ses
« vertus, a fait votre sûreté. Il se souvient des mar-

« qués d'intérêt et de bienveillance que le sénat lui
« a données dans ce moment même; et dans quelque
« endroit que son destin le conduise, il emporte
« avec lui le souvenir de vos empressements, de
« votre zèle et de vos regrets... Il ajoute, et avec
« vérité, que les grandes âmes n'envisagent dans
« leurs actions que le plaisir de bien faire, sans
« songer au prix qui les attend; qu'il n'a rien fait
« dans sa vie que pour l'honneur; que si rien n'est
« plus beau, plus désirable que de servir sa patrie
« et de la délivrer du danger, ceux-là sans doute
« sont heureux envers qui elle s'est acquittée par
« des honneurs publics; mais qu'il ne faut pas
« plaindre ceux envers qui leurs concitoyens de-
« meurent redevables; que, si l'on apprécie les
« récompenses de la vertu, la gloire est la pre-
« mière de toutes; que c'est elle qui console de la
« brièveté de la vie par la pensée de l'avenir, qui
« nous reproduit quand nous sommes absents, nous
« fait revivre quand nous ne sommes plus, et sert
« aux hommes comme de degré pour s'élever jus-
« qu'aux cieux.

« Dans tous les temps, dit-il, le peuple romain,
« toutes les nations parleront de Milon : son nom
« ne sera jamais oublié; aujourd'hui même, que
« tous les efforts de nos ennemis se réunissent pour
« irriter l'envie contre moi, partout la voix publi-
« que me rend hommage; partout où les hommes
« se rassemblent, ils me rendent des actions de
« grâces. Je ne parle pas des fêtes que l'Étrurie a
« célébrées et établies en mon honneur : il y a main-

« tenant plus de trois mois que Clodius a péri, et
« le bruit de sa mort, en parcourant toutes les pro-
« vinces de l'empire, y a répandu la joie et l'allé-
« gresse. Et qu'importe où je sois désormais, puisque
« mon nom et ma gloire sont partout?

« Voilà ce que tu me dis souvent, Milon, en
« l'absence de ceux qui m'écoutent, et voici ce que
« je te réponds en leur présence: Je ne puis refuser
« des éloges à ce grand courage; mais plus je l'ad-
« mire, plus ta perte me devient amère et dou-
« loureuse. Si tu m'es enlevé, si l'on t'arrache de
« mes bras, je n'aurai pas même cette consolation
« de pouvoir haïr ceux qui m'auront porté un coup
« si sensible. Ce ne sont pas mes ennemis qui me pri-
« veront de toi; ce sont ceux même que j'ai le plus
« chéris, ceux qui m'ont fait à moi-même le plus
« de bien. Non, Romains, quelque chagrin que
« vous me causiez (et vous ne pouvez m'en causer
« un plus cruel), jamais vous ne me forcerez à
« oublier ce que vous avez fait pour moi; mais si
« vous l'avez oublié vous-mêmes, si quelque chose
« en moi a pu vous offenser, pourquoi ne pas m'en
« punir plutôt que Milon? Quoi qu'il m'arrive, je
« m'estimerai heureux si je ne suis pas le témoin de
« sa disgrace.

« La seule consolation qui puisse me rester, Mi-
« lon, c'est qu'au moins j'aurai rempli envers toi
« tous les devoirs de l'amitié, du zèle et de la recon-
« naissance. Pour toi j'ai bravé l'inimitié des hommes
« puissants, j'ai exposé ma vie à tous les traits de
« tes ennemis; pour toi j'ai pu même les supplier,

« j'ai regardé ton danger comme le mien, et mon
« bien et celui de mes enfants comme le tien propre.
« Enfin, s'il est quelque violence qui menace ta
« tête, je ne crains pas de l'appeler sur la mienne.
« Que me reste-t-il encore? Que puis-je dire? Que
« puis-je faire, si ce n'est de lier désormais mon
« sort au tien, quel qu'il soit, et de suivre en tout
« ta fortune? J'y consens, Romains; je veux bien
« que vous soyez persuadés que le salut de Milon
« mettra le comble à tout ce que je vous dois, ou
« que tous les bienfaits que j'ai reçus de vous seront
« anéantis dans sa disgrace.

« Mais pour lui, toute cette douleur dont je suis
« pénétré, ces pleurs que m'arrache sa situation,
« n'ébranlent point son incroyable fermeté. Il ne
« peut se résoudre à regarder comme un exil quel-
« que lieu que ce soit où puisse habiter la vertu :
« la mort même ne lui paraît que le terme de l'hu-
« manité, et non pas une punition. Qu'il reste donc
« dans ces sentiments qui lui sont naturels; mais
« nous, Romains, quels doivent être les nôtres?
« Voulez-vous ne garder de Milon que son souvenir,
« et le bannir en le regrettant? Est-il au monde
« quelque asyle plus digne de ce grand homme,
« que le pays qui l'a produit? Je vous appelle tous,
« ô vous, braves Romains, qui avez répandu votre
« sang pour la patrie! centurions, soldats, c'est à
« vous que je m'adresse dans les dangers de ce ci-
« toyen courageux. Est-ce devant vous, qui assistez
« à ce jugement les armes à la main, est-ce sous
« vos yeux que la vertu sera bannie, sera chassée,

« sera rejetée loin de nous? Malheureux que je suis!
« c'est avec le secours de ces mêmes Romains, ô
« Milon! que tu as pu me rappeler dans Rome, et
« ils ne pourront m'aider à t'y retenir! que répon-
« drai-je à mes enfants, qui te regardent comme
« un second père? à mon frère, aujourd'hui absent,
« mais qui a partagé autrefois tous les maux dont
« tu m'as délivré? Je leur dirai donc que je n'ai rien
« pu pour ta défense auprès de ceux qui t'ont si
« bien secondé pour la mienne! et dans quelle
« cause? dans celle qui excite un intérêt universel;
« devant quels juges? devant ceux à qui la mort de
« Clodius a été le plus utile; avec quel défenseur?
« avec Cicéron. Quel si grand crime ai-je donc com-
« mis, de quel forfait inexpiable me suis-je chargé,
« quand j'ai recherché, découvert, étouffé cette
« cette fatale conjuration qui nous menaçait tous,
« et qui est devenue pour moi et pour les miens
« une source de maux et d'infortunes? Pourquoi
« m'avez-vous rappelé dans ma patrie? Est-ce pour
« en chasser sous mes yeux ceux qui m'y ont ré-
« tabli? Voulez-vous donc que mon retour soit plus
« douloureux que mon exil : ou plutôt, comment
« puis-je me croire en effet rétabli si je perds ceux
« à qui je dois mon salut? Plût aux dieux que Clo-
« dius (pardonne, ô ma patrie! pardonne : je crains
« que ce vœu que m'arrache l'intérêt de Milon ne
« soit un crime envers toi!), plût aux dieux que
« Clodius vécût encore, qu'il fût préteur, consul,
« dictateur, plutôt que de voir l'affreux spectacle
« dont on nous menace! O dieux immortels! ô Ro-

« mains! conservez un citoyen tel que Milon! Non,
« me dit-il, que Clodius soit mort comme il le mé-
« ritait, et que je subisse le sort que je n'ai pas
« mérité. C'est ainsi qu'il parle; et cet homme, né
« pour la patrie, mourrait ailleurs que dans sa pa-
« trie! Sa mémoire sera gravée dans vos cœurs, et
« lui-même n'aura pas un tombeau dans l'Italie! et
« quelqu'un de vous pourra prononcer l'exil d'un
« homme que toutes les nations vont appeler dans
« leur sein! O trop heureuse la ville qui le recevra!
« O Rome ingrate, si elle le bannit! malheureuse,
« si elle le perd! Mes larmes ne me permettent pas
« d'en dire davantage, et Milon ne veut pas être
« défendu par des larmes! Tout ce que je vous de-
« mande, c'est d'oser, en donnant votre suffrage,
« n'en croire que vos sentiments. Croyez que celui
« qui a choisi pour juges les hommes les plus justes
« et les plus fermes, les plus honnêtes gens de la
« république, s'est engagé d'avance, plus particuliè-
« rement que personne, à approuver ce que vous
« auront dicté la justice, la patrie et la vertu *. »
(XXXIV—XXXVIII.)

Plus je relis cette admirable harangue, plus je me
persuade, comme Milon, que, si en effet Cicéron
avait paru dans cette cause aussi ferme qu'il avait
coutume de l'être, il l'aurait emporté sur toutes
les considérations timides ou intéressées qui pouvaient agir contre l'accusé. C'est un coup de l'art,
un trait unique que cette péroraison, où l'orateur,

* Voyez dans le Cicéron de M. J. V. Leclerc, la traduction de ce discours,
l'introduction et les notes qui y sont jointes. par M. Gueroult, H. P.

ne pouvant appeler la pitié sur celui qui la dédaignait, prend le parti de l'implorer pour lui-même, prend pour lui le rôle de suppliant, afin d'en répandre l'intérêt sur l'accusé, et rend à Milon toutes les ressources qu'il refusait, en lui laissant tout l'honneur de sa fermeté.

Si l'orateur manqua de résolution dans cette conjoncture, il en montra beaucoup contre Antoine, qui n'était pas moins l'ennemi de la république que le sien; et ce double intérêt lui dicta les fameuses harangues publiées sous le titre de *Philippiques*. Il les appela ainsi, parce qu'elles ont pour objet d'animer les Romains contre Antoine, comme Démosthène animait les Athéniens contre Philippe. Elles sont au nombre de quatorze, et toutes d'une grande beauté. Mais la seconde sur-tout était fameuse chez les Romains; elle passait pour une *œuvre divine*: c'est ainsi que l'appelle Juvénal. Elle ne fut pourtant jamais prononcée; mais elle fut répandue dans Rome et dans l'Italie, et lue avec avidité. Antoine ne la pardonna jamais à l'auteur, et ce fut la principale cause de sa mort. Antoine cependant avait été l'agresseur; lui-même avait provoqué cette terrible représaille, en venant dans le sénat déclamer avec violence contre Cicéron, qui était absent. L'orateur n'avait pas coutume d'endurer ces sortes d'injures : il était trop sûr de ses armes. Ce n'est pas que ce genre d'éloquence soit le plus difficile, à beaucoup près : l'improbation et le reproche ont naturellement de la véhémence, et les peintures satiriques piquent la malignité. Mais ce genre acquiert de l'importance et de la gravité, quand il s'agit d'intérêts publics. La guerre contre les méchants est alors la mission de l'homme honnête, et il appartient à l'orateur citoyen de parler aux ennemis de la patrie de manière à les intimider, et de les peindre avec des traits qui les fassent rougir d'eux-mêmes. C'est ce que fait Cicéron dans cette immortelle *Philippique*, où il trace l'exposé de la vie d'Antoine depuis ses premières années. Ces sortes d'exécutions morales sont une vengeance publique que le talent seul peut exercer quand il est joint au courage. On ne peut reprocher à Cicéron d'en avoir manqué à cette époque vraiment périlleuse, puisqu'alors Antoine était tout-puissant. « Jeune « encore, j'ai défendu la république; je ne l'aban- « donnerai pas dans dans ma vieillesse. J'ai bravé « les glaives de Catilina, je ne redouterai pas les « tiens. » (II. *Phil.*, XLVI.) C'est ainsi qu'il s'exprime à la fin de son discours; et ce n'était pas une vaine jactance, c'était un sentiment vrai. Il paraît que dès ce moment Cicéron s'était dévoué à la mort. Pendant toute la guerre de Modène, il fut l'âme de la république, et gouverna entièrement le sénat, dont tous les décrets furent rédigés sur ses avis. On sait que cette guerre finit par la réconciliation d'Antoine et d'Octave, et qu'une des premières conditions fut la mort de Cicéron, qui fut aussi glorieuse que sa vie.

Les autres *Philippiques* sont du genre qu'on appelle délibératif, et la plupart ne sont que les avis que Cicéron énonçait dans le sénat lorsqu'on y délibérait sur la conduite que l'on devait tenir à l'égard d'Antoine, qui assiégeait alors Décimus Brutus dans Modène. Pour bien saisir le mérite de ces discussions politiques, il faut avoir la connaissance la plus exacte et la plus détaillée de l'histoire du temps; et l'extrait qu'on en pourrait faire exigerait des commentaires trop fréquents pour ne pas affaiblir l'effet oratoire, qui ne peut être senti vivement quand le sujet a besoin d'explication *. D'ailleurs il faut bien se borner, et je finirai cette analyse par quelques morceaux tirés du discours adressé devant le sénat à César dictateur, au moment où il venait d'accorder le rappel de Marcellus, qui avait été un de ses plus violents ennemis. Une partie de ce discours n'est autre chose que l'éloge de la clémence de César. Il est fait avec intérêt et noblesse, sans exagération et sans flatterie; et ce que dit l'orateur en finissant est la meilleure réponse qu'on puisse faire à ceux qui lui ont reproché trop de complaisance pour César.

« C'est avec regret, César, que j'ai entendu sou-
« vent de votre bouche ce mot qui par lui-même
« est plein de sagesse et de grandeur : *J'ai assez*
« *vécu, soit pour la nature, soit pour la gloire*. Assez
« pour la nature, si vous voulez; assez même pour
« la gloire, j'y consens; mais non pas pour la pa-
« trie, qui est avant tout. Laissez donc ce langage
« aux philosophes qui ont mis leur gloire à mé-

* Voyez dans le Cicéron de M. J. V. Le Clerc, la traduction des II, IXe, et XIVe Philippiques par Gueroult, de toutes les autres par Goubeaux, avec les introductions et les notes qui y sont jointes.   H. P.

« priser la mort : cette sagesse ne doit point être la
« vôtre ; elle coûterait trop à la république..... Sans
« doute vous auriez assez vécu, si vous étiez né pour
« vous seul ; mais aujourd'hui, que le salut de tous
« les citoyens et le sort de la république dépendent
« de la conduite que vous tiendrez, vous êtes bien
« loin d'avoir achevé le grand édifice qui doit être
« votre ouvrage : vous n'en avez pas même jeté les
« fondements. Est-ce donc à vous à mesurer la
« durée de vos jours sur le peu de prix que peut
« y attacher votre grandeur d'âme, et non pas sur
« l'intérêt commun ? Et si je vous disais que ce n'est
« pas assez pour cette gloire même, que, de votre
« propre aveu et malgré tous vos principes de philo-
« sophie, vous préférez à tout ? Quoi donc ! me
« direz-vous, en laisserai-je si peu après moi ? Beau-
« coup, César, et même assez pour tout autre ; trop
« peu pour vous seul, car à vos yeux rien ne doit
« être assez grand s'il reste quelque chose au-dessus.
« Or, prenez garde que, si toutes vos grandes ac-
« tions doivent aboutir à laisser la république dans
« l'état où elle est, vous n'ayez plutôt excité l'admi-
« ration que mérité la véritable gloire, s'il est vrai
« que celle-ci consiste à laisser après soi le souvenir
« du bien qu'on a fait aux siens, à la patrie et au
« genre humain. Voilà ce qui vous reste à faire :
« voilà le grand travail qui doit vous occuper.
« Donnez une forme stable à la république, et
« jouissez vous-même de la paix et de la tranquil-
« lité que vous aurez procurées à l'état..... N'appelez
« pas votre vie celle dont la condition humaine a

« marqué les bornes, mais celle qui s'étendra dans
« tous les âges et qui appartiendra à la postérité.
« C'est à cette vie immortelle que vous devez tout
« rapporter. Elle a déjà dans vous ce qui peut être
« admiré, mais elle attend ce qui peut être approuvé
« et estimé. On entendra, on lira avec étonnement
« vos triomphes sur le Rhin, sur le Nil, sur l'Océan.
« Mais si la république n'est pas affermie sur une
« base solide par vos soins et votre sagesse, votre
« nom se répandra au loin, mais ne vous donnera
« pas dans l'avenir un rang assuré et incontestable.
« Vous serez chez nos neveux, comme vous avez
« été parmi nous, un sujet de division et de dis-
« corde : les uns vous élèveront jusqu'au ciel ; les
« autres diront qu'il vous a manqué ce qu'il y a de
« plus glorieux, de guérir les maux de la patrie ;
« ils diront que vos grands exploits peuvent appar-
« tenir à la fortune, et que vous n'avez pas fait ce
« qui n'aurait appartenu qu'à vous. Ayez donc de-
« vant les yeux ces juges sévères qui prononceront
« un jour sur vous, et dont le jugement, si j'ose le
« dire, aura plus de poids que le nôtre, parce qu'ils
« seront sans intérêt, sans haine et sans envie. »
(VIII, IX.)

Maintenant, je le demande à tous ceux qui ont fait un crime à Cicéron des louanges qu'il a données à César : Est-ce là le langage d'un adulateur, d'un esclave ? N'est-ce pas celui d'un homme également sensible aux vertus de César et aux intérêts de la patrie, et qui rend justice à l'un, mais qui aime l'autre ; qui, en louant l'usurpateur de l'usage qu'il fait de sa puissance, l'avertit que son premier devoir est de la soumettre aux lois? Fallait-il qu'il fût insensible à cette clémence qui nous touche encore aujourd'hui? Je sais qu'un républicain rigide, qu'un Brutus, un Caton, répondra qu'il ne faut rien louer dans un tyran; que sa clémence même est un outrage, que le premier de ses crimes est de pouvoir pardonner. Je conçois cette fierté dans des hommes nés libres, en qui l'amour de la liberté, sucé avec le lait, étouffe tout autre sentiment. Mais ce dernier excès de l'inflexibilité républicaine est-il un devoir indispensable? ne tient-il pas plutôt au caractère qu'à la morale? ne peut-on y mettre quelque restriction, quelque mesure, sans se rendre vil ou coupable? ne peut-on aimer la liberté et son pays sans fermer entièrement son âme aux impulsions de la sensibilité et de la reconnaissance? Tous ces sénateurs, qui bientôt après assassinèrent César, se jetaient alors à ses pieds pour en obtenir la grâce de Marcellus. S'il était coupable à leurs yeux de pouvoir l'accorder, pourquoi la lui demandaient-ils? Il faut être conséquent: si tout ce qu'on reçoit d'un tyran déshonore, il est abject de lui rien demander. Mais il est bien difficile de s'accorder avec soi-même dans des principes outrés et excessifs. Cicéron, que l'on a taxé d'inconséquence, ne me paraît pas avoir mérité comme eux ce reproche. Quand on l'entendit dans la suite applaudir aux meurtriers de César comme aux vengeurs de Rome et de la liberté, était-ce donc, comme on l'a dit, se démentir? Il pouvait répondre: J'ai loué dans un grand homme ce qu'il avait de louable ; j'ai blâmé sa tyrannie publiquement, et l'ai exhorté lui-même à y renoncer ; je voulais qu'il fût meilleur s'il eût vécu ; on l'a immolé à la liberté de Rome : je suis Romain, je remercie nos vengeurs. Mais quand César me rendait mon ami, j'étais homme, et je remerciais celui qui faisait le bien avec le pouvoir de faire le mal[*].

On voit avec plaisir, dans l'histoire, les témoignages multipliés de cet attrait réciproque que César et Cicéron eurent toujours l'un pour l'autre. Ces deux grandes âmes devaient se connaître et s'entendre, quoique César ne pût aimer dans Cicéron le défenseur des lois et de la république, et que Cicéron ne pût aimer dans César leur ennemi et leur oppresseur. Ils se rapprochaient par le caractère, quoiqu'ils s'éloignassent par les principes. Ils avaient le même amour pour la gloire, le même goût pour les lettres, le même fond de douceur et de bonté. Il y a sans doute une autre sorte de mérite, une autre espèce de grandeur : je ne prétends rien ôter à Caton et à Brutus ; je les révère, mais ils ont eu quelquefois besoin d'excuse dans leurs vertus rigides ; pourquoi n'en accorder aucune à Cicéron dans ces vertus modérées, et même à César dans ces fautes héroïques et éclatantes ? Rien n'est parfait dans l'humanité ; tout a été donné à l'homme avec mesure ; gardons-la dans nos jugements. N'exaltons pas une vertu pour en humilier une autre. Toutes sont plus ou moins précieuses,

[*] Voyez dans le Cicéron de M. J. V. Le Clerc, la traduction de ce discours par Gueroult avec l'introduction et les notes qui y sont jointes. H. P.

toutes honorent la nature humaine, et c'est l'honorer soi-même que de leur rendre à toutes le respect qui leur est dû.

L'apologie de Cicéron m'a entraîné; je reviens à ses talents. Ce que vous avez entendu de lui le fait mieux connaître et le loue mieux que tout ce que j'en pourrais dire; et d'ailleurs, pour bien louer Cicéron, a dit Tite-Live, il faut un autre Cicéron. A son défaut écoutons Quintilien, qui, dans un résumé sur les orateurs latins, s'exprime ainsi : « C'est sur-tout dans l'éloquence que Rome peut se « vanter d'avoir égalé la Grèce. En effet, à tout ce « que celle-ci a de plus grand j'oppose hardiment « Cicéron. Je n'ignore pas quel combat j'aurai à sou- « tenir contre les partisans de Démosthène; mais « mon dessein n'est pas d'entreprendre ici ce pa- « rallèle inutile à mon objet *, puisque moi-même « je cite par-tout Démosthène comme un des pre- « miers auteurs qu'il faut lire, ou plutôt qu'il faut « savoir par cœur. J'observerai seulement que la « plupart des qualités de l'orateur sont au même « degré dans tous les deux; la sagesse, la méthode, « l'ordre des divisions, l'art des préparations, la « disposition des preuves, enfin tout ce qui tient à « ce qu'on appelle l'invention. Dans l'élocution il y « a quelque différence..... L'un serre de plus près « son adversaire, l'autre prend plus de champ pour

* Ceci ne peut être le sens, puisque Quintilien établit ensuite un vérita- ble parallèle. Il veut dire probablement, comme l'entend Gedoyn, qu'on lui en voudra d'autant plus de faire ce parallèle qu'il pourrait s'en dispen- ser, ayant lui-même fortement recommandé la lecture et l'étude de Démos- thène.
H. P.

« combattre. L'un se sert toujours de la pointe de
« ses armes, l'autre en fait souvent sentir aussi le
« poids. On ne peut rien ôter à l'un, rien ajouter à
« l'autre. Il y a plus de travail dans Démosthène,
« plus de naturel dans Cicéron. Celui-ci l'emporte
« évidemment pour la plaisanterie et le pathétique,
« deux puissants ressorts de l'art oratoire. Peut-être
« dira-t-on que les mœurs et les lois d'Athènes ne
« permettaient pas à l'orateur grec les belles péro-
« raisons du nôtre; mais aussi la langue attique lui
« donnait des avantages et des beautés que la nôtre
« n'a pas. Nous avons des lettres de tous les deux;
« il n'y a nulle comparaison à en faire. D'un autre
« côté, Démosthène a un grand avantage; c'est
« qu'il est venu le premier, et qu'il a contribué
« en grande partie à faire Cicéron ce qu'il est. Il
« s'était attaché à imiter les Grecs, et nous a repré-
« senté, ce me semble, en lui seul, la force de
« Démosthène, l'abondance de Platon et la douceur
« d'Isocrate. Mais ce n'est pas l'étude qu'il en a pu
« faire, qui lui a donné ce qu'il y a dans chacun
« deux : il l'a tiré de lui-même et de cet heureux
« génie né pour réunir toutes les qualités..... On
« dirait qu'il a été formé par une destination par-
« ticulière de la Providence, qui voulait faire voir
« aux hommes jusqu'où l'éloquence pouvait aller.
« En effet, qui sait mieux développer la vérité? qui
« sait émouvoir plus puissamment les passions? quel
« écrivain eut jamais autant de charme? Ce qu'il
« arrache de force, il semble l'obtenir de plein gré;
« et, quand il vous entraîne avec violence, vous

« croyez le suivre volontairement. Il y a dans tout
« ce qu'il dit une telle autorité de raison, que l'on
« a honte de n'être pas de son avis. Ce n'est point
« un avocat qui s'emporte, c'est un témoin qui dé-
« pose, un juge qui prononce; et cependant tous
« ces différents mérites, dont chacun coûterait un
« long travail à tout autre que lui, semblent ne
« lui avoir rien coûté; et dans la perfection de son
» style, il conserve toute la grace de la plus heu-
» reuse facilité. C'est donc à juste titre que parmi
« ses contemporains il a passé pour le dominateur
« du barreau, et que dans la postérité son nom
« est devenu celui de l'éloquence. Ayons-le donc
« toujours devant les yeux, comme le modèle que
« l'on doit se proposer; et que celui-là soit sûr d'avoir
« profité beaucoup, qui aimera beaucoup Cicé-
« ron *. » (X, 1.)

J'ai cité cet excellent morceau d'autant plus volontiers, qu'il semble exprimer fidèlement ce que
la lecture de Cicéron nous a fait éprouver à tous.
Il paraît qu'il en était du temps de Quintilien comme
du nôtre, où l'on dit un Cicéron pour un homme
éloquent, comme nous disons aussi un César pour
donner l'idée de la plus grande bravoure. Ces sortes
de dénominations, devenues populaires après tant
de siècles, n'appartiennent qu'à une prééminence
bien généralement reconnue et sentie. Fénelon
donne cependant l'avantage à Démosthène sur Cicéron; et il n'est pas, comme on voit, le seul de

---

* Boileau a dit, en parlant d'Homère. (*Art poét.*, *ch. III.*)

C'est avoir profité que de savoir s'y plaire.   F.

cet avis, puisqu'au temps où Quintilien écrivait, bien des gens pensaient de même. Voici le passage de Fénelon, qui mérite d'être cité :

« Je ne crains pas de dire que Démosthène me
« paraît supérieur à Cicéron. Je proteste que per-
« sonne n'admire Cicéron plus que je fais. Il em-
« bellit tout ce qu'il touche ; il fait honneur à la
« parole ; il fait des mots ce qu'un autre n'en saurait
« faire ; il a je ne sais combien de sortes d'esprits.
« Il est même court et véhément toutes les fois qu'il
« veut l'être, contre Catilina, contre Verrès, contre
« Antoine ; mais on remarque quelque parure dans
« son discours. L'art y est merveilleux, mais on
« l'entrevoit. L'orateur, en pensant au salut de la
« république, ne s'oublie pas, et ne se laisse point
« oublier. Démosthène paraît sortir de soi, et ne
« voir que la patrie. Il ne cherche point le beau,
« il le fait sans y penser : il est au-dessus de l'ad-
« miration. Il se sert de la parole comme un homme
« modeste de son habit pour se couvrir. Il tonne,
« il foudroie. C'est un torrent qui entraîne tout. On
« ne peut le critiquer, parce qu'on est saisi. On
« pense aux choses qu'il dit, et non à ses paroles.
« On le perd de vue : on n'est occupé que de Phi-
« lippe, qui envahit tout. Je suis charmé de ces deux
« orateurs ; mais j'avoue que je suis moins touché
« de l'art infini et de la magnifique éloquence de
« Cicéron que de la rapide simplicité de Démos-
« thène. » *Lettre à l'Académie française.*

Démosthène et Cicéron sont deux grands ora-teurs : Quintilien et Fénelon, deux grandes autorités : qui oserait se rendre leur juge*? Assurément ce ne sera pas moi. Je crois même qu'il serait difficile de réduire en démonstration la préférence qu'on peut donner à l'orateur de Rome ou à celui d'Athènes. C'est ici que le goût raisonné n'a plus de mesure bien certaine, et qu'il faut s'en rapporter au goût senti. Quand le talent est dans un si haut degré de part et d'autre, on ne peut plus décider, on ne peut que choisir : car enfin chacun peut suivre son penchant, pourvu qu'il ne le donne pas pour règle; et loin de mettre, comme on fait trop souvent, la moindre humeur dans ces sortes de discussions, il faut seulement se réjouir qu'il y ait dans tous les arts des hommes assez supérieurs pour qu'on ne puisse pas s'accorder sur le droit de primauté. Et qu'importe en effet qui soit le premier, pourvu qu'il faille encore admirer le second? Je les admire donc tous les deux; mais je demande qu'il me soit permis, sans offenser personne, d'aimer mieux Cicéron. Il me paraît l'homme le plus naturellement éloquent qui ait existé; et je ne le consi-

---

* Notre La Fontaine l'a pourtant osé, lorsqu'il a dit :
    Que Cicéron blâme ou qu'il loue,
    C'est le plus disert des parleurs :
L'ennemi de Philippe est semblable au tonnerre ;
    Il frappe, il surprend, il atterre :
Cet homme et la raison, à mon sens, ne sont qu'un.
        La Fontaine, *Lettre à Monseigneur le procureur*
                général du parlement.

J. J Rousseau s'est aussi prononcé en faveur de Démosthène.

« Entraîné par la mâle éloquence de Démosthène, mon élève dira, c'est un « orateur ; mais en lisant Cicéron, il dira, c'est un avocat. »
        J.-J. Rousseau, *Émile*, Liv. iv
                F.

dère ici que comme orateur ; je laisse à part ses écrits philosophiques et ses lettres : j'en parlerai ailleurs ; mais n'eût-il laissé que ses harangues, je le préférerais à Démosthène : non que je mette rien au-dessus du plaidoyer *pour la Couronne* de ce dernier, mais ses autres ouvrages ne me paraissent pas en général de la même hauteur ; ils ont de plus une sorte d'uniformité de ton qui tient peut-être à celle des sujets ; car il s'agit presque toujours de Philippe. Cicéron sait prendre tous les tons ; et je ne saurais sans ingratitude refuser mon suffrage à celui qui me donne tous les plaisirs. Ce n'est pas qu'il me paraisse non plus sans défaut : il abuse quelquefois de la facilité qu'il a d'être abondant ; il lui arrive de se répéter ; mais ce n'est pas comme Sénèque, dont chaque répétition d'idées est un nouvel effort d'esprit : on pourrait dire de Cicéron qu'il déborde quelquefois parce qu'il est trop plein. Ses répétitions ne nous fatiguent point, parce qu'elles ne lui ont pas coûté. Il est toujours si naturel et si élégant, qu'on ne sait ce qu'il faudrait retrancher : on sent seulement qu'il y a du trop. On a remarqué aussi qu'il affectionne certaines formes de construction ou d'harmonie qui reviennent souvent ; qu'excellent dans la plaisanterie, il la pousse quelquefois jusqu'au jeu de mots : on abuse toujours un peu de ce dont on a beaucoup. Ces légères imperfections disparaissent dans la multitude des beautés ; et, à tout prendre, Cicéron est, à mes yeux, le plus beau génie dont l'ancienne Rome puisse se glorifier.

LA HARPE, *Cours de Littérature.*

IV. OEuvres philosophiques.

Cicéron, dans les dernières années de sa vie, éloigné du gouvernement par les guerres civiles, qui avaient substitué le pouvoir des armes à celui des lois, ne crut pas pouvoir employer mieux le loisir de sa retraite qu'en remplaçant les travaux de l'éloquence et de l'administration par ceux de la philosophie. Il l'avait toujours aimée et cultivée, comme on l'aperçoit dans tous ses ouvrages; mais il n'avait pu y donner que le peu de moments que lui laissaient les affaires publiques, où nous l'avons vu jouer un si grand rôle, comme orateur et comme magistrat, jusqu'au moment où la guerre éclata entre César et Pompée. C'est depuis cette époque jusqu'à sa mort, qu'il composa tous ses écrits philosophiques, dont une partie a péri par l'injure des temps. Ils formaient un cours complet de la philosophie des Grecs, et furent achevés dans l'espace de cinq ans, malgré les troubles et les orages qui se mêlèrent encore aux dernière occupations qu'il avait choisies, et le rejetèrent plus d'une fois dans le flot des discordes civiles, qui finirent par l'engloutir lui-même avec la liberté romaine.

Cette philosophie des Grecs avait à Rome des sectateurs et des amateurs depuis Lélius; mais peu de Romains avaient écrit sur ces matières jusqu'à Brutus et Varron; et c'est au premier que Cicéron adressa le plus souvent ses traités de philosophie et d'éloquence; car Brutus était également versé dans l'une et dans l'autre. Mais Cicéron seul eut assez d'étendue de génie pour embrasser toutes les parties de la philosophie grecque, et assez de confiance dans ses forces pour entreprendre de faire passer dans la littérature latine tout ce qui dans ce genre était sorti des plus célèbres écoles de la Grèce. Ce fut la dernière espèce de gloire qu'il ambitionna; et le plan qu'il conçut, et dont lui-même nous rend compte à la tête de son second livre *sur la Divination*, prouve la variété de ses connaissances et la facilité de son talent. Ces matières étaient encore si neuves à Rome, que les Latins n'avaient pas même de termes pour rendre les abstractions de la métaphysique des Grecs; et ce fut lui qui créa pour les Romains la langue philosophique, transportée depuis dans nos écoles modernes, qui jusqu'ici n'en ont point connu d'autre.

Il commença par le livre intitulé *Hortensius*, que nous avons perdu, et où il faisait à la fois l'éloge de la philosophie et sa propre apologie, contre ceux qui lui reprochaient ce genre d'étude et de composition, comme au-dessous de sa dignité personnelle. Il revient ailleurs, et à plus d'une reprise, sur ce reproche qu'il n'a pas de peine à détruire, et il se fonde non-seulement sur ce que cette étude est très digne en elle-même d'occuper l'esprit humain, mais sur ce qu'il n'y a donné que le temps où il ne pouvait rien faire de mieux, et qu'il n'a rien pris sur ses devoirs de citoyen et d'homme public. Il ajoute qu'il est aussi de l'honneur des lettres latines de n'avoir rien à envier aux Grecs en cette partie, depuis qu'elles sont entrées en concurrence pour l'éloquence et la poésie ; et il trouve flatteur pour lui qu'elles lui soient redevables de ce nouvel honneur. Enfin, il se félicite de ce dernier moyen d'être utile à la jeunesse romaine dans des temps corrompus, où elle a plus que jamais besoin des secours de l'instruction et du frein de la morale. « Mes concitoyens, dit-il, me pardonneront, ou « plutôt ils me sauront gré, quand la république « est asservie, de n'avoir montré ni la faiblesse et « l'abattement qui abandonnent tout, ni le ressen- « timent qui se refuse à tout, ni la complaisance « adulatrice qui flatte la puissance absolue, faute « de pouvoir soutenir une condition privée. »

Après l'*Hortensius*, il donna les *Académiques*, dont nous n'avons qu'une partie, et où il se propose de défendre la doctrine qu'il avait embrassée, celle de l'Académie de Platon, qui, d'après Socrate, n'admettait rien que comme probable, et ne reconnaissait ni évidence ni certitude. Cette doctrine, quelques efforts qu'il fasse pour la justifier, n'est pas soutenable en rigueur : aussi la réduit-il, à mesure qu'il est pressé, à peu près à ce qu'elle a de raisonnable quand elle est restreinte, c'est-à-dire qu'il la borne à ce qui est véritablement inaccessible à l'intelligence humaine, et ne permet que les conjectures. Les exemples qu'il cite sont presque tous de ce genre ; mais en général il ne renonce jamais formellement à ce principe de sa secte, *qu'on ne peut dire d'aucune chose qu'elle est vraie, au point que le contraire soit nécessairement faux.* Ce sont ses termes, et c'est une absurdité : c'est même un assemblage d'inconséquences visibles ; car, en voulant bien laisser de côté une preuve de fait, tirée des connaissances mathématiques, dont il ne parle jamais, ou dont il semble ne tenir aucun compte, il y a une contradiction métaphysique qu'auraient dû apercevoir Socrate, Platon et leurs disciples : c'est qu'il n'est pas possible que l'intelligence, émanée, dans leur propre système, de la divinité, ait été donnée à l'homme comme une faculté tellement illusoire, qu'elle ne pût avoir de notions évidentes ni arriver à un résultat certain sur quoi que ce soit. Qui veut la fin, veut les moyens : or, la fin de la créature raisonnable est, de leur aveu, la connaissance de la vérité, sans laquelle l'homme n'aurait aucun guide. Il s'ensuit que si Dieu lui a refusé la connaissance de ce qui est au-dessus de lui, et de ce qui par conséquent ne lui est pas nécessaire, il a dû lui donner la perception entière des idées dont il a besoin pour se conduire et se déterminer ; sans quoi Dieu ne serait ni juste ni bon envers sa créature, ce qui répugne, et ne serait pas d'accord avec lui-même ; car il voudrait et ne voudrait pas, ce qui ne répugne pas moins. Cicéron a beau dire, pour échapper à des conséquences qui détruiraient toute morale, que cette probabilité qu'il substitue à la certitude, est cependant assez forte pour produire une détermination suffisante, et servir de mobile à toutes les actions et à tous les devoirs de la vie. Non, ce n'est pas là raisonner conséquemment ; et avec son probabilisme il restera toujours sans défense contre celui qui, le serrant de près, lui soutiendra, non sans raison, qu'il ne se croit obligé à rien quand rien ne lui est prouvé; que, si rien n'est évident en principe, rien n'est évidemment bon ou mauvais dans l'application; et il serait curieux alors de savoir de Cicéron lui-même ce que deviendrait son *Traité des Devoirs*. Comment, lui dira-t-on, me prescrivez-vous pour règle inviolable, pour premier intérêt, pour souverain bien, ce qui est honnête et vertueux, quand vous-même ne pourriez pas affirmer que ce qui vous paraît le contraire de l'honnête ne soit pas l'honnête en effet? car voilà ce qui résulte rigoureusement de la théorie du probabilisme, et ce dont la secte académique, à cela près la plus raisonnable de toutes, n'a pas vu tout le danger. Cicéron, d'après ses maîtres, se rejette toujours sur les hypothèses physiques ou métaphysiques; mais il semble éviter le fond de la question, sans doute parce qu'il n'ose pas y entrer. Il importe fort peu en effet que nous soyons sûrs de la grosseur du soleil ou de la manière dont l'âme agit sur le corps, et nous pouvons rire indifféremment de ceux qui ne croyaient pas le soleil plus gros en réalité qu'en apparence, ou de ceux qui le croyaient plus gros que la terre seulement d'un dix-huitième. Mais il est de la plus haute importance que l'homme soit sûr de ses devoirs et de sa fin. Quoi! le méchant est assez corrompu pour décliner le jugement de sa conscience et de celle de tous les hommes, quoique reconnu pour certain, et vous ne craignez pas qu'il ne se serve des armes que vous lui fournissez vous-même pour révoquer en doute, ou plutôt pour rejeter loin de lui les lois que vous dépouillez de toute sanction! Vous pouvez croire qu'il lui suffira d'une probabilité pour préférer le devoir qui lui semblera difficile, au crime qui lui paraîtra aisé et avantageux! Non, ce système est aussi mauvais dans la pratique que dans la spéculation : cette réserve du doute académique, qu'ils se piquaient d'opposer à la présomption dogmatique, n'est qu'un excès opposé à un excès, et retombe de son poids dans l'absurde du pyrrhonisme, dont eux-mêmes sentaient tout le ridicule. Affirmer tout est une illusion de l'orgueil; mais douter de tout est une arme pour la perversité.

Ce doute absolu sur ce qui se perçoit par le rapport des idées intellectuelles n'est pas même admissible sur ce qui se perçoit par les sens. C'est là-dessus que les académiciens triomphaient le plus, parce que les erreurs des sens sont nombreuses et avouées; mais ils triomphaient fort mal à propos, et seulement à la faveur de paralogismes dont ils ne s'apercevaient pas. D'abord ce qu'ils appelaient erreurs des sens prouvait contre eux qu'il y avait des sensations certaines; car l'erreur n'est que la négation de la vérité; et l'on ne peut dire que telle sensation est erronée, qu'en supposant soi-même que la sensation contraire est réelle, sans quoi l'on ne dirait rien qui eût du sens. De plus, ce ne sont pas les sens qui se trompent, car les sens ne jugent point: c'est l'âme seule, c'est la faculté pensante qui forme des jugements sur les objets transmis par les sens; et Cicéron lui-même le dit très clairement dans ses *Tusculanes*. Enfin, si les sens nous trompent souvent, nous connaissons les causes de l'erreur et les moyens de la rectifier dans tout ce qui est à la portée de nos sens. Les expériences physiques en sont la preuve; et les effets de la pression, et de la pesanteur, et de l'élasticité de l'air, effets qui certainement n'arrivent que par les sens à l'intelligence qui les juge, nous sont aussi démontrés que les corollaires mathématiques. En un mot, cette incertitude générale ferait de notre existence et du monde une espèce de rêve : ce qui ne peut se soutenir qu'en rêvant ou en plaisantant, et ce qui serait même un fort triste rêve et une fort inepte plaisanterie.

Cicéron a suivi partout la méthode de Platon, celle du dialogue, mais rarement celle de l'argumentation socratique par demandes et par réponses, qui est par elle-même subtile et sèche, et convenait peu au génie de Cicéron et à sa manière d'écrire plus ou moins oratoire dans tous les genres. Il se rapproche beaucoup plus de cette partie des dialogues de Platon, dans laquelle chaque interlocuteur expose tour à tour son opinion raisonnée et développée, ce qui donne beaucoup plus de champ à l'élocution; et Cicéron avait trop d'intérêt à n'y pas renoncer. On retrouve partout dans la sienne l'élégance et la richesse qui ne l'abandonnent jamais, et, ce qui est encore plus important en philosophie, la clarté et la méthode, deux choses qui manquent à Platon. Cicéron ne s'est pas borné non plus à l'exposé et à la discussion des différentes doctrines : on croira sans peine qu'il y met du sien, et qu'il tâche dans chaque cause d'être aussi bon avocat qu'il est possible, par l'usage qu'il fait des moyens qu'on lui a fournis. Dans ses cinq livres *Sur la nature du bien et du mal*, on peut dire de lui ce que Voltaire disait de Bayle, qu'il s'était fait l'avocat général des philosophes, mais non pas ce que Voltaire ajoute de Bayle, qu'il ne donne jamais ses conclusions : car on connaît très bien celles de Cicéron, soit qu'il parle lui-même, comme lorsqu'il défend le probabilisme académique et attaque les dogmes d'Épicure et de Zénon, soit qu'il donne la parole à quelqu'un des personnages qu'il introduit, et qui sont la plupart au nombre des plus considérables de son temps et des plus distingués de ses amis, tels que Lucullus, Catulus, Cotta, Caton, Torquatus, et autres, comme vous avez entendu Crassus et Antoine dans les dialogues sur l'éloquence.

Il s'agit ici de la grande question du *souverain bien*; et, si l'on ne trouve nulle part un résultat entièrement satisfaisant, c'est qu'il était impossible d'en obtenir sur ce qui n'existe pas. C'est le premier inconvénient (et il est capital) de ces interminables controverses des anciens. Aucun ne s'est aperçu qu'ils cherchaient tous ce qu'on ne peut pas trouver, puisqu'il est de toute impossibilité que le souverain bien soit dans un ordre de choses où tout est nécessairement imparfait. Cela nous paraît aujourd'hui si simple, que personne ne s'avise plus d'en douter; mais il est très commun d'ignorer ce qui est pourtant une vérité de fait, que si les modernes ont absolument renoncé à cette question, qui n'a cessé d'agiter pendant tant de siècles les écoles anciennes, c'est depuis que le législateur de l'Évangile eut appris à l'homme que le bonheur n'était point de ce monde, et qu'il ne fallait pas l'y chercher. Cette vérité, quoique révélée, a paru si sensible, que tout le monde en a profité, même lorsque, par la suite, l'Évangile perdit beaucoup de disciples; et ce n'est pas à beaucoup près la seule vérité qu'en ait empruntée, sans s'en apercevoir, la philosophie moderne, ni le seul avantage qu'aient conservé des lettres chrétiennes ceux même qui d'ailleurs se sont déclarés contre la religion.

En quoi consiste le souverain bien? C'était-là ce qu'on demandait à tous les philosophes, comme on leur demandait à tous : Comment le monde a-t-il été fait? Il n'y en avait pas un qui ne se crût en état de répondre sur les deux questions: et de là autant de systèmes sur l'une que sur l'autre. Épicure et Aristippe répondaient: Dans le plaisir; Hiéronyme : Dans l'absence de la douleur; Zénon : Dans la vertu ; et ces trois systèmes étaient simples et absolus; Platon : Dans la connaissance de la vérité, et dans la vertu, qui en est la suite : Aristote, Carnéade et les péripatéticiens : A vivre conformément aux lois de la nature, mais non pas indépendamment de la fortune, et ces deux systèmes étaient complexes; et l'Académie, que Cicéron faisait profession de suivre, se rapprochait du dernier en le commentant et l'expliquant. Du reste les choses et les mots se confondaient tellement dans l'exposition et la discussion de chaque doctrine, que souvent l'une rentrait en partie dans l'autre; et même Cicéron prétend que Zénon et tout le Portique ne s'étaient séparés des péripatéticiens que par un rigorisme mal entendu, qu'ils étaient d'accord sur le point principal, où ils ne différaient que dans les termes, mais qu'ils avaient rendu ce même fond vicieux et insoutenable en le rendant exclusif. Vivre conformément aux lois de la nature était, selon les péripatéticiens, la même chose que vivre honnêtement; et par là ils rentraient dans le souverain bien de Zénon, qui était l'honnêteté ou la vertu (mots synonymes dans la langue philososophique); mais Zénon allait jusqu'à ne reconnaître aucune espèce de *bien* que la vertu, aucune espèce de *mal* que le vice : et c'est là-dessus que les péripatéticiens et les académiciens se réunissaient contre lui, admettant également comme *biens* l'usage légitime des choses naturelles et l'éloignement des maux physiques; et ils avaient raison.

Épicure était à la fois attaqué par tous, sur-tout par Cicéron, qui détestait sa doctrine, quoique estimant sa personne; car toute l'antiquité convient que cet homme, qui s'était fait l'apôtre de la volupté, vécut toujours très sagement, et fort éloigné de tout excès et de tout scandale. Il n'en est pas moins prouvé que ceux qui ont voulu expliquer et justifier sa philosophie, en rapportant à l'âme tout ce qu'il disait de la volupté, se sont entièrement abusés. Nous n'avons plus ses écrits, il est vrai; mais du temps de Cicéron ils étaient entre le mains de tout le monde; et, quand Cicéron en cite souvent des passages entiers comme textuels, en présence d'un Épicurien qu'il défie de nier le texte, on ne peut penser que Cicéron ait voulu mentir gratuitement ni citer à faux, quand il eût été si facile de le démentir. Il est bien vrai qu'Épicure, comme s'il eût été honteux et embarrassé lui-même de sa doctrine (ce qui est assez croyable), l'embrouille en quelques endroits, au risque de ne pouvoir plus ni s'entendre ni s'accorder; et ceux de ses disciples qui ne voulaient pas être, selon l'expression d'Horace, *des pourveaux du troupeau d'Épicure**, profitaient de ces obscurités pour crier à la calomnie, et se plaindre sans cesse qu'on ne blâmait cette philosophie que parce qu'on ne l'entendait pas. Ce n'est pas la seule fois qu'on a eu recours au même artifice en pareille occasion pour repousser ou l'odieux ou le danger d'une doctrine perverse, et se conserver le droit et les moyens d'en répandre la contagion : artifice frivole et misérable; car, si ce que vous dites est tel qu'il ne soit bon que de la manière dont vous seul l'entendez, et mauvais que de la manière dont tout le monde l'entend et doit l'entendre, il est clair que vous ne devez pas le dire. D'ailleurs, les mêmes termes ont et doivent avoir nécessairement la même signification pour tous ceux qui parlent la même langue, sans quoi il faudrait renoncer au com-

* *Epicuri de grege porcum. Epist.* I, 4.

merce du langage et à la communication de la pensée. Mais il vaut mieux écouter là-dessus Cicéron lui-même, qui emploie ici une dialectique irrésistible, et une démonstration qui peut servir de réponse péremptoire à tous les écrivains qui de nos jours se sont efforcés mal à propos de réhabiliter Épicure.

Cicéron s'adresse en ces termes à l'épicurien Torquatus, qui vient de faire l'apologie de ce philosophe en présence de Triarius : « Épicure dit
« que le souverain bien consiste dans la volupté,
« et le souverain mal dans la douleur, par la raison
« des contraires. Or, le mot qui dans sa langue ré-
« pond à celui de volupté dans la nôtre (ἡδονή) ne
« signifie absolument, chez les Grecs comme chez
« nous, que les plaisirs des sens; et Épicure lui-
« même ne lui donne pas une autre signification,
« puisqu'il dit en propres termes que *le plaisir et*
« *la douleur n'appartiennent qu'au corps, et que*
« *les sens en sont les seuls juges.* Cela est-il positif ?
« Il dit en propres termes qu'il ne conçoit même pas
« quel *bien* peut exister sans la volupté, ni ce que
« peuvent entendre les stoïciens par *leur souverain*
« *bien qui est dans l'honnêteté, et où la volupté n'est*
« *pour rien.* Il affirme que ce sont là *des mots vides*
« *de sens* : il spécifie lui-même comme *volupté* les
« sensations agréables qu'on peut recevoir par le
« goût, par le tact, par la vue, par l'ouïe, par
« l'odorat; et enfin il ajoute ce qu'on ne peut pas
« même énoncer sans blesser la décence. Il est bien
« vrai qu'en d'autres endroits, comme s'il rougis-

« sait lui-même de sa morale (tant est grande la
« force des sentiments naturels ! *), il dit qu'on
« ne saurait vivre agréablement sans vivre honnête-
« ment : mais il ne s'agit pas ici de ce qu'il dit dans
« quelques endroits ; il s'agit de savoir comment
« on peut concilier ces endroits avec son système
« entier, tel qu'il se montre partout, tel que tout
« le monde l'entend. Ce n'est pas notre faute, s'il
« a méprisé la logique, parce qu'il n'en avait pas,
« et s'il n'entend rien en définition. Nous définis-
« sons tous l'*honnête*, ce qui est juste et louable
« en soi, désirable en soi, indépendamment de tout
« intérêt particulier, de toute louange étrangère,
« de toute jouissance sensible. Cela est clair, et
« Épicure répond qu'il lui est impossible de com-
« prendre quel bien nous voyons dans l'*honnête*,
« *à moins*, dit-il, *que nous n'entendions ce qui est*
« *glorieux dans l'opinion populaire ; ce qui en effet,*
« ajoute-t-il, *est souvent plus agréable que certains*
« *plaisirs, mais ce qu'on ne désire encore qu'en vue*
« *du plaisir* **. Voilà donc un philosophe fameux
« qui a mis en rumeur la Grèce et l'Italie, et qui
« connaît si peu l'*honnête*, qu'il le fait dépendre de
« l'opinion de la multitude !.... Je sais aussi tout
« ce qu'il débite sur cette *douce tranquillité d'âme*
« (εὐθυμία) qu'il vante et recommande sans cesse,
« au point, dit-il, *que le sage de son école s'écriera*
« *dans le taureau de Phalaris : Que cela est doux !*
« Voilà qui est plus que stoïcien ; car le stoïcien

* *Tanta est vis naturæ*
** C'est mot à mot ce que dit Helvétius sur la gloire.

« dira seulement, que la douleur n'est point un
« *mal*, et il sera du moins conséquent, puisqu'il
« n'appelle *mal* que ce qui est *vicieux et honteux*.
« Mais à qui Épicure fera-t-il comprendre comment
« les sens, *seuls juges du plaisir et de la douleur*,
« trouveront, graces à *la tranquillité d'âme*, du
« plaisir à être déchirés et brûlés? Si ce n'est pas là
« une vaine jactance de mots, qu'est-ce que c'est?
« Enfin, voulons-nous connaître le fond de la mo-
« rale d'Épicure? ouvrons le livre par excellence,
« celui où il a renfermé ses principaux dogmes
« comme les oracles de la sagesse et les leçons du
« bonheur; en un mot ce qu'il appelle *les sentences*
« *souveraines* (κυρίας δόξας). Qui de vous ne les sait
« pas par cœur? Écoutez donc, et dites-moi si ma
« version est infidèle : *Si ce qui fait les plaisirs des*
« *hommes les plus voluptueux leur ôte en même*
« *temps la superstition pusillanime, la crainte de la*
« *mort et de la douleur, et leur apprend à mettre*
« *de la mesure dans leurs passions, nous n'avons*
« *rien à reprendre en eux; car d'un côté ils sont*
« *comblés de voluptés, et de l'autre il n'y a en eux*
« *rien qui souffre, rien de malade, c'est-à-dire au-*
« *cun mal.*

« Ici *Triarius ne peut se contenir, et se tournant
« vers Torquatus : Sont-ce là, dit-il, les paroles
« d'Épicure? (Il le savait bien, mais il voulait en
« entendre l'aveu.) Oui, répondit Torquatus avec
« assurance : ce sont ses propres paroles; mais
« vous n'entendez pas sa pensée. S'il dit une chose,

* C'est toujours Cicéron qui continue de rendre compte de son entretien

« repris-je alors, et en pense une autre, c'est une
« raison pour que je ne sache pas ce qu'il pense :
« mais ce n'en est pas une pour que je n'entende pas
« ce qu'il dit, et il dit une absurdité; car ses
« paroles signifient que les hommes les plus volup-
« tueux ne sont pas à blâmer, s'ils sont sages, *s'ils
« apprennent à régler leurs passions;* et n'est-il pas
« plaisant qu'un philosophe suppose que la volupté
« puisse *apprendre à régler les passions?* Selon lui il
« ne s'agit ici que de *la mesure!* Ainsi la cupidité
« aura *sa mesure,* l'adultère *sa mesure,* la débau-
« che *sa mesure!* Quelle philosophie que celle qui ne
« s'occupe pas à détruire le vice,.mais seulement à
« le *régler!* Quoi! Épicure, vous ne trouvez pas *la
« luxure* répréhensible* en elle-même! vous en vou-
« lez seulement séparer les craintes superstitieuses
« et la peur de la mort! Mais en ce cas vous pouvez
« avoir contentement : il y a tel débauché si peu
« superstitieux, qu'il mangera dans les plats du sa-
« crifice; et d'autres craignent si peu la mort, que
« vous les entendez chanter :

  « Six mois, six mois de bonne vie,,
  « Et donnons le reste à Pluton.

* C'est le mot du texte latin, et il a fallu s'en servir, quoique l'usage l'ait
relégué dans la morale religieuse. Mais je n'ai pas voulu risquer plus haut les
luxurieux, luxuriosi, qui est aussi dans le texte, et que j'ai traduit par *les
plus voluptueux.*

On voit à quel point la pensée d'Épicure est en effet absurde et contradictoire dans les termes; car *luxure* équivaut à *débauche,* et toute *débauche*
est un *excès;* en sorte qu'il suppose *la mesure* dans *l'excès.* Voilà pourquoi
le mot *luxure, luxuria,* qui chez les Latins passait métaphoriquement à tout
ce qui offre l'idée d'excès, était si nécessaire pour rendre sensible la démonstration de Cicéron.

« Au fond, Torquatus, je suis de l'avis de votre
« sévère philosophe, en ce qu'il demande des bornes
« à *la volupté;* car, dans son hypothèse, que *la*
« *volupté est le souverain bien*, je crois bien qu'il
« n'entend pas parler de ceux qui vomissent sur la
« table, qu'il faut emporter au lit, et qui recom-
« mencent le lendemain ; qui n'ont jamais vu,
« comme on dit, le soleil se coucher ni se lever,
« et qui finissent par manquer de tout, parce qu'ils
« ont tout mangé. Non, parlez-moi de ces volup-
« tueux de bon ton et de bon goût, qui ont le meil-
« leur cuisinier, le meilleur pâtissier, la meilleure
« marée, la meilleure volaille, le meilleur gibier,
« le meilleur vin ; en un mot, toutes les choses sans
« lequelles Épicure ne connaît pas de bonheur :
« joignez-y, si vous voulez, des esclaves jeunes et
« beaux pour servir à table, la plus belle vaisselle
« d'argent et le plus bel airain de Corinthe, et le
« plus magnifique logement. Il s'ensuivra seule-
« ment que ceux qui vivent ainsi vivent *bien*, selon
« vous, puisqu'ils vivent dans la *volupté*, qui est
« selon vous le *bien;* mais il ne s'ensuivra nullement
« que la volupté soit en effet le bonheur, soit le
« *souverain bien*. La volupté par elle-même ne sera
« jamais que la volupté, et pas autre chose; et tout
« ce que je vois de clair dans la doctrine d'Épicure,
« c'est qu'il ne cherche des disciples que pour leur
« apprendre que ceux qui veulent être voluptueux
« doivent d'abord devenir philosophes. »(*De fin.* II)[*].

[*] Ce morceau et les suivants sont plutôt une analyse élégante et claire
qu'une traduction, comme le dit fort bien M. J. V. Le Clerc dans ses notes

Voilà, ce me semble, le procès d'Épicure fait et parfait. Cicéron vient ensuite à celui des stoïciens, qui d'abord ont dans Caton un robuste défenseur et un digne représentant du Portique. Je m'étendrai peu sur cette philosophie jugée depuis longtemps, et d'autant plus facilement abandonnée, que l'excès dans la vertu est le moins séduisant de tous. Aussi Épicure a-t-il trouvé dans ce siècle une foule de partisans et d'apologistes, et Zénon pas un. Vous avez déjà vu, dans le plaidoyer pour Muréna, les dogmes follement outrés du stoïcisme fournir matière à une raillerie douce et fine, telle que la comportait l'éloquence judiciaire. Ici l'on s'attend bien que Cicéron procède plus sévèrement, mais néanmoins sans se refuser l'espèce de force que peut prêter au raisonnement la plaisanterie délicate qui naît des choses mêmes, et n'offense pas les personnes. Cicéron ne pouvait pas se priver de cette partie de la discussion, qu'il manie aussi bien qu'aucune autre, et l'une de celles qui forment chez lui comme l'assaisonnement de ces banquets philosophiques. Il tâche de faire sentir à Caton même, et fait très aisément comprendre à quiconque n'est pas stoïcien, que Zénon et ses disciples ont méconnu la nature humaine en voulant trop l'élever; que d'ailleurs leur philosophie a un double inconvénient, d'abord en ce qu'ils se sont fait un langage d'école tellement conventionnel,

---

sur la traduction de Regnier Desmarais, qui fait partie de son recueil. Nous nous dispenserons donc d'indiquer les chapitres auxquels ils se rapportent, comme nous l'avons fait pour les discours.

que leurs termes, souvent détournés de leur acception propre, ne peuvent être entendus de personne; de plus, en ce que, se refusant tout moyen de persuasion dans la chose où il est le plus important de persuader, dans la morale, ils lui ôtent son plus grand charme et son pouvoir le plus universel, et ne disent jamais rien au cœur, pour s'adresser toujours à la raison. En effet, tout le stoïcisme était resserré dans une suite de formules exiguës, d'argumentations abstraites, et, comme dit Cicéron, de petites *conclusioncules* (car l'expression me paraît assez heureuse pour passer du latin au français), qui dessèchent et exténuent tellement la morale, que, n'ayant plus ni suc, ni mouvement, ni couleur, elle est comme réduite en squelette; et que, quand j'entends les aphorismes stoïques tels qu'ils sont, par exemple, dans le Manuel d'Épictète, je crois entendre un cliquetis de petits ossements. Ce n'est pas que cette secte n'ait compté parmi ses disciples de très grands hommes, mais il ne faut pas s'y tromper : ce n'est pas parce qu'ils étaient stoïciens qu'ils furent grands; mais la hauteur de leur caractère se trouva au niveau des principes du Portique dans ce qu'ils ont de beau et de bon, c'est-à-dire dans la prééminence donnée à la vertu sur toute chose; et ils ne comptèrent le reste que pour un assortiment scolastique, qui était pour ainsi dire le protocole de la secte.

Cicéron leur reproche avec justice de n'avoir rien produit qu'on puisse opposer, pour l'utilité générale, à ce qu'avaient écrit Platon et Aristote, et

plusieurs de leurs disciples, sur les mœurs et la législation. « Cléante et Chrysippe, poursuit-il, ont
« pourtant essayé de faire une rhétorique; mais ils
« s'y sont pris de façon qu'il n'y a rien de meilleur
« à lire pour apprendre à ne jamais parler; et ce-
« pendant quel faste et quelle prétention ! A les
« entendre, ils vont enflammer les âmes; et com-
« ment? C'est que l'*univers est la cité de l'homme.*
« Fort bien : voilà donc les habitants de Pouzzoles,
« dont le monde est la ville municipale? C'est avec
« ces mots d'invention qu'ils prétendent *mettre le feu*
« *aux âmes!* ils l'éteindraient, s'il y était. S'ils par-
« lent de la puissance de la vertu, ils vous pressent
« avec de petites questions comme avec des aiguilles,
« et quand vous avez dit oui, l'âme n'a rien en-
« tendu; il n'y a rien de changé en nous, et l'on
« s'en va comme on était venu. Est-ce donc que la
« nouveauté des termes change la nature des idées
« et des sentiments? Je viens vous demander com-
« ment il se peut que la douleur ne soit pas un *mal*;
« et vous me répondez que la douleur est une chose
« fâcheuse, incommode, odieuse, difficile à sup-
« porter. Eh bien! vous avez mis une définition à
« la place du mot : soit, mais pourquoi cette chose
« fâcheuse, incommode, odieuse, etc. n'est-elle pas
« un mal? — C'est que dans tout cela il n'y a ni
« malice, ni fraude, ni méchanceté, ni faute, ni
« honte, et par conséquent point de *mal.* Suppo-
« sons que je puisse m'empêcher de rire en appre-
« nant qu'il n'y a pas de malice, ni de fraude, ni
« de honte dans la douleur, me voilà bien avancé!

« et comment cela m'apprendra-t-il le moyen de
« supporter courageusement la douleur? — C'est
« que l'homme qui regarde la douleur comme un
« *mal* ne saurait être courageux. Soit; mais com-
« ment le sera-t-il davantage en la regardant seule-
« ment comme une chose fâcheuse, incommode,
« odieuse et difficile à supporter? Je vous défie de
« me le dire; car le courage et la faiblesse assuré-
« ment tiennent aux choses mêmes, et non pas aux
« différents noms qu'on leur donne. » (*De fin.* IV.)

Vous voyez avec quelle grace et quelle légèreté
d'escrime Cicéron ne laisse pas de porter de rudes
atteintes; et si vous étiez curieux d'entendre au
moins quelqu'un des paradoxes stoïques dont il
se divertit si gaiement, permettez que je me borne
à un seul, qui suffira, parmi cent autres, pour
faire voir jusqu'où l'on peut, avec de bonnes intentions, pousser l'extravagance philosophique. Les
stoïciens tenaient *que tous ceux qui n'étaient pas
parfaitement sages étaient également misérables;
celui qui avait tué son père n'était pas plus misérable
que celui qui, vivant d'ailleurs en honnête homme,
n'était pas encore parvenu à la parfaite sagesse;* et
cette parfaite sagesse, comme on peut le penser, ne
se trouvait que dans le stoïcien; et en vérité elle ressemble fort à la parfaite folie. Mais au ridicule de
l'assertion il faut joindre celui de la comparaison
dont ils l'appuyaient. *De deux hommes qui se noient,*
disaient-ils, *celui qui est près de la superficie de l'eau
ne respire pas plus que celui qui est au fond: donc,* etc.
Vous en riez comme Cicéron; mais c'est au moins

ici un ridicule innocent, et il faut avouer que les stoïciens, généralement probes dans leur conduite, étaient dans leur doctrine les plus honnêtes et les meilleurs de tous les fous.

L'objet des cinq dissertations en dialogue, qu'on appelle *les Tusculanes*, parce qu'elles eurent lieu à la maison de campagne qu'avait Cicéron à Tusculum*, est de chercher les moyens les plus essentiels pour le bonheur; et l'auteur en marque cinq : le mépris de la mort, la patience dans la douleur, la fermeté dans les différentes épreuves de la vie, l'habitude de combattre les passions, enfin la persuasion que la vertu ne doit chercher sa récompense qu'en elle-même. Toute cette théorie, qui ne mérite que des éloges, est plus ou moins empruntée de ce que l'Académie et le Portique avaient de meilleur, et toujours ornée, corrigée et enrichie par Cicéron, qui la professe en personne d'un bout à l'autre de l'ouvrage. Tout ce que la philosophie naturelle a de plus haut en métaphysique et en morale est ici embelli par l'éloquence; et ce qu'il peut y avoir de défectueux ou d'incomplet ne doit pas être imputé à l'auteur, puisque la révélation seule l'a suppléé pour nous. Il prouve très bien que, dans toutes les hypothèses, la mort n'est point un mal en elle-même, puisque, dans le cas où tout l'homme périrait, le néant est insensible : que, si l'âme est immortelle, comme il le pense et l'établit de toute sa force, ce n'est pas la mort même qui est un mal pour le méchant; mais

* Aujourd'hui Frascati.

seulement les peines qui la suivront, et qui ne sont que la suite de ses fautes ; pour l'homme de bien elle est plutôt à désirer qu'à craindre, puisqu'elle lui ouvre une meilleure vie. Il appuie d'arguments très plausibles l'immortalité de l'âme, et la mémoire sur-tout lui paraît en nous une faculté merveilleuse, qui ne peut appartenir à la matière. Quant à ceux qui nient l'immortalité de l'âme, parce qu'ils ne conçoivent pas ce que peut être l'âme séparée du corps, il leur répond fort à propos : « Et con-« cevez-vous mieux ce qu'elle est dans son union « avec le corps ? » Réponse très digne de remarque ; car elle fait voir qu'il avait du moins aperçu ce genre de démonstration, dont la bonne philosophie moderne a tiré et peut tirer encore un si grand avantage, et qui consiste à se servir de ce qui est reconnu certain et pourtant inexplicable, pour renverser la dialectique très commune et très fausse, qui nie d'autres faits tout aussi certains et tout aussi démontrés, seulement parce que l'intelligence humaine ne peut pas les expliquer.

Cicéron a très bien senti tout le faux de cette manière de raisonner, en usage de son temps comme du nôtre, et qui n'a d'autre effet qu'une ignorance volontaire de ce qu'on peut savoir, très misérablement fondée sur l'ignorance invincible de ce qui est au-dessus de nous. Voici, à ce sujet, un échantillon de sa logique : « L'origine de notre âme ne « saurait se trouver dans rien de ce qui est maté-« riel ; car la matière ne saurait produire la pensée, « la connaissance, la mémoire, qui n'ont rien de

« commun avec elle. Il n'y a rien dans l'eau, dans
« l'air, dans le feu, dans ce que les éléments offrent
« de plus subtil et de plus délié, qui présente l'idée
« du moindre rapport quelconque avec la faculté
« que nous avons de percevoir les idées du passé,
« du présent et de l'avenir. Cette faculté ne peut
« donc venir que de Dieu seul; elle est essentielle-
« ment céleste et divine. Ce qui pense en nous, ce
« qui sent, ce qui veut, ce qui nous meut, est donc
« nécessairement incorruptible et éternel; et nous
« ne pouvons pas même concevoir l'essence divine
« autrement que nous ne concevons celle de notre
« âme, c'est-à-dire comme quelque chose d'absolu-
« ment séparé et indépendant des sens, comme une
« substance spirituelle qui connaît et qui meut tout.
« Vous me direz : Et où est cette substance qui
« connaît et meut tout, et comment est-elle faite?
« Je vous réponds : Et où est votre âme ? et com-
« ment se la représenter? Vous ne sauriez me le
« dire, ni moi non plus. Mais, si je n'ai pas pour
« comprendre tous les moyens que je voudrais bien
« avoir, est-ce une raison pour me priver de ce que
« j'ai? L'œil voit, et ne se voit pas : ainsi notre
« âme, qui voit tant de choses, ne voit pas ce qu'elle
« est elle-même; mais pourtant elle a la conscience
« de sa pensée et de son action *. Mais où ha-
« bite-t-elle? et qu'est-elle? C'est ce qu'il ne faut
« pas même chercher... Quand vous voyez l'ordre
« du monde et le mouvement réglé des corps cé-
« lestes, n'en concluez-vous pas qu'il y a une in-

* Je pense, donc je suis, disait Descartes.

« telligence suprême qui doit y présider, soit que
« cet univers ait commencé et qu'il soit l'ouvrage
« de cette intelligence, comme le croit Platon, soit
« qu'il existe de toute éternité, et que cette intelli-
« gence en soit seulement la modératrice, comme
« le croit Aristote? Vous reconnaissez un Dieu à ses
« œuvres et à la beauté du monde, quoique vous
« ne sachiez pas où est Dieu ni ce qu'il est : recon-
« naissez de même votre âme à son action conti-
« nuelle, et à la beauté de son œuvre, qui est la
« vertu. »

D'après la vénération profonde qu'il eut toujours pour le divin Platon (car c'est le nom que lui donne toute l'antiquité), vous ne serez pas surpris de retrouver chez lui ce que vous avez entendu du philosophe grec sur l'étude de la mort; et si j'en fais ici mention, c'est pour constater une opinion qui a été la même dans ces deux grands hommes, sur un point de morale que l'on imagine communément tenir à un abus de spiritualité ou d'austérité, dont on a fait à la philosophie chrétienne un reproche très mal fondé. Vous voyez que là-dessus Platon et Cicéron, qu'on n'a jamais accusés de rigorisme, ont parlé comme les Chrétiens; et il est d'autant plus singulier qu'ils aient mis en avant ce principe, qu'ils n'avaient pas pour l'appuyer les motifs puissants que notre religion seule y a joints. « Que fai-
« sons-nous, dit Cicéron, quand nous séparons
« notre âme des objets terrestres, des soins du
« corps et des plaisirs sensibles, pour la livrer à la
« méditation? que faisons nous autre chose qu'ap-

« prendre à mourir, puisque la mort n'est que la
« séparation de l'âme et du corps? Appliquons-nous
« donc à cette étude, si vous m'en croyez; mettons-
« nous à part de notre corps, et accoutumons-nous
« à mourir. Alors notre vie sur la terre sera sem-
« blable à la vie du ciel; et, quand nous serons au
« moment de rompre nos chaînes corporelles, rien
« ne retardera l'essor de notre âme vers les cieux*. »

Dans l'excellent traité *sur la Nature des Dieux*, Cicéron paraît s'être proposé sur-tout de prouver et de justifier la Providence. Il introduit d'abord un épicurien qui déraisonne contre elle, d'après les dogmes qui semblent appartenir particulièrement au maître de cette école; car, pour son atomisme, on sait qu'il l'avait pris tout entier de Démocrite, quoiqu'il le traitât fort mal dans ses livres. Cicéron voit là une sorte d'ingratitude; c'était plutôt, ce me semble, un petit artifice de la vanité d'Épicure, qui affectait de déprécier celui dont il avait emprunté son système physique, afin de faire croire qu'il n'y avait de bon que ce qu'il y avait mis ou paru mettre du sien. Pour ce qui est de l'obligation, elle était mince; et les atomes, tant ceux de Démocrite que ceux d'Épicure, n'avaient pas fait assez de fortune pour valoir la peine qu'on se les disputât, quoique Lucrèce ait pris celle de les mettre en vers : car rien n'empêche d'habiller l'erreur aussi poétiquement que la vérité, comme on peut parer la laideur aussi bien que la beauté.

* Voyez l'introduction de M. J. V. Le Clerc à la traduction des Tusculanes par Bouhier et d'Olivet, qu'il a insérée dans son recueil. H. P.

Cicéron, qui d'ailleurs paraît faire cas du personnel d'Épicure, dit en termes exprès que toute *sa philosophie était universellement méprisée des hommes instruits.* « Je ne sais comment il se fait, dit à ce « propos Cicéron, qu'il n'y a rien de si absurde qui « n'ait été avancé et soutenu par quelque philo- « sophe. » Épicure en ce genre ne fut pas mal partagé, et ses dieux étaient encore bien plus ridicules que son monde d'atomes; car, après tout, nous n'avons aucune idée de la manière dont le monde a été fait : mais la métaphysique, analysant les notions du plus simple bon sens, avait, dès le temps d'Épicure, reconnu les attributs nécessairement renfermés dans l'idée de la Divinité. Il n'en fallait pas davantage pour rire de pitié du beau loisir, et de la belle indolence, et de la bienheureuse insouciance dont Épicure gratifiait ses dieux, qui ne devaient se mêler de rien, de peur de se fatiguer; qui ne devaient s'offenser de rien, de peur de se chagriner; ni s'intéresser à rien, de peur de troubler cette parfaite tranquillité qu'Épicure devait attribuer à ces dieux comme à son sage; car Épicure était un raisonneur si conséquent ! Vous pouvez imaginer que le stoïcien Balbus, que Cicéron met en tête de l'épicurien, a beau jeu contre tant d'inepties; car, si les stoïciens déliraient en voulant faire de leur sage un dieu, ils avaient de la Divinité des idées très saines; et Balbus s'amuse beaucoup de son épicurien qui, ne soupçonnant aucune différence entre la nature divine et la nature humaine, semble se persuader que l'action de Dieu est un travail comme celle de l'homme, que Dieu ne saurait bâtir sans instruments et sans outils, non plus que l'homme; qu'il ne saurait veiller sur son ouvrage sans se tourmenter, non plus que l'homme, ni même punir sans être blessé, quoique les juges mêmes de la terre punissent le crime sans trouble et sans colère.

Il faut ici rendre justice aux anciens; toute cette théologie d'Épicure, qui a été renouvelée de nos jours avec les mêmes arguments et presque avec les mêmes termes *, fut parmi eux si généralement bafouée, qu'enfin un de ses disciples n'imagina d'autre moyen, pour soustraire à tant de ridicule la mémoire de son maître, que de publier, comme un fait dont il était confident, qu'au fond Épicure n'avait jamais cru à l'existence de la divinité, et que c'était uniquement pour voiler son athéisme, et se dérober à l'animadversion des lois, qu'il avait eu recours à cette impertinente doctrine, qui, sans anéantir expressément la divinité, du moins en fabriquait une assez oiseuse pour être sans conséquence, ou assez méprisable pour en dégoûter.

Il prétendait, entre autres folies, que les dieux étaient nécessairement de forme humaine, attendu qu'ils devaient avoir la plus belle de toutes, et qu'il n'y en avait point de plus belle que celle de l'homme. L'interlocuteur, qui est ici son adversaire, le réfute avec beaucoup de gaieté; mais je ne sais si le sérieux soutenu dont l'épicurien débite les cahiers de sa secte, et qui ressemble fort à celui des matérialistes modernes, n'est pas encore plus plaisant.

* Notamment dans le *Code de la Nature*, de Diderot.

Avec quelle noble fierté il se glorifie des grandes lumières apportées par Épicure, des grands services qu'il a rendus à l'humanitié! On croit entendre un des professeurs de nos jours : « Vous avez mis « au-dessus de nos têtes, dit-il, un despote éternel « qu'il faut craindre jour et nuit : car qui ne redou- « terait pas un Dieu qui veille à tout, qui pense à « tout, qui observe tout, qui se croit chargé de « tout; en un mot, un Dieu toujours occupé et « affairé? Épicure nous délivre de toutes ces crain- « tes, comme il délivre les dieux de tout embarras. « Il vous remet en liberté; il vous apprend à ne « rien appréhender d'un être qui n'est pas plus ca- « pable de faire le moindre chagrin à personne que « d'en prendre lui-même. C'est là la véritable idée « que l'on doit avoir d'une nature excellente et « parfaite, et *le culte saint et pieux* que nous lui « rendons. »

Une des difficultés qu'il élève contre la création, et qui a été aussi fort répétée parmi nous, c'est de demander ce que faisait Dieu avant de faire le monde, et comment et pourquoi il l'a fait dans un temps plutôt que dans un autre. Il ne peut se figurer Dieu sortant tout-à-coup de son repos éternel pour produire tant de choses, après avoir été si long-temps sans rien faire. « Et pour qui tout cela? Pour « les hommes. Mais la plupart des hommes sont « fous; et Dieu, qui ne saurait travailler pour les « fous, a donc travaillé pour un bien petit nombre!»

Comme cette objection a été cent fois rebattue de notre temps, et que ce n'est pas ici le lieu d'approfondir des théories métaphysiques, je me bornerai à observer que si quelque chose pouvait encore étonner dans l'extravagance de l'orgueil humain, ce serait de l'entendre dire à Dieu : Je ne concevrai jamais que tu aies fait tout ce que nous voyons, à moins que je ne sache pourquoi tu ne l'as pas fait plus tôt, et ce que tu faisais auparavant; et je ne puis croire que tu aies jamais rien produit, à moins que tu ne me rendes compte de tout l'emploi de ton éternité.

Cicéron traite fort légèrement les futiles chicanes de nos épicuriens; mais il est très grave et très sévère sur les conséquences désastreuses de ces systèmes irréligieux, qui ne vont à rien moins qu'à renverser les fondements de la société; et là-dessus il parle comme tous les hommes sages et honnêtes ont parlé depuis Cicéron jusqu'à nous. Vous ne doutez pas non plus qu'il ne soit très éloquent dans la description des beautés, des richesses et de l'harmonie du monde physique : c'est un des morceaux où il semble avoir mis le plus de soin et d'étendue, et avoir pris le plus de plaisir. Mais il faudrait aussi tant de soin pour lutter en français contre ce chef-d'œuvre d'élocution latine *, que je suis obligé de me refuser ce plaisir, qui en serait un pour moi, si je n'étais entraîné plus loin par la multitude des objets, et resserré par la nécessité de les borner.

* Voyez le second livre *de Naturâ Deorum*, paragraphe 49 et suivants : *Ac principio terra universa*, etc. Cicéron n'a jamais rien écrit de plus élégant.

Mais, toujours fidèle à la méthode académique de plaider également le pour et le contre, Cicéron, après que Balbus a comme préludé par une légère escarmouche contre l'épicuréisme, oppose au défenseur de la Providence l'académicien Cotta, qui engage un combat plus sérieux, et déduit avec beaucoup de force les difficultés réelles sur la question du mal moral, et si réelles, que la révélation seule a pu en donner l'entière solution. Cependant Cicéron, trop sensé et trop judicieux pour ignorer que des difficultés même insolubles ne décident rien contre des preuves positives qui forcent l'assentiment de la raison, et qu'il ne résulte rien de ces difficultés, si ce n'est qu'en ces matières nous n'en savons pas assez pour répondre à tout; Cicéron, qui sentait que l'idée de la Providence était en elle-même inséparable de l'idée de la divinité, au point que l'une ne peut exister sans l'autre, et que toutes les deux sont aussi démontrées que nécessaires; que si la démonstration ne détruit pas toutes les objections, les objections peuvent encore moins détruire les preuves admises, ce qui est reçu partout en logique; Cicéron conclut pour ce qui le concerne, en faveur de Balbus, dont l'opinion lui paraît approcher le plus de cette probabilité, le seul résultat admis dans l'Académie, et dont vous avez vu que les conséquences équivalent dans le fait à celles de la certitude.

Il avait fait un ouvrage fort considérable en six livres, dans le même genre et avec le même titre que celui de Platon, *de la République*. Nous l'avons perdu *, et il le fit suivre aussi d'un autre *sur les Lois*, qui ne nous est parvenu que fort mutilé. La partie qui nous en reste est moitié morale et religieuse, moitié politique. Il met, comme Platon, Aristote et tous les anciens, une importance majeure à la religion et au culte, qui tiennent une très grande place dans les trois livres qui nous restent de son *Traité sur les Lois*. C'est lui-même qui porte la parole devant Quintus son frère, et son ami Atticus, qui l'écoutent beaucoup plus qu'ils ne le contredisent. On voit à peu près, par cet ouvrage, quel était le fond de celui dont il était la suite, et que son plan de gouvernement était *le pouvoir* du peuple, toujours dirigé par l'*autorité* du sénat : et dans ce mot d'*autorité* était contenue, dans la langue latine d'où nous l'avons pris, l'idée d'une puissance de raison, différente de celle du peuple, qui n'est qu'une puissance de force. C'est la distinction reconnue par tous les bons latinistes entre les mots *potestas* et *auctoritas*, dont le premier se dit indifféremment en bien et en mal, et

---

* Ce traité, dont on connaissait déjà quelques passages, cités par les grammairiens ou par les pères de l'Église, et particulièrement *le songe de Scipion*, que nous a conservé Macrobe, a été en partie retrouvé par M. Angelo Mai dans un manuscrit palimpseste du Vatican, publié à Rome en 1822; il en a paru à Paris en 1823 et 1824 deux traductions, l'une de M. Villemain, enrichie d'un beau discours préliminaire, de notes ingénieuses et de savantes dissertations, l'autre de M. J. V. Le Clerc, dont la critique sévère a beaucoup contribué à épurer et à éclaircir un texte nécessairement fort incertain. Cette dernière traduction forme la partie la plus intéressante du volume de fragments qui termine l'édition complète que M. Le Clerc a donnée des œuvres de Cicéron, et à laquelle nous avons si souvent occasion de renvoyer. H. P.

dont le second ne s'emploie jamais qu'en éloge, et emporte toujours une idée de respect. C'est pour cela que les Romains disaient dans tous leurs actes, *Senatus populusque romanus*, mettant toujours le sénat au premier rang. De même, par le mot de *citoyen*, ils n'entendaient que ceux qui jouissaient des droits de cité; ce qui demandait beaucoup de conditions, et ce qui fut long-temps fort restreint. Ils ne se rendaient pas moins difficiles sur la profession de soldat, et ne confiaient la défense de l'État qu'à ceux dont les propriétés étaient le garant de leur intérêt à la chose publique. Il fallait donc un certain revenu pour servir dans les armées, et, avant tout, il fallait être de condition libre. Marius, qui le premier arma des esclaves, ce que n'avait jamais fait Rome dans ses plus grands dangers, donna un scandale extraordinaire et nouveau. Des lois *populaires* étendirent ensuite le droit de cité jusqu'à un excès qui accéléra la chute de la république, quoique jamais il n'ait été poussé jusqu'à devenir universel. Les seuls citoyens de Rome eurent aussi le droit de suffrage pendant six cents ans; et, quand les tribus de l'Italie y furent admises, au temps des guerres de Marius, la république croulait de toutes parts. Il ne faut donc pas s'étonner que Cicéron, dans ses livres de politique et de philosophie, témoigne partout un si profond mépris pour la multitude : c'étaient les principes de l'aristocratie romaine, dont je ne dois être ici que l'historien, et non pas le juge. On sait assez que ces questions seraient ici d'autant plus oiseuses, qu'elles ne se décident point par le raisonnement, et ne sont qu'une perte de temps et de paroles.

Cicéron s'étend beaucoup et très disertement sur la justice naturelle, comme étant la régulatrice de de toutes les lois ; et il la fait dépendre elle-même de la justice divine, qu'il établit comme la seule sanction de la justice humaine. Voici ses termes : « Que le premier fondement de tout soit cette per- « suasion générale, que les dieux sont les maîtres « et les modérateurs de tout ; que toute adminis- « tration est subordonnée à leur pouvoir et à leur « providence ; qu'ils sont les bienfaiteurs du genre « humain ; qu'ils observent ce qu'est en lui-même « chaque individu, ce qu'il fait, ce qu'il se permet, « dans quel esprit et avec quelle piété il pratique « le culte public, et qu'ils font le discernement des « gens de bien et des impies. Voilà ce dont il faut « que tous les esprits soient pénétrés pour avoir la « connaissance de l'utile et du vrai »*.

S'il attache tant de prix à la religion, ce n'est sûrement pas qu'on puisse le taxer de la moindre teinte de superstition et de crédulité. Jamais homme n'en fut plus éloigné ; il suffirait, pour s'en convaincre, si là-dessus sa réputation n'était pas faite, de lire son *Traité de la Divination*. C'est là qu'il a passé en revue tous les genres de charlatanisme en général, tous les prestiges, toutes les impostures, toutes les rêveries qui composaient la prétendue science des oracles, des prodiges, des auspices, des

* Voyez l'excellente préface de la traduction de M. Ch. de Rémusat, qui fait partie du recueil de M. J. V. Le Clerc.

prophéties sibyllines, etc. Jamais la raison n'a été plus sévère à la fois et plus gaie : il ne fait grace à rien, et donne même les meilleures explications naturelles de quelques faits avoués de son temps, et que son frère Quintus, très entêté de la divination, lui cite comme merveilleux, et qui en ont en effet l'apparence. Cicéron lui répond, entre autres choses aussi justes qu'ingénieuses, qu'il ne prétend pas non plus que les devins soient assez malheureux pour qu'une chose n'arrive jamais par hasard, parce qu'ils l'auraient prédite à tout hasard. Il conclut de tout son ouvrage, que l'homme raisonnable doit respecter la religion et mépriser la superstition. Il était augure, et son frère lui demande s'il parlerait dans le sénat ou devant le peuple, comme il vient de parler dans son jardin, entre un frère et un ami, sur cette partie de la divination qui tient au culte public, comme les auspices de l'expiation des prodiges. Il répond fort sensément que tout ce que les lois ont consacré comme police religieuse n'a rien de commun avec la philosophie, et que l'homme public et le citoyen doivent alors respecter comme police ce que les lois ont fait entrer dans l'ordre politique, parce que le mépris des lois est toujours un mauvais exemple et un délit; mais que le langage public de l'augure n'oblige à aucune croyance la raison du philosophe, pas plus que le citoyen n'est obligé à croire bonnes toutes les lois auxquelles il est pourtant tenu d'obéir. Cette distinction est très bien fondée, et un païen ne pouvait faire une meilleure réponse. En total, sur cette matière que

Cicéron semble avoir épuisée, les modernes, qui se sont le plus moqués de la superstition, n'ont pu que le répéter *.

Parmi les anciens livres de morale, je ne pense pas qu'il y en ait un meilleur à mettre entre les mains de la jeunesse que le *Traité des Devoirs* ** de Cicéron. Il roule entièrement sur la comparaison et la concurrence de l'honnête et de l'utile, qui est en effet pour l'homme social l'épreuve de tous les moments, et la pierre de touche de la probité. Il écarte les arguties des stoïciens, mais ils s'approprient leurs principes, généralement bons à cet égard; il en sépare ce qui est outré, et adapte à leurs dogmes toujours secs, même quand ils sont vrais, sa diction attrayante et persuasive. Il entre, sans diffusion et sans superfluité, dans tous les détails des devoirs de la vie, et donne une grande force à la liaison réelle, et beaucoup plus étroite et plus essentielle qu'on ne pense communément, entre les devoirs de rigueur et les devoirs de bienséance. Il est triste et honteux d'être obligé d'avouer que, sur ce point important, les anciens étaient plus sévères et par conséquent plus judicieux que nous. Ils avaient senti combien c'est une grande loi morale et sociale que de se respecter soi-même devant les

---

* Voyez dans le Cicéron de J. V. Le Clerc la traduction nouvelle qu'il a donnée de ce traité, et la préface qui la précède. H. P.

** On le faisait lire aux écoliers dans toutes les maisons d'éducation publique; mais, autant que je m'en souviens, on s'occupait trop exclusivement du style, et pas assez des choses mêmes, qui pourtant ne sont point au-dessus de la portée de cet âge, et peuvent être des semences d'honnêteté et de vertu.

autres, et de respecter les autres à cause de soi, dans les paroles et dans tous les dehors dont l'homme est le juge et le témoin, quand Dieu seul est le juge de l'intérieur. L'histoire de la censure romaine, tant que les mœurs publiques la soutinrent en même temps qu'elle les soutenait, fournit des exemples de cette observation, trop connus pour les rappeler ici. L'indécence et la corruption qui suivirent trouvèrent une justification dans la doctrine des cyniques, et il n'y a rien d'étonnant : leur nom même * était celui de l'impudence ; mais il est plus fâcheux que la grossièreté et le scandale aient eu des patrons au Portique, au moins dans les paroles. C'était la suite de ces généralités mal entendues, qui ne sont qu'un abus de la métaphysique mal appliquée. La métaphysique devient folie dès qu'elle sort des choses purement intellectuelles, comme tout ce qui est déplacé devient mauvais. C'est la pire espèce d'erreur philosophique, dangereuse dans tous les temps, mais qui chez les anciens ne s'étendit guère au-delà des écoles comme autorité, et n'alla guère, comme exemple, au-delà des ridicules et des vices ; au lieu que de nos jours elle a produit des scandales atroces et des crimes publics ; progrès déplorable, mais assez naturel, en ce que la démence des imitateurs va toujours au-delà de celle des modèles, et que l'excès dans l'imitation est un des caractères ou de notre vivacité, ou de notre vanité.

* *Cynique* vient d'un mot grec qui signifie *chien*. On appela ainsi cette secte, parce qu'elle faisait profession d'aboyer après tout le monde, et de n'avoir honte d'aucune indécence.

Cicéron, qui adresse son ouvrage à son fils alors étudiant à Athènes, l'avertit de ne pas en croire les cyniques, ni même les stoïciens, sur cet article presque cynique, qui ont beaucoup argumenté contre la pudeur et la décence, sous prétexte que ce qui n'est pas honteux en soi ne l'est pas non plus à dire ou à faire en présence d'autrui. Il réfute aisément ce sophisme, en puisant ses raisonnements dans la nature même, dont les indications impérieuses et générales ont été le premier type des lois de la société. « Suivons la nature, conclut-il, et évitons « tout ce qui blesse la modestie des oreilles et des « yeux. »

Aucun ancien n'a mieux vu ni mieux développé l'accord des principes de la raison avec ceux de l'ordre social; et c'est un des plus puissants moyens dont il se sert pour rectifier cette fausse notion, et même cette fausse dénomination d'*utile*, vulgairement attribuée par chacun à son intérêt particulier. Il démontre lumineusement que ce qui tend à détruire l'harmonie du corps social dont nous sommes membres ne peut en effet nous être *utile* ; et cette théorie, qui est indiquée par Platon, est si puissamment conçue et éclairée par Cicéron, qu'on peut dire qu'elle lui appartient. Nous lui avons donc l'obligation d'avoir affermi plus que personne cette seconde base de la morale : elle est liée, chez lui comme chez Platon, à la première, qui est la loi divine ; mais celle-ci est la seule que Platon semble avoir bien connue ; il n'a fait qu'entrevoir l'autre. Et je ferai observer par avance à quelques hommes, que je vais combattre tout à l'heure, panégyristes de Sénèque au point d'être contempteurs de Cicéron, qu'en fait de vues vraiment philosophiques, celle-ci est bien autrement importante, bien autrement étendue que toutes les sentences de Sénèque. C'est déjà un très grand avantage de Cicéron, et combien il en a d'autres ! Combien cette manière de sanctionner l'honnêteté et de décréditer l'intérêt privé est supérieure, sous tous les rapports, aux subtilités est aux exagérations stoïciennes, qui sont tout le fond de la philosophie de Sénèque !

Jamais d'ailleurs Cicéron ne tombe dans les conséquence outrées; ce qui est encore un vice capital du Portique et de son élève Sénèque. Après qu'il a fait valoir, comme il le doit et comme il le peut, cette loi sainte du maintien de l'ordre social, il se demande s'il sera quelquefois permis de sacrifier à la chose publique la modération et la modestie *. Il répond décidément, non. « Jamais l'homme sage et « vertueux ne fera des actions honteuses et crimi- « nelles en elles-mêmes. Jamais, *pas même pour le* « *salut de la patrie;* et pourquoi ? C'est que la pa- « trie elle-même ne le veut pas; et la meilleure ré- « ponse à cette question, c'est qu'il ne peut jamais « arriver de conjoncture telle, qu'il soit de l'intérêt « de la chose publique qu'un honnête homme fasse « rien de coupable et de honteux. »

Si vous vous rappelez à ce sujet tout le mal qu'on

---

* Il ne faut pas oublier que ces mots ont ici toute l'étendue que doit leur donner le langage philosophique, qui comprend tout ce qui est renfermé dans l'idée du mot.

a fait avec les mots de *civisme* et de *modéré*, vous en conclurez que les *révolutionnaires* qui se disaient *philosophes*, ne l'étaient sûrement pas à la manière des anciens, ou plutôt qu'ils n'avaient pas plus de philosophie que de politique et d'humanité.

Vous n'avez pas besoin de Cicéron pour détester la doctrine de ceux qui ordonnaient qu'un fils *accusât* son père, ou un père son fils, et *qu'il le traînât lui-même au supplice*, non pas seulement pour des actes quelconques, mais pour des opinions ou avouées, ou même intérieures, supposées ou présumées. Ce n'est donc que pour vous donner le plaisir de respirer au sein de la nature que je vous citerai encore un vrai philosophe, qui connaît assez bien la politique pour ne la mettre jamais en contradiction avec la nature. Il parcourt une foule de ces cas possibles où un devoir semble contredire l'autre; et il entre dans tous ces détails, d'abord parce qu'il traite de cette partie de la morale qui consiste dans les différents degrés du devoir, ensuite parce que cette espèce d'opposition apparente se rencontre fréquemment dans le cours de la vie civile. Il ne se borne point aux cas les plus communs; il suppose les plus rares, et se sert en exemple de ce qui était le plus énorme attentat chez les Romains, le sacrilège. « Si vous savez que
« votre père a pillé un temple, qu'il a pratiqué des
« souterrains pour voler le trésor public (toujours
« renfermé dans un temple), devez-vous le dé-
« noncer aux magistrats? Ce serait un crime. Il y
« a plus: s'il est accusé dans les tribunaux, vous

« devez le défendre autant qu'il vous sera possible.
« — Quoi! l'intérêt de la chose publique n'est donc
« pas avant tout? — Avant tout assurément; mais
« le premier intérêt de la chose publique est que
« les devoirs de la nature soient observés, et que
« la piété filiale ne soit pas violée. — Mais, si mon
« père veut s'emparer de la tyrannie ou trahir la pa-
« trie, garderai-je le silence? — Ce cas unique est
« différent. Vous devez alors mettre tout en usage
« pour détourner votre père du crime qu'il médite.
« S'il persiste, vous devez alors préférer le salut de
« la patrie à celui de votre père. »

Cicéron est conséquent. Le vol du trésor public ou la profanation d'un temple ne va pas au renversement du corps politique et de l'ordre social; et dès lors le respect pour les lois de la nature est toujours la première des lois. Mais s'il s'agit d'un cas où la chose publique est évidemment menacée de sa ruine, son intérêt est avant tout autre devoir, puisque tous les devoirs ne vont qu'à la conserver. Tel est l'avantage d'une morale dont les fondements sont si bien posés, que vous y trouverez la solution de tous les problèmes; et c'est conformément à ces principes que Brutus fit mourir ses deux fils, et ne fit que son devoir.

Cicéron est d'accord avec tous les moralistes, mais non pas avec tous les politiques, sur le choix des meilleurs moyens de maintenir le pouvoir, ceux de l'amour ou de la crainte : il prononce sans balancer : « Rien de plus favorable au maintien
« du pouvoir que l'amour : rien de plus contraire

« que la crainte. Il n'y a point de pouvoir qui ré-
« siste à la haine universelle. Au reste, ajoute-t-il,
« on conçoit très bien que la domination fondée
« sur la force, croit se soutenir par la cruauté, et
« ce peut être la politique du despote ; mais cette
« politique, dans un état libre, est ce qu'il y a de
« plus insensé. »

Il trace la règle des intérêts pécuniaires et mercantiles, dont la discussion est d'autant plus instructive, que ceux-là sont de tous les hommes et de tous les moments. Il décide toujours conformément à son principe, qu'il est contraire à la nature de l'homme et des choses, c'est-à-dire à ce qui fonde l'ordre social, d'ôter rien à personne de ce qui lui appartient, de lui causer le plus petit dommage directement ou indirectement, par action ou par omission, de nuire de paroles ou de réticence; et il résulte de tous les exemples qu'il propose cette grande vérité usuelle et pratique, que la probité, pour être complète, doit aller jusqu'à la délicatesse, ou, en d'autres termes, que la délicatesse n'est autre chose que la parfaite probité. « La di-
« sette est extrême à Rhodes, et le blé par consé-
« quent très cher. Un marchand d'Alexandrie en
« apporte, et, en raison du besoin, le vendra ce qu'il
« voudra; mais, en partant d'Alexandrie, il a vu une
« foule d'autres vaisseaux chargés de grains, et prêts
« à mettre à la voile pour Rhodes. Le marchand
« honnête homme est-il tenu de le dire aux Rho-
« diens ? » Cicéron cite les avis opposés de deux
philosophes fort austères et fort éclairés, et le pour

et le contre est parfaitement discuté. Il décide pour l'affirmative, fondé sur cette règle, que l'acheteur ne doit rien ignorer de ce que sait le vendeur, sans quoi le marché n'est pas égal; et il doit l'être dans les principes de la société humaine. « Le silence du « vendeur, en pareil cas, est-il d'un homme franc, « droit, juste? Non; il n'est donc pas d'un honnête « homme. »

J'ai toujours été étonné qu'en fait de commerce l'intérêt même n'ait pas fait un calcul, qui serait l'éloge le plus efficace de la probité. Je suppose qu'un marchand, après avoir évalué ce que doit légitimement lui rapporter son commerce, se bornât au profit qui est le juste salaire de son travail et la subsistance légitime de sa famille, comme, par exemple, un intérêt de quinze pour cent, qu'on dit être celui du commerce, se défendit d'ailleurs de jamais y rien ajouter, de jamais surfaire, de jamais donner une qualité de marchandise pour une autre, d'en jamais cacher les défauts; en un mot, qu'il vendît toujours comme il voudrait acheter. Je mets en fait que cet homme, une fois connu pour tel, et il le serait bientôt, deviendrait, dans un temps donné, le plus riche de son état, et qu'il n'aurait pas de plus grand embarras que de suffire à la foule des acheteurs. Je sais bien que quelques-uns se sont piqués de n'avoir qu'un prix; mais cela est très insuffisant, et même très insidieux: l'expérience l'a bientôt fait voir. Ce que je propose est tout autre, et l'homme dont je parle serait tel, qu'on pourrait envoyer chez lui un enfaut, pourvu qu'il sût dire ce qu'il faut, et qu'on pourrait prendre sa marchandise les yeux fermés. Je ne craindrais pour lui qu'une tentation, très prochaine et très forte, il est vrai, celle de faire de la confiance, une fois bien établie, un moyen de tromperie très lucrative, au moins jusqu'à ce qu'elle fût reconnue; car le gain fait naître la soif du gain, et la fortune allume la cupidité. Mais ici encore la cupidité calculerait mal; car, à peine la fraude serait-elle publique, qu'il ne vendrait plus rien : il serait le seul à qui l'on ne passât pas d'être fripon; et alors ce qu'il aurait gagné pendant un certain temps, et gagné mal, vaudrait-il ce qu'il aurait pu bien gagner tout le reste de sa vie?

Mais voici des problèmes tout autrement épineux; aussi ne devaient-ils pas, selon moi, être même proposés. Au milieu d'un naufrage, deux hommes se jettent sur une planche qui n'en peut sauver qu'un; lequel des deux doit céder à l'autre? Cicéron décide qu'elle appartient à celui qui est le plus utile à la chose publique. Et qui en sera juge? Et quand l'un des deux jugerait en faveur de l'autre contre lui-même, ce qui serait déjà beaucoup, cela suffirait-il pour vaincre le sentiment naturel et légitime de sa conservation? Cicéron prononce de même que, s'il s'agit de mourir de faim ou de froid, et qu'il y ait un aliment ou un vêtement disputé entre deux personnes, celle qui est la plus nécessaire à ses concitoyens a droit de s'emparer du pain ou de l'habit au préjudice de l'autre. Remarquez qu'il s'agit de deux personnes égales d'ailleurs en tout le reste; car les exemples de Cicéron ne sont pas de ceux qu'offre assez fréquemment l'histoire, comme des soldats qui font à peu près de semblables sacrifices à leur général, ou des sujets à leur souverain; encore n'est-ce pas dans cette extrémité de besoin physique où l'homme n'a plus guère qu'un mouvement machinal; et l'on pourrait douter, dans tous les cas, si ce qui est cité comme trait d'héroïsme et de dévouement, peut être prescrit comme devoir. Mais en total mon avis serait que ces sortes d'hypothèses sortent de la sphère des devoirs, et doivent être en conséquence étrangères à un traité de morale. La morale suppose nécessairement l'homme jouissant de ses facultés morales: or, dans les exemples allégués, où un homme est près de se noyer ou de périr de faim et de froid (ce sont les termes de Cicéron)*, l'homme n'est qu'animal **, et ce n'est plus le moment de lui tracer des devoirs quand il ne peut en sentir qu'un, le premier alors pour tous les êtres animés, celui de se conserver; et, en supposant même qu'il y eût en ce genre des phénomènes de magnanimité, ce qui est possible, on ne pourrait pas faire une règle de ce qui n'est qu'une exception.

Cicéron paraîtra moins rigoriste sur le serment,

* *Si fame aut frigore conficiatur*

** Il est de fait qu'une faim extrême, un froid extrême ôte la raison. Dans nos lois, un homme qui, mourant de faim, prendrait un pain chez un boulanger, ne serait pas puni comme voleur. Il importe de prendre garde que je ne parle ici que de ce seul état, et que cette exception n'est pas dangereuse; car ce n'est pas cet état qui produit des crimes.

matière aussi souvent agitée qu'aucune autre. Il se range à l'opinon généralement reçue, non-seulement que, si l'on a juré de mal faire, le serment est nul, mais que tout serment imposé par la force n'est point obligatoire. « Le serment, dit-il, tient à « la conscience, et, dès que vous n'avez pas juré « selon votre conscience, *ex animi sententiâ*, il n'y « a point de parjure. » Mais il ne touche pas à la question la plus délicate, si l'honnête homme peut jurer, par la crainte d'un danger quelconque, ce qu'il ne croit pas devoir tenir par respect pour son devoir. Je ne la traiterai pas non plus, parce qu'elle dépend d'un grand nombre de circonstances qui peuvent changer les obligations, au point qu'il n'est guère possible là-dessus de fixer une loi générale *.

Les traités *de la Vieillesse*, et *de l'Amitié*, naturellement moins abstraits que tous les autres, ont été si souvent traduits, et sont si connus de toutes les classes de lecteurs, que je me crois dispensé de tout examen et de tout extrait. Il y a long-temps que ces deux morceaux ont réuni tous les suffrages : celui *de la Vieillessse* sur-tout a paru charmant, et d'autant plus qu'on s'y attendait moins : on a dit qu'il faisait appétit de vieillir. Si l'on a désiré quelque chose dans celui *de l'Amitié*, c'est peut-être en raison d'une attente contraire : personne n'aime la vieillesse, quoique chacun souhaite de vieillir; et il est aussi commun de se piquer d'a-

* Voyez, dans le *Cicéron* de M. J. V. Le Clerc, la traduction *des Devoirs* par Gallois Labastide, et la préface où ce traité est analysé. H. P.

mitié que de se plaindre de la rareté d'un ami. Chacun prétend l'être, en répétant ce mot connu : *O mes amis! il n'y a plus d'amis*. Heureusement pour Cicéron, nous avons la preuve qu'il l'était, et qu'il en eut un. Ses lettres à Atticus attestent l'un et l'autre, et c'est à lui aussi qu'il dédia son livre *de l'Amitié* ; mais c'est Lélius qui en trace les caractères et les préceptes. C'est lui qui dit que Scipion ne connaissait point de plus odieux blasphème contre l'amitié que ce mot d'un ancien : *Il faut aimer comme si l'on devait un jour haïr*. Ce mot vous révolte, et moi aussi, et j'allais peut-être céder au plaisir d'en faire justice avec vous ; mais je me rappelle qu'elle a déjà été faite, et en vers, ce qui vaut toujours mieux que la prose, quand les vers sont bons, et ceux-ci le sont, quoique l'auteur*, distingué en d'autres genres, ait fait fort peu de vers en sa vie :

Ah! périsse à jamais ce mot affreux d'un sage,
Ce mot, l'effroi du cœur et l'effroi de l'amour!
Songez que votre ami peut vous trahir un jour.
Qu'il me trahisse, hélas! sans que mon cœur l'offense,

---

* M. Gaillard, historien savant et éclairé, écrivain pur et élégant, dont les recherches utiles et laborieuses ont répandu beaucoup de lumières sur une grande partie de notre histoire. Il était mon confrère à l'Académie française, et avait été de très bonne heure un des gens de lettres dont l'estime et la bienveillance encouragèrent les travaux de ma première jeunesse. Il était d'ailleurs très digne de bien parler de l'amitié : il fut honoré pendant trente ans de celle du vertueux et infortuné Malesherbes. La profonde retraite où il a vécu depuis la révolution l'a éloigné de moi sans que jamais je l'aie oublié ; et j'ai saisi avec empressement cette occasion de laisser une marque de souvenir et de reconnaissance à un ancien confrère aujourd'hui octogénaire, et que peut-être ne reverrai-je plus.

Sans qu'une douloureuse et coupable prudence
Dans l'obscur avenir cherche un crime douteux:
S'il cesse un jour d'aimer, qu'il sera malheureux!
S'il trahit nos secrets, je dois encore le plaindre:
Mon amitié fut pure et je n'ai rien à craindre.
Qu'il montre à tous les yeux les secrets de mon cœur:
Ces secrets sont l'amour, l'amitié, la douleur;
La douleur de le voir, infidèle et parjure,
Oublier ses serments, comme moi son injure *.

Cicéron doit revenir encore devant nous, sous les rapports du mérite philosophique, en comparaison avec Sénèque **.

La Harpe, *Cours de Littérature.*

CLARENDON (Édouard-Hyde, comte de), grand chancelier d'Angleterre, naquit à Dinton, le 16 février 1608. Lorsque la guerre civile éclata, il ne craignit pas de laisser paraître tout son dévouement à la cause du malheureux Charles Ier, qui le nomma chancelier de l'échiquier et membre du conseil privé. Après l'assassinat de ce roi, il fut appelé près du nouveau monarque Charles II, qu'il alla joindre à Dunkerque; il s'attacha à sa mauvaise fortune, et fut chargé de plusieurs négociations importantes où il ne déploya pas moins de capacité et de talents que de dévouement à son souverain. Lorsque Cromwel fut mort, Clarendon, plus que tout autre, contribua à placer Charles II sur le

---

* Voyez, sur ces deux traités de *l'Amitié* et *de la Vieillesse*, dans le recueil déjà tant de fois cité, les préfaces et les notes de M. J. V. Le Clerc et la traduction de Gallois Labastide. H. P.

** Voyez l'article *Éloquence*.

trône d'Angleterre. Ce monarque reconnaissant lui accorda sa confiance entière, et le combla de faveurs. Mais les intrigants et les ambitieux de la cour, jaloux de sa puissance, se réunirent pour l'abattre, et parvinrent peu à peu à animer contre lui ce même roi à qui il avait rendu de si grands services. Le peu de succès de la guerre de Hollande et la vente de Dunkerque avaient vivement mécontenté le peuple, qui accusait hautement Clarendon. Une intrigue de cour, où il contraria la passion du monarque, acheva de le perdre. Il fut dépouillé de tous ses emplois, et banni à perpétuité par un bill du parlement. Retiré en France, il ne survécut que six ans à sa disgrace, et mourut à Rouen, le 9 décembre 1674.

Indépendamment de quelques brochures politiques, lord Clarendon est auteur d'un des meilleurs morceaux d'histoire que l'Angleterre ait produits, l'*Histoire de la Rebellion*, depuis 1641 jusqu'au rétablissement de Charles II, 1702, 3 vol. in-folio. Il a paru une traduction française de cet ouvrage, La Haye, 1704, 6 vol. in-8°. On lui doit aussi : *Contemplation et réflexions sur les psaumes ; Remarques sur le livre de M. Cressy*, dans la *Controverse* sur la religion catholique; *Tableau abrégé des erreurs contenues dans le Leviathan de M. Hobbes.* Clarendon est regardé par Blair comme le plus distingué des anciens historiens anglais. Il peint les hommes avec impartialité, et ses portraits sont colorés avec vigueur; son style se fait remarquer par une touche pleine de dignité et d'énergie; mais il n'est pas exempt d'incorrections, et le tour de ses pensées est souvent embarrassé et diffus. Quoique dans son *Histoire de la Rebellion*, il se soit hautement déclaré l'apologiste de la royauté, parti auquel il est constamment resté fidèle, sa franchise et sa probité lui font un devoir d'être sincère et impartial dans la narration des faits ; et ces qualités, si rares dans un historien, impriment à son ouvrage un caractère qui en rend la lecture attachante.

Ph. T.

MORCEAU CHOISI.

Portrait d'Olivier Cromwel.

C'est un de ces hommes que ses ennemis mêmes ne sauraient condamner sans faire en même temps son éloge ; car il n'aurait jamais pu accomplir la moitié du mal qu'il fit sans un grand fond de courage, d'adresse et de jugement. Il devait avoir une merveilleuse intelligence des caractères et des passions des hommes, et une dextérité non moins grande à s'en servir, celui qui, d'une naissance obscure et privée, quoique de bonne famille, sans revenu ou patrimoine, sans alliance ou amitié, sut s'élever à un rang si haut, fondre et unir tant d'opinions, d'humeurs, d'intérêts rivaux et contraires, au point de leur donner assez de consistance pour contribuer à ses succès et à leur propre destruction ; tandis qu'il devint lui-même peu à peu assez puissant pour se défaire de ceux sur lesquels il avait monté, à l'instant où ils méditaient de renverser leur propre ouvrage. Ce qu'on a dit de Cinna, on

peut le dire de lui avec justice : « Il forma des pro-
« jets que nul homme de bien n'eût conçus; et il
« vint à bout d'entreprises où un homme vaillant
« et habile pouvait seul réussir. » Sans doute aucun
homme ne trama des complots plus criminels, ou
ne prépara le succès de ses desseins avec plus de
scélératesse, avec un mépris plus impudent de la
religion et de l'honnêteté morale; cependant une
scélératesse aussi profonde que la sienne n'aurait pu
accomplir ces mêmes desseins, sans le secours d'un
grand courage, d'une circonspection et d'une sagacité admirable, et de la constance la plus magnanime.

Quand il parut d'abord dans le parlement, il
semblait n'avoir, sous aucun rapport, ni des manières gracieuses, ni les ornements du langage, ni
les talents qui d'ordinaire concilient l'affection des
auditeurs : néanmoins, à mesure qu'il parvint aux
emplois et aux honneurs, son génie sembla grandir,
comme s'il cachait ses facultés jusqu'à ce qu'il eût
occasion de s'en servir; et quand il eut à jouer le
rôle d'un grand homme, il s'en acquitta sans embarras, malgré le défaut d'usage.

Après qu'il fut déclaré et reconnu protecteur, il
ne délibérait qu'avec un petit nombre de confidents
sur toutes les mesures importantes; il ne communiquait les plans qu'il avait conçus qu'à ceux qui
devaient prendre la principale part à l'exécution, et
il ne les communiquait que quand c'était absolument nécessaire. Ce qu'il avait une fois résolu, et
il ne se décidait pas légèrement, il ne pouvait en

être dissuadé, ni souffrir aucune contradiction de son autorité; mais il arrachait l'obéissance à ceux qui ne voulaient pas l'accorder. Il envoya le jurisconsulte Maynard à la tour, pour avoir osé, dans la salle de Westminster, mettre en question la légitimité de son pouvoir, ou élever quelque doute à cet égard : il manda les juges, et les réprimanda sévèrement pour avoir souffert cette licence. Ainsi il dompta un esprit d'opposition qui souvent avait été redoutable à l'autorité souveraine, et il rendi la chambre de Westminster aussi docile à ses ordres que ses troupes les mieux disciplinées. Dans toutes les autres questions qui n'intéressaient pas l'essence de sa juridiction, il semblait avoir un grand respect pour la loi, et rarement il s'interposait entre les parties. Autant il traitait avec une sévère indignation ceux qui étaient récalcitrants, et qui osaient lutter contre son pouvoir, autant envers ceux qui se soumettaient à son bon plaisir, et recherchaient sa protection, il montrait de politesse, de générosité et de bienveillance. Réduire à une obéissance absolue à ses volontés trois nations qui le haïssaient mortellement, contenir et gouverner ces nations par une armée qui n'était rien moins que dévouée à ses intérêts, et qui souhaitait sa ruine, c'était la preuve d'une habileté prodigieuse. Mais sa grandeur au dedans n'était que l'ombre de la gloire dont il jouissait au dehors. Il serait difficile de découvrir qui le redoutait le plus de la France, de l'Espagne et de la Hollande, où on achetait son amitié à tout prix. Comme ces états sacrifièrent leur honneur et leur intérêt à son plaisir, il ne pouvait leur faire une seule demande qu'aucun d'eux lui eût refusée.

Pour achever son portrait, Cromwell n'était pas un homme assez sanguinaire pour suivre la maxime de Machiavel, qui prescrit, dans une révolution totale de gouvernement, comme une mesure absolument indispensable, de faire périr tous les partisans de l'ancien système, et d'anéantir leurs familles. On a rapporté confidentiellement que, dans le conseil des officiers, on proposa plus d'une fois « de faire « un massacre général du parti royaliste, comme « le seul moyen d'affermir le gouvernement, » mais que Cromwell ne voulut jamais y consentir, peut-être par un profond dédain pour ses ennemis. En un mot, s'il fut coupable de plusieurs crimes qui méritent la damnation éternelle, et que les feux de l'enfer doivent punir, il eut aussi quelques-unes des bonnes qualités qui, dans tous les âges, ont rendu célèbre la mémoire de certains hommes ; et il passera auprès de la postérité pour un brave scélérat. Il mourut dans l'an 1558.

Histoire de la rebellion et des guerres civiles.

CLARKE (Samuel), célèbre philosophe anglais, naquit à Norwich, le 11 octobre 1675, et fit ses études à l'Université de Cambridge. La philosophie de Descartes était alors la seule en usage dans les écoles, et les découvertes de Newton, quoique déjà connues, n'étaient appréciées que par un petit

nombre de savants. L'esprit pénétrant de Clarke lui fit bientôt apercevoir que le système adopté n'offrait rien de bien solide dans les raisonnements. Il avait vingt-un ans lorsqu'il essaya de traduire en latin la *Physique de Rohault*, basée entièrement sur les principes du cartésianisme. Il y ajouta des notes explicatives, d'après les nouvelles idées qu'il s'était formées. Une tentative, si hardie à cet âge, fut pourtant couronnée d'un grand succès : il eut la gloire de détruire plusieurs erreurs de l'ancien système, et de voir sa traduction devenir le texte des leçons de l'Université. Désirant entrer dans les ordres, Clarke s'adonna à l'étude de la théologie, et fut nommé chapelain de l'évêque de Norwich. En 1704, sa réputation le fit désigner pour prononcer les sermons fondés dans la paroisse de Saint-Paul, par Robert Boyle, et connus sous le nom de *Boyle's Lectures*. *L'Existence* et *les Attributs de Dieu*; tel fut le sujet qu'il choisit et qu'il développa avec une force de logique qui lui fit des admirateurs de tous les savants d'Angleterre : il s'appliqua à réfuter les doctrines erronées de Hobbes et de Spinosa, et sortit victorieux de cette lutte difficile. Ces sermons, au nombre de huit, ont été imprimés à Londres en 1705. « Les discours de Sa-
« muel Clarke, dit M. Suard, sont regardés comme
« la plus belle et la plus forte démonstration qui ait
« jamais été faite de l'existence de Dieu. Sa méthode,
« purement métaphysique, n'est pas, il est vrai, à
« la portée des esprits ordinaires, qui sont plus
« frappés des preuves de cette grande vérité, tirées

« de la beauté, de l'ordre et de l'enchaînement des
« diverses parties de l'univers; mais elle n'en prouve
« pas moins un esprit supérieur. » L'année suivante,
Clarke, ayant été encore choisi pour continuer le
même cours de leçons, acheva de développer sa
doctrine dans huit autres sermons sur les *Preuves
de la religion naturelle et de la religion révélée.*
Ils ont été réunis aux premiers en un même volume, dont, en peu de temps, on fit plusieurs
éditions. Cet ouvrage a été traduit en français par
Ricotier, et imprimé plusieurs fois. L'édition d'Avignon, 1756, 3 vol. in-12, est la meilleure. En
1709, Clarke fut nommé chapelain de la reine
Anne, et recteur de Saint-James. C'est à cette
époque qu'il s'occupa de son ouvrage intitulé : *De
la Doctrine de l'Écriture concernant la Trinité*, qui
parut en 1712. Ce livre, où l'on crut remarquer
une apologie des principes des anti-trinitaires, excita les plaintes de la chambre basse de l'assemblée
du clergé, comme en opposition à la vraie doctrine;
mais Clarke, à la demande de la chambre des évêques, en donna une *explication* que bien des gens
ont regardée comme une *rétractation*, et dans laquelle il promit de ne plus traiter dans ses écrits
le sujet de la Trinité. En 1716, appuyé sur les
principes de Newton, il soutint contre le célèbre
Leibnitz une dispute sur la philosophie naturelle
et la religion; et l'avantage fut évidemment pour le
philosophe anglais. Ses lettres et celles de Leibnitz
ont été imprimées en 1717. Clarke mourut le 17
mai 1729, après avoir abjuré l'arianisme, mais

sans avoir le courage de s'élever jusqu'à la profession complète des vérités de la foi. Il a laissé la réputation d'un des dialecticiens les plus profonds de son siècle, et son système a créé plusieurs philosophes du premier ordre.

Outre les ouvrages dont on a parlé, on lui doit encore un grand nombre d'autres écrits, dont les principaux sont : *Paraphrases sur les quatre Évangiles*, 1701 ; *Lettre à Dodwel sur l'immortalité de l'âme*, avec des réflexions sur le livre intitulé *Amyntor*, ou *Défense de la vie de Milton* ; *Lettres à M. Hoalley sur la proportion de la vitesse et de la force*, 1728 ; une traduction latine du *Traité d'optique de Newton*, 1706, in-4° ; une édition des *Commentaires de César*, qu'il a enrichie de notes, et où il s'est principalement appliqué à rétablir la ponctuation, Londres, 1712, in-folio ; elle a été réimprimée en 1720, in-8°, à l'usage des étudiants. Il a aussi publié les douze premiers livres de l'*Iliade*, avec une traduction latine et des notes, Londres, 1729, in-4°. Il mourut avant d'avoir achevé cet ouvrage, et son fils Samuel publia les douze autres livres en 1732, ainsi que l'*Odyssée*, en 1740, 2 vol. in-4°, d'après les notes que son père avait laissées. Ces deux ouvrages ont été réimprimés, 1735, 1758, in-8°. On a donné une édition des *OEuvres complètes* de Clarke, Londres, 1742, 4 vol. in-folio.

Ph. Taviand.

CLAUDE.

CLAUDE (Jean), naquit à la Sauvetat, près de Villefranche, en Rouergue, en 1619, d'un père ministre. Devenu lui-même ministre à l'âge de vingt-six ans, il professa ensuite la théologie à Nîmes avec le plus grand succès. S'étant opposé aux intentions de quelques-uns de la communion, qui voulaient réunir les protestants à l'Église romaine, la cour lui interdit l'exercice du ministère dans le Languedoc et dans le Quercy : il vint à Paris, et fut ministre de Charenton, depuis 1666 jusqu'en 1685 ; il passa alors en Hollande, où son nom et ses talents étaient connus depuis long-temps : le prince d'Orange le gratifia d'une pension. Il mourut en 1687, regardé par les protestants comme un oracle, et comme l'homme le plus capable de combattre Arnaud et Bossuet. Son éloquence était forte, animée, pressante ; il manquait d'une certaine élégance, mais son style n'en était pas moins fort pour être simple. Claude méritait d'être l'âme de sa communion, autant par son intégrité et ses mœurs que par ses talents. On a de lui plusieurs ouvrages de controverse, mais peu de sermons imprimés.

MORCEAUX CHOISIS.

I. L'Écriture-Sainte.

Entre tous les avantages qui relèvent l'excellence et le prix de l'Écriture-Sainte au-dessus de tous les autres livres, un des plus admirables est ce parfait tempérament avec lequel elle joint l'une à l'autre, deux choses qui paraissent incompatibles, une grande douceur et une grande majesté, un air simple et facile, et une extraordinaire élévation. Quand on la lit et qu'on la médite, c'est comme un nouveau ciel qui s'ouvre, où l'on voit briller pour ainsi dire mille feux et mille lumières, et les rayons qu'elle envoie de toutes parts étonnent les yeux et les éblouissent à mesure qu'elle les éclaire : ce caractère est si sensible qu'il se fait remarquer de soi-même, et que l'on en peut aisément tirer une preuve certaine de sa divinité ; on ne voit paraître dans ce livre ni art, ni étude, ni philosophie, ni rhétorique, ni éloquence mondaine, et néanmoins, dépourvu de tous ces ornements, il ne laisse pas d'avoir ce que tout l'art du monde ne saurait donner, savoir une souveraine autorité qui imprime le respect dans l'âme de ses lecteurs, avec une douceur qui attire et captive leur attention. Or, n'est-ce pas là une preuve convaincante qu'il n'y a que Dieu qui en puisse être l'auteur ? Au reste, si vous demandez pourquoi ces deux choses devaient ainsi se rencontrer dans les saintes écritures, il n'est pas difficile d'en donner la raison ; c'est un livre que le Saint-Esprit a dicté et qui contient les plus hauts mystères de Dieu ; il fallait donc nécessairement qu'il y eût un air de majesté répandu dans ses principales parties, qui eût rapport à la dignité de son auteur et à l'excellence de sa matière ; et puisque c'était un ouvrage destiné à l'instruction et à la consolation des hommes, et qu'il devait être mis entre les mains des plus simples, il fallait qu'il eût de la proportion avec la condition de ceux pour qui il était composé, et conséquemment qu'il eût de la simplicité et une sorte de familiarité. La sagesse divine a voulu pour ces raisons faire un juste accord de ces deux choses ; mais ce qu'il y a de plus admirable, c'est que cette majesté et cette douceur ne se trouvent pas seulement dans quelques endroits de l'Écriture, mais partout, et qu'elle ne renferme presque pas un chapitre, ni une histoire, ni un discours où l'on ne les découvre avec un peu de réflexion : cela se montre sur-tout et plus particulièrement dans ces paraboles que les évangélistes rapportent, et dont Jésus-Christ avait coutume de se servir lorsqu'il enseignait les peuples ; car, d'un côté, la parabole est une espèce de langage figuré, familier et populaire, qui emprunte les images les plus communes et les plus connues pour en faire naître d'autres plus profondes et plus éloignées de la portée commune des esprits ; c'est une façon d'instruire engageante qui réveille l'esprit et l'applique agréablement en lui donnant lieu par ce qu'on lui dit de méditer sur ce qu'on ne lui dit pas : d'une autre part, les choses que Jésus à cachées sous ces voiles sont les plus importants articles de sa doctrine, les secrets les plus relevés de la Providence et du salut des hommes ; la matière en est sublime et proportionnée à la grandeur de celui dont la parabole propose les mystères ; la forme en est claire et facile, et proportionnée à notre capacité.

Extrait du I$_{er}$ Sermon sur la Parabole des Noces.

II. Destruction de Jérusalem.

La ruine de Jérusalem et de toute la Judée par les armes des Romains, fut un effet visible des crimes que les Juifs avaient commis contre la personne de Jésus-Christ et contre son Évangile, et cependant les Romains ne le savaient pas ; il ne paraissait nulle liaison entre Jésus-Christ et leurs armées ; ils furent excités contre les Juifs par d'autres intérêts fort éloignés de celui-ci ; ils vengeaient leurs propres querelles, et ne pensaient à rien moins qu'à venger celles du Messie, qu'ils ne connaissaient pas. Dieu, qui est le maître des hommes, et qui dispose des mouvements de leurs cœurs, les tourne du côté qu'il lui plaît, et en les tournant il les ajuste et les adresse à ses fins d'une manière si imperceptible et si sûre, que sans y penser, et quelquefois même contre leur pensée, ils font toujours ce qu'il a intention de faire, les causes secondes sont dans ses mains comme des flèches dans les mains de celui qui les tire ; elles ignorent leur chemin, elles ne savent où elles vont ; mais celui qui s'en sert les dirige avec tant d'art et de lumière qu'elles ne manquent pas d'aller juste au but qu'il s'est proposé.

La destruction de Jérusalem et la désolation des Juifs furent donc l'œuvre de Dieu, et les Romains dans cette sanglante expédition ne furent donc que les instruments de sa vengeance : ce n'étaient ni Vespasien ni Tite qui les conduisaient, mais c'était Dieu lui-même qui était leur chef et leur empereur invisible ; il présidait dans leurs conseils, il y réglait les avis par les lumières de sa sagesse, il y aplanissait les difficultés, il y formait les résolutions, et après les avoir formées il les faisait heureusement réussir ; en sa qualité de Dieu des batailles, il ordonnait tout parmi eux, il exécutait tout, il animait leurs courages, il leur inspirait la fureur, il relevait le cœur des timides, il fortifiait leurs bras, il soutenait leurs épées, il dressait lui-même leurs machines, il aiguisait la pointe de leurs javelots; sa providence était partout, remplissant leurs rangs, commandant leurs bataillons, portant leurs grandes aigles, marchant à leur tête, et couvrant leurs corps de son bouclier; il faisait tomber devant eux les murailles des villes, il renversait les forteresses, il disposait des victoires en leur faveur; l'horreur et l'effroi marchaient devant lui; la mort accompagnait ses pas; le sang coulait de toute part sous l'épée de sa justice; il désolait tout, il consumait tout. Alors, il ne fallait plus dire que *les vents sont ses anges, et les flammes ses ministres*, car il était lui-même et son ange et son ministre, et ses vents et ses flammes de feu.

Extrait du IIe Sermon sur la Parabole des Noces.

CLAUDIEN (Claudius-Claudianus), poète latin, vécut sous les empereurs Arcadius et Honorius. On le croit né, vers 365, à Alexandrie ou à Canope, en Égypte; quelques Italiens, comme Pétrarque et Politien, ont prétendu que sa famille était originaire de Florence. Deux ou trois pièces apocryphes, comprises dans le recueil de ses œuvres, ont fait penser qu'il était chrétien; mais saint Augustin et Orose attestent le contraire. Protégé par Stilicon, ce poète jouit long-temps de la faveur des princes, et leur consacra ses talents.

Il reste de lui, 1° *L'Enlèvement de Proserpine*, en trois livres, poème imité en vers français par M. Michaud; 2° Deux livres *contre Rufin*, qui paraissent sur-tout avoir donné lieu au *docteur universel*, Alain de Lille, vers le XIIIe siècle, de composer son *Anti-Claudianus*; 3° Deux livres *contre Eutrope*, que plusieurs préfèrent à l'invective contre Rufin, et qui seraient alors le chef-d'œuvre du poète; 4° *De la guerre contre Gildon*; 5° *De la guerre contre les Gètes*, ou les Visigoths; 6° Trois poèmes sur le *troisième*, le *quatrième*, et le *sixième consulat d'Honorius*; 7° *Sur le consulat de Mallius Théodorus*; 8° *Sur celui de Probinus et d'Olybrius*; 9° *L'Éloge de Stilicon*, souvent célébré par Claudien, presque toujours sans mesure et sans vérité; 10° *L'Épithalame d'Honorius et de Marie*, et un grand nombre de petites pièces*, dont quelques-

---

* Entre autres, celle qui est intitulée *le Vieillard de Vérone*, et dont Boufflers a donné l'imitation suivante :

> Heureux qui dans son champ demeurant à l'écart,
> Sans craintes, sans désirs, sans éclat, sans envie,
> Dans l'uniformité passa toute sa vie,
> Et que le même toit vit enfant et vieillard!
>
> Jadis il a bondi sur ce même rivage,
> Où son corps épuisé se repose aujourd'hui;
> Il folâtrait, dans son jeune âge,
> Sur ce même bâton qui devient son appui.
>
> Non loin de sa demeure est une forêt sombre
> Dont avec sa jeunesse il vit croître le plant;

unes ont de l'élégance et de la grace, mais dont la plupart, inspirées par les circonstances du moment, méritaient peu d'y survivre.

Toutes ces OEuvres ont été traduites en français par M. Souquet de La Tour, 2 vol. in-8°, Paris, 1798.

On a dit de Claudien qu'il était le dernier des anciens poètes latins, et le premier des nouveaux; ce jugement, qui n'est pas d'une extrême justesse, donne toujours une idée beaucoup plus exacte de son mérite que l'inscription ambitieuse, placée, si l'on en croit un monument assez douteux, au-dessous de la statue que lui firent ériger dans le forum de Trajan, à la demande du sénat, les deux empereurs ses contemporains :

« A Claudien, qui réunit le goût de Virgile et le

> Et ce chêne touffu qui lui prête son ombre,
> Dans ses jeunes mains fut un gland.
>
> A son char vagabond la fortune légère
> Ne le tint jamais enchaîné :
> De climats en climats il ne s'est point traîné,
> Pour chercher le bonheur et trouver la misère.
>
> Son verger, pour sa table, offre d'assez bon fruit ;
> Il trouve assez de goût à l'eau de sa fontaine ;
> Et même à la ville prochaine,
> La curiosité ne l'a jamais conduit.
>
> L'ouvrage et le repos remplissent ses journées ;
> De l'histoire de Rome il ne s'informe pas ;
> Et pour supputer les années
> Il compte les moissons et non les consulats.
>
> Par les tributs divers que la saison lui donne,
> Sans le secours d'un livre il divise les ans ;
> Aux fleurs il connaît le printemps,
> Et les fruits lui marquent l'automne.

« génie d'Homère, Rome et les empereurs ont élevé
« cette statue. »

Il est juste de reconnaître que le poète Claudien fut supérieur à son siècle, qui eut au moins le mérite de s'en apercevoir; mais il faut avouer aussi que ceux qui peuvent lire Homère et Virgile, auxquels on le comparait, ne prendront jamais qu'un intérêt bien faible aux longues invectives ou aux fades éloges d'un barbare venu d'Alexandrie à la cour d'Honorius pour attendre la fortune. Nous connaissons peu sa vie; mais un coup d'œil rapide jeté sur son siècle, époque funeste de décadence politique et morale, nous apprendra ce que dut être le poète, et ce que sont ses ouvrages.

Les cœurs et les esprits, tout dégénérait: la puissance et les trésors étaient en proie à des favoris, à des eunuques, à de lâches ambitieux, qui ne s'élevaient que par des assassinats. Théodose, qui seul avait soutenu l'empire chancelant, le partage entre deux fils, qui ne surent pas régner. Honorius, dont Claudien a célébré le mariage, les consulats, les chevaux et les présents, établit le siége de son faible pouvoir dans la ville de Ravenne, parce que le roi des Visigoths, Alaric, savait le chemin de Rome. Stilicon, brave, mais souvent perfide, et toujours ami des Vandales ses compatriotes; Rufin, dont Claudien ne paraît pas avoir exagéré les crimes; un Eutropius, non moins odieux; un Gaïnas, qui effraie et humilie son maître; enfin, deux princes méprisés, voilà ce que les nations de l'antiquité opposent aux peuples du Nord, qui viennent, sur les débris de Rome, élever les monarchies modernes. Goths, Suèves, Alains, Sicambres, tous ces conquérants étaient prêts, et les véritables grands hommes se trouvaient parmi eux : un courage invincible, un sentiment généreux de la liberté, un noble dédain pour ces maîtres du monde qui ne se défendaient pas, et je ne sais quel instinct de gloire que le midi ne connaissait plus, allaient abattre à leurs pieds ces Grecs et ces Romains, dont le règne était passé. Le sénat achète la paix, demande la vie; et de toutes parts des royaumes commencent. C'est alors que paraissent les premiers fondateurs de l'empire des Francs dans les Gaules, où Clovis devait bientôt vaincre Siagrius, et faire agenouiller ses hordes farouches devant le labarum de Constantin, comme pour annoncer que les peuples nouveaux étaient venus.

Quelle langue les muses pouvaient-elles parler encore au milieu de ce mélange des nations? Lucrèce et Virgile ont chanté parmi les guerres civiles et les combats; Cicéron entendit le fracas des armes; mais Rome était debout, le peuple-roi n'avait pas été chassé du Capitole. Au siècle de Claudien, la pureté du langage était corrompue depuis long-tems par tous les jargons des peuples dont il fallait recevoir la loi : l'Occident, que tant d'invasions avaient couvert de ruines, vit disparaître le premier les lumières et le goût, qui se conservèrent dans les murs d'Athènes et de Byzance; on ne peut comparer, pour le style, les Augustin et les Ambroise avec les Basile et les Chrysostome. Le latin, quoiqu'on puisse dire, n'est guère plus correct dans Claudien que dans les poètes bucoliques Némésien et Calpurnius, qui n'ont jamais trouvé de si violents admirateurs. Beaucoup d'expressions impropres, de figures incohérentes, de constructions tudesques; une phrase presque toujours uniforme; un chaos où tous les styles se confondent; nulle originalité, nulle invention; tel est le caractère de ces auteurs du cinquième siècle que nous pouvons regarder comme modernes, et qui annoncent les siècles d'ignorance. Joseph Scaliger avait raison : *Claudianus recentior.*

J. V. Le Clerc.

JUGEMENTS.

I.

Tandis que dans l'Occident tout penchait vers sa décadence, tandis que les malheurs de l'empire, les invasions des barbares, le mélange des peuples, le despotisme ou l'incapacité des princes, la terreur des sujets, l'esprit d'esclavage, le contraste même de l'ancienne grandeur, qui ajoute toujours à la petitesse présente, corrompaient le goût et rétrécissaient à la fois les esprits et les âmes; on vit paraître un homme né avec une imagination brillante et forte, et à qui, peut-être, pour avoir les plus grands talents, il ne manqua que d'être né dans un autre siècle : c'était Claudien. Je le nomme ici parce qu'il a été l'auteur de plusieurs panégyriques en vers. Il naquit à Alexandrie, beaucoup plus renommée alors par son platonisme et son commerce, que par ses poètes. D'Égypte il passa en Italie, et y acquit bientôt une grande réputation. Le sénat de Rome lui fit élever une statue, et il eut du crédit à la cour d'Honorius. Il avait pour ami ce célèbre Stilicon, qui fut douze ans le protecteur de son maître, et qui, las de régner au nom d'un fantôme qu'il méprisait, voulut enfin régner par lui-même, et périt. Alors l'amitié d'un grand homme devenu coupable fut un crime, et Claudien quitta la cour. On croit qu'il passa le reste de sa vie dans la retraite et le malheur. Ce fut dans le temps de sa prospérité, qu'il composa cette foule de panégyriques que nous avons de lui; car l'enthousiasme pour les hommes puissants n'est guère que la maladie des gens heureux.

On conçoit comment il put louer Stilicon, qui n'était pas, à la vérité, un citoyen, mais qui était à la fois un ministre et un général; mais Honorius, qui toute sa vie fut, comme son frère, un enfant sur le trône; qui, mené par les évènements, n'en dirigea jamais aucun; qui ne sut ni ordonner, ni prévoir, ni exécuter, ni comprendre; empereur qui n'avait pas même assez d'esprit pour être un bon esclave; qui, avant le besoin d'obéir, n'eut pas même le mérite de choisir ses maîtres; à qui on donnait un favori, à qui on l'ôtait, à qui on le rendait; incapable d'avoir une fois du courage, même par orgueil; qui, dans la guerre et au milieu des périls ne savait que s'agiter, prêter l'oreille, fuir, revenir pour fuir encore, négocier de loin sa honte avec ses ennemis, et leur donner de l'argent ou des dignités au lieu de combattre; Honorius, qui, vingt-huit ans sur le trône, fut pendant vingt-huit ans près d'en tomber; qui eut de son vivant six successeurs, et ne fut jamais sauvé que par le hasard, ou la pitié, ou le mépris; il est assez difficile de concevoir comment un homme qui a du génie, peut se donner la peine de faire deux mille vers en l'honneur d'un pareil prince. Pour excuser le panégyriste, il faut pourtant convenir que ces éloges ont été écrits pendant la vie de Stilicon; et qu'alors, si l'empereur n'était rien, l'empire eut du moins de la grandeur. Le talent du ministre couvrait l'enfance du prince. On peut dire qu'Honorius et son frère ressemblaient aux idoles des Indes, dont la réputation dépend de leurs prêtres. Il est impossible de lire avec intérêt des éloges démentis à chaque instant par l'histoire; cependant ceux de Claudien offrent en eux-mêmes de beaux détails. Une imagination qui a quelquefois l'éclat de celle d'Homère, des expressions de génie, de la force quand il peint, de la précision toutes les fois qu'il est sans images; assez d'étendue dans ses tableaux, et surtout la plus grande richesse dans ses couleurs : voilà ses beautés. Peu de goût, souvent une fausse grandeur, une majesté de sons trop monotone, et qui, à force d'être imposante, fatigue bientôt et assourdit l'oreille; enfin trop peu d'idées, et sur-tout aucune de ces beautés douces qui reposent l'âme : voilà ses défauts. En général, on voit un homme d'un grand talent, qui, à chaque ligne, lutte contre son sujet et contre son siècle; mais trop souvent son siècle le gâte, et son sujet l'endort. Il est du nombre des écrivains qui ont fait des enthousiastes, mais qu'on aime mieux encore estimer que lire.

Thomas, *Essai sur les Éloges*.

II.

Le déclamateur Claudien, qui vivait sous les enfants de Théodose, a fait quelques poèmes satiriques ou héroïques, dont l'harmonie ressemble parfaitement au son d'une cloche qui tinte toujours le même carillon. On cite pourtant quelques-uns de ses vers, entre autres le commencement de son poème contre Rufin. Mais en général c'est encore un de ces versificateurs ampoulés qui, en se servant toujours de beaux mots, ont le malheur d'ennuyer. On peut juger de son style par ce début de son poème de *l'Enlèvement de Proserpine*:

Inferni raptoris equos, etc.

Encore puis-je affirmer que la version française, quoique fidèle, ne rend pas toute l'enflure de l'original. *Mon esprit surchargé m'ordonne de montrer dans mes chants audacieux les chevaux du ravisseur infernal, l'astre du jour souillé par le char de Pluton, et le lit ténébreux de la Junon souterraine*, etc. Tout le reste est de ce style; mais, sur un pareil exorde, il faut avoir du courage pour aller plus loin.

La Harpe, *Cours de Littérature*.

CLÉMENT (Jean-Marie-Bernard), à qui l'on donna, pour le distinguer de Clément de Genève, le nom de Clément de Dijon, critique fameux, né en 1742, à Dijon, occupa d'abord une chaire d'éloquence au collége de sa ville natale; mais ayant eu quelques démêlés avec l'université, il donna sa démission et vint à Paris, emportant pour toute fortune deux tragédies en porte-feuille, un *Cromwell* et une *Médée*. Cette dernière seule fut mise en scène, et tomba à plat. A son arrivée dans la capitale, Clément avait trouvé de l'appui auprès de Voltaire et de La Harpe : brouillé avec ses protecteurs, il en chercha d'autres dans le parti opposé, et lança comme manifeste, une réponse en vers à l'épître de Voltaire à Boileau : la versification de Clément était peu propre à lutter contre la poésie de Voltaire. Malheureux dans l'invention, Clément se rejeta sur la critique. Il fit paraître ses *observations sur la traduction des Géorgiques* par Delille, *sur les poëmes des Saisons* de Saint-Lambert, *de la Déclamation* de Dorat, *de la Peinture* de Lemierre, *de Psyché* de l'abbé Aubert, Genève, in-12, 1771. Ces remarques judicieuses, quoique souvent trop sévères et pédantesques, obtinrent du succès, et méritent d'être consultées. Clément publia ensuite successivement neuf lettres à Voltaire, où il fit un examen passionné de sa politique littéraire, et où il essaya de déterminer la nature de l'influence que ce grand écrivain a exercée sur l'esprit et le goût de son siècle. Suivant sa terrible coutume, le philosophe de Ferney répondit par le sarcasme, et se moqua du courroux de l'*inclément M. Clément.* La révolution française étant survenue, Clément qui n'en partageait pas les principes, et qui la regardait comme l'œuvre de la secte philosophique, eut l'adresse de se tenir à l'écart et de chercher l'oubli; cependant comme le silence et la neutralité n'étaient pas faits pour son esprit remuant, il se mit bientôt à guerroyer en épigrammes contre Le Brun. En 1796, il coopérait avec M. de Fontanes à la rédaction d'un journal littéraire qui fut supprimé par le directoire, à cause de quelques invasions sur le domaine de la politique. Un nouvel essai du même genre, en 1801, ne fut pas plus heureux. Enfin, mûri par l'âge, et guéri un peu tard de cette animosité virulente qui l'a placé sur la ligne des Fréron et des Geoffroy, Clément fit de nouvelles tentatives poétiques dans des satires médiocres, et dans une *traduction en vers de la Jérusalem délivrée*, qu'il prétendait réduire comme La Mothe avait réduit l'Iliade. La critique se déchaîna contre lui avec cette aigreur dont lui-même avait été si prodigue autrefois : *Qui judicat judicabitur*. Clément réussit mieux à traduire Cicéron que Le Tasse : dans la traduction de l'orateur romain, publiée en 1786 par Gueroult, Desmeûniers et lui, il a fourni les 5e, 6e et 7e volumes. Clément est mort à Paris, en 1812. Il avait travaillé à divers recueils périodiques, notamment à l'*Année littéraire*; il a publié un assez grand nombre d'opuscules, parmi lesquels il faut distinguer les *Anecdotes dramatiques* (avec Laporte), 1775, 3 vol. in-8°; le *Petit Dictionnaire de la Cour* et *de la Ville*, 1788, 2 vol. in-12; les *Amours de Leucippe et de Clitophon*, roman grec, traduit d'Achille Tatius, 1800, in-12.

JUGEMENTS.

I.

Dans un temps où l'oubli des bons principes, presque généralement méconnus, menaçait la littérature de la décadence où nous l'avons vue se précipiter, les critiques de Clément, quoique trop sévères, et souvent exprimées d'une manière trop dure, n'étaient pas cependant sans utilité. Ses vers exacts, mais péniblement faits, annonçaient un homme à qui Boileau avait servi de maître, sinon pour les graces qu'il faut avoir reçues de la nature, du moins pour cette espèce de correction qui peut devenir le fruit du travail. Enfin, la première scène de sa tragédie de *Médée* et sur-tout le monologue, où, livrée à toutes les furies, et déchirée par ses remords, cette femme teinte du sang de ses enfants qu'elle vient d'immoler, se retrace son crime et les combats qu'elle a éprouvés en le commettant, nous semblaient une preuve que l'auteur aurait pu s'élever à des beautés d'un ordre supérieur : mais la manie de la critique, si difficile à justifier quand on n'a fait encore que de faibles preuves de talents, et la manie plus dangereuse de croire illustrer son nom en attaquant des réputations célèbres, lui suscitèrent une foule d'ennemis, dont il aura long-temps à souffrir, quelque soit le mérite qu'on ne peut se dispenser de lui accorder.

Très jeune encore il eut la témérité de critiquer, sans aucun ménagement, celui de nos écrivains qui avait le plus de droits à ses respects, et dont auparavant il avait sollicité la bienveillance. Ce n'est pas qu'admirateurs fanatiques de Voltaire, nous le regardions comme un objet sacré pour la critique ; mais il était du nombre de ces hommes rares qu'elle ne doit juger qu'avec une circonspection modeste. Il faut être juste, même envers Clément, et convenir que si l'humeur avait eu moins de part à plusieurs de ses critiques, on ne pourrait lui contester des principes très sains. Il en a donné plus d'une preuve dans ses observations sur différents écrits qui ont paru de nos jours : observations qui méritent d'être lues, et qui lui ont fait, malgré ce que la haine en a pu dire, la réputation d'un littérateur très instruit.

Il est vrai que, soit en vers, soit en prose, son style n'est que laborieusement correct : ce qui paraît tenir au peu d'usage qu'il a du monde, et à la retraite où il a toujours vécu. Si, plus maître de lui-même, il eût pu surmonter ou tempérer cette rudesse de caractère qui a presque émoussé chez lui le sentiment de la délicatesse et des graces, nous croyons que personne n'aurait pu disputer avec plus d'avantage la chaire de Quintilien à La Harpe, qui n'a sur lui qu'une supériorité d'élégance et de formes, sans connaître, à beaucoup près, aussi bien les véritables sources des bonnes études, c'est-à-dire les excellents modèles de l'antiquité.

Un des derniers ouvrages de Clément est une

imitation en vers de la *Jérusalem délivrée*, dans laquelle on lui reproche avec raison d'avoir mutilé son modèle. On y trouve cependant des morceaux bien faits, et qui prouvent un talent sinon facile, du moins exercé.

Palissot, *Mémoires sur la Littérature.*

II.

Nous avons une traduction en vers de la *Jérusalem délivrée* plus travaillée, mais moins facile que celle de M. Baour-Lormian; elle est sur-tout peu conforme au génie du Tasse. Le plus fleuri des poètes de l'Europe moderne y est souvent rendu avec une sécheresse aussi étrangère à ses défauts qu'à ses qualités. Cette traduction est de Clément, le même qui jadis a publié de nombreux volumes contre Voltaire, Saint-Lambert et Delille. Nous ne déciderons pas s'il a bien fait; mais nous croyons pouvoir affirmer qu'il eût mieux fait de les étudier et d'écrire comme eux.

M. J. Chénier, *Tableau de la Littérature française.*

III.

Voyez voltaire, art. *Henriade*, par La Harpe.

COCHIN (Henri), avocat célèbre, naquit à Paris en 1687. Admis à prêter le serment en 1706, il plaida sa première cause à vingt-deux ans, et ne tarda pas à se placer dans les premiers rangs du barreau. A trente ans, sa connaissance approfondie des diverses branches de la jurisprudence, son éloquence, la rectitude de son jugement et la pureté de sa conduite, le faisaient considérer comme un avocat consommé, et inspiraient déjà cette confiance qui ne s'accorde pour l'ordinaire qu'à la maturité de l'âge ; et certes, ce n'est pas offrir un faible éloge à la mémoire de cet homme recommandable, de rappeler qu'il avait su, jeune encore, surmonter le préjugé assez naturel qui n'admet l'expérience que comme un fruit tardif des ans. On lui a décerné une autre louange non moins belle en le surnommant *le Bourdaloue du barreau.* Son talent, en effet, peut présenter des traits de ressemblance avec celui de l'orateur évangélique : ce n'est pas une éloquence très élevée qui en fait le caractère distinctif, mais plutôt une noble précision, et cet art heureux de simplifier un plan, en ralliant tous les raisonnements à un raisonnement plus péremptoire. Les plaidoyers malheureusement perdent beaucoup, dégagés de l'action, ce puissant moyen de l'orateur, et Cochin a été déprécié; mais il ne faut pas perdre de vue que, ne plaidant guère que sur des extraits, Cochin nous a laissé plus de Mémoires et de discours que de plaidoyers proprement dits.

Quoi qu'il en soit, ce qui nous reste de lui assure à son nom une place très distinguée dans les annales du barreau français. Doué de toutes les vertus de son état, Cochin y fut, dans toute la force du terme, *vir bonus dicendi peritus;* il vécut en sage, et mourut le 24 février 1747, à l'âge de soixante ans. Ses œuvres, imprimées en 1751, forment 6 vol. in-4°; on en a fait une édition réduite en 2 vol. in-12, sous le titre de *Morceaux choisis.*

JUGEMENT.

Cochin ne négligea aucune des études qui pouvaient lui être utiles dans la profession à laquelle il était appelé, et il en est très peu dont un orateur habile ne sache tirer quelque avantage. La science la plus essentielle à un avocat est, sans contredit, celle des lois. Cochin en puisa les principes dans les livres du droit romain, qui en sont la principale, ou, pour mieux dire, l'unique source. Il ne se contentait pas de connaître la disposition littérale des lois, il sut encore en découvrir l'enchaînement et pénétrer jusqu'à l'esprit du législateur. L'histoire lui fit connaître le droit public, science peu cultivée en France, malgré son importance, et dont nos jurisconsultes s'étaient bien moins occupés que du droit civil. Cochin vit aussi combien les belles-lettres peuvent répandre d'attraits et d'éclat sur une science aussi sérieuse et quelquefois aussi rebutante que celle des lois, et il chercha à se former le goût par l'étude des grands modèles. La géométrie lui apprit encore à mettre de l'ordre dans ses discours, et la dialectique à rendre ses raisonnements plus justes et plus convaincants. La morale enfin lui fournit ces grandes pensées et ces maximes salutaires par lesquelles l'orateur devient ce que les anciens voulaient qu'il fût, « l'homme de bien ayant le talent de la « parole. » Cochin l'étudia dans l'Écriture, et dans les sources les plus pures de la religion. Il écrivait ses plaidoyers dans les commencements avec beaucoup de soins ; persuadé que ce n'est que par un long exercice que l'on acquiert une heureuse fécondité, et que l'habitude de parler d'abondance, dégénère infailliblement en stérile facilité de dire bien des paroles inutiles. Dans la suite, il plaida sur des extraits faits avec beaucoup d'ordre : ce qu'il avait à dire de plus lui venait au moment de l'action. Suivant la tradition du barreau, son talent se montrait alors, ainsi qu'à la réplique, dans tout son éclat. Il eut des mouvements heureux, et fit souvent sur ses auditeurs l'impression la plus profonde ; mais cet art de maîtriser et de remuer les esprits, qui est le vrai triomphe de l'orateur, ne peut lui obtenir qu'une gloire passagère, quand il n'est qu'instantané. On n'en trouve plus de traces dans les OEuvres de Cochin, où l'on n'a recueilli que ses Mémoires, ou ceux de ses plaidoyers qu'il avait réduits dans cette forme. La gloire de Cochin en a souffert, et on lui a contesté la qualité de premier et même de seul modèle de l'éloquence du barreau parmi nous, que l'enthousiasme de ses contemporains lui avait accordée. Son talent, quelque éminent qu'il soit sous plusieurs rapports, est encore loin de l'idée qu'on se fait du véritable orateur. D'Aguesseau, dans un genre qui exigeait plus de calme et se prêtait moins aux grands mouvements oratoires, lui serait encore supérieur par les agréments du style, et la chaleur qu'il sait y mettre quand le sujet le demande. L'art de Cochin consistait sur-tout à savoir réduire sa discussion à un seul point de controverse, à disposer ses preuves d'une manière très judicieuse, et à conformer toujours son style aux matières qu'il avait à traiter. Il ne se chargeait jamais d'une cause sans l'avoir examinée avec soin, et s'être assuré de sa bonté.

PONCE, *Biographie universelle.*

MORCEAUX CHOISIS.

Voyez tome II de cet ouvrage, art. BARREAU.

COFFIN (CHARLES) né à Buzanci, diocèse de Reims, en 1676, commença ses études à Beauvais et vint en 1693 les achever à Paris. Nourri de la lecture des anciens dont il reproduisit le charme dans quelques productions en vers et en prose, il ne tarda pas à se faire remarquer. Il obtint une chaire au collège de Beauvais, et à la retraite du célèbre Rollin, principal de ce collège, il fut, en 1713, désigné pour son successeur. Il sut allier, dans ces nouvelles fonctions, la sagacité d'un chef à la bonté d'un père, et cette école devint si florissante sous sa direction qu'il en sortit une foule de sujets qui ont paru avec éclat dans l'Église, dans la magistrature, dans les lettres et même dans les armes. En 1718, l'université de Paris le nomma à la place de recteur, et, dans cette nouvelle fonction, un de ses premiers soins fut de solliciter l'établissement de l'instruction gratuite dont le cardinal de Richelieu avait autrefois conçu le dessein. Il eut la gloire de réussir, et célébra cet évènement par un mandement digne du bienfait et de la reconnaissance. Cet homme, si utile aux lettres, consacra le reste de sa vie aux fonctions pénibles dont il était revêtu, et les remplit avec zèle et assiduité jusqu'à ses derniers moments. Sur la fin de sa carrière, il s'occupa de la révision de l'Anti-Lucrèce, du cardinal de Polignac : ce fut le dernier service qu'il rendit à la religion et aux lettres. Il mourut, à Paris, le 20 juin 1749, à soixante-treize ans.

Ses œuvres ont été recueillies en 2 vol. in-12, Paris, 1755. Elles renferment des harangues latines aussi remarquables par le style que par le fond des idées, et quelques poésies que l'auteur avait déjà rassemblées en 1727. On y distingue sur-tout *l'Ode sur le vin de champagne*, que ne désavoueraient pas Ovide et Catulle; c'est une réponse à l'ode de Greneau, sur le vin de Bourgogne. Il y règne une verve et une délicatesse dignes de la liqueur qu'il célèbre; aussi la ville de Reims en reconnut-elle le mérite par un présent annuel de ses meilleurs vins. Son *Discours sur les Belles-Lettres*; celui *sur l'Utilité de l'histoire profane*; *l'Oraison funèbre du duc de Bourgogne*, père de Louis XV; et le *Discours sur la naissance du Dauphin*, sont ce que le recueil de ses œuvres offre de plus remarquable, si l'on en excepte les Hymnes qu'il composa pour le *Bréviaire de Paris*, et qui sont, sans contredit, ce qu'il y a de plus parfait dans les ouvrages de ce genre. Elles ont moins de feu et moins de brillant que celles de Santeuil; mais combien elles l'emportent par la pureté du style, par la correction de la latinité, et sur-tout par une onction et une simplicité majestueuses, caractère principal de ce genre de poésie.

Ph. T.

COLARDEAU (Charles-Pierre) naquit à Janville en Beauce, le 12 octobre 1732. Le goût décidé qu'il montra dès son enfance pour la poésie française, fut cause qu'il s'appliqua peu à l'étude des langues anciennes. Ayant perdu ses parents de bonne heure, sa tutelle avait été confiée au curé de Pithiviers, son oncle, qui, sans égard pour sa vocation poétique, l'envoya à Paris chez un procureur au parlement, pour apprendre le droit. Mais les intentions du bon curé ne furent guère bien remplies: Colardeau, au milieu des dossiers de l'étude, voyait sa position avec dégoût, et ne prenait la plume que pour faire des vers. On reconnut enfin combien son penchant était irrésistible, et il fallut bien lui permettre de se livrer à des goûts qui le rendaient incapable de tout autre travail. Il débuta en 1758, par sa *Lettre d'Héloïse à Abailard*, imitée de Pope; et cet essai fut pour lui un succès brillant. L'*Héroïde d'Armide à Renaud*, dont le fond et les idées appartiennent au Tasse, qu'il publia peu de temps après, ne lui fit pas autant d'honneur. En 1758, il fit jouer une tragédie d'*Astarbé*, sujet emprunté au *Télémaque*, et deux ans après, il donna *Caliste*, autre tragédie imitée d'une pièce anglaise de Rowe, intitulée *la Belle Pénitente*. Ces deux ouvrages prouvèrent beaucoup plus de talent pour la versification que pour le théâtre, où ils n'eurent qu'un succès passager. L'auteur avait peut-être encore moins de dispositions pour la comédie, s'il en faut juger par les *Perfidies à la mode*, pièce en cinq actes et en vers, qui ne fut point représentée. Soit stérilité d'imagination, soit paresse d'esprit, Colardeau parut se vouer principalement au genre de l'imitation, qui ne lui réussit pas toujours aussi bien que dans la *Lettre d'Héloïse*, à en juger par sa traduction en vers des deux premières *Nuits d'Young*. Il versifia aussi le *Temple de Gnide* de Montesquieu, et avait dessein d'en faire autant pour le *Télémaque* ; mais il fut probablement effrayé de la difficulté de faire des vers plus harmonieux et plus poétiques que la prose de Fénelon. Il avait déjà traduit six chants de la *Jérusalem délivrée*, lorsqu'il apprit que Watelet avait entrepris le même travail; il renonça au sien, qu'il brûla peu de jours avant sa mort, de peur qu'après lui on ne fût tenté de le mettre au jour. Le même principe de délicatesse et de modestie l'empêcha d'entreprendre la traduction de l'*Énéide*, dès qu'il fut informé que Jacques Delille, déjà connu par ses *Géorgiques*, s'occupait aussi de ce grand ouvrage. Parmi ses productions originales, on distingue les *Hommes de Prométhée*, poème (1775), l'*Épître à M. Duhamel* (1774), et les *Épîtres à Minette* (1762). Ce sont les poésies qui, avec la *Lettre d'Héloïse*, font le plus d'honneur au talent de Colardeau. Si le mérite des pensées neuves et fortes eût égalé en lui le charme et l'harmonie des vers, il aurait obtenu un rang distingué parmi nos meilleurs poètes. En 1776, il fut désigné pour remplacer à l'Académie M. de Saint-Aignan; mais il ne put jouir de cet honneur : il mourut avant le jour de sa réception, le 7 avril de la même année, âgé de quarante-trois ans et demi. D'une complexion faible et valétudinaire, il avait encore affaibli sa santé par des plaisirs dont l'excès lui devint funeste : une maladie avait tellement affecté en lui l'organe de la vue, qu'il ne pouvait distinguer les couleurs, et ne voyait que des nuances plus ou moins foncées. Il était d'un caractère doux et mélancolique : le chant des oiseaux avait pour lui le plus grand charme, et il lui est arrivé plus d'une fois de passer la nuit à les écouter. L'envie et la méchanceté ne pénétrèrent jamais dans son cœur : « La « critique, disait-il, me fait tant de mal, que je « n'aurai jamais la cruauté de l'exercer contre per- « sonne. » Les OEuvres de Colardeau ont été publiées en 2 vol. in-8°, Paris, 1779.

AUGER.

JUGEMENTS.

I. Sur les OEuvres de Colardeau.

Cette édition, qui est fort belle, enrichie de gravures et du portrait de l'auteur, contient le peu d'ouvrages qu'une santé fragile, et une carrière trop courte lui ont permis d'achever. Le premier volume renferme trois pièces de théâtre, deux tragédies, *Astarbé* et *Caliste*, qui ont été représentées, et *les Perfidies à la mode*, comédie en cinq actes et en vers, que l'auteur ne voulut pas faire jouer. Dans le second, on a réuni différents morceaux de poésie, l'*Épître d'Héloïse à Abailard*, celle *d'Armide à Renaud*, *le Patriotisme*, l'*Épître à Minette*, une *Ode sur la poésie*, une traduction en vers des deux premières nuits d'Young, celle du *Temple de Gnide*, une *Épître à M. Duhamel*, un petit poème intitulé *les Hommes de Prométhée*, et des pièces fugitives. L'*Épître d'Héloïse à Abailard*, ouvrage plein de charme et d'intérêt, malgré ses inégalités et ses négligences, a suffi pour consacrer la mémoire de M. Colardeau. C'est là que s'est manifesté d'abord son talent poétique, qui consistait sur-tout dans une heureuse tournure de vers, et dans une harmonie douce et facile. Ce talent n'a jamais été plus loin que le premier pas; et la seconde héroïde de l'auteur, *Armide à Renaud*, quoiqu'il eût le secours du Tasse et de Quinault, fit voir que pour réussir il avait besoin de travailler sur un fond qui ne fût pas le sien. Cet écrivain, qui avait fait parler à l'amour un langage si tendre et si passionné quand il empruntait à Pope, parut n'avoir plus aucune connaissance du cœur et des passions quand il voulut ne tirer que de lui-même les discours qu'il met dans la bouche d'Armide :

Farouche Européen, qui, des rives du Tibre,
Viens au sein de la paix troubler un *peuple libre*,
Et qui, dans tes fureurs, nous préparant des fers,
Veux à tes préjugés soumettre l'univers,
Détestable croisé, etc.

Quoi de plus contraire à la vérité qu'un pareil début? Que font là les *préjugés* de Renaud? Ces idées philosophiques peuvent-elles s'accorder avec le désespoir d'une amante abandonnée ? Les faits d'ailleurs sont aussi faux que les idées. Qu'est-ce que ce peuple libre dont on vient troubler la paix ? Les Sarrasins étaient-ils un peuple libre ? Solyme, sous la domination des soudans de Syrie, était-elle libre ? Et quand elle l'aurait été, c'est bien de cela qu'il s'agit ! On ne peut trop insister sur ce genre de fautes, le plus grave de tous. Tout ce qui est faux n'est pas excusable aux yeux d'un lecteur sensible, et il n'y a rien de pis que de mentir au cœur. Quand Armide dit, en parlant de Renaud :

Qui croirait qu'il fût né seulement pour la guerre ?
Il semble être fait pour l'amour.
QUINAULT.

il n'y a personne qui ne sente combien ce mouvement est vrai, et combien la tournure de ces deux vers est intéressante dans sa simplicité. M. Colardeau a mis ces deux vers en un seul, et les a gâtés.

Il est fait pour l'amour et non pas pour la guerre.

Quelle différence ! Qu'Armide, en regardant Renaud, ne puisse pas croire qu'il ne soit né que pour la guerre, et qu'il lui semble être fait pour l'amour, rien n'est plus naturel ; et c'est ainsi qu'a dû s'exprimer une femme qui aime un héros ; mais qu'elle affirme crûment qu'il n'est pas fait pour la guerre et qu'il l'est pour l'amour, voilà la mesure passée. Ce n'est plus Armide qui parle, c'est un écolier qui fait une antithèse, et qui rend faux et froid ce qui était vrai et touchant. Ceux qui savent que la première qualité en tout genre d'écrire est la vérité des idées et des expressions sentiront cette remarque, et ce n'est que pour eux que l'on écrit.

M. Colardeau, dont le premier essai en poésie avait été justement accueilli, ne put se garantir du piège où tant de jeunes versificateurs sont venus tomber. Il ne put résister à la séduction du théâtre; il fit des tragédies qui, malgré l'excessive indulgence qu'on prodiguait à l'auteur, ne purent réussir. La nature lui avait absolument refusé tout ce qui demande de la force; et la tragédie en exige de toutes les sortes, celle de l'imagination qui invente, celle de la tête qui combine, celle de la raison qui fait parler les personnages. Le défaut de toutes ces facultés se fait sentir à tout moment dans *Astarbé* et dans *Caliste*, deux sujets très malheureux, surtout le premier, et qui n'offrent aucun intérêt. Dans la première, c'est une femme atroce qui fait mourir un tyran imbécile; dans la seconde, une femme violée, déplorant pendant cinq actes un malheur irrémédiable. Rien de tout cela n'est théâtral ni tragique, et le plan de ses pièces ne montre d'ailleurs aucune connaissance de l'art. Il y a plus: le style en est facile, mais faible. On trouverait parmi beaucoup de fautes quelques vers bien tournés, pas un morceau de sentiment, pas un d'éloquence dramatique. Le dialogue manque presque toujours de justesse, défaut presque inévitable quand les caractères sont mal dessinés et les situations mal motivées. Nous n'avons trouvé dans *Caliste* qu'un seul endroit où la diction nous ait paru tragique, et il est traduit d'Otway :

> Que ne puis-je, Lucile, au bout de l'univers,
> Habiter des rochers, des antres, des déserts ;
> Là, de mon lâche amant expier les outrages,
> N'entendre autour de moi que le bruit des orages ;
> Ne voir, à la clarté d'un ciel chargé de feux,
> Que des monstres sanglants, que des spectres hideux,
> Des mânes, des tombeaux, ou quelque infortunée
> Aux larmes, comme moi, par l'Amour condamnée !

Ce dernier mouvement, *ou quelque infortunée*, etc., est naturel et touchant ; mais ces vers sont de la Caliste anglaise, qui, sans être à beaucoup près une bonne tragédie, vaut mieux que la pièce de l'imitateur français, parce que les caractères de la première sont plus raisonnables.

Je trouve, dans un ouvrage périodique, un jugement sur M. Colardeau, qui est bien peu réfléchi. « M. Colardeau, dit-on, est un exemple frappant « de la manière bizarre dont le public distribue les « réputations. Il donna d'abord une imitation de la « *lettre d'Héloïse* par Pope, et cette faible copie « d'un original plein de force eut un succès pro- « digieux. Il lui fit succéder sept ou huit ouvrages « qui lui étaient supérieurs pour l'invention, et « même pour le style ; ils ne firent que très peu de « sensation. Ce même public, qui avait admiré les « vers d'une héroïde inférieure à celle de Pope, ne « fit pas attention que les vers d'*Astarbé* et de *Caliste* « égalaient ceux de Racine, et annonçaient un suc-

« cesseur de ce grand homme, sur un trône que,
« depuis lui, Voltaire avait exclusivement occupé.
« L'élégance continue des vers du *Temple de Gnide*
« ne fut aperçue que par quelques amateurs fort
« discrets qui ne la firent apercevoir à personne.
« L'*Épitre à M. Duhamel*, ouvrage supérieur,
« selon nous, aux épîtres de Boileau, parce qu'il
« y règne un abandon de style, une sensibilité, une
« grace, que n'a point ce dernier; cette épître,
« disons-nous, fut prônée seulement par quelques
« journalistes sans goût, qui gâtent tout ce qu'ils
« touchent; et ce morceau précieux et charmant
« fut dès lors relégué au nombre des mets salis par
« les Harpies. Les traductions des *Nuits d'Young*,
« *les Hommes de Prométhée*, doués du même mé-
« rite que la pièce précédente, eurent à peu près
« le même sort. Personne n'en parlait : le public
« était, pour M. Colardeau, sans yeux, sans oreilles
« et sans langue, etc. »

Quand nous ne saurions pas que ce morceau est d'un jeune homme, nous l'aurions deviné à ce ton tranchant, à cette manière de décider sans appel et de prononcer sans preuves, de condamner le public en tout, sans avoir sur quoi que ce soit l'air du moindre doute; enfin, de compromettre si témérairement le nom de Racine, de Boileau et de Voltaire. Tel est le style aujourd'hui à la mode parmi les jeunes écrivains, même parmi ceux qui annoncent de l'esprit et du talent, et qui ne songent pas assez que cette extrême confiance nuit beaucoup à l'un et à l'autre.

Avant d'examiner ces arrêts si légèrement rendus et ces reproches adressés au public, qui nous donneront occasion de jeter un coup d'œil sur les poésies de M. Colardeau, nommées dans le morceau qu'on vient de lire, nous proposerons une réflexion à ceux qui sont aujourd'hui si prompts à juger des ouvrages consacrés par une longue vie, et à leur comparer des productions qui viennent de naître. Il n'y a rien sans doute qui ne puisse être égalé ou surpassé; et marquer des bornes en ce genre à la nature et au génie, ce serait ne connaître ni l'un ni l'autre. Mais quand il est question d'ouvrages qui ont fait les delices de plusieurs générations, tout esprit éclairé par le goût, tout homme instruit par l'expérience, se dira qu'ils ont subi l'épreuve la plus forte de toutes, et, sans comparaison, la plus décisive, celle du temps. En effet qu'est-ce qui nous pénètre d'une si juste admiration pour les grands écrivains, pour les auteurs devenus classiques? C'est lorsque, après les avoir lus, relus dans toutes sortes de circonstances, dans toutes les situations de la vie, après avoir comparé l'impression qu'ils nous faisaient à tel âge et celle qu'ils nous font encore aujourd'hui, nous leur rendons ce témoignage, que, dans tous les moments, ils ont parlé à notre âme et satisfait notre esprit. C'est alors que nous sentons la raison supérieure qui les a dictés, l'heureux naturel qui les animait; alors nous nous apercevons que c'est sur-tout à ces deux qualités qu'ils doivent le charme qui les rend toujours nouveaux; alors on apprend à les distinguer de cette foule d'écrits qui ont eu d'abord un succès supérieur à leur mérite, succès dépendant de la nouveauté, des circonstances, de la disposition des esprits, de mille causes différentes, qui toutes perdent leur effet avec le temps. Le temps, voilà le grand juge, et sans lui quelle ressource resterait-il au grand talent, qui doit naturellement rencontrer tant d'obstacles et d'ennemis? C'est le temps qui amène pour le génie le moment du triomphe; pour la médiocrité, celui de la justice; pour l'envie, celui du silence.

Sans doute Racine a été, de son vivant, apprécié par Despréaux et par quelques esprits de cette trempe; mais qui l'a mis dans la place, qu'il occupe aujourd'hui, du plus parfait des écrivains tragiques? Le temps, qui a fait sentir aux connaisseurs tout le mérite d'un style qu'on admire toujours davantage à mesure qu'il est plus médité.

Et à côté des chefs-d'œuvre de cet inimitable Racine, que la nature avait doué d'un si grand sens et d'une sensibilité si précieuse, on se permet de citer *Astarbé* et *Caliste!* Plus il est rare et glorieux d'approcher de la perfection, plus il est révoltant de lui voir comparer ce qui en est à une si prodigieuse distance. Le jeune homme qui a fait cet étrange parallèle ne serait-il pas un peu confus, si, en essayant l'examen de ces deux pièces, on lui faisait voir des contre-sens de scène en scène, un dialogue vague, incorrect, décousu, sans expression, sans effet; enfin, si on lui proposait de citer une seule page que l'on puisse comparer de très loin à une page quelconque des tragédies de Racine, soit pour la diction, soit pour les sentiments? nous n'exceptons pas même *Esther*, ouvrage écrit d'une manière sublime, quoique le sujet en soit mal choisi et peu propre au théâtre.

Les Perfidies à la mode, comédie en cinq actes et en vers, ne valent pas mieux que les deux tragédies dont nous venons de parler. Il n'y a ni plan, ni caractères, ni intérêt, ni comique; et le style, quoique assez pur, n'offre pas un morceau remarquable. Encore une fois, le talent de l'auteur n'était nullement dramatique. Ce talent était beaucoup plus propre aux peintures gracieuses, aux images de la volupté. C'est le mérite qu'il a dans la traduction en vers du *Temple de Gnide*, et dans *les Hommes de Prométhée*, petit poème dont la fiction consiste à marquer les progrès du sentiment et de l'amour dans les deux premières créatures que Prométhée ait animées du feu céleste. Ce tableau rappelle celui d'Adam et Ève dans Milton, mais il n'en a ni l'originalité ni l'intérêt; c'est là cependant que l'on trouve avec plaisir cette élégante facilité, cette mollesse voluptueuse, cette harmonie séduisante qui ont fait de M. Colardeau un de nos poètes les plus aimables, dans le peu d'écrits où il a consulté le genre de son talent. Tel est ce portrait de Pandore, de l'épouse du premier des hommes, représentée dans un tableau qui est supposé être sous les yeux du poète :

Sa moitié près de lui, sous un maintien timide,
  Laisse voir plus de grace et des attraits plus doux.

L'artiste n'avait point sous un voile jaloux
De la belle Pandore enseveli les charmes;
L'innocence était nue, et l'était sans alarmes;
Elle s'enveloppait de sa seule pudeur:
La beauté n'a rougi qu'en perdant sa candeur;
Et près de son berceau, pure encore et céleste,
Dans la nudité même elle eut un front modeste.
Pour rendre tant d'appas, l'artiste moins hardi
D'une main plus légère avait tout arrondi;
D'un pinceau caressant les touches adoucies
Semblaient avoir glissé sur les superficies.
Le sang qui reflétait sa pourpre et son éclat,
Colorait de la peau le tissu délicat.
Partout d'heureux replis et des formes riantes :
On voyait les cheveux, de leurs tresses mouvantes,
Ombrager, couronner un front calme et serein;
Leurs nœuds abandonnés roulaient sur un beau sein.
Sur deux touffes de lis figurez-vous la rose
Lorsqu'au lever du jour, timide, demi-close,
Et commençant à peine à se développer,
Du bouton le plus frais elle va s'échapper.
Tel est ce sein, ce sein, la première parure
Que reçoit la beauté des *mains* de la nature.
Demi-globe enchanteur, dont le double contour
Palpite et s'embellit sous la main de l'amour.
Pour mieux peindre en un mot ce sexe qu'on adore,
Le goût a rassemblé dans les traits de Pandore
Ce que mille beautés auraient de plus charmant :
C'est la grace naïve unie au sentiment.
Pandore, dans la main de l'époux qui la guide,
Laisse, comme au hasard, tomber sa main timide.
Sur le cours d'un ruisseau son beau corps est penché;
De son humble paupière un regard *détaché*

Y suit furtivement l'image qu'elle admire ;
A ses propres attraits on la voyait sourire,
Et l'art représenter, par cet heureux *détour*,
L'amour-propre naissant au berceau de l'amour.

On trouverait dans *le Temple de Gnide* beaucoup de morceaux du même agrément, mais toujours mêlés plus ou moins des mêmes négligences et des fautes de correction et de justesse que tout lecteur instruit a pu remarquer dans celui que nous avons cité. *L'élégance continue* tient sur-tout à la propriété des termes, et ce mérite très rare suppose toujours un degré d'attention et de travail qu'il ne paraît pas que l'auteur ait jamais eu. Un écrivain qui soignerait son style ne laisserait pas un regard *détaché* d'une *paupière*, une cheville telle que l'*heureux détour*, et quand il est question d'une adresse du peintre. On pourrait citer un grand nombre de ces fautes, et de beaucoup plus graves ; mais il suffit d'avoir prouvé, par un des plus beaux endroits du poète, que *l'élégance continue* qu'on lui attribue dans le jugement cité ci-dessus ne lui appartient pas. L'exacte justice consiste à juger toujours un écrivain par ce qu'il a de meilleur ; c'est une méthode que nous avons constamment suivie, et un exemple qui a été rarement imité.

C'est avec aussi peu de fondement que l'auteur de la note reproche au public le peu d'accueil qu'il a fait à *sept ou huit ouvrages, supérieurs*, dit-il, *pour l'invention, à la Lettre d'Héloïse, et même pour le style*. De quelle invention veut-il parler? M. Colardeau n'a jamais fait aucun ouvrage qui en supposât.

Il a traduit en vers la prose de Montesquieu et les vers d'Young. Cette dernière entreprise était peu analogue au talent de l'auteur, et ce fut celle qui lui réussit le moins. Il n'y avait aucun rapport entre la manière d'Young et la sienne; et ce choix singulier prouve seulement le besoin qu'il avait de travailler sur les idées d'autrui. A l'égard du style, c'est contredire l'opinion générale que de mettre au-dessus de la *Lettre d'Héloïse* quelque autre production que ce soit du même auteur; il n'a rien fait où il y eut plus de beautés et moins de fautes. Il est bien étrange qu'un panégyriste si outré de M. Colardeau prétende que cette traduction d'Héloïse, le plus beau titre de sa gloire, est *une faible copie d'un original plein de force*. Il est vrai, et nous l'avons observé il y a long-temps, que l'imitateur français est resté au-dessous de Pope dans deux ou trois morceaux d'une touche sombre et forte; mais dans tout le reste il lui est au moins égal pour la sensibilité, et il paraît avoir plus de grace et de charmes. Le public a été juste en consacrant cette heureuse production; et pourquoi ne l'aurait-il pas été pour M. Colardeau? *Il était pour lui*, dit l'auteur de la note, *sans yeux, sans oreilles, sans langue*. Comment accorder cette plainte avec ce que dit M. Colardeau lui-même dans la préface d'un de ses derniers ouvrages? « Mes productions, quelque
« faibles qu'elles soient, ne m'en paraissent pas
« moins agréablement reçues du public, qui les re-
« cherche avec un empressement marqué. » Supposons que le poète aimât un peu à se flatter, et que

l'auteur de la note aime à le plaindre; en cherchant la vérité entre deux extrêmes, nous verrons que le public accueillait toujours les différents essais de M. Colardeau avec bienveillance, et les trouvait toujours au-dessous de son attente, depuis le premier ouvrage qu'il donna. Ces épreuves multipliées purent faire apercevoir enfin les limites où son talent était renfermé; mais cette connaissance, qui pouvait rendre le public un peu froid, ne le rendit point injuste, et M. Colardeau n'eut jamais à se plaindre de n'être pas à sa place.

Il est infiniment plus facile d'égaler les épîtres de Boileau que les tragédies de Racine; mais l'auteur de la note n'en est pas plus fondé à mettre au-dessus de ces épîtres celle de M. Colardeau à M. Duhamel. Des ouvrages qu'il a tirés de son propre fond, c'est en effet le meilleur; mais il est encore inégal, long et vague. On reconnaît l'imagination riante de l'auteur dans des vers tels que ceux-ci :

J'aime à voir le zéphyr agiter dans les eaux
Les replis ondoyants des joncs et des roseaux,
Et ces saules vieillis, de leur mourante écorce,
Pousser encore des jets pleins de sève et de force.
Ici tout m'intéresse et plaît à mes regards :
Sur les bords d'un ruisseau cent papillons épars,
Avant que mes esprits démêlent l'imposture,
Me paraissent des fleurs que *soutient* la verdure :
Déjà ma main séduite est prête à les cueillir;
Mais, alarmé du bruit, plus prompt que le zéphyr,
L'insecte, tout-à-coup détaché de sa tige,
S'enfuit, et c'est encore une fleur qui voltige.

Cette imagination s'exerce sur de petits objets ; mais ils deviennent précieux par le mérite de l'expression poétique, qui est particulièrement celui de M. Colardeau.

> Lorsque enfin terminant de si douces orgies,
> Le rayon du matin fait pâlir les bougies, etc.

Voilà de ces vers qui appartiennent au poète ; et l'on en rencontre de ce genre dans tout ce qu'a fait l'auteur. Cependant, si nous rapprochons cette *Épitre sur la campagne* de celle que Boileau a adressée sur le même sujet à M. de Lamoignon, nous verrons dans celle-ci un choix bien plus heureux d'idées et d'images ; et quant à l'espèce de sensibilité que ce genre exige, n'est-elle pas dans ces vers si bien imités d'Horace : *O rus! quandò te aspiciam ?*

> O fortuné séjour ! ô champs aimés des cieux !
> Que, pour jamais foulant vos prés délicieux,
> Ne puis-je ici fixer ma course vagabonde,
> Et, connu de vous seuls, oublier tout le monde !

D'ailleurs, on ne relèvera pas dans Boileau des vers aussi froids, aussi dénués de sens que celui-ci :

> Par l'orage effrayé, j'en admire l'horreur ;
> *Le philosophe observe, et l'homme seul a peur.*

Que signifie *l'homme seul a peur*, quand il s'agit d'exprimer le plaisir qui se mêle à l'impression de terreur que produit un orage ? Et cet hémistiche, *le philosophe observe*, comme il est sec dans un pareil sujet, où tout doit être fait de verve et d'épanchement ! Les maîtres ne commettent point de pareilles fautes, et c'est pour cela qu'il faut bien prendre garde à ce qu'on leur compare. Il y en a d'étranges dans cette épître à M. Duhamel :

> Je saurais si la terre en ses noirs souterrains
> Contient le réservoir de ces eaux inconnues,
> Ou bien si ce tribut et de l'air et des nues
> Par *l'éponge des monts* goutte à goutte filtré, etc.

L'éponge des monts! Que dirait Boileau d'une pareille expression ? Que dirait-il de ce vers :

> Calculer les rapports de la *proue à la poupe ;*

Et de ceux-ci :

> Quand Lise, simple encor, mais fine en son minois,
> Sourit à son amant qui lui *serre les doigts ;*

et de beaucoup d'autres qu'il serait trop long de citer ?

La Harpe, *Cours de Littérature.*

II.

Le premier ouvrage de Colardeau fut une tragédie dans laquelle l'horreur est poussée au dernier degré, quoiqu'on n'y découvre rien de tragique. Colardeau était d'un caractère doux, mélancolique et sentimental ; il pleurait de joie en écoutant chanter le rossignol, et tremblait de peur au moindre bruit de la critique. Ces dispositions n'annoncent pas la force d'âme nécessaire pour s'élever aux grandes conceptions de l'art dramatique. L'erreur ordinaire des jeunes gens qui veulent faire des tragédies, est de penser qu'une narration intéressante à la lecture peut être mise sur la scène avec succès.

Le bel épisode d'Astarbé, dans *Télémaque*, est une des conceptions les plus fortes de cet admirable ouvrage; il offre avec la plus grande vérité le tableau de l'intérieur d'une cour corrompue; il peint les suites funestes des passions criminelles, et les remords, les craintes continuelles qui poursuivent toujours le coupable, même lorsqu'un pouvoir absolu semble le mettre à l'abri des rigueurs de la justice humaine. Cependant les beautés que l'on admire dans cet épisode ne sont pas dramatiques. En effet, quels personnages à présenter aux yeux des spectateurs qu'un tyran aussi lâche que cruel, qui n'a pas même dans le crime l'énergie des grandes passions; qu'une courtisane qui, par une prostitution publique, est parvenue à partager le pouvoir de ce monstre? Colardeau, en traitant ce sujet, a fait ses efforts pour adoucir l'horreur que doit inspirer Astarbé. Il suppose que cette femme, prête à être unie à un amant dont elle était éprise, a été enlevée par Pygmalion, et qu'il l'a forcée à l'épouser; contrainte à partager le sort du tyran, elle est devenue aussi barbare que lui. Cette idée est exprimée par de fort beaux vers :

Quel hymen! le cruel, dans sa rage jalouse,
Venait d'empoisonner sa malheureuse épouse;
Et dans ce jour encor son frère infortuné
Si cher à nos autels, mourut assassiné.
Orcan, il m'inspira la fureur qui m'anime,
Et dans ses bras sanglants je respirai le crime;
Assise à ses côtés sur le trône des rois,
Je devins politique et barbare à la fois;

Enfin, que te dirai-je? à ses destins unie,
Le cruel m'infecta de son fatal génie.
Je voulus l'en punir; mais, pour mieux le frapper,
Il était soupçonneux, il fallut le tromper.
On m'aimait; et bientôt au vain talent de plaire
J'ajoutai l'artifice; il était nécessaire :
Et, sans te rappeler ces intrigues de cour,
Fruits de l'ambition plutôt que de l'amour,
Je pris sur le tyran cet ascendant suprême
Que donne la beauté sur les souverains même :
J'obtins tout; je régnai sur son peuple et sur lui.

La peinture de ce caractère est d'une belle couleur; mais les développements peuvent-ils plaire au spectateur? La profonde corruption d'Astarbé, l'absence des remords, n'offrent aucun résultat moral ou pathétique. Les rôles faibles de Narbal et de Bacazar, l'amour épisodique de ce dernier pour une princesse de la cour de Pygmalion, sont loin de racheter les défauts des deux principaux caractères.

Un grand attentat commis sur la personne de Louis XV retarda la représentation d'*Astarbé*; on craignit quelques applications : des changemens furent demandés au poète qui aima mieux attendre une époque plus favorable que de s'exposer à mutiler sa pièce.

Pendant ce délai, qui fut de plus de trois années, Colardeau, impatient de se produire, eut le bonheur de trouver un sujet d'ouvrage parfaitement conforme à son caractère et à son genre de talent. Nous avons dit qu'il était tendre et mélancolique : réservé et timide avec les femmes pour lesquelles il avait le penchant le plus vif, et dont il fut souvent trompé, il excella à peindre l'amour malheureux. Héloïse et Abailard, ces amants célèbres qui, dans un siècle barbare, ornèrent leur esprit de toutes les connaissances que l'on pouvait acquérir à cette époque, et dont les malheurs, le repentir firent excuser les premières erreurs, enflammèrent l'imagination de Colardeau, et lui fournirent le sujet de la plus belle héroïde qui ait été faite dans notre langue : doué d'un talent très distingué pour peindre les détails d'un tableau, le poète, peu inventif, n'aurait pu que très difficilement en composer l'ensemble ; il imita Pope, et quelquefois il surpassa son modèle. Cet ouvrage est presque aussi connu que nos chefs-d'œuvre de poésie ; il est peu de jeunes gens qui n'en aient dévoré la lecture, et qui n'en aient gravé dans leur mémoire plusieurs passages. Lorsqu'on est parvenu à un âge où l'on juge avec moins de partialité ces sortes d'ouvrages, lorsque les passions ont perdu une partie de leur influence sur les décisions de notre goût, on remarque quelques défauts dans cette fameuse épître : les transitions n'y sont pas heureuses ; il y règne un certain désordre qui paraît moins l'effet de l'amour violent d'Héloïse que de la négligence du poète ; un petit nombre de pensées et d'expressions se ressentent des défauts de l'école de Dorat avec lequel Colardeau était lié : c'est avec peine que l'on voit dans ce morceau, où règne le sentiment le plus naturel et le plus tendre, des idées peu conformes au caractère et à la situation d'Héloïse. Nous n'en citerons qu'un exemple :

Quels mortels plus heureux que deux jeunes amants
Réunis par leur goût et par leurs sentiments,
Que les ris et les jeux, que le penchant rassemble,
Qui pensent à la fois, qui s'expriment ensemble,
Qui confondent la joie au sein de leurs plaisirs,
Qui jouissent toujours, ont toujours des désirs!
Leurs cœurs toujours remplis n'éprouvent point de vide;
La douce illusion à leur bonheur préside;
Dans une coupe d'or ils boivent à longs traits
L'oubli de tous les maux et des biens imparfaits.

Nous n'avons pas besoin de faire remarquer que les *ris et les jeux* ne devaient pas se trouver dans ce passage, et qu'Héloïse fait de l'amour heureux un tableau qui n'a jamais pu être tracé par une femme.

La douce élégance qui règne dans la lettre d'Héloïse à Abailard, la peinture vraie d'une passion pleine d'intérêt, quoique sans espoir, une teinte mélancolique répandue sur tout l'ouvrage, suppléent à ce qui peut lui manquer en régularité et en coloris local. Remarquons à cette occasion que Colardeau n'a point fait abus de la *mélancolie* que l'on reproche avec raison à plusieurs écrivains modernes : il l'a représentée d'après l'idée que M. de La Harpe en a donnée dans ces deux vers :

Sa peine et ses plaisirs ne sont connus que d'elle;
A ses chagrins qu'elle aime, elle est toujours fidèle.

La lettre d'Armide à Renaud, qui suivit immédiatement celle d'Héloïse, fut loin d'avoir le même succès. Colardeau avait rendu ses lecteurs difficiles, et le sujet était beaucoup moins heureux. Quelle différence en effet entre Héloïse cherchant à vaincre au pied des autels une passion qui dans son cœur lutte contre Dieu même, et l'enchanteresse Armide dont rien ne peut faire excuser l'amour plus violent que tendre!

La tragédie d'*Astarbé* fut enfin représentée. Elle obtint quelque succès; mais on ne put excuser en faveur du style pur et élégant, les défauts de combinaison que nous avons déjà fait remarquer. Colardeau cependant ne se découragea point : plus propre à imiter qu'à produire, il puisa dans le théâtre anglais une pièce dont le sujet avait de l'intérêt et du mouvement. Les haines héréditaires des premières familles dans les républiques d'Italie, pouvaient donner lieu à des tableaux qui n'avaient point encore été présentés sur notre théâtre : cette combinaison nouvelle, que l'on a souvent imitée depuis, se trouve très bien développée dans la tragédie de *Caliste*, qui eut peu de succès dans la nouveauté, mais que l'on a souvent remise.

Les imitations, le genre descriptif convenaient plus au talent de Colardeau que l'art dramatique qui exige dans le poète de grandes ressources d'invention. Son caractère lui avait inspiré beaucoup de goût pour les *Nuits d'Young* que Le Tourneur venait de traduire. Ces poèmes, qui n'ont aucun plan, qui sont remplis de vaines déclamations, et dans lesquels les mêmes idées reviennent sans cesse, avaient obtenu un grand succès à cette époque où le genre *sentimental* était en faveur. Colardeau sacrifia à la mode, et traduisit en vers les deux premières nuits. Quoiqu'elles présentassent de très beaux détails, la monotonie, qui se fait plus sentir dans la poésie que dans la prose, empêcha de les lire, et détermina le traducteur à abandonner son entreprise. Son penchant pour l'imitation le porta à mettre en vers le *Temple de Gnide*. Ce roman échappé à Montesquieu présente des détails très favorables à la poésie : Colardeau, en les amplifiant, leur a donné un charme dont la prose ne peut approcher; mais l'original offre aussi quelques-unes de ces idées profondes dont on ne peut altérer la précision sans les dénaturer : c'est l'écueil que le poète n'a pu surmonter. On peut se convaincre de la vérité de cette observation, si l'on compare le tableau des mœurs des Sybarites tracé en prose par Montesquieu, et les vers de son imitateur. *Les hommes de Prométhée*, petit poème imité d'un morceau de prose de M. de Querlon, fournit à Colardeau les moyens d'exercer son talent pour le genre descriptif. Ce poème, très agréable dans quelques détails, n'est pas conduit avec assez d'art; les sentiments, très inférieurs aux descriptions, offrent des idées trop peu suivies, et des vers où la justesse est sacrifiée à des cliquetis de mots; défaut essentiel de l'école de Dorat, que Colardeau, qui lui était si supérieur, n'aurait jamais dû imiter ni consulter. L'ouvrage où ce poète déploya avec le plus d'avantage le talent qui lui était propre, est l'*Épitre à Duhamel*: on y voit cet amour vrai de la campagne que Colardeau conserva toujours. Quelques détails didactiques peuvent être comparés à tout ce que nous avons de meilleur dans ce genre.

L'auteur donne une idée du goût qui régnait de son temps. La tirade suivante est dirigée contre la secte prétendue philosophique qui réduisait tout à une froide analyse, et qui s'était réservée exclusivement la distribution des palmes littéraires :

Des remparts de Paris fuyons le vain tumulte.
Quel besoin m'y rappelle, et qu'y voir aujourd'hui ?
Le mérite oublié, le talent sans appui ;
L'aimable poésie à jamais exilée,
Aux traits du bel esprit sans pudeur immolée ;
Une froide analyse à la place du goût ;
La raison qui dessèche et décompose tout ;
Des écrivains du jour le style énigmatique ;
Du contraste des mots le choc antithétique ;
Un faste sans éclat, un vernis sans couleur,
Des surfaces sans fond, des éclairs sans chaleur ;
La gloire des beaux arts ou souillée ou perdue,
Et leur palme flétrie à l'intrigue vendue.

Colardeau laissa en mourant une comédie qu'il avait eu la sagesse de ne point livrer aux hasards de la représentation. Cette pièce est entièrement dans le genre des comédies de Dorat : nul caractère tracé fortement, nulle situation dramatique ; tout se réduit à un persiflage qui pourrait être agréable dans une épître, mais qui n'a rien de théâtral : quelques vers sont tournés avec grace ; telle est cette image de la joie d'un financier :

Ce petit financier, dans sa courte épaisseur,
Étouffait de plaisir.... Sa figure était bonne ;
Le rire s'exprimait dans toute sa personne.

Parmi ses autres poésies fugitives, plusieurs sont agréables, toutes sont versifiées, avec facilité. Ce poète, dont l'imagination n'était pas vigoureuse, et dont la santé fut toujours faible, mérite d'être compté parmi les écrivains dont la conduite a honoré la république des lettres à une époque où l'ambition, l'intrigue et l'esprit de faction faisaient et défaisaient les réputations. Comme il a toujours imité, on ne peut raisonnablement lui accorder que le talent de bien faire des vers, et c'en est un plus rare qu'on ne le croit généralement.

Il avait commencé une traduction de la *Jérusalem délivrée*; il renonça à ce travail en apprenant que Watelet s'en occupait; et craignant qu'on n'abusât de son manuscrit, quelques jours avant sa mort il brûla lui-même les chants qu'il avait déjà mis en vers. Cette générosité, si rare entre les hommes de lettres, recommande la mémoire de Colardeau à la postérité, autant que *l'Héroïde d'Héloise* et *l'Épitre à Duhamel*, les deux meilleurs morceaux de ses œuvres.

P.

MORCEAUX CHOISIS.

I. La ville et les champs.

Solitaire vallon, où, parmi les roseaux,
L'Essone lentement laisse couler ses eaux,
Enfin je te revois; et tes rives fleuries
Vont m'inspirer encor d'utiles rêveries!

Au milieu du tumulte et du bruit des cités,
Mes esprits, loin de moi dans le vague emportés,
Dociles aux désirs d'une foule insensée,

A l'intérêt de plaire immolaient ma pensée.
Dans ces soupers où l'art le plus voluptueux
Aiguillonne nos sens et nos goûts dédaigneux,
Où d'une main, pour nous toujours enchanteresse,
Hébé verse en riant le nectar et l'ivresse,
Quel mortel, insensible au charme du poison,
D'un philtre si flatteur peut sauver sa raison?
L'Anglais, le seul Anglais, instruit dans l'art de vivre,
Pense et raisonne encore au moment qu'il s'enivre :
Le coude sur la table, appuyé gravement,
L'esprit préoccupé d'un bill du parlement,
Il contemple sa coupe en silence vidée,
Et, plein de ses vapeurs, il creuse son idée.

 Mais nous, peuple frivole, et qui, dans nos plaisirs,
Sommes plus emportés avec moins de désirs;
Qui, le cœur toujours vide et la tête exaltée,
Ne cherchons que le bruit d'une joie affectée,
Nous goûtons le bonheur sans l'économiser;
Et notre art d'en jouir est l'art d'en abuser.
Des boudoirs, des sophas les intrigues secrètes,
L'anecdote du jour, l'histoire des toilettes,
Les jeux d'un vil bouffon, des brochures, des riens,
Voilà les grands objets de tous nos entretiens!
Lorsqu'enfin, terminant de si douces orgies,
Le rayon du matin fait pâlir les bougies,
Nos convives légers remontent dans leurs chars.
De ces fous si brillants les rapides écarts
Ont, sur le goût, les mœurs et les modes nouvelles,
Lancé du bel esprit les froides étincelles :
Mais d'un objet utile occupant sa raison,
Un seul d'entre eux, un seul a-t-il réfléchi?.... Non.

 J'ai suivi trop long-temps ce tourbillon rapide;
A travers son éclat j'en ai connu le vide;

Et de Rome échappé je reviens dans Tibur
Respirer les parfums d'un air tranquille et pur :
Je parcours, plus heureux, ces routes isolées.
Si je suis les détours que forment ces vallées,
J'aime à voir le zéphir agiter dans les eaux
Les replis ondoyants des joncs et des roseaux;
Et ces saules vieillis, de leur mourante écorce,
Pousser encore des jets pleins de sève et de force.
Ici tout m'intéresse et plaît à mes regards :
Sur les bords du ruisseau cent papillons épars,
Avant que mes esprits démêlent l'imposture,
Me paraissent des fleurs que soutient la verdure.
Déjà ma main séduite est prête à les cueillir;
Mais, alarmé du bruit, plus prompt que le Zéphir,
L'insecte tout-à-coup détaché de la tige,
S'enfuit.... et c'est encore une fleur qui voltige.
Les arbres, le rivage, et la voûte des cieux
Dans le cristal des eaux se peignent à mes yeux;
Chaque objet s'y répète, et l'onde qui vacille
Balance dans son sein cette image mobile.

Tandis que du tableau je demeure frappé,
Soudain vers l'horizon le ciel enveloppé
Roule un nuage sombre, et déja le tonnerre
De ses flèches de feux le sillonne et l'éclaire;
Mais un vaste intervalle en absorbe le bruit.
La tempête, semblable aux ombres de la nuit,
Dans le calme imposant du plus profond silence,
Monte, se développe, et lentement s'avance.
La nature frémit dans un muet effroi :
L'air immobile et lourd s'appesantit sur moi.
Tout-à-coup il murmure : un tourbillon de poudre
S'élève vers la nue où retentit la foudre :
La terre au loin mugit sous ses coups répétés,

Et l'éclair étincelle à traits précipités.
Les cieux grondent, les vents sifflent : l'urne céleste
Menace le vallon d'un déluge funeste,
Et du haut des rochers, d'un cours impétueux,
Tombent avec fracas cent torrents écumeux.
Les oiseaux, que partout environne l'orage,
Voltigent, incertains, de feuillage en feuillage ;
Et le pâtre éperdu, rassemblant son troupeau,
A travers les guérets regagne le hameau.
Moi-même, qui me trouble en voyant la tempête
Comme un vautour affreux s'élancer sur ma tête,
Je monte la colline.... un abri m'est offert ;
C'est le château d'un sage aux malheureux ouvert.
Duhamel, c'est le tien. Je suis tes avenues :
Ebranlés par le poids de leurs têtes chenues,
Tes ormes sous le choc de deux vents opposés,
Embarrassent mes pas de leurs rameaux brisés.
A ce désordre, au bruit, aux éclats du tonnerre,
On dirait que les cieux s'écroulent sur la terre.
Par l'orage effrayé, j'en admire l'horreur :
Le philosophe observe, et l'homme seul a peur.

 J'arrive : un important, couvert de ta livrée,
Ne me fait point chez toi solliciter l'entrée ;
De ta porte à son aise on peut franchir le seuil.
Cerbère caressant et de facile accueil,
Ton chien, sans m'obliger d'attendre une réponse,
Court au-devant de moi, bondit, jappe et m'annonce.

 Si jadis tes aïeux parèrent ta maison
Des bizarres beautés d'un gothique écusson,
Dans tes jardins, partout je vois que ton génie
L'orna plus sagement des travaux d'Uranie.
Ici, sur un pivot vers le nord entraîné,
L'aimant cherche à mes yeux son point déterminé :

Là de l'antique Hermès le minéral fluide
S'élève au gré de l'air plus sec ou plus humide :
Ici, par la liqueur un tube coloré,
De la température indique le degré :
Là, du haut de tes toits, incliné vers la terre
Un long fil électrique écarte le tonnerre :
Plus loin, la cucurbite, à l'aide du fourneau,
De légères vapeurs mouille son chapiteau :
Le règne végétal, analysé par elle,
Offre à l'œil curieux tous les sucs qu'il recèle;
Et plus haut je vois l'ombre, errante sur un mur,
Faire marcher le Temps d'un pas égal et sûr.

C'est là que les saisons, les mois et les années
S'écoulent sous tes yeux en heures fortunées.
Eh! quelle heure du jour pourrais-tu regretter?
Par autant de bienfaits on te les voit compter!
L'ami de tes vassaux, et leur juge, et leur père,
De leur humble cabane écartant la misère,
Nouveau Titus, assis sur un trône de fleurs,
Citoyen couronné, tu règnes sur les cœurs.
Épître à M. Duhamel.

II. Regrets d'Héloïse.

Abailard, ces devoirs, ces lois que je déteste,
L'austérité du cloître et sa tranquille horreur,
A ton cher souvenir rien n'arrache mon cœur :
Soit que ton Héloïse, aux pleurs abandonnée,
Sur la tombe des morts gémisse prosternée;
Soit qu'aux pieds des autels elle implore son Dieu,
Les autels, les tombeaux, la majesté du lieu,
Rien ne peut la distraire, et son âme obsédée
Ne respire que toi, ne voit que ton idée;
Dans nos cantiques saints c'est ta voix que j'entends.
Quand sur le feu sacré ma main jette l'encens,

Lorsque de ses parfums s'élève le nuage,
A travers sa vapeur je crois voir ton image :
Vers ce fantôme aimé mes bras sont étendus ;
Tout mes vœux sont distraits, égarés et perdus.
Le temple orné de fleurs, nos fêtes et leur pompe,
Tout ce culte imposant n'a plus rien qui me trompe.
Quand, autour de l'autel, brillant de mille feux,
L'ange courbe lui-même un front respectueux,
Dans l'instant redouté des augustes mystères,
Au milieu des soupirs, des chants et des prières ;
Quand le respect remplit les cœurs d'un saint effroi,
Mon cœur brûlant t'invoque, et n'adore que toi.
. . . .
Qu'ai-je dit ? Non, cruel ! fuis loin de ton amante :
Fuis, cède à l'Éternel Héloïse mourante ;
Fuis, et mets entre nous l'immensité des mers ;
Habitons les deux bouts de ce vaste univers.
Dans le sein de mon Dieu quand mon amour expire,
Je crains de respirer l'air qu'Abailard respire ;
Je crains de voir ses pas sur la poudre tracés ;
Tout me rappellerait des traits mal effacés.
Du crime au repentir un long chemin nous mène ;
Du repentir au crime un instant nous entraîne.
Ne viens point, cher amant ; je ne vis plus pour toi ;
Je te rends tes serments ; ne pense plus à moi.
Adieu, plaisirs si chers à mon âme enivrée !
Adieu, douces erreurs d'une amante égarée !
Je vous quitte à jamais, et mon cœur s'y résout :
Adieu, cher Abailard, cher époux.... adieu tout !
Épître d'Héloïse à Abailard.

COLLÉ (Charles), lecteur du duc d'Orléans, et l'un de ses secrétaires ordinaires, né en 1709, était fils d'un procureur du roi au Châtelet. Cousin de Regnard, il soutint l'honneur de cette parenté par sa gaieté vive et spirituelle. Il montra de bonne heure du goût pour la poésie; la malice naïve de nos vieux auteurs le charmait, et leurs ouvrages furent long-temps sa lecture favorite. Né avec une grande défiance de lui-même, il se borna long-temps à faire des amphigouris. Il chantait un jour celui-ci devant Fontenelle chez Me de Tencin :

>Qu'il est heureux de se défendre,
>Quand le cœur ne s'est pas rendu !
>Mais qu'il est fâcheux de se rendre,
>Quand le bonheur est suspendu !
>Par un discours sans suite et tendre,
>Égarez un cœur éperdu :
>Souvent par un malentendu,
>L'amant adroit se fait entendre.

Croyant comprendre un peu ce couplet, Fontenelle pria Collé de le recommencer. « Eh ! grosse « bête, lui dit madame de Tencin, ne vois-tu pas « que ce n'est que du galimatias ? — Cela ressemble « si fort, répondit Fontenelle, à tous les vers que « j'entends ici, qu'il n'est pas étonnant que je m'y « sois mépris. » Crébillon le fils, Pannard et Gallet, amis de Collé, le dégoûtèrent de ce méprisable genre, et l'enhardirent à composer quelques chansons raisonnables. Ils étaient tous quatre de cette fameuse société du caveau, où régnaient la gaieté et la franchise, où l'amitié s'armant de l'épigramme, donnait d'excellentes leçons de goût et de modestie. Cette aimable réunion a été dissoute vers la fin de 1739.

Le duc d'Orléans qui aimait et protégeait les lettres, accueillit Collé dans sa société, dont un des plaisirs était de jouer la comédie. Ce fut à cette occasion que Collé composa, pendant vingt ans, des parades dont quelques-unes ont été imprimées dans le *Théâtre des boulevards*, et toutes les pièces qui forment son *Théâtre de société*. Le prince l'en récompensa en le nommant l'un de ses lecteurs ordinaires, et en lui donnant dans ses sous-fermes un intérêt qui lui procura une existence aisée. Collé porta ses prétentions dramatiques jusqu'au théâtre Français; il y fit jouer *Dupuis et Desronais* en 1763, et cette pièce fut reçue favorablement. La comédie de *la Veuve* n'eut qu'une représentation; mais la *Partie de chasse de Henri IV* qui ne put y paraître qu'en 1774, et qui depuis près de dix ans était jouée sur tous les théâtres de province et de société, obtint, à son apparition sur la scène française, le plus brillant succès.

Collé, ayant perdu une épouse qui pendant longtemps avait fait son bonheur, tomba dans une espèce de mélancolie qui lui fit désirer la mort, et qui même, suivant quelques-uns, le porta à se la donner. Il mourut le 3 novembre 1783, âgé de soixante-quinze ans.

Les *Chansons* de Collé font une grande partie de sa gloire; le ton d'indécence aisée et spirituelle de la bonne compagnie d'alors y est imité avec une vérité parfaite. L'auteur ne s'est point borné aux sujets galants ou graveleux; il a aussi chansonné les ridicules littéraires ou célébré les évènements agréables à la nation. La chanson sur la prise du Port-Mahon lui valut une pension de six cents livres. Le *Recueil complet des chansons de Collé* a été publié en 2 vol. in-18, Paris, 1807. Son *Théâtre de société*, d'abord en 2 vol. in-8°, Paris, 1768, a été réimprimé en 3 vol. in-12, Paris, 1777. On a publié séparément quelques anciennes pièces qu'il avait retouchées ; la *Mère coquette* de Quinault; l'*Andrienne* de Baron ; l'*Esprit follet* de Hauteroche, et le *Menteur* de Corneille. Collé passait généralement pour avoir joint à la plus folle gaieté cette bonhomie qui en est la compagne ordinaire; mais la publication de son *Journal historique*, 3 vol. in-8°, Paris, 1805, 1807, a détruit en grande partie cette bonne opinion qu'on avait de son caractère. L'amertume et la malignité avec lesquelles il juge presque tous les auteurs de l'époque, pourraient souvent passer pour de la haine ou même de l'envie. Il a laissé plusieurs manuscrits, parmi lesquels se trouve le véritable texte de ses parades, défigurées dans le *Théâtre des boulevards*, et un commentaire sur quelques tragédies de Voltaire qu'il n'aimait pas et qu'il prétendait immoler à son admiration pour Corneille.

AUGER.

JUGEMENTS.

I.

Collé était un de ceux qui dans un siècle tristement raisonneur, avaient eu le mérite de conserver cette gaieté franche et piquante qui était autrefois le caractère distinctif de la nation. Ses vaudevilles ont plus de recherche de finesse et d'énergie que ceux de Pannard, et annonçaient davantage l'homme qui avait vécu dans un monde choisi.

Au style près (car on ne la croirait pas écrite en vers), sa comédie de *Dupuis et Desronais*, est véritablement une pièce dans le genre de celles de Térence. Les sentiments sont vrais, les caractères heureusement tracés, le dialogue naturel, et tel qu'il doit être. Mais la pièce de Collé qui s'est soutenue au théâtre avec le plus d'éclat, et qu'on revoit toujours avec un nouveau plaisir, c'est la *Partie de chasse de Henri IV*; espèce de comédie nationale dont nous n'avions pas encore d'exemple. On y trouve toute la gaieté de l'auteur réunie à la sensibilité la plus touchante; c'est un monument populaire érigé à la mémoire du meilleur roi qu'ait eu la France.

Palissot, *Mémoires sur la Littérature*.

II.

La comédie de *Dupuis et Desronais* est l'ouvrage d'un homme né avec le talent comique le plus singulier et le plus rare : c'est le seul que possède aujourd'hui le théâtre, et cet ouvrage n'est point comique, ou du moins c'est du comique de Térence, qui fait sourire les hommes instruits, les spectateurs délicats, mais qui n'est point assez saillant pour la multitude. Collé était cependant le plus zélé partisan de la gaieté française; il était le plus grand ennemi de ces lugubres romans connus sous le nom de drames : c'est lui qui, dans une ode excellente contre ce genre bâtard, s'est moqué des homélies du

> Révérend père La Chaussée,
> Prédicateur du saint vallon.

Pourquoi donc semble-t-il avoir oublié sa propre doctrine dans *Dupuis et Desronais*? Pourquoi a-t-il choisi son sujet dans le roman des *illustres Françaises* de Segrais, plutôt que dans le monde et dans la société? Peut-être s'est-il flatté que la singularité du travers de Dupuis serait très piquante, et que l'intérêt suppléerait au comique : il n'en donnait pas moins un mauvais exemple aux auteurs qui, dans l'impuissance d'imiter son génie, pouvaient s'autoriser de ses faiblesses. Par quel caprice cet écrivain si joyeux, si malin, quelquefois même si peu réservé, a-t-il prodigué pour des sociétés particulières, la gaieté, la plaisanterie, la satire des mœurs, tandis qu'il a gardé pour la scène française le sentiment, l'intérêt et les larmes?

Il ne faut pas croire cependant que *Dupuis et Desronais* soit une comédie larmoyante : Collé était incapable de s'oublier jusque-là. Toute l'intrigue porte sur le caractère de Dupuis. Molière semble en avoir fourni l'idée dans l'*Amour médecin*. Voici comment il fait parler Sganarelle : « A-t-on jamais « rien vu de plus tyrannique que cette coutume où « l'on veut assujettir les pères? rien de plus imper- « tinent et de plus ridicule que d'amasser du bien « avec de grands travaux, et élever une fille avec « beaucoup de soin et de tendresse, pour se dé-

« pouiller de l'un et de l'autre entre les mains d'un
« homme qui ne nous touche de rien? Non, non;
« je me moque de cet usage, et je veux garder mon
« bien et ma fille pour moi. »

Molière a envisagé ce caractère du côté comique;
Collé l'a présenté du côté sentimental. Son Dupuis
est un égoïste par excès de sensibilité; c'est un homme
sombre, défiant, ombrageux, qui redoute l'ingratitude des siens et tremble d'être abandonné dans sa
vieillesse. Quel prix de tant de soins qu'il a pris pour
sa fille unique! Ne l'aurait-il élevée, chérie, ornée
de talents et de vertus, que pour la livrer, avec la
plus grande partie de sa fortune, dans les mains
d'un étranger qui lui enlèvera cette consolation de
ses derniers jours? Le mariage n'est dans ses idées
qu'une espèce de rapt. Sa tendresse inquiète et jalouse ne peut se résoudre à partager le cœur de sa
fille avec un époux; sa fille est nécessaire à son bonheur; il veut en jouir seul jusqu'à sa mort; il veut
qu'une main si chère ferme les yeux d'un père avant
de s'unir à la main d'un amant.

C'est d'après ces sentiments qu'il traverse l'amour
de Desronais pour sa fille, avec tout l'acharnement
d'un rival jaloux. Desronais est vertueux, aimable;
il n'y a point de reproches à faire à ses mœurs, à
son caractère; mais Dupuis ne peut lui pardonner
de vouloir lui ravir son bien. Il épuise son esprit
en expédients pour le brouiller avec sa fille, pour
rendre suspecte la passion de l'amant le plus tendre
et le plus sincère. Il le raille et le persifle; il le félicite ironiquement sur ses bonnes fortunes; ce qui

amène des situations très délicates, très piquantes et très théâtrales.

Desronais est un jeune homme ardent, impétueux, passionné, plein de franchise : ce caractère bouillant contraste très bien avec l'humeur mélancolique et le flegme railleur de Dupuis. La fille, partagée entre son père et son amant, oppose sans cesse la piété filiale à son amour pour Desronais. Dupuis, très incrédule sur les protestations et les promesses des amants, se laisse enfin persuader et fléchir par la vertu de sa fille; et lorsqu'il voit que la nature triomphe dans son cœur du plus violent amour, il consent enfin au bonheur d'une fille assez généreuse pour lui sacrifier le sien. Tel est le fond de *Dupuis et Desronais*, ouvrage qui a peu d'action et qui ne se soutient que par le jeu de trois caractères admirablement développés. Il peut paraître froid à ceux qui aiment les intrigues compliquées; mais il est intéressant pour les gens de goût qui savent apprécier le mérite de la vérité, des sentiments et de l'éloquence du dialogue.

Geoffroy.

III.

Parmi les comédies de la seconde classe, nous en avons peu d'aussi suivies et d'aussi intéressantes que *Dupuis et Desronais*, et *la Partie de Chasse*. Le nom de Henri IV est sans doute, pour cette dernière, un relief très précieux, mais l'ouvrage en lui-même, quoique assez irrégulier, a beaucoup de mérite. Le premier acte est entièrement épisodique : c'est une espèce d'action à part, que l'auteur a liée avec sa pièce, dont le fond est emprunté d'une pièce anglaise, qui a été imitée aussi sur un autre théâtre dans *le Roi et le Fermier*. Il est bien sûr que la réconciliation de Sully avec le bon roi n'a aucun rapport avec l'enlèvement de cette jeune paysanne par Concini, ni avec l'aventure du roi, qui, en s'égarant à la chasse, découvre par hasard la manœuvre odieuse de cet Italien, ravisseur d'une fille innocente et vertueuse. Mais cet épisode du premier acte, en mettant l'auteur à portée de montrer Henri IV et son ami en présence l'un de l'autre, contribua beaucoup au succès. On sut bon gré à l'auteur d'avoir mis sur la scène cette fameuse conversation tirée presque mot à mot des Mémoires de Sully. Ce qui lui appartient davantage, c'est le langage naïf et gai de ses paysans, et sur-tout la bonhomie de Michaut. La scène du repas fera toujours plaisir, tant que nous en aurons à voir un bon roi jouir, sans être connu, d'un hommage qui est l'effusion du cœur, et qui ne peut être suspect.

Dupuis et Desronais, tirée du roman des *illustres Françaises*, est une pièce de caractère : celui de Dupuis est bien soutenu ; et s'il n'est pas dans l'ordre commun, il n'est pas non plus hors de nature. Il est très possible qu'un vieillard qui voit sa fin prochaine craigne d'autant plus l'abandon de ses enfants, qu'il sent mieux le prix et le besoin de leur tendresse. Sa défiance est portée loin ; mais la défiance est un des attributs et des malheurs de l'âge avancé ; elle est motivée dans la personne de Dupuis autant qu'elle peut l'être ; et quand elle cède à l'attendrissement que lui font éprouver sa fille et Desronais, tous deux à ses pieds, et lui demandant leur bonheur en promettant de faire le sien, il en résulte un dénoûment plein d'intérêt. L'incident de la lettre, et la manière dont Dupuis en tire parti contre Desronais, est d'un bon comique, et la justification de Desronais, le pardon que Marianne lui accorde, sont d'une vérité théâtrale. La versification est la partie faible de cet ouvrage; c'est de la prose rimée et construite avec assez de peine; mais tous les sentiments sont naturels : rien de faux, rien de recherché. Cette comédie laisse au lecteur beaucoup à désirer, mais sans que le spectateur puisse s'en apercevoir.

Ce qui compose le *Théâtre de société*, du même auteur, ne peut être joué que dans celles où l'on se met au-dessus de toute décence en faveur de la gaieté. Il est bien vrai aussi que la gaieté qui tient à la licence est plus facile qu'aucune autre; mais celle de Collé est si originale et si franche, qu'on pourrait croire qu'elle n'avait pas besoin de si mauvaises mœurs, quand même il ne l'aurait pas prouvé dans les ouvrages qu'il a mis au théâtre.

La Harpe, Cours de Littérature.

COLLIN-D'HARLEVILLE (Jean-François), naquit à Maintenon, le 30 mai 1755. Sa famille était originaire de Chartres; son père s'y était marié avec une demoiselle Artérier; il avait été reçu avocat, et en avait exercé, mais peu de temps, la profession au bailliage de Chartres. Ce fut par circonstance qu'il habita Maintenon quelques années. Collin m'a* montré lui-même sa maison natale; elle était tout au bord de la rivière d'Eure, qui en baignait les murs. Ses père et mère eurent onze enfants, dont il fut le huitième. Trois moururent dans l'enfance; les huit autres, deux garçons et six filles, ont atteint l'âge mûr; le frère de Collin était son aîné de beaucoup; de ces six sœurs, trois étaient plus âgées que lui.

M. Martin Collin, son père, après avoir demeuré à Maintenon, s'établit à Mévoisins, village à trois lieues environ en-deçà de Chartres. Il y possédait un bien de campagne, et il y fit bâtir lui-même, à mi-côte d'une vallée étroite, mais agréable, une maison qui, sans être très grande, avait un peu d'apparence. Il possédait aussi quelques terres dans les environs, et c'était de plusieurs arpents situés dans un canton appelé *Harleville* que l'un des fils puînés avait reçu le nom qu'il porta toujours dans sa famille et dans son village, dont les habitants ne l'appelèrent jamais autrement que *monsieur Harleville*.

Dans ce riant et tranquille séjour, a vécu plus de quarante années le bon M. Martin Collin, qui, d'avocat, s'était fait cultivateur, architecte et jardinier. Il ne désirait rien au-delà de son petit domaine, qui était toute sa fortune. Il a servi de mo-

---

* Cette notice est extraite de celle que M. Andrieux a donnée sur la vie et les ouvrages de son ami Collin-d'Harleville, en tête de l'édition des œuvres de Collin, publiée par Janet et Cotelle.

dèle à son fils pour le personnage de *l'Optimiste*. La maison de M. Collin était vivante et animée. Il y avait beaucoup d'esprit naturel dans la famille, et il s'y joignait une bonne éducation qu'on s'était donnée en partie à soi-même. On vivait moitié ville, moitié campagne, et l'on passait toute l'année dans cette agréable demeure.

Qu'on s'étonne, après cela, du goût de Collin pour la campagne, goût qui se manifeste dans tous ses ouvrages! C'était là qu'il avait passé ses premières années ; qu'il avait reçu les premières impressions, et il était dans son naturel de les recevoir vivement. Il n'a pas choisi exprès des sujets champêtres, comme tel poète citadin fait des idylles et des églogues ; il a cédé tout simplement à un penchant aimable qu'il avait éprouvé dès son enfance, et qui est devenu une passion de toute sa vie. Le cœur animé de sentiments purs et doux, touché sur-tout des affections de famille, il s'est plu à reproduire tout cela dans ses ouvrages : il l'a reproduit avec vérité, et cette vérité a fait une partie de son talent.

Sa grand'mère, madame Artérier, qui demeurait à Chartres, le prit chez elle, lorsqu'il avait cinq ou six ans. Voulant lui faire apprendre à lire et à écrire, elle payait une petite rétribution à une école tenue par des frères des écoles chrétiennes. Collin m'a dit qu'il lui était arrivé bien souvent d'être le premier, l'hiver, à six heures du matin, avec une petite lanterne allumée, à la porte de l'école, avant qu'elle s'ouvrît. Il avait conservé un souvenir de reconnaissance, et de respect pour les frères, et n'en voyait jamais passer un sans lui ôter son chapeau.

Il obtint, je crois, une bourse au collége de Lisieux, l'un des dix colléges de plein exercice de l'ancienne Université de Paris; il y a fait toutes ses études. Il lui arriva, à l'âge de dix à onze ans, un accident terrible. Ayant fait la lecture, suivant l'usage, au réfectoire, pendant le dîner, et voulant descendre ou sauter en étourdi au bas de la chaire, il tomba d'assez haut, et resta sur le coup sans connaissance : on crut qu'il s'était tué.

On lui fit interrompre ses études, et il alla passer six mois à la campagne, chez son père. Il m'a dit plusieurs fois que, pendant cette vacance forcée, il ressentait dans la tête un bourdonnement continuel; qu'il était comme étourdi et à demi-ivre; que cet état dura plusieurs mois. Il m'ajoutait qu'il croyait qu'il s'était fait alors un changement dans ses facultés intellectuelles, et que peut-être, sans ce coup qui manqua de le tuer, il n'aurait jamais été poète. — Encore vaut-il mieux, lui répondis-je, être poète que mort.

Lorsqu'il fut rétabli, il retourna au collège, et continua ses études, comme il les avait commencées, avec beaucoup de succès.

Notre première connaissance date des compositions de l'Université. Je crois qu'il sortit du collège avant moi, parce qu'il borna ses études aux cours d'humanité et de rhétorique. Il fut placé chez un procureur au parlement, nommé Laurent, ami de sa famille, et dans la maison duquel il était reçu les jours de congé pendant le cours de ses études. M. Laurent étant mort, il fut clerc chez M. Petit de Beauverger, aussi procureur au parlement, homme d'esprit et de mérite, qui ne tarda pas à s'apercevoir des heureuses dispositions de Collin pour les lettres, mais aussi de sa presque complète incapacité pour la pratique et les affaires. Il se déplaisait chez le procureur : il y resta pourtant plusieurs années; et, lorsqu'il en sortit, un peu contre le gré de ses parents, M. Petit s'employa à le raccommoder avec eux.

On trouve dans les OEuvres de Collin une petite pièce de vers monorimes assez originale, sur les infortunes d'un clerc de parlement; et il a mis en note : « Cette petite folie est à peu près le seul fruit « que j'aie retiré de quatre à cinq ans de cléricature. »

J'étais alors, de mon côté, chez un procureur au Châtelet. Il nous arrivait de nous rencontrer assez souvent; nous allions même nous chercher exprès l'un chez l'autre; et c'est alors que commença l'intimité de notre liaison.

Collin logeait dans une humble maison garnie, près la rue des Noyers, où se trouvaient aussi deux de mes anciens camarades de collège. J'allais les voir souvent : ils étaient mes amis, et devinrent bientôt ceux de Collin. L'un était Pons, plein d'esprit et de gaieté, qui a fait de fort jolis contes en vers; l'autre, Desalles, l'un des plus aimables hommes que j'aie connus.

C'est pendant qu'il habitait cette obscure retraite que Collin conçut la première idée de son premier ouvrage. Il lui vint dans l'idée de faire une petite comédie en un acte et en prose, qu'il destinait modestement à l'*Ambigu-Comique*.

Il choisit le sujet de *l'Inconstant*. Quand cette petite pièce fut faite, il nous la lut. Elle nous amusa beaucoup, et nous prétendîmes que cela méritait de paraître ailleurs qu'aux boulevards. Collin trouva que nous le flattions. La pièce présentée à Préville, par notre ami Desalles, revint bientôt avec un jugement favorable. Ce grand acteur lui dit, que celui qui avait fait ce petit acte devait être en état de faire davantage, et qu'il fallait qu'il mît sa pièce au moins en trois actes. Le jeune auteur se sentit encouragé : il eut bientôt exécuté ce changement ; et il porta lui-même son ouvrage au bon Préville, qui en fut encore plus content qu'à la première lecture, et qui lui demanda s'il ne se sentait pas la force d'aller jusqu'à cinq actes, et de mettre la pièce en vers : « Ce serait, lui dit-il, une pièce de caractère qui « vous ferait honneur. » Collin n'avait encore presque point fait de vers, sinon de très petites pièces, des chansons, des bouquets de famille : il craignait de ne jamais parvenir à versifier toute une comédie. Nous l'encourageâmes, et il se mit à l'ouvrage.

L'Inconstant fut reçu à la comédie française, en 1780. Cette réception ne rendait pas meilleure la situation des finances de l'auteur. Depuis assez long-temps, son père, mécontent de ne pas le voir entrer dans une carrière utile, se lassait de lui envoyer des secours. Collin avait été obligé de s'endetter envers son hôtesse. Ses parents voulaient qu'il renonçât à la comédie et aux vers ; il en résulta un traité dont le premier article fut qu'il irait à Chartres, prendre la robe et la profession d'avocat ; il se soumit, et exécuta de bonne foi la condition qu'il avait acceptée. Un homme distingué, M. Horeau, avocat au bailliage de Chartres, lui procura quelques affaires, et le dirigea dans la manière de les suivre et de les plaider. Malgré sa résignation, il était souvent en butte aux remontrances, aux railleries, non-seulement de sa famille de Mévoisins, mais sur-tout de quelques parents qu'il avait à Chartres ; gens en charge, très dignes bourgeois qui regardaient un jeune homme faisant des vers et des comédies, tantôt comme une espèce de fou dont ils avaient pitié, tantôt comme un mauvais sujet dont on ne pourrait jamais rien faire. On le sermonait, on se moquait de lui ; il laissait dire, et, la nature l'emportant, il revenait quelquefois à faire des vers clandestins :

Et la robe discrète
Montrait bien l'avocat, mais cachait le poète :

même dans un moment de dépit, il composa bien secrètement une comédie en trois actes et en prose, intitulée : *Le Poète en province ;* c'était lui-même qui en était le sujet. Il y raillait les railleurs, et quelques-uns de ses parents y figuraient. Il nous amusa de cette pièce lorsqu'il revint à Paris ; mais elle ne fut connue que de ses amis les plus intimes : il se serait cru coupable envers des personnes qu'il respectait et qu'il aimait, s'il eût songé un instant à les produire sur la scène. Cette comédie fut brûlée peu de temps après qu'elle eut été composée.

C'était alors une grande affaire que de parvenir à la représentation d'une comédie reçue. Collin faisait quelquefois des voyages à Paris : l'ami Desalles n'épargnait pas les courses et les démarches. Molé devait jouer le principal rôle dans *l'Inconstant ;* il ne connaissait pas la pièce, n'ayant point assisté à la lecture faite à l'assemblée. Il s'agissait de l'intéresser à cet ouvrage. Desalles et Collin lui portèrent la pièce ; mais elle resta long-temps chez lui sans qu'il prît la peine de la lire. Enfin, après bien des visites inutiles, on obtint que la première fois qu'il irait jouer à la cour, il prendrait la pièce dans, sa voiture, et la lirait sur le chemin de Versailles. L'auteur cependant, jaloux d'améliorer son ouvrage, cherchait partout de bons conseils. D'Alembert, à qui la pièce fut présentée, s'excusa sur ses nombreuses occupations, et renvoya l'auteur à Diderot. Celui-ci lut l'ouvrage avec bonté, et répondit qu'il était satisfait du style, mais que l'action était faible : « *C'est une pelure d'oignon brodée en paillettes d'or et d'argent,* » tels furent ses propres mots. Au reste, il fut d'avis que la pièce aurait du succès. Mais la représentation n'arrivait point. A force de protections, la pièce demandée pour la cour, fut jouée à Versailles, sur le petit théâtre du château, dans le mois de mars 1784. Collin, qui alors *avocassait* à Chartres, n'osa point, par ménagement pour sa famille, venir voir cette représentation. On n'applaudissait point au spectacle de la cour ; néanmoins, il fut aisé de s'apercevoir que la pièce faisait plaisir, sur-tout par le style et les détails. Cependant ce demi-succès laissait beaucoup à désirer : on demandait des changements. L'auteur encouragé par ses amis, se décida et vint retravailler à Paris sur nouveaux frais.

Dans ce temps, Collin fit ressource de son écriture nette et fort lisible : il fit des copies pour les libraires ; il pouvait, en travaillant bien, gagner à ce métier, trente à quarante sous par jour, quand il avait de l'ouvrage. Voilà où en était réduit l'auteur de *l'Inconstant*, dont la pièce était reçue depuis cinq ou six ans, en attendant la représentation.

Enfin, au mois de juin 1786, *l'Inconstant* fut représenté pour la première fois au théâtre Français. La pièce réussit, et fut sur-tout appréciée par les connaisseurs. Collin se ranima, et il composa assez promptement sa seconde pièce *l'Optimiste*. Ce fut dans l'hiver de 1787 qu'il la présenta aux comédiens. La lecture fut écoutée avec plaisir, et les avis furent unanimes pour la réception ; cependant, plusieurs comédiens firent de justes observations sur la conduite de la pièce ; il y avait de l'obscurité, de l'embarras. Collin était facile à décourager : « Allons, « disait-il d'une voix faible et triste, je vois que je « me suis trompé ; c'est une mauvaise pièce ; il n'y « a qu'à la brûler, tout sera dit. » Toutes les voix s'élevaient ensemble pour le rassurer. Moi, qui avais bien écouté les critiques, je pris à mon tour la parole : « Je ne vois pas, mon ami, lui dis-je, « que le mal soit si grand ; c'est sur-tout de votre

« exposition qu'on paraît mécontent ; elle est toute
« dans le premier acte, et elle y est gênée : vous
« savez que dans une pièce en cinq actes, il est
« permis de prolonger l'exposition jusque dans le
« commencement du second ; il ne s'agit donc que
« de faire une scène de plus qui commencera votre
« second acte. — Eh ! qui la fera cette scène, de-
« manda Collin, toujours d'un ton désolé ? — Qui ?..
« répondis-je, ce sera moi, et ne vous tourmentez
« pas. — Mon ami, je vous prends au mot ; vous la
« ferez, entendez-vous. — Oui assurément, et je ne
« vous demande que deux ou trois jours. »

Les comédiens qui nous entouraient étaient un peu surpris de ce dialogue, et peut-être m'accusaient-ils tout bas de beaucoup d'amour-propre, moi qui paraissais un très jeune homme et qui leur étais tout-à-fait inconnu ; mais Collin s'adressant à eux, eut la bonté de dire : « Je suis tranquille ; « Andrieux fera la scène ; et il la fera bien. » Voilà par quelle circonstance un mot qui s'échappa de mon cœur par amitié, et pour consoler le pauvre Collin dans un moment de chagrin, m'engagea tout de bon à faire cette scène, pour laquelle il n'avait aucun besoin de mon secours, et qu'il aurait aisément faite sans moi et mieux que moi. Sa reconnaissance a beaucoup exagéré ce faible service.

Quand la pièce fut corrigée, on saisit la première occasion de la mettre à l'étude et de la donner au public. Le succès fut très brillant ; on se porta en foule aux représentations, tellement qu'en trois ou quatre mois *l'Optimiste* rapporta plus de vingt mille francs à l'auteur. Elle lui procura beaucoup de félicitations, de compliments; il fut bien accueilli, recherché, fêté : si l'on veut fixer le temps de sa vie où il a été le plus heureux, c'est sans contredit l'année de la représentation de *l'Optimiste*. Il regrettait seulement que son bon père, qui lui avait servi de modèle pour le caractère de M. de Plinville, n'eût pas pu sourire à sa propre image. Il l'avait perdu avant la première représentation de *l'Inconstant*; et ce digne homme n'a pas joui des premiers succès de son fils, que ses craintes paternelles avaient inutilement essayé de détourner de la carrière du théâtre.

Mais, en bon frère, en bon parent, Collin voulut que son bonheur fût ressenti et partagé par toute sa famille. Il avait six sœurs; il les fit venir à Paris, en poste, deux à deux, pour voir *l'Optimiste*, et les renvoya de même. Après les sœurs, ce furent les cousines; il les promenait, les régalait, et leur faisait les honneurs de la capitale et des environs.

L'Optimiste fut, comme de raison, joué à Versailles. Nous allâmes voir la première représentation, Collin et moi, dans une petite voiture; et ce fut pendant ce voyage qu'il me parla pour la première fois des *Châteaux en Espagne*, dont il avait tout nouvellement conçu l'idée et commencé à tracer le plan.

La pièce fut bientôt faite, reçue, apprise et donnée au public, un an tout juste après *l'Optimiste*. Ce nouvel ouvrage d'un auteur qui venait l'année précédente d'obtenir un si grand succès, avait attiré une foule immense. Son succès n'eut pourtant pas autant d'éclat que celui de *l'Optimiste*; il en eut plus que celui de *l'Inconstant*. Mais les trois pièces se donnaient assez souvent et le public les voyait toujours avec plaisir.

Me voici arrivé à l'ouvrage le plus important de Collin, à celui qu'on regarde généralement comme son chef-d'œuvre.

Depuis trois ans, il se brûlait le sang à travailler, il tomba sérieusement malade dans l'été de 1789. Il avait auprès de lui sa sœur aînée, qui l'aimait comme une mère. M. Doublet, de Chartres, son médecin et son ami, suivait assidûment les progrès de sa maladie : il lui avait sur-tout interdit la moindre application d'esprit; mais cette ordonnance ne fut pas très bien suivie. Il était alité; j'allais le voir tous les jours. A une certaine époque, je le trouve triste et muet : à peine suis-je arrivé qu'il paraît impatient de me voir partir. Sa sœur me dit qu'il est de même avec elle, avec tout le monde; qu'elle conçoit beaucoup d'inquiétude.... Cet état extraordinaire durait depuis douze à quinze jours environ, lorsque, me trouvant un moment seul avec lui, je le vis se mettre sur son séant, soulever un peu son drap; et me montrant un monceau de feuilles de papier : « Mon ami, me dit-il, c'est une comédie en « cinq actes que j'ai faite en douze jours ou plutôt « en douze nuits. Vous êtes le premier à qui je le « dis : ma sœur, ni ma garde, ni M. Doublet n'en « savent rien. La pièce s'appelle *le Vieux Céliba-* « *taire* : la voilà.... » Je suis d'abord tenté de croire qu'il est en délire ; mais il n'y a plus moyen d'en douter, la pièce existe. Je vais faire part du prodige à la sœur et au médecin ; la sœur s'afflige, le docteur gronde : Collin assure que cette occupation lui a fait du bien, que c'est là ce qui le guérira ; et qu'il faut absolument qu'il achève ce qu'il a commencé. Après un peu de résistance, on convient que le malade, au lieu de travailler la nuit et en cachette, écrira le jour, à son aise, aux heures qui lui conviendront le mieux. Il se met aussitôt à l'ouvrage, et au bout de douze autres jours, il me livre un manuscrit en règle et bien au net ; et j'ai le plaisir de lire une comédie qui m'enchante, et dont je présage le succès.

Peu de temps après, il partit pour Mévoisins, encore bien faible. Il n'avait alors que trente-quatre ans ; jamais il n'avait joui d'une santé bien robuste ; mais depuis cette époque je l'ai toujours vu, sinon malade, au moins dans un état de langueur et de souffrance. Il eut le temps de corriger *le Vieux Célibataire* qui ne fut mis au théâtre qu'en 1792. Dans cet intervalle il donna des instants, pendant lesquels il dut beaucoup rire, à la composition de sa jolie comédie de *M. de Crac dans son petit castel*, bluette bouffonne et très bien versifiée, qui parut avant sa grande pièce ; car elle fut jouée en 1791.

A cette époque, on avait établi par toute la France des gardes nationales ; Collin fut nommé commandant de celle de Mévoisins, et il fut de la députation des gardes nationales du département d'Eure et Loir à la fédération de 1790.

Après la mort de ses père et mère, Collin était devenu propriétaire, en acquérant les parts de ses frères et sœurs, de la maison paternelle et de ses dépendances. Son amour pour cette campagne avait commencé presque avec sa vie : ce joli domaine était pour lui plein de souvenirs. J'allai y faire avec lui un assez long séjour en 1793; et je ne pus m'empêcher de lui dire en arrivant : « Vous êtes né dans « cette vallée; vous y avez été élevé; on la retrouve « dans tous vos ouvrages; voici autour de nous la « douce image de votre talent. » Il n'y avait point d'autre maison bourgeoise que la sienne dans le village; il ne faut pas croire pour cela qu'il y fût sans société; tous les habitants du lieu le connaissaient; les vieillards l'avaient vu naître; il était le contemporain des pères, et jouait volontiers avec les enfants; il n'y avait personne qui ne saluât M. d'Harleville par son nom. A son tour, il connaissait grands et petits, et, dans ses promenades, il s'arrêtait souvent pour causer de la culture, de la récolte et de tous les détails de la campagne, détails qu'il entendait fort bien, et dont il aimait à s'occuper. Collin passait dans le village pour jouir d'une grande aisance; et sa générosité, qui était extrême pour sa fortune, entretenait encore cette idée : il faisait beaucoup de bien; il s'informait des malades, allait les voir, faisait venir à ses frais le médecin; et jamais un pauvre ne fut refusé à sa porte.

J'ai déjà dit que, depuis la maladie du *Vieux Célibataire*, je n'ai jamais vu Collin jouir d'une pleine et parfaite santé. Depuis la même époque, ses forces allèrent aussi en déclinant insensiblement, et il se laissa gagner à un certain abattement qui ressemblait à du chagrin. Son âme tendre avait toujours eu quelque disposition à la mélancolie, quoique dans sa jeunesse il ne fût pas triste, et qu'il eût même des accès d'une gaieté vive et folle. Ce fut, si je ne me trompe, dans un moment d'exaltation un peu romanesque qu'il conçut la pièce des *Artistes*. Je crus m'apercevoir à la représentation de cet ouvrage, que le public s'était attendu, d'après le titre, à toute autre chose. Collin voulait le retirer; nous l'engageâmes à supprimer seulement le quatrième acte qui avait paru un peu froid et languissant. Plus tard, il réduisit la pièce en trois actes, et y jeta plus de gaieté, en changeant tout-à-fait le langage et le ton d'un des personnages ; mais elle n'a jamais été représentée avec ces dernières corrections.

Quelque temps avant la représentation des *Artistes*, j'avais eu à Collin une obligation importante : ce serait une ingratitude de ma part de la passer sous silence, et il est bon d'ailleurs que je fasse connaître par mon exemple la manière dont il obligeait et servait ses amis. En remplacement des anciennes Académies, on créa l'Institut national en 1795. Collin, sans avoir fait la moindre démarche, ne tarda pas à réunir les suffrages : il entra dans l'assemblée, et la première chose qu'il fit, ce fut fut de proposer ma nomination. Le lendemain même de son installation, je le vis arriver chez moi à neuf heures du soir; il était beaucoup plus content que je ne l'avais vu la veille, lorsqu'il était nommé lui-même : il m'embrassa de bon cœur, et me dit : « Vous êtes de l'Institut, vous êtes mon « confrère; vous jugez si cela me fait plaisir. » Le jour suivant, lorsque j'allai à la séance, on me félicitait sur mon élection; mais on me félicitait encore plus d'avoir un pareil ami. Il avait parlé, disait-on, pour son cher, pour son bon Andrieux, d'une manière irrésistible.

Je reviens à ses ouvrages. *Les Mœurs du jour* ne sont pas une comédie aussi forte que *le Vieux Célibataire;* c'est un tableau agréablement moral : on a trouvé que les vices n'y étaient pas peints avec assez de force et de vérité. Lorsque notre ami commun, M. Picard, prit à son compte l'entreprise du théâtre Louvois, il était naturel que nous fissions quelques efforts pour le seconder. Collin, qui avait beaucoup de facilité, composa promptement plusieurs pièces : il y en eut deux de jouées en 1803, *Malice pour Malice*, et *le Vieillard et les Jeunes gens*. Il donna aussi à ce théâtre la petite pièce épisodique : *Il veut tout faire*. Il y a dans cet ouvrage des scènes fort gaies, et c'est une de celles que l'auteur a écrites du style le plus soigné et le plus élégant. Il ne fit point jouer sa comédie des *Riches*. Sa santé déclinait : il fit quelques démarches et s'arrêta, moins ambitieux des applaudissements qu'il ne l'avait été vingt ans auparavant. Il s'est contenté de la faire imprimer dans l'édition qu'il a donnée de ses œuvres.

Ce fut aussi une année ou deux avant sa mort qu'il composa *les Querelles des deux frères*, ou *la Famille bretonne*, la meilleure de ses comédies en trois actes, dont l'intrigue fort simple est en même temps très adroitement conduite. La destinée de cette pièce a été singulière. Il paraît que Collin, prévoyant sa fin prochaine, voulut anéantir une certaine quantité de papiers inutiles. Il chargea sa gouvernante de les brûler. Celle-ci trouva plus de profit à les vendre à un épicier de la rue Dauphine. Un manuscrit des *Querelles des deux frères* se trouva au nombre des papiers vendus, et tomba par hasard entre les mains de M. Godde, architecte, qui, très content de l'ouvrage, ne voulut pour lui-même que l'honneur de l'avoir fait paraître sur la scène. Cette pièce méritait et obtint le plus grand succès.

J'ai parcouru la carrière théâtrale de Collin d'Harleville : on voit qu'elle a été brillante ; elle l'eût été plus encore, si, de bonne heure, sa santé n'eût été altérée par des maladies fréquentes et par un état de langueur presque continuel.

On peut dire qu'il n'eût point d'ennemis : un rival* se permit contre lui une diatribe violente ; mais cette diatribe servait de préface à un fort bel ouvrage. Collin loua hautement, publiquement l'ouvrage ; il le plaça avec honneur dans son petit poème des *Aventures de Thalie*, et il oublia la préface.

* Fabre d'Églantine. Il a fait la critique la plus amère de *l'Optimiste*, dans sa préface du *Philinte de Molière*.

Sa santé s'affaiblissait d'une manière visible. Dans l'automne de 1805, il était d'une faiblesse extrême. Cependant il fit encore un voyage à Chartres vers le milieu d'octobre : il y demeura chez ses sœurs, et reçut les derniers soins de leur tendresse. Au bout d'un mois, par une inquiétude naturelle aux malades, il revint à Paris, et se logea dans un entresol, rue Taranne. Ce fut là qu'il passa trois mois entiers, ne sortant plus, et sentant chaque jour sa fin approcher. Plusieurs personnes de sa famille, sa sœur Julie, son frère, lui tenaient tour à tour compagnie : son amie, madame Duvivier, y venait régulièrement tous les matins ; j'y allais presque tous les soirs : nous étions auprès de lui, mais nous ne lui parlions pas, de peur de le fatiguer. Il se mit à relire tous les classiques latins et français : « Je prends congé d'eux, » me dit-il un jour. Lorsque je m'en allais le soir, il me touchait la main, et me disait : « A demain..... peut-être. » Il était calme, résigné ; et sa fin, comme sa vie entière, offrit des leçons et un modèle.

Il acheva de vivre à six heures du matin, le 24 février 1806, jour anniversaire de la première représentation du *Vieux Célibataire*.

Lorsqu'on lui rendit les derniers devoirs, c'était à moi qu'appartenait le triste office de prononcer le discours d'adieu. Je ne me dérobai point à cette charge accablante !...

ANDRIEUX.

PORTRAIT DE COLLIN-D'HARLEVILLE.

Mon ami, c'est donc là, dans cet humble hameau,
Que, sur le vert penchant du plus joli coteau,
S'offre à moi le jardin et la maison tranquille
Qu'illustra le séjour de Collin d'Harleville :
Là d'un champ paternel que, pieux héritier,
Pour les muses, les mœurs, respirant tout entier,
Le plus doux des mortels, mais doux avec courage,
Vécut aimé du ciel et béni du village?
 Oui, c'est là qu'il conçut son aimable *Inconstant*,
Son facile *Optimiste*, heureux, toujours content;
Ses *Châteaux en Espagne*, erreur douce et si chère;
Et l'amusant ennui du *Vieux Célibataire*,
Allant au Luxembourg promener ses chagrins;
Et sa madame Évrard, si fatale aux cousins.
C'est là qu'il se cachait; là, que de sa demeure
Il descendait pensif vers les rives de l'Eure,
Y trouvant, par Thalie et par Flore appelé,
Quelque rôle enchanteur pour Contat et Molé.
Que de fois un vieux pâtre, une Lise naïve,
L'ont regardé de loin, dans leur joie attentive,
Apprenti jardinier, armé de lourds ciseaux,
Tondre un mur de charmille, aplanir ses rameaux!
Que de fois, variant ses douces promenades,
Il vit de Maintenon les superbes arcades;
Et plus loin, dominant dans le fond du tableau,
Parmi des peupliers, les tours d'un vieux château!
Mais sur-tout il se plut sur les rives fleuries,
Lieux du repos, du frais, des douces rêveries,
Rappelant, par leur grace et leur simplicité,
Ses mœurs et ses écrits pleins de naïveté :
Aussi ses vers charmants, sur notre heureuse scène,

Nous ont-ils fait souvent retrouver La Fontaine :
On vit l'air de famille. Oui, d'un humble jardin,
D'un petit coin de terre, appelé Mévoisin,
Sortit, cher Andrieux, déjà mûr pour la gloire,
Le nom de notre ami, resté dans la mémoire,
Dont tu gardes le buste, où se plaît à fleurir
Un laurier toujours vert, qui ne peut plus mourir.
Hélas! quand sous tes yeux, la bêche sur sa bière,
De son étroit asyle eut fait rouler la terre,
En peignant nos regrets, ses talents et ses mœurs,
Par tes pleurs, Andrieux, tu fis couler nos pleurs.
Tu courus chez Houdon, l'un de nos Praxitèles,
Dont le ciseau fameux, sous des traits si fidèles,
Fit revivre, à leur gloire associant son nom,
Molière et La Fontaine, et Voltaire et Buffon,
Qui, l'ami de Collin, sur sa figure éteinte,
De ses traits à la mort a dérobé l'empreinte,
Et dans la simple argile au moins nous l'a rendu.
C'est à vous deux, ami, que ce bienfait est dû.
Collin! né pour les champs, que le ciel fit poète,
Que la grace inspira, que l'amitié regrette,
Devais-tu sous la tombe être sitôt caché ?
Par quels tendres liens tu lui fus attaché,
Cher Andrieux! tous deux, simples et sans envie,
Les mêmes goûts charmaient votre paisible vie.
Je te vois près de lui, ton crayon rouge en main,
Notant un manuscrit qui te supplie en vain.
De ta vocation j'y reconnais la marque.
Exprès, Dieu pour Collin te fit un Aristarque,
Sûr, instruit, mais sévère. A sa campagne, hélas!
Que de fois sur ses vers tu le désespéras.
J'ai lu votre acte. — Eh bien ? — Il n'est pas net encore.
— Et le style? — Un peu pâle, il faut qu'il se colore.

— Ma grande scène au moins je la crois assez bien.
—Moi, je vois qu'il y manque...—Eh! quoi donc?—Presque rien
Il y faut revenir. — La patience s'use.
— Bon! la persévérance est la dixième muse.
— Ce qu'on a fait sept fois, faut-il le répéter?
— Sept fois, dix fois, vingt fois ; on ne doit pas compter.
— Cruel homme ! — Au talent je me rends difficile ;
Si vous en aviez moins... — Et moi, je suis docile.
Le lendemain matin il revient : la voilà !
Lisez, qu'en dites-vous ? — Ah! très bien, c'est cela.
Votre scène à présent doit réussir et plaire :
Je l'avais bien sentie. — Et vous l'avez fait faire.
— Tenez, lisez ce conte; afin de vous venger,
Critiquez, montrez moi ce que j'y dois changer.
— Voyons, je trouve là plus d'un trait à reprendre.
— Donnez-moi quelques vers, je pourrai vous en rendre.
D'une amitié parfaite, ô spectacle enchanteur,
Que ne troubla jamais l'amour-propre d'auteur !

Ducis, *Epître à Andrieux.*

JUGEMENTS.

I.

Collin débuta dans la carrière dramatique par la comédie de *l'Inconstant;* elle fut suivie de *l'Optimiste*, ensuite des *Châteaux en Espagne* : ces trois pièces ont eu du succès. Je réunirai dans cet article ce qu'il me paraît qu'on doit penser de toutes les trois, et du talent de l'auteur.

On est convenu que *l'Inconstant* était un sujet mal choisi ; il tient beaucoup de *l'Irrésolu* et du *Capricieux.* De ces deux sujets déjà traités, l'un eut peu de succès, l'autre n'en eut point du tout; mais aucun des deux ne se refuse aux principes de l'art, quoique ni l'un ni l'autre, ce me semble, ne comportent cinq actes. L'inconvénient général de ces sortes de sujets, c'est d'offrir une suite de boutades qui, au bout de quelques scènes, sont nécessairement prévues et uniformes : il ne faut donc pas les prolonger. C'est pour cela que *l'Esprit de Contradiction*, qui, d'abord en cinq actes, et puis en trois, était tombé, réussit beaucoup en un seul, et resta au théâtre, dans le rang de nos petites pièces les plus agréables. *L'Irrésolu*, réduit en trois actes, avec la connaissance de l'art que Destouche a fait voir, se serait bien mieux soutenu [*]. Le caprice est de tous les moments : *le Capricieux* pouvait donc fournir une peinture comique entre les mains d'un homme qui aurait eu du talent pour le théâtre ; et Rousseau n'en avait pas : mais il faudrait rétrécir le cadre, parce qu'une suite de caprices finit par rebuter. Il y a encore une autre raison de restreindre la mesure de ces sortes de sujets : c'est la difficulté d'attacher une intrigue à des caractères dont l'essence est de ne tenir à rien.

L'Inconstant ne pouvait, en aucune manière, fournir régulièrement un caractère dramatique, parce qu'il ne peut être développé en vingt-quatre heures sans ressembler à la folie. Il y a sans doute un âge où l'on aime toutes les femmes, pour peu qu'elles soient jeunes et jolies, c'est-à-dire où l'on

---

[*] M. O. Leroy a suivi le conseil de La Harpe. En 1819, il a fait représenter au théâtre Français, une comédie de *l'Irrésolu*, en un acte et en vers qui a obtenu un succès mérité.   F.

voudrait les avoir; mais il n'y a point d'homme qui, dans l'espace d'une journée, en aime trois l'une après l'autre, de manière à vouloir les épouser : ce n'est nullement dans la nature, qui a marqué certaines bornes à nos défauts comme à nos vertus; c'est mettre sur la scène un tableau de démence. Il y a plus, cette espèce de démence fait dans certains moments jouer un rôle trop méprisable au principal personnage, que l'auteur n'a pourtant point donné pour un objet de mépris; ce qui est encore contre les convenances de l'art. On dira que le public a cependant supporté cette pièce : c'est seulement une preuve que l'acteur y a répandu un agrément personnel; mais il ne s'ensuit pas qu'on la supportera toujours : ce qui est certain, c'est qu'à la lecture elle n'est pas tolérable.

Rien ne l'est moins sur-tout que le dénouement. L'Inconstant vient d'obtenir, à force de prières, d'épouser la fille de Kerbanton, après qu'on aura éprouvé pendant trois mois s'il est capable de se fixer, et, dans la scène suivante, il finit la pièce en disant qu'il va se jeter dans un cloître. Le spectateur judicieux ne peut que l'envoyer aux Petites-Maisons.

Il n'y a d'ailleurs dans la pièce aucune espèce d'intrigue, pas une situation comique. Tout le fond de l'ouvrage n'est autre chose que la succession brusque des divers changements de l'Inconstant; ils offrent des détails agréables, et sur-tout le style est toujours naturel, sans manquer d'élégance. C'est le seul talent qu'annonçât ce coup d'essai, et c'était beaucoup.

Si l'on examine quelques-unes de ces saillies d'inconstance, on verra aisément qu'elles ne peuvent produire qu'un comique forcé. Florimond, par exemple, fait, en arrivant à Paris, l'éloge de cette capitale, et en fait, deux heures après, la satire : le retour est prompt, et c'est plutôt contradiction qu'inconstance ; car assurément il n'a eu le temps d'essayer rien, ni en bien ni en mal : mais du moins il ne fallait pas, au bout de deux heures, que la critique portât sur une semaine de Paris.

Eh bien ! chaque semaine
De celles qui suivront est le parfait tableau ;
De semaine en semaine, il n'est rien de nouveau.
Alternativement bals, concerts, comédie,
Wauxhall, Italiens, opéra, tragédie ;
Ce cercle de plaisir peut bien plaire d'abord ;
Mais, la *seconde fois*, *il ennuie* à la mort.

Cela serait fort bon s'il eût passé cette *semaine* ; mais il n'a encore rien vu ; il ne peut pas être dégoûté, puisqu'il n'a goûté de rien : ce n'est donc pas inconstance, c'est déréglement d'idées. Ce n'est pas un homme qui change, c'est un homme qui dit le pour et le contre, et il ne fait autre chose pendant toute la pièce : or, un caractère doit être en action ; et, celui de l'Inconstant ne pouvant être en action qu'avec le temps, le drame, qui ne donne point ce temps-là, n'était pas susceptible d'un tel caractère.

Il renvoie son valet, parce qu'il l'a depuis un mois ; fort bien : mais il le renvoie avec dureté, sans aucune raison de mécontentement, et on le peint sans cesse comme un homme bon : cela est gratuitement contradictoire. Il se plaint avec aigreur de ce que ce valet le sert fort bien, de ce qu'il est *toujours à ses ordres :* cette bizarrerie va fort bien au Grondeur, qui veut absolument avoir à gronder. car elle ne va point à l'Inconstant, qui est un *bon homme.* Toute cette scène devait être autrement conçue.

Il y en a une bien plus répréhensible, et où le dialogue est absolument faux ; c'est celle où Éliante, instruite que Florimond a une maîtresse à Brest, se plaint d'avoir été trompée par les fausses protestations d'amour qu'il lui a faites : elle ignore que, depuis ces protestations, c'est-à-dire depuis quelques heures, il aime déjà une autre femme. Il se justifie sur celle de Brest, en disant qu'il n'est venu à Paris que pour fuir ce mariage ; mais, dans le courant de la conversation, il est accusé de fausseté par Éliante, qui lui dit :

Quel fut votre dessein
Quand votre oncle pour vous vint demander ma main ?
Répondez.

FLORIMOND.

A cela je répondrai, Madame,
Que mon oncle ignorait cette subite flamme.

ÉLIANTE.

Allons, fort bien ! mais vous, Monsieur, vous le saviez,
Quand ici même, ici, vous sûtes à mes pieds
Prodiguer les serments d'une amour éternelle ?

FLORIMOND.

Moi, Madame, *depuis ma passion nouvelle,*
Je ne vous ai pas dit un mot de mon amour.

Il n'y a que peu d'heures qu'il lui en a parlé, et beaucoup. Il parle ici d'une *nouvelle passion*, cela est clair. Cependant Éliante s'obstine à ne rien entendre; et, quand il a juré qu'il n'épouserait jamais sa maîtresse de Brest, elle est rassurée, et lui dit:

Ne parlons plus des torts; ils sont tous effacés.

Tout ce dialogue est un malentendu absolument invraisemblable : et dans un entretien de cette nature, une femme qui aime fait trop d'attention à ce qu'on lui dit, sur-tout à des paroles aussi décisives que celles de Florimond, pour s'y méprendre aussi grossièrement.

Je dois observer, en relevant ces fautes, que l'auteur n'en a point commis de pareilles dans ses deux autres pièces. Mais je ne finirai point ce qui regarde son *Inconstant* sans lui marquer mon chagrin de ce qu'un écrivain pur et correct comme il l'est, se sert, dans une note, du mot de *singer*. Il l'a sans doute entendu souvent dans la bouche des beaux parleurs du foyer et du parterre ; il a pu même le lire dans des brochures et dans des journaux : mais comme ce n'est pas à cette école qu'il paraît avoir formé son style et son goût, il devrait savoir que *singer*, pour *contrefaire*, est un terme de l'argot moderne, qui va tous les jours s'enrichissant; que ce terme n'a jamais été français, et que, s'il pouvait l'être, il ne pourrait signifier, suivant les règles de l'analogie, que *faire des singes* ; comme *chienner* et *chatter* signifient *faire des chats et des chiens*.

L'Optimiste est fort supérieur à *l'Inconstant*, et ce progrès même est une nouvelle preuve d'un talent véritable. L'intrigue en est un peu faible, mais bien conduite et bien ménagée ; elle a même un mérite dramatique, c'est d'amener naturellement des incidents qui font ressortir le principal caractère ; tel est sur-tout l'incident des cent mille écus perdus par l'Optimiste : il ne s'en afflige guère qu'à cause de sa fille, dont il croit que cette perte empêchera le mariage avec Morinval ; il ignore qu'elle ne l'aime pas, et qu'elle en aime un autre ; et comme, à l'âge d'Angélique, rien n'est plus naturel que de compter l'argent pour rien, et le sentiment pour tout, elle se livre avec transport au plaisir d'assurer son père qu'elle ne regrette nullement le mariage, et qu'elle sera trop heureuse de vivre pour lui. Cette effusion de tendresse, où se mêle la satisfaction secrète d'un jeune cœur qui ne craint plus d'être sacrifié, touche vivement l'Optimiste, dont le caractère est sensible et bon. Il observe avec raison que, sans la perte des cent mille écus, il n'aurait pas joui de cette épreuve si douce de l'attachement de sa fille ; et cette scène joint au mérite de l'intérêt, celui de mettre en situation le caractère principal ; de manière que, pour cette fois, tout le monde est de son avis.

Ce caractère de l'Optimiste, quoiqu'il ne soit pas très commun, n'est pourtant point du tout hors de nature : on en a vu plus d'un modèle ; il pourrait même fournir un ouvrage tout différent de celui de Collin. Celui-ci a mis son Optimiste, il faut l'avouer, dans une situation telle que, si l'on excepte l'incident inattendu et passager des cent mille écus, il doit en effet, tout système à part, se trouver fort heureux. L'auteur aurait pu prendre un autre parti, et nous montrer un homme doué d'un si grand fond de gaieté (car c'est là sur-tout ce qui fait l'optimiste de caractère), qu'au milieu des peines et des contradictions, il vît toujours les choses du bon côté. Cette tournure pourrait être piquante ; et ce serait sur-tout l'auteur de la jolie pièce des *Étourdis* que j'inviterais à manier ce canevas, car la nature paraît l'avoir doué de gaieté. Collin a fait son *Optimiste*, sur un plan analogue à son caractère, qui le porte aux idées douces et aux sentiments philanthropiques. L'espèce de gaieté qui règne dans ses pièces est aimable, et fait naître le sourire de l'âme ; elle n'a jamais ni quolibets ni mauvais goût, pas même dans ses rôles de valets, qui, sans sortir de la vérité relative, ont une physionomie qui s'accorde avec le ton général de ses principaux personnages.

Les fils de son intrigue, dans *l'Optimiste* comme dans *les Châteaux en Espagne*, sont minces et déliés ; mais il les conduit et les soutient avec assez d'adresse jusqu'à un dénouement qui satisfait le spectateur.

Il y a ici beaucoup plus de vers heureux et de situation que dans *l'Inconstant*. Cependant l'on peut faire observer à Collin qu'il se permet trop souvent les enjambements et les interruptions, qui hachent le style, et qu'on ne doit guère employer qu'avec un motif et un effet. Molière, l'auteur du *Méchant*, celui du *Glorieux*, celui de *la Métromanie*, c'est-à-dire ceux qui ont le mieux écrit la comédie, n'ont point ainsi morcelé leurs vers. C'est un défaut aujourd'hui très commun ; mais c'est aussi une ressource trop facile, qu'il faut laisser à ceux qui n'ont d'autre moyen pour imiter le naturel de la prose que de faire mal des vers. Sans doute il ne faut pas dialoguer par tirades, ce serait un autre excès; mais pour faire ressembler le dialogue en vers au langage de la conversation, le moyen du vrai talent n'est pas de couper le sens d'un vers en trois ou quatre endroits; c'est de varier les formes de la phrase, sans détruire la versification. La méthode contraire est favorable aux acteurs, qui savent mieux dire des mots que des vers; mais elle déplaît au lecteur éclairé.

Les amours d'Angélique et de Belfort ont le degré d'intérêt qui suffit à la comédie. Le dénouement se fait par un personnage qui n'a point encore paru; mais ce moyen est justifié par l'exemple des meilleurs auteurs, et je ne le crois point contraire aux principes, même dans la tragédie, pourvu qu'il soit convenablement amené et annoncé; et il l'est ici. L'on a dit que M. de Plainville agissait un peu légèrement en gardant chez lui, comme secrétaire, un jeune homme amené par le hasard, et qu'il ne connaît en aucune manière; mais son caractère de confiance est assez établi, et un optimiste doit être confiant.

Je ne ferai qu'une seule observation sur le rôle

de Morinval : quand il apprend qu'il n'est point aimé d'Angélique, il offre sa fortune pour lui faire épouser Belfort. Cet excès de générosité envers un inconnu et un rival est peu vraisemblable dans un homme qui ne s'est montré jusque-là que morose et misanthrope. Tout ce qui est extraordinaire en soi doit être motivé par avance; et ceci ne l'est pas. De plus, il ne faut pas multiplier les actes de vertu; ce sont alors des ressorts usés et factices. Celui-ci d'ailleurs ne produit rien; raison de plus pour le supprimer.

La conduite des *Châteaux en Espagne* n'est pas à beaucoup près, aussi bien entendue que celle de *l'Optimiste*. C'était le fond le plus comique que l'auteur eût encore traité; non pas à cause des visions de *l'homme aux châteaux*, qui ne peuvent jamais être qu'un lieu commun toujours à peu près le même; mais la fable sur laquelle l'auteur a bâti son plan offrait par elle-même un fond de situation piquante. M. Dorfeuil, prévenu que son gendre futur qu'il ne connaît pas, veut dans le même jour arriver inconnu, se dispose à se prêter à son déguisement, à s'en amuser ainsi que sa fille, et prend pour lui un voyageur que le hasard amène chez lui. Sa méprise toute naturelle, et celle de sa fille, sont d'autant plus plaisantes, que *l'homme aux châteaux*, qui ne doute de rien, les favorise merveilleusement par ses manières aisées et sa familiarité confiante. La situation promet encore davantage lorsque le véritable gendre est arrivé; mais c'est ici précisément que l'intrigue manque de tous côtés, et que les invraisemblances s'accumulent. Que le père et la fille, dans la prévention qui les occupe, se trompent sur le premier voyageur, on peut le croire ; mais quand il en arrive un second quelques heures après, il est inconcevable qu'il ne vienne pas de doute au père ni à la fille, et que M. Dorfeuil conclue le mariage sans faire la moindre information sur une affaire de cette importance. Il n'y a aucune raison pour que l'un soit plutôt que l'autre le gendre qu'il attend ; et il n'est pas excusable qu'il ne lui vienne même pas à la pensée de s'en assurer. L'invraisemblance est encore plus forte dans la jeune fille, qui, ayant de l'éloignement pour le premier voyageur, et du goût pour le second, accepte pourtant le premier pour époux, sans dire à son père ce qu'il était si simple qu'elle dît : « Mais, « mon père, ne serait-ce pas le second qui est Flor- « ville ? » cela vaut bien la peine de s'en informer.

Le départ de Florville n'est pas non plus assez motivé. Henriette n'a rien dit ni rien fait qui puisse lui persuader qu'elle aime *l'homme aux châteaux*; au contraire, elle fait à Florville un accueil qui n'est rien moins que décourageant, et l'on ne prend pas si vite le parti de renoncer à une épouse qu'on trouve charmante. Toutes ces fautes ont d'autant moins d'excuses, qu'elles ne sont pas rachetées par l'effet théâtral, qui est très faible dans les deux derniers actes, dont on devait attendre beaucoup depuis l'arrivée de Florville. Cependant la pièce se soutient encore un peu, parce que la méprise est toujours prolongée, n'importe comment, et le dialogue toujours agréable. Le dialogue est la grande ressource de l'auteur : c'est la partie de l'art qu'il entend le mieux, et celle qui fait le plus d'honneur à son talent.

Il en a un peu compromis la réputation par des épîtres qu'il a publiées dans différents recueils ou journaux. Elles sont écrites du style de ses comédies ; et l'auteur paraît s'être entièrement mépris sur la différence des genres. Il a oublié que sur la scène ce sont des personnages qui conversent, mais que, dans une épître en vers, c'est le poète qui parle, et qu'il est obligé d'être lui-même, c'est-à-dire poète. Ce n'est pas qu'on ne trouve dans ces épîtres de Collin quelques traits d'un naturel aimable ; mais en général, c'est de la prose rimée, et de la prose faible d'idées et d'expressions. D'ailleurs, il y parle trop de lui et de sa *bonhomie*. Il faut mettre de la mesure dans tout, et même dans le plaisir qu'on prend à parler de soi, et dans le bien qu'on en dit.

On pardonnera sans doute ces observations à l'intérêt qu'inspire le talent dramatique de Collin, talent réel, et qui méritait les encouragements qu'il a reçus.

La Harpe, *Cours de Littérature.*

II.

Dans *le Mariage de Figaro*, un libertin prétend que l'amour est le roman du cœur, et que le plaisir en est l'histoire : tout littérateur pense que des deux comédies faites sur le malheur du célibat, *le Légataire universel* est l'histoire, et *le Vieux Célibataire* le roman *. Si le vieux célibataire est malheureux, ce n'est point du tout parce qu'il n'a ni femme ni enfants, c'est parce qu'il n'a ni caractère ni sens commun : c'est un vieux imbécille, un vieux cassandre qui tremble devant ses domestiques. Sa gouvernante est sa bonne : elle lui lit ses lettres ; elle lui donne ses gants, son chapeau, sa canne ; je ne sais si elle ne lui met pas sa serviette, et si ce vieux enfant mange tout seul. J'ignore où l'auteur a pris le modèle de son vieux célibataire : ce n'est certainement pas à Paris ; un vieux célibataire riche est, à Paris, une homme très heureux, qui a une bonne maison, une bonne table, qui ne voit autour de lui que des visages gais, et qui goûte tous les plaisirs de la société, sans avoir les embarras du ménage

Pour rendre son automate intéressant, Collin l'a fait bon et sensible ; mais sa bonté et sa sensibilité ne sont que faiblesse ; on dit que M. Dubriage aime son neveu, et il n'a pas fait un pas pour le connaître ; il l'a tenu en province sous prétexte d'économie ; il n'a pas daigné le voir et lui parler ; il a chargé une domestique du soin de son entretien ; il n'a pas même pris la peine de lire les lettres de ce neveu chéri ; il n'a pas même eu la curiosité de s'assurer par ses propres yeux, des sottises qu'on lui

* Malgré l'amertume de ce jugement de Geoffroy sur une pièce qui sans doute ne méritait pas d'être traitée si sévèrement, on ne peut s'empêcher de remarquer que la plupart des observations du critique ont un fond de vérité ; mais elles sont exagérées par un style mordant et railleur qui laisse entrevoir une prévention défavorable. Geoffroy a rendu dans la suite plus de justice à Collin-d'Harleville, comme on peut le voir dans le parallèle qu'il en fait avec Fabre d'Églantine, et qui se trouve à la suite de ce jugement.

lisait. Ce n'est point là un célibataire, c'est un vieillard en enfance; on s'amuse de sa simplicité, on rit de la peur qu'il a de ses domestiques, comme on rit au boulevard d'un niais ou d'un jocrisse; mais ce n'est point là un caractère, c'est une caricature. Les vieux célibataires ne sont pas faits ainsi : le Géronte du *Légataire* est bien plus naturel et plus vrai; c'est un exemple bien plus frappant des malheurs du célibat; il est infirme et moribond, et n'a auprès de sa personne qu'une servante qui se moque de lui, un neveu qui attend le moment d'hériter, une femme intéressée qui veut assurer cette succession à sa fille, en lui faisant épouser le vieillard, un petit apothicaire qui accable d'injures son malade, et deux parents qui viennent du Bas-Maine pour l'insulter et le menacer; enfin on dispose de ses biens de son vivant, et on fait pour lui un testament : voilà, je crois, un célibataire vraiment à plaindre.

Mais il ne tient qu'à M. Dubriage de se bien divertir, et d'aller se promener ailleurs qu'au Luxembourg; il se porte bien, et n'est malade que d'esprit. L'habile auteur s'est bien donné de garde de le présenter avec des infirmités dégoûtantes; il n'est question dans sa pièce ni de clystères, ni de médecines, ni de néphrétique, ni de léthargie, toutes choses qui font mal au cœur de nos belles. Autrefois on mourait de rire en voyant le Géronte du *Légataire* recevoir la première visite de sa maîtresse avec un lavement dans le corps, forcé, après bien des grimaces, d'interrompre un entretien galant pour aller à la garde-robe; les élégantes du siècle de Louis XIV avaient la bêtise de trouver cela plaisant. Aujourd'hui toute la bonne compagnie dédaigne ce comique comme ignoble et du plus mauvais ton. L'imbécillité de M. Dubriage plaît beaucoup plus que la colique de Géronte, quoique cette colique soit beaucoup plus naturelle : d'ailleurs le neveu et la nièce de M. Dubriage, domestiques chez leur oncle, triomphant enfin des calomnies de la gouvernante et de l'entêtement du vieillard, vainqueur de la conspiration des valets devenus maîtres de la maison, forment la matière d'un roman qui intéresse, d'un roman plus beau que l'histoire; la comédie du *Légataire universel* a d'autant plus de droits au titre d'histoire, que c'est en effet une histoire véritable qui, dit-on, en fait le sujet.

Geoffroy.

III. Parallèle de Collin-d'Harleville et de Fabre d'Églantine.

Deux illustres rivaux se sont disputé, dans ces derniers temps, les faveurs de Thalie; l'un dur, sombre et jaloux, pétri d'amertume et de fiel, mais ardent, vigoureux, plein de nerf et d'imagination ; l'autre naïf comme un enfant, bon, aimable, honnête, mais un peu faible, doucereux et mignard. La sensibilité, la douceur et les grâces du dernier étaient plus au niveau du ton de la bonne compagnie: son aménité, quoique dénuée de force, plut davantage que l'âpre austérité de son concurrent. Dès lors l'auteur de *Philinte* voua une haine implacable à l'auteur de *l'Optimiste*, et dans une préface qui semble inspirée par le génie de l'enfer, il prouva que la doctrine de l'optimiste était une hérésie diabolique, contre-révolutionnaire, destructive de la vertu et de toute société humaine. Il y a beaucoup d'apparence que le critique, s'il avait eu en sa puissance un hérétique de cette force, s'en serait débarrassé comme d'un ennemi de l'humanité. Mais Apollon nous a sauvé cet unique et frêle appui de notre scène comique, et l'apôtre atrabilaire de la vertu a eu le malheur de rencontrer sur sa route des missionnaires dont le zèle était encore plus amer que le sien.

Écartons ici les personnes, pour ne voir que les ouvrages. Les productions dramatiques de Fabre sont d'une conception plus mâle; on y trouve des caractères plus prononcés, des situations plus fortes, une manière plus large, un ton de comique plus vigoureux, une morale plus approfondie, des tableaux plus vrais des mœurs de la société; mais Collin-d'Harleville offre une gaieté douce, des sentiments délicats, des personnages d'une originalité aimable, une critique fine et légère, de la simplicité, de la bonhomie, et une sorte de naïveté qui fait souvent plus rire que les sarcasmes les plus mordants.

L'Inconstant, qui fut son début dans la carrière comique, semblait cependant annoncer un pinceau plus ferme; ce caractère est peint à grands traits, et il y a dans la pièce des situations d'un comique très saillant. Mais sa manière parut dégénérer dans *l'Optimiste*; c'est un être imaginaire dont on trouverait difficilement le modèle dans le monde : ce n'est ni un vice, ni un ridicule, ni un travers ; c'est le résultat d'une organisation très heureuse, c'est le sublime de la raison et de la philosophie ; on en rit, non pas comme d'un défaut, mais comme d'une façon de penser très rare et très originale. L'intrigue est faible et romanesque, et l'ouvrage ne se soutient que par des détails piquants. L'homme aux *Châteaux en Espagne* n'est encore que *l'Optimiste* avec deux grains de folie. Le chef-d'œuvre de Collin, c'est *le Vieux Célibataire;* quoique la fable ne soit qu'un roman usé, elle présente le tableau très vrai et très moral d'un vieillard faible et crédule, trompé et subjugué par ses domestiques. Tous ces ouvrages se distinguent par un excellent ton et un naturel heureux : le comique y est dans les situations et non dans les mots ; ce sont les maîtres et non les valets qui sont plaisants, et partout on y reconnaît l'empreinte d'un talent très aimable.

GEOFFROY.

MORCEAUX CHOISIS.

I. L'Inconstant.

Inconstant! oh, voilà votre mot ordinaire!
Eh! c'est pour ne pas être inconstant, au contraire,
Qu'on me voit sur mes pas revenir tout exprès ;
J'aime bien mieux changer auparavant qu'après.

C'est que je fus trompé, c'est qu'il faut souvent l'être,
C'est qu'il est maint état qu'on ne peut bien connaître,
A moins que par soi-même on ne l'ait exercé :
Ce n'est qu'après l'essai qu'on est désabusé.
J'aurais pu me trouver dans cette circonstance,

Sans être pour cela coupable d'inconstance.
Je goûte d'un état, j'y suis mal et j'en sors :
Rien de plus naturel. Quoi ! faudrait-il alors
Végéter sans désirs, sans nulle inquiétude;
Et, stupide jouet de la sotte habitude,
Garder par indolence un état ennuyeux,
N'être heureux qu'à demi, quand on peut être mieux ?

  Vous mettez à ceci beaucoup trop d'importance :
M'allez-vous quereller pour un peu d'inconstance?
A tout le genre humain dites-en donc autant.
A le bien prendre enfin tout homme est inconstant,
Un peu plus, un peu moins, et j'en sais bien la cause:
C'est que l'esprit humain tient à si peu de chose;
Un rien le fait tourner d'un et d'autre côté.
On veut fixer en vain cette mobilité;
Vains efforts! il échappe, il faut qu'il se promène :
Ce défaut est celui de la nature humaine.
La constance n'est point la vertu d'un mortel;
Et, pour être constant, il faut être éternel.
D'ailleurs, quand on y songe, il serait bien étrange
Qu'il fût seul immobile : autour de lui tout change :
La terre se dépouille, et bientôt reverdit;
La lune tous les mois s'accroît et s'arrondit....
Que dis-je? en moins d'un jour, tour à tour on essuie
Et le froid et le chaud, et le vent et la pluie.
Tout passe, tout finit, tout s'efface; en un mot,
Tout change : changeons donc, puisque c'est notre lot.
L'Inconstant, act. II, sc. 9.

II. Le Pessimiste et l'Optimiste

MORINVAL.

Et moi...., car à mon tour il faut que je réponde,
Et que par mille faits, enfin, je vous confonde;

Je vous soutiens, morbleu! qu'ici bas tout est mal,
Tout, sans exception, au physique, au moral.
Nous souffrons en naissant, pendant la vie entière,
Et nous souffrons sur-tout à notre heure dernière.
Nous sentons, tourmentés au-dedans, au dehors,
Et les chagrins de l'âme, et les douleurs du corps.
Les fléaux avec nous ne font ni paix ni trève;
Ou la terre s'entr'ouvre, ou la mer se soulève.
Nous-mêmes à l'envi, déchaînés contre nous,
Comme si nous voulions nous exterminer tous,
Nous avons inventé les combats, les supplices.
 C'était peu de nos maux, nous y joignons nos vices.
Aux riches, aux puissants, l'innocent est vendu;
On outrage l'honneur, on flétrit la vertu.
Tous nos plaisirs sont faux, notre joie indécente;
On est vieux à vingt ans, libertin à soixante;
L'hymen est sans amour, l'amour n'est nulle part;
Pour le sexe on n'a plus de respect ni d'égard.
On ne sait ce que c'est que de payer ses dettes,
Et de sa bienfaisance on remplit les gazettes.
On fait de plate prose, et de plus méchants vers;
On raisonne de tout, et toujours de travers;
Et dans ce monde enfin, s'il faut que je le dise,
On ne voit que noirceur, et misère et sottise.

PLINVILLE.

 Voilà ce qui s'appelle un tableau consolant!
Vous ne le croyez pas vous-même ressemblant.
De cet excès d'humeur je ne vois point la cause.
Pourquoi donc s'emporter, mon ami, quand on cause?
Vous parlez de volcan, de naufrage.... Eh! mon cher,
Demeurez en Touraine, et n'allez point sur mer.
Sans doute autant que vous je déteste la guerre;
Mais on s'éclaire enfin, on ne l'aura plus guère.

Bien des gens, dites-vous, doivent : sans contredit,
Ils ont tort; mais pourquoi leur a-t-on fait crédit?
L'hymen est sans amour? Ma femme a la réplique.
L'amour n'est nulle part? Consultez Angélique.
Les femmes sont un peu coquettes? Ce n'est rien :
Ce sexe est fait pour plaire, il s'en acquitte bien.

Tous nos plaisirs sont faux? Mais quelquefois à table
Je vous ai vu goûter un plaisir véritable.
On fait de méchants vers? Eh! ne les lisez pas :
Il en paraît aussi dont je fais très grand cas.
On déraisonne? Eh! oui, parfois un faux système
Nous égare.... Entre nous, vous le prouvez vous-même.
Calmez donc votre bile, et croyez qu'en un mot,
L'homme n'est ni méchant, ni malheureux, ni sot.
. . . .
Je ne suis point aveugle; et je vois, j'en conviens,
Quelques maux, mais je vois encore plus de biens;
Je savoure les biens; les maux, je les supporte.
Que gagnez-vous, de grace, à gémir de la sorte?
Vos plaintes, après tout, ne sont qu'un mal de plus.
Laissez donc là, mon cher, les regrets superflus,
Reconnaissez du ciel la sagesse profonde,
Et croyez que tout est pour le mieux dans le monde.
L'Optimiste, act. III, sc. 9.

III. Les Châteaux en Espagne.

D'ORLANGE.

....Chacun fait des châteaux en Espagne;
On en fait à la ville, ainsi qu'à la campagne;
On en fait en dormant, on en fait éveillé.
. . . .
Hé bien, chacun du moins fut heureux en rêvant;
C'est quelque chose encor que de faire un beau rêve;

A nos chagrins réels c'est une utile trêve;
Nous en avons besoin : nous sommes assiégés
De maux dont à la fin nous serions surchargés,
Sans ce délire heureux qui se glisse en nos veines.
Flatteuse illusion! doux oubli de nos peines!
Oh! qui pourrait compter les heureux que tu fais!
L'espoir et le sommeil sont de moindres bienfaits.
Délicieuse erreur! tu nous donnes d'avance
Le bonheur que promet seulement l'espérance;
Le doux sommeil ne fait que suspendre nos maux,
Et tu mets à la place un plaisir : en deux mots,
Quand je songe, je suis le plus heureux des hommes;
Et, dès que nous croyons être heureux, nous le sommes....

VICTOR, *resté seul.*

Il est fou.... Là.... songer qu'on est roi! seulement!
On peut bien quelquefois se flatter dans la vie :
J'ai, par exemple, hier, mis à la loterie,
Et mon billet enfin pourrait bien être bon.
Je conviens que cela n'est pas certain : oh! non;
Mais la chose est possible, et cela doit suffire.
Puis, en me le donnant, on s'est mis à sourire,
Et l'on m'a dit : « Prenez, car c'est là le meilleur. »
 Si je gagnais pourtant le gros lot, quel bonheur!
J'achèterai d'abord une ample seigneurie....
Non, plutôt une bonne et grasse métairie;
Oh! oui, dans ce canton; j'aime ce pays-ci;
Et Justine, d'ailleurs, me plaît beaucoup aussi.
J'aurai donc à mon tour des gens à mon service
Dans le commandement je serai peu novice;
Mais je ne serai point dur, insolent, ni fier,
Et me rappellerai ce que j'étais hier.
Ma foi, j'aime déjà ma ferme à la folie.
Moi! gros fermier! j'aurai ma basse-cour remplie

De poules, de poussins que je verrai courir :
De mes mains chaque jour je prétends les nourrir.
C'est un coup d'œil charmant! et puis cela rapporte.
Quel plaisir quand, le soir, assis devant ma porte,
J'entendrai le retour de mes moutons bêlants,
Que je verrai de loin revenir à pas lents,
Mes chevaux vigoureux, et mes belles génisses!
Ils sont nos serviteurs, elles sont nos nourrices.
Et mon petit Victor, sur son âne monté,
Fermant la marche avec un air de dignité!
Je serai plus heureux que Monsieur sur un trône.
Je serai riche, riche, et je ferai l'aumône.
Tout bas, sur mon passage, on se dira : « Voilà
« Ce bon monsieur Victor. » Cela me touchera.
Je puis bien m'abuser; mais ce n'est pas sans cause :
Mon projet est au moins fondé sur quelque chose;
(Il cherche.)
Sur un billet. Je veux revoir ce cher.... Hé mais....
Où donc est-il? tantôt encore je l'avais.
Depuis quand ce billet est-il donc invisible?
Ah! l'aurais-je perdu? Serait-il bien possible?
Mon malheur est certain : Me voilà confondu.
(Il crie.)
Que vais-je devenir? Hélas! j'ai tout perdu * !
Les Châteaux en Espagne, act. III, sc. 7 et 8.

COLUMELLE (Lucius-Junius-Modératus) natif de Cadix, vécut sous l'empereur Claude. Possesseur de riches propriétés, Columelle dirigea lui-même l'administration de ses biens et la culture de ses terres.

---

* Rapprochez ce morceau de la fable de La Fontaine, *la Laitière et le pot au lait*. F.

Désirant acquérir des connoissances exactes sur l'agriculture et sur toutes les branches de l'économie rurale, il voyagea dans plusieurs parties de l'empire romain. Il parcourut sur-tout avec soin l'Espagne, sa patrie, l'Italie, la Cilicie, la Syrie, et vint ensuite se fixer à Rome, où il composa ses ouvrages, vers l'an 42 de l'ère chrétienne. Son traité *De re rusticâ*, divisé en douze livres, présente d'une manière agréable, toutes les parties de l'agriculture et de l'économie rurale, écrites dans un style qui se ressent de la latinité et du bon goût du siècle d'Auguste. Le dixième livre est un poëme élégant sur la culture des jardins. M. Fayolle en a publié la traduction en vers français par L. T. Hérissant, dans le *Magasin encyclopédique* de mars 1813. Il nous reste encore de Columelle un traité sur les arbres, que l'on imprime ordinairement avec son ouvrage sur l'agriculture, et qui forme alors un treizième livre. Claude Cotereau, chanoine de Paris, a traduit en français les œuvres de Columelle, en 1551. Cette traduction, revue et corrigée par Thierry de Beauvoisie, est encore préférée, malgré son ancienneté, à celle que Saboureux de La Bonneterie a donnée en 1771—1773, sous le titre général de *Traductions d'ouvrages anciens relatifs à l'agriculture*, etc, contenant l'économie rurale de Caton, de Varron, de Columelle, de Palladius, et de Végèce, Paris, 6 vol. in-8°.

COMÉDIE. C'est l'imitation des mœurs, mise en action : imitation des mœurs, en quoi elle diffère de la tragédie et du poème héroïque; imitation en quoi elle diffère du poème didactique moral et du simple dialogue.

Elle diffère particulièrement de la tragédie dans son principe, dans ses moyens, et dans sa fin. La sensibilité humaine est le principe d'où part la tragédie, le pathétique en est le moyen; la crainte des passions funestes, l'horreur des grands crimes, et l'amour des sublimes vertus sont les fins qu'elle se se propose. La malice naturelle aux hommes est le principe de la comédie. Nous voyons les défauts de nos semblables avec une complaisance mêlée de mépris, lorsque ces défauts ne sont ni assez affligeants pour exciter la compassion, ni assez révoltants pour donner de la haine, ni assez dangereux pour inspirer de l'effroi. Ces images nous font sourire, si elles sont peintes avec finesse; elles nous font rire, si les traits de cette maligne joie, aussi frappants qu'inattendus, sont aiguisés par la surprise. De cette disposition à saisir le ridicule, la comédie tire sa force et ses moyens. Il eût été sans doute plus avantageux de changer en nous cette complaisance vicieuse en une pitié philosophique; mais on a trouvé plus facile et plus sûr de faire servir la malice humaine à corriger les autres vices de l'humanité, à-peu-près comme on emploie les pointes du diamant à polir le diamant même. C'est la l'objet ou la fin de la comédie.

Mal à propos l'a-t-on distinguée de la tragédie par la qualité des personnages : le roi de Thèbes, et Jupiter lui-même, sont des personnages comiques dans l'*Amphitryon*; et Spartacus, de la même condition que Sosie, est un personnage tragique à la tête de ses conjurés. Le degré des passions ne distingue pas mieux la comédie de la tragédie : le désespoir de l'Avare, lorsqu'il a perdu sa cassette, ne le cède en rien au désespoir de Philoctète, à qui on enlève les flèches d'Hercule. Des malheurs, des périls, des sentiments extraordinaires caractérisent la tragédie; des intérêts et des caractères communs constituent la comédie. L'une peint les hommes comme ils ont été quelquefois; l'autre comme ils ont coutume d'être. La tragédie est un tableau d'histoire; la comédie est un portrait : non le portrait d'un seul homme, comme la satire, mais d'une espèce d'hommes répandus dans la société, et dont les traits les plus marqués sont réunis dans une même figure. Enfin le vice n'appartient à la comédie qu'autant qu'il est ridicule et méprisable : dès que le vice est odieux, il est du ressort de la tragédie. C'est ainsi que Molière a fait de l'imposteur un personnage comique dans le *Tartufe*; Schakspeare, un personnage tragique dans *Glocester*. Si Molière a rendu le Tartufe odieux au cinquième acte, c'est, comme J. B. Rousseau le remarque, *par la nécessité de donner le dernier coup de pinceau à son personnage.*

On demande si la comédie est un poème? question aussi difficile à résoudre qu'inutile à proposer, comme toutes les disputes de mots. Veut-on approfondir un son, qui n'est qu'un son, comme s'il renfermait la nature des choses? La comédie n'est point un poème pour celui qui ne donne ce nom qu'à l'héroïque et au merveilleux; elle en est un pour celui qui met l'essence de la poésie dans la peinture. Un troisième donne le nom de poème à la comédie en vers, et le refuse à la comédie en prose; sur ce principe que la mesure n'est pas moins essentielle à la poésie qu'à la musique. Mais qu'importe qu'on diffère sur le nom; pourvu qu'on ait la même idée de la chose? *L'Avare*, ainsi que le *Télémaque*, sera ou ne sera point un poème; il n'en sera pas moins un ouvrage excellent. On disputait à Addison que *le Paradis perdu* fût un poème héroïque: « Eh bien, « dit-il, ce sera un poème divin. »

Comme presque toutes les règles du poème dramatique concourent à rapprocher par la vraisemblance la fiction de la réalité, l'action de la comédie nous étant plus familière que celle de la tragédie, et le défaut de vraisemblance plus facile à remarquer, les règles y doivent être plus rigoureusement observées : de là cette unité, cette continuité de caractère, cette aisance, cette simplicité dans le tissu de l'intrigue, ce naturel dans le dialogue, cette vérité dans les sentiments, cet art de cacher l'art même dans l'enchaînement des situations, d'où résulte l'illusion théâtrale.

Si l'on considère le nombre des traits qui caractérisent un personnage comique, on peut dire que la comédie est une imitation exagérée. Il est bien difficile en effet qu'il échappe en un jour à un seul homme autant de traits d'avarice que Molière en a rassemblé dans Harpagon. Mais cette exagération rentre dans la vraisemblance, lorsque les traits sont multipliés par des circonstances ménagées avec art. Quant à la force de chaque trait, la vraisemblance a des bornes. L'Avare de Plaute examinant les mains de son valet, lui dit: *Voyons la troisième*, ce qui est choquant: Molière a traduit *l'autre*, ce qui est naturel, attendu que la précipitation de l'avare a pu lui faire oublier qu'il a déjà examiné deux mains, et prendre celle-ci pour la seconde. *Les autres* est une faute du comédien, qui s'est glissée dans l'impression.

Il est vrai que la perspective du théâtre exige une couleur forte et de grandes touches, mais dans de justes proportions, c'est-à-dire, telles que l'œil du spectateur les réduise sans peine à la vérité de la nature. *Le Bourgeois gentilhomme* paie les titres que lui donne un complaisant mercenaire, et c'est ce qu'on voit tous les jours; mais il avoue qu'il les paie: *Voilà pour le monseigneur*, et c'est en quoi il renchérit sur ses modèles. Molière tire d'un sot l'aveu de ce ridicule, pour le mieux faire apercevoir dans ceux qui ont l'esprit de le dissimuler. Cette espèce d'exagération demande une grande justesse de raison et de goût. Le théâtre a son optique; et le tableau est manqué dès que le spectateur s'aperçoit qu'on a outré la nature.

Par la même raison, il ne suffit pas, pour rendre l'intrigue et le dialogue vraisemblables, d'en exclure ces aparté, que l'hypothèse théâtrale ne rend pas toujours assez naturels, et ces méprises fondées sur une ressemblance ou un déguisement prétendu, supposition que tous les yeux démentent, hors ceux du personnage qu'on a dessein de tromper; il faut encore que tout ce qui se passe et se dit sur la scène soit une peinture si naïve de la société, qu'on oublie qu'on est au spectacle. Un tableau est mal peint, si au premier coup d'œil on pense à la toile, et si l'on remarque le mélange des couleurs, avant que de voir des rondeurs, des reliefs, et des lointains. Le prestige de l'art, c'est de cacher l'art même, au point que non-seulement l'illusion précède la réflexion, mais qu'elle la repousse et l'écarte. Telle devait être l'illusion des Grecs et des Romains aux comédies de Ménandre et de Térence, non à celles d'Aristophane et de Plaute. Observons cependant, à propos de Térence, que le possible, qui suffit à la vraisemblance d'un caractère ou d'un évènement tragique, ne suffit pas à la vérité de la comédie. Ce n'est point un père comme il peut y en avoir, mais un père comme il y en a souvent; ce n'est point un individu, mais une espèce qu'il faut prendre pour modèle : contre cette règle pèche le caractère unique du *Bourreau de lui-même*.

Ce n'est point une combinaison possible à la rigueur, c'est une suite naturelle d'évènements familiers qui doit former l'intrigue de la comédie : principe qui condamne l'intrigue de l'*Hécyre*, si toutefois Térence a eu dessein de faire une comédie d'une action toute pathétique, et d'où il écarte jusqu'à la fin, avec une précaution marquée, le seul personnage qui pouvait être plaisant.

D'après ces règles que nous allons avoir occasion

de développer et d'appliquer, on peut juger des progrès de la comédie, ou plutôt de ses révolutions.

Sur le charriot de Thespis, la comédie n'était qu'un tissu d'injures adressées aux passants par des vendangeurs barbouillés de lie. Cratès, à l'exemple d'Épicharmus et de Phormis, poètes siciliens, l'éleva sur un théâtre plus décent et dans un ordre plus régulier. Alors, la comédie prit pour modèle la tragédie inventée par Eschyle, ou plutôt l'une et l'autre se formèrent sur les poésies d'Homère; l'une, sur l'*Iliade* et l'*Odyssée*; l'autre, sur le *Margitès*, poème satirique du même auteur : et c'est là proprement l'époque de la naissance de la comédie grecque.

On la divise en *ancienne*, *moyenne* et *nouvelle*, moins par ses âges que par les différentes modifications qu'on y observa successivement dans la peinture des mœurs. D'abord, on osa mettre sur le théâtre d'Athènes des satires en action, c'est-à-dire des personnages connus et nommés, dont on imitait les ridicules et les vices : telle fut la comédie ancienne.

Si quis erat dignus describi, quod malus, aut fur,
Quod mæchus foret, aut sicarius, aut alioqui
Famosus, multâ cum libertate notabant.
(Hor. *Sat.* I, 4.)

Les lois, pour réprimer cette licence, défendirent de nommer. La malignité des poètes ni celle des spectateurs ne perdirent rien à cette défense : la ressemblance des masques, des vêtements, de l'action, désignèrent si bien les personnages, qu'on les nommait en les voyant. Tel fut la comédie moyenne, où le poète, n'ayant plus à craindre le reproche de la personnalité, n'en était que plus hardi dans ses insultes, d'autant plus sûr d'ailleurs d'être applaudi, qu'en repaissant la malice des spectateurs par la noirceur de ses portraits, il ménageait encore à leur vanité le plaisir de deviner les modèles. C'est dans ces deux genres qu'Aristophane triompha tant de fois, à la honte des Athéniens.

La comédie satirique présentait d'abord une face avantageuse. Il est des vices contre lesquels les lois n'ont point sévi : l'ingratitude, l'infidélité au secret et à sa parole, l'usurpation tacite et artificieuse du mérite d'autrui, l'intérêt personnel, et l'incapacité dans les affaires publiques, échappent à la sévérité des lois ; la comédie satirique y attachait une peine d'autant plus terrible qu'il fallait la subir en plein théâtre. Le coupable y était traduit, et le public se faisait justice. C'était sans doute pour entretenir une terreur si salutaire, que non-seulement les poètes satiriques furent d'abord tolérés, mais gagés par les magistrats comme censeurs de la république. Platon lui-même s'était laissé séduire à cet avantage apparent, lorsqu'il admit Aristophane dans son banquet, si toutefois l'Aristophane comique est l'Aristophane du banquet, ce qu'on peut au moins révoquer en doute. Il est vrai que Platon conseillait à Denys la lecture des comédies de ce poète, pour connaître les mœurs de la république d'Athènes ;

c'était lui indiquer un bon observateur, un espion adroit, qu'il n'en estimait pas davantage.

Quant aux suffrages des Athéniens, un peuple ennemi de toute domination devait craindre surtout la supériorité du mérite. La plus sanglante satire était donc sûre de plaire à ce peuple jaloux, lorsqu'elle tombait sur l'objet de sa jalousie. Il est deux choses que les hommes vains ne trouvent jamais trop fortes, la flatterie pour eux-mêmes, la médisance contre les autres : ainsi, tout concourut d'abord à favoriser la comédie satirique. On ne fut pas long-temps à s'apercevoir que le talent de censurer le vice, pour être utile, devait être dirigé par la vertu, et que la liberté de la satire, accordée à un malhonnête homme, était un poignard dans les mains d'un furieux; mais ce furieux consolait l'envie. Voilà pourquoi dans Athènes, comme ailleurs, les méchants ont trouvé tant d'indulgence, et les bons tant de sévérité. Témoin la comédie des *Nuées*, exemple mémorable de la scélératesse des envieux, et des combats que doit se préparer à soutenir celui qui ose être plus sage et plus vertueux que son siècle.

La sagesse et la vertu de Socrate étaient parvenues à un si haut point de sublimité, qu'il ne fallait pas moins qu'un opprobre solennel pour en consoler sa patrie. Aristophane fut chargé de l'infâme emploi de calomnier Socrate en plein théâtre; et ce peuple, qui proscrivait un homme juste, par la seule raison qu'il se lassait de l'entendre appeler *juste*, courut en foule à ce spectacle. Socrate y assista debout.

Telle était la comédie à Athènes, dans le même temps que Sophocle et Euripide s'y disputaient la gloire de rendre la vertu intéressante et le crime odieux par des tableaux touchants ou terribles. Comment se pouvait-il que les mêmes spectateurs applaudissent à des mœurs si opposées? Les héros célébrés par Sophocle et par Euripide étaient morts; le sage calomnié par Aristophane était vivant : on loue les grands hommes d'avoir été; on ne leur pardonne pas d'être.

Mais ce qui est inconcevable, c'est qu'un comique grossier, rampant et obscène, sans goût, sans mœurs, sans vraisemblance, ait trouvé des enthousiastes dans le siècle de Molière. Il ne faut que lire ce qui nous reste d'Aristophane, pour juger, comme Plutarque, que « c'est moins pour les honnêtes « gens qu'il a écrit, que pour la vile populace, « pour des hommes perdus d'envie, de noirceur et « de débauche. » Qu'on lise après cela l'éloge qu'en fait madame Dacier : « Jamais homme n'a eu plus « de finesse, ni un tour plus ingénieux; le style « d'Aristophane est aussi agréable que son esprit; « si l'on n'a pas lu Aristophane, on ne connaît pas « encore tous les charmes et toutes les beautés du « grec, etc. * »

Les magistrats s'aperçurent, mais trop tard, que, dans la comédie appelée moyenne, les poètes n'avaient fait qu'éluder la loi qui défendait de nommer: ils en portèrent une seconde, qui, bannissant du

---

* Voyez t. II de notre Répertoire l'article ARISTOPHANE, où sont réunis les divers jugements des critiques sur ce poète.   H. P.

théâtre toute imitation personnelle, borna la comédie à la peinture générale des mœurs.

C'est alors que la comédie nouvelle cessa d'être une satire, et prit la forme honnête et décente qu'elle a conservée depuis. C'est dans ce genre que fleurit Ménandre, poète aussi élégant, aussi naturel, aussi simple qu'Aristophane l'était peu. On ne peut, sans regretter sensiblement les ouvrages de ce poète, lire l'éloge qu'en a fait Plutarque, d'accord avec toute l'antiquité : « C'est une prairie émaillée « de fleurs, où l'on aime à respirer un air pur... La « muse d'Aristophane ressemble à une femme per- « due ; celle de Ménandre à une honnête femme. »

Mais comme il est plus aisé d'imiter le grossier et le bas que le délicat et le noble, les premiers poètes latins suivirent les traces d'Aristophane. De ce nombre fut Plaute, qui cependant ne lui ressemble pas.

Térence, qui vint après Plaute, imita Ménandre sans l'égaler. César l'appelait un *demi-Ménandre*, et lui reprochait de n'avoir pas la force *comique*: expression que les commentateurs ont interprétée à leur façon, mais qui doit s'entendre de ces grands traits qui approfondissent les caractères, et qui vont chercher le vice jusque dans les replis de l'âme, pour l'exposer en plein théâtre au mépris des spectateurs.

Plaute est plus vif, plus gai, plus fort, plus varié; Térence, plus fin, plus vrai, plus pur, plus élégant : l'un a l'avantage que donne l'imagination qui n'est captivée ni par les règles de l'art ni par celles des mœurs, sur le talent assujetti à toutes ces règles; l'autre a le mérite d'avoir concilié l'agrément et la décence, la politesse et la plaisanterie, l'exactitude et la facilité: l'un amuse par l'action, et l'autre enchante par le style: on souhaiterait à Plaute la politesse de Térence, à Térence la gaieté de Plaute.

Les révolutions que la comédie a éprouvées dans ses premiers âges, et les différences qu'on y observe encore aujourd'hui, prennent leur source dans le génie des peuples et dans la forme des gouvernements: l'administration des affaires publiques, et par conséquent la conduite des chefs, étant l'objet principal de l'envie et de la censure dans un état démocratique, le peuple d'Athènes, toujours inquiet et mécontent, devait se plaire à voir exposer sur la scène non-seulement les vices des particuliers, mais l'intérieur du gouvernement, les prévarications des magistrats, les fautes des généraux, et sa propre facilité à se laisser corrompre ou séduire. C'est ainsi qu'il a couronné les satires politiques d'Aristophane.

Cette licence devait être réprimée à mesure que le gouvernement devenait moins populaire, et l'on s'aperçoit de cette modération dans les dernières comédies du même auteur, mais plus encore dans l'idée qui nous reste de celles de Ménandre, où l'état fut toujours respecté, et où les intrigues privées prirent la place des affaires publiques.

Les Romains, sous les consuls, aussi jaloux de leur liberté que les Athéniens, mais plus jaloux de la dignité de leur gouvernement, n'auraient jamais permis que la république fût exposée aux traits insultants de leurs poètes. Ainsi, les premiers comiques latins hasardèrent la satire personnelle, mais jamais la satire politique.

On donnait toute liberté au bas comique et au comique populaire, dans les Mimes et dans les Atellanes; la comédie, dans les mœurs grecques, et qu'on appelait *Palliata*, avait aussi pleine licence. Mais lorsque les nobles romains étaient en scène, comme dans les pièces qu'on appelait *Prætextæ*, et dans celles qu'on appelait *Togatæ*, les mœurs devenaient sérieuses, et le ridicule en était banni. Ce genre tenait le milieu, dit Sénèque, entre le comique et le tragique : *Habent hæc aliquid severitatis, et sunt inter tragœdias et comœdias mediæ.*

Dès que l'abondance et le luxe eurent adouci les mœurs de Rome, la comédie elle-même perdit de son âpreté; et comme les vices des Grecs avaient passé chez les Romains, Térence, pour les imiter, ne fit que copier Ménandre.

Le même rapport de convenances a déterminé le caractère de la comédie sur tous les théâtres de l'Europe depuis la renaissance des lettres.

Un peuple qui affectait autrefois dans ses mœurs une gravité superbe, et dans ses sentiments une enflure romanesque, a dû servir de modèle à des intrigues pleines d'incidents et de caractères hyperboliques : tel est le théâtre espagnol : c'est là seulement que serait vraisemblable le caractère de cet amant (*Villa Mediana*)

Qui brûla sa maison pour embrasser sa dame,
L'emportant à travers la flamme.

Mais ni ces exagérations forcées, ni une licence d'imagination qui viole toutes les règles, ni un raffinement de plaisanterie souvent puérile, n'ont pu faire refuser à Lopès de Véga une des premières places parmi les poètes comiques modernes. Il joint en effet à la plus heureuse sagacité dans le choix des caractères, une force d'imagination que le grand Corneille admirait lui-même. C'est de Lopès de Véga qu'il a emprunté le caractère du *Menteur*, dont il disait, avec tant de modestie et si peu de raison, *qu'il donnerait deux de ses meilleures pièces pour l'avoir imaginé.*

Un peuple qui a mis long-temps son honneur dans la fidélité des femmes, ou dans une vengeance cruelle de l'affront d'être trahi en amour, a dû fournir des intrigues périlleuses pour les amants, et capables d'exercer la fourberie des valets : ce peuple, d'ailleurs pantomime, a donné lieu à ce jeu muet, qui quelquefois, par une expression vive et plaisante, et par une sorte de caricature qui réjouit la multitude, soutient seul une intrigue dépourvue d'art, de sens, d'esprit et de goût. Tel est le comique italien, aussi chargé d'incidents, mais moins bien intrigué que le comique espagnol. Ce qui caractérise encore plus le comique italien, c'est ce mélange de mœurs nationales que la communication et la jalousie mutuelle des petits états d'Italie a fait imaginer à leurs poètes. On voit dans une même intrigue un Bolonnais, un Vénitien, un Napolitain, un Bergamasque, chacun avec le ridicule dominant de sa patrie. Ce mélange bizarre ne pouvait manquer de réussir dans sa nouveauté. Les Italiens en firent une règle essentielle de leur théâtre, et la comédie s'y vit par là condamnée à la grossière uniformité qu'elle avait eue dans son origine. Aussi dans le recueil immense de leurs pièces n'en trouve-t-on pas une seule dont un homme de goût soutienne la lecture. Les Italiens ont eux-mêmes reconnu la supériorité du comique français ; et tandis que leurs histrions se soutiennent dans le centre des beaux arts, Florence les a exclus de son théâtre, et a substitué à leurs farces les meilleures comédies de Molière, traduites en Italien. A l'exemple de Florence, Rome et Naples admirent sur leur théâtre les chefs-d'œuvre du nôtre. Venise se défend encore de la révolution ; mais elle cédera bientôt au torrent de l'exemple et à l'attrait du plaisir. Paris seul ne verra-t-il plus jouer Molière ? (La révolution qu'on espérait en faveur du goût ne s'est pas faite encore en Italie; Paris a renvoyé les farceurs italiens, mais il en a d'autres. Le théâtre de Molière est plus négligé que jamais : la foule est à ceux de la foire). *Voyez* FARCE.

Un état où chaque citoyen se fait gloire de penser avec indépendance a dû fournir un grand nombre d'originaux à peindre. L'affectation de ne ressembler à personne fait souvent qu'on ne ressemble pas à soi-même, et qu'on outre son propre caractère, de peur de se plier au caractère d'autrui. Là, ce ne sont point des ridicules courants; ce sont des singularités personnelles, qui donnent prise à la plaisanterie : le vice dominant de la société est de n'être pas sociable. Telle est la source du comique anglais, d'ailleurs plus simple, plus naturel, plus philosophique que les deux autres, et dans lequel la vraisemblance est rigoureusement observée aux dépens même de la pudeur.

Mais une nation douce et polie, où chacun se fait un devoir de conformer ses sentiments et ses idées aux mœurs de la société, où les préjugés sont des principes, où les usages sont des lois, où l'on est condamné à vivre seul dès qu'on veut vivre pour soi-même, cette nation ne doit présenter que des caractères adoucis par les égards, et que des vices palliés par les bienséances. Tel est le comique français, dont le théâtre anglais s'est enrichi, autant que l'opposition des mœurs a pu le permettre.

Le comique français se divise, suivant les mœurs qu'il peint, en *comique bas, comique bourgeois,* et *haut comique. Voyez* COMIQUE.

Mais une division plus essentielle se tire de la différence des objets que la comédie se propose; ou elle peint le vice qu'elle rend méprisable, comme la tragédie rend le crime odieux; de là le comique de caractère : ou elle fait les hommes le jouet des évènements; de là le comique de situation : ou elle présente les vertus communes avec des traits qui les font aimer, et dans des périls ou des malheurs qui les rendent intéressantes; de là le comique attendrissant.

De ces trois genres, le premier est le plus utile aux mœurs, le plus fort, le plus difficile et le plus rare, en ce qu'il présente le miroir aux hommes, et les fait rougir de leur propre image; le plus difficile et le plus rare, en ce qu'il suppose dans son auteur une étude consommée des mœurs de son siècle, un discernement juste et prompt, et une force d'imagination qui réunisse sous un seul point de vue les traits que sa pénétration n'a pu saisir qu'en détail. Ce qui manque à la plupart des peintres de caractères, et ce que Molière, ce grand modèle en tout genre, possédait éminemment, c'est ce coup d'œil philosophique, qui saisit non-seulement les extrêmes, mais le milieu des choses : entre l'hypocrite scélérat et le dévôt crédule, on voit l'homme de bien qui démasque la scélératesse de l'un, et qui plaint la crédulité de l'autre. Molière met en opposition les mœurs corrompues de la société et la probité farouche du misanthrope : entre ces deux excès paraît la modération d'un homme du monde qui hait le vice, mais qui ne croit pas devoir s'ériger en réformateur. C'est à cette précision qu'on reconnaît Molière; et ces deux vers d'Horace. (*Sat.* I, 1.) semblent avoir été sa règle :

> Est modus in rebus; sunt certi denique fines,
> Quos ultrà citràque nequit consistere rectum.

Que si l'on demande pourquoi le comique de situation nous excite à rire, même sans le concours du comique de caractère, nous demanderons à notre tour d'où vient qu'on rit de la chute imprévue d'un passant. C'est de ce genre de plaisanterie que Heinsius a eu raison de dire: *Plebis aucupium est et abusus. Voyez* PLAISANT.

Il n'en est pas ainsi du comique attendrissant: peut-être même est-il plus utile aux mœurs que la tragédie, vu qu'il nous intéresse de plus près, et qu'ainsi les exemples qu'il nous propose nous touchent plus sensiblement ; c'était du moins l'opinion de Corneille. Mais comme ce genre ne peut être ni soutenu par la grandeur des objets, ni animé par la force des situations, et qu'il doit être à la fois familier et intéressant, il est difficile d'y éviter le double écueil d'être froid ou d'être romanesque : c'est la simple nature qu'il faut saisir, et c'est le dernier effort de l'art que d'être en même temps ingénieux et naturel. Quant à l'origine du comique attendrissant, il faut n'avoir jamais lu les anciens pour en attribuer l'invention à notre siècle : on ne conçoit même pas que cette erreur ait pu subsister un instant chez une nation accoutumée à voir jouer l'*Andrienne* de Térence, où l'on pleure dès le premier acte. Quelque critique, pour condamner ce genre, a osé dire qu'il était nouveau ; on l'en a cru sur sa parole : tant la légèreté et l'indifférence d'un certain public sur les opinions littéraires donne beau jeu à l'effronterie et à l'ignorance !

Tels sont les trois genres de comique, parmi lesquels nous ne comptons ni le comique de mots, si fort en usage dans la société, faible ressource des esprits sans talent, sans étude et sans goût ; ni ce comique obscène, qui n'est plus souffert sur notre théâtre que par une sorte de prescription, et auquel les honnêtes gens ne peuvent rire sans rougir ; ni cette espèce de travestissement où le parodiste se traîne après l'original, pour avilir, par une imitation burlesque, l'action la plus noble et la plus touchante; genre méprisable, dont Aristophane est l'auteur.

Mais un genre supérieur à tous les autres est celui qui réunit le comique de situation et le comique de caractère, c'est-à-dire dans lequel les personnages sont engagés, par les vices du cœur ou par les travers de l'esprit, dans les circonstances humiliantes qui les exposent à la risée et au mépris des spectateurs. Tel est, dans *l'Avare* de Molière, la rencontre d'Harpagon avec son fils, lorsque, sans se connaître, ils viennent traiter ensemble, l'un comme usurier, l'autre comme dissipateur. *Voyez* SITUATION.

Il est des caractères trop peu marqués pour fournir une action soutenue : les habiles peintres les ont groupés avec des caractères dominants; c'est l'art de Molière : ou ils ont fait contraster plusieurs de ces petits caractères entre eux; c'est la manière de Dufresny, qui, quoique moins heureux dans l'économie de l'intrigue, est celui de nos auteurs comiques, après Molière, qui a le mieux saisi la nature; avec cette différence, que nous croyons tous avoir aperçu les traits que nous peint Molière, et que nous nous étonnons de n'avoir pas remarqué ceux que Dufresny nous fait apercevoir.

Mais combien Molière n'est-il pas au-dessus de tous ceux qui l'ont précédé ou qui l'ont suivi ? Qu'on lise le parallèle qu'en a fait, avec Térence, l'auteur du siècle de Louis XIV le plus digne de les juger, La Bruyère. « Il n'a, dit-il, manqué à Té-
« rence que d'être moins froid : quelle pureté !

« quelle exactitude! quelle politesse! quelle élé-
« gance! quels caractères! Il n'a manqué à Molière
« que d'éviter le jargon, et d'écrire purement : quel
« feu ! quelle naïveté ! quelle source de la bonne
« plaisanterie! quelle imitation des mœurs! et quel
« fléau du ridicule! Mais quel homme on aurait pu
« faire de ces deux comiques! »

La difficulté de saisir comme eux les ridicules et
les vices, a fait dire qu'il n'était plus possible de
faire des comédies de caractère. On prétend que
les grands traits ont été rendus, et qu'il ne reste
plus que des nuances imperceptibles : c'est avoir
bien peu étudié les mœurs du siècle, que de n'y
voir aucun nouveau caractère à peindre. L'hypocrisie de la vertu est-elle moins facile à démasquer
que l'hypocrisie de la dévotion? Le misanthrope
par air est-il moins ridicule que le misanthrope par
principes ? Le fat modeste, le petit seigneur, le
faux magnifique, le défiant, l'ami de cour, et tant
d'autres, viennent s'offrir en foule à qui aura le talent et le courage de les traiter! La politesse gaze
les vices; mais c'est une espèce de draperie légère,
à travers laquelle les grands maîtres savent bien dessiner le nu.

Quant à l'utilité de la comédie morale et décente,
comme elle l'est aujourd'hui sur notre théâtre, la
révoquer en doute, c'est prétendre que les hommes
soient insensibles au mépris et à la honte; c'est
supposer ou qu'ils ne peuvent rougir, ou qu'ils ne
peuvent se corriger des défauts dont ils rougissent;
c'est rendre les caractères indépendants de l'amour-

propre qui en est l'âme, et nous mettre au-dessus de l'opinion publique, dont la faiblesse et l'orgueil sont les esclaves, et dont la vertu même a tant de peine à s'affranchir.

Les hommes, dit-on, ne se reconnaissent pas à leur image : c'est ce qu'on peut nier hardiment. On croit tromper les autres, mais on ne se trompe jamais soi-même; et tel prétend à l'estime publique, qui n'oserait se montrer, s'il croyait être connu comme il se connaît.

Personne ne se corrige, dit-on encore : malheur à ceux pour qui ce principe est une vérité de sentiment! mais si en effet le fond du naturel est incorrigible, du moins le dehors ne l'est pas. Les hommes ne se touchent que par la surface; et tout serait dans l'ordre, si on pouvait réduire ceux qui sont nés vicieux, ridicules ou méchants, à ne l'être qu'au dedans d'eux-mêmes. C'est le but que se propose la comédie; et le théâtre est pour le vice et le ridicule ce que sont pour le crime les tribunaux où il est jugé, et les échafauds où il est puni.

MARMONTEL, *Éléments de Littérature.*

MÊME SUJET.

Examen de cette question : Si l'art de la Comédie est plus difficile que celui de la Tragédie.

La comédie n'a pas été, dans ce siècle, aussi heureuse que la tragédie. Celle-ci, graces à Voltaire, qu'elle peut opposer au siècle passé, s'est enrichie de beautés nouvelles, et a produit, entre les mains d'un seul homme, une suite de chefs-d'œuvre qui ne le cèdent point à ceux de l'âge précédent. La comédie n'a point eu de Voltaire : il lui a fallu, pour composer un très petit nombre de beaux ouvrages, réunir les efforts de trois ou quatre écrivains, dont chacun n'a pu élever qu'un seul monument, et qui tous sont restés fort au-dessous de Molière. *Le Glorieux*, *la Métromanie*, *le Méchant*, voilà, dans le dix-huitième siècle, les titres dont Thalie s'honore le plus : ils ne sont pas sans éclat, mais sont encore loin du *Tartufe* et du *Misanthrope*.

Cette différence de destinée entre la tragédie et la comédie prouverait-elle, comme quelques-uns l'ont pensé, que cette dernière est plus difficile, ou seulement, comme Boileau le disait à Louis XIV, que Molière était le plus grand génie de son siècle ? Cette autorité est d'un grand poids ; j'observerai cependant que, lorsqu'il s'agit de la prééminence, entre de si grands esprits, cette question délicate offre plus de rapports à examiner, et demande des vues plus étendues et plus approfondies que les principes généraux de la théorie des beaux-arts et les règles du bon goût, dont le développement a fait tant d'honneur à la raison et au jugement de l'auteur de l'*Art poétique*. On peut penser, sans lui faire injure, que cent ans écoulés entre lui et nous ont pu, en multipliant les lumières avec les objets de comparaison, et amenant de nouvelles idées avec le changement des mœurs, nous donner quelques avantages pour considérer après lui une question sur laquelle il a tranché d'un seul mot. J'avouerai même que j'en crois le résultat plus susceptible de probabilité que de démonstration, et il importe plus qu'on ne pense de ne pas confondre l'une avec l'autre. Il n'y a aujourd'hui que trop de gens qui ne demandent pas mieux que de regarder comme problématique tout ce qui tient aux matières de goût, et c'est leur donner gain de cause que de présenter comme évident ce qui peut être raisonnablement contesté. Ne compromettons point ce grand mot d'évidence, si nous voulons lui laisser toute sa force et tous ses droits. Heureusement elle n'est pas de nécessité dans cet examen : que Molière l'emporte ou non sur Corneille et Racine, qu'il y ait plus ou moins de difficulté et de mérite dans la tragédie ou dans la comédie, les principes de l'une et de l'autre n'en demeureront pas moins solidement établis sur l'observation de la nature, et la connaissance du cœur humain, n'en seront pas moins constatés par l'application que j'en ai faite aux beautés et aux défauts des écrivains, et consacrés par l'expérience des siècles les plus éclairés. C'est là ce qu'il était essentiel de démontrer : le reste n'est guère qu'une recherche de pure curiosité. Mais comme elle a été essayée plus d'une fois, et qu'il est de la nature de notre esprit d'être gêné par le doute et d'aimer à décider ses préférences en raison de ses conceptions, je vais à mon tour entrer dans quelques détails sur cette question souvent agitée : Si la tragédie est plus difficile que la comédie; et d'ailleurs cette discussion ne paraîtra peut-être pas déplacée dans le moment où nous sommes obligés de reconnaître que, si la tragédie s'est soutenue dans nos jours à la même hauteur que dans ceux de Louis XIV, et s'est même élevée en quelques parties, quoiqu'en se corrompant dans quelques autres, la comédie au contraire a décliné, et ne paraît pas pouvoir remonter au degré où Molière l'avait portée.

Cette supériorité de Molière est un des premiers arguments dont se servent ceux qui ont prononcé pour la comédie; ils ont dit: Trois hommes se disputent aujourd'hui la palme tragique: Corneille, Racine et Voltaire, avec différents caractères de talent, sont parvenus tous trois aux plus grandes beautés, aux plus grands effets de leur art. Molière seul a pu atteindre au plus haut degré du sien, et a laissé loin de lui tout ce qui l'a suivi: ne doit-on pas inférer que l'art le plus difficile est celui où un seul homme a excellé? Ce raisonnement est spécieux; est-il concluant? Ne pourrait-on pas présumer qu'il y a cette différence entre les deux arts, que l'un, étant plus étendu, n'a pu être embrassé dans toutes ses parties que par plusieurs génies puissants qui l'ont vu sous ses différens aspects, et que l'autre, étant plus borné, a présenté au premier grand artiste qui s'est rencontré ce qu'il y avait de plus heureux et de plus beau? Quelques observations peuvent venir à l'appui de cette opinion: voyons d'abord quel est le premier fond, la première substance de ces deux arts. L'un a pour son district les grandes passions considérées dans les plus grands personnages, dans les rois, dans les ministres, dans les héros, dans les princesses, enfin dans cette classe d'hommes où elles influent sur le sort de tous les autres. Ainsi l'ambition, la haine, l'amour, la jalousie, la vengeance, la liberté, le patriotisme, tous ces sentiments, quoique appartenant au cœur humain dans toutes les conditions, n'appartiennent à la tragédie que dans celles où ils acquièrent une importance effrayante, proportionnée à l'élévation de ceux qui en sont possédés. De là une scène de désastres et un vaste champ de révolutions dans les hautes fortunes et dans les destinées publiques; de là, en un mot, la terreur, la pitié, l'étonnement, l'admiration. L'autre a pour apanage les travers de l'esprit, les vices, les défauts, les ridicules de la société; ne les considère que dans leurs effets relatifs à l'individu, et n'a pour objet que de nous divertir du spectacle de nos faiblesses et de nos sottises, et de nous corriger par la réflexion, après nous avoir fait rire à nos dépens. Cette espèce de divertissement mêlée à l'instruction est tellement de l'essence de la comédie, qu'elle exclut tout ce qui pourrait en troubler le plaisir, tout ce qui dans les peintures morales qu'elle traite pourrait aller jusqu'à l'indignation, à la douleur, au dégoût. Il est aussi expressément recommandé à la comédie de réjouir qu'à la tragédie d'affliger. Ainsi l'une satisfait le désir malin que nous avons de nous moquer même de notre ressemblance; l'autre, le besoin que nous avons d'être émus: l'une s'adresse plus à l'esprit, l'autre va plus au cœur. Maintenant laquelle offre le plus grand nombre d'objets à saisir? Quel est le fond le plus riche, ou les sentiments de l'âme et les passions du cœur, ou les défauts d'humeur et de caractère? Un moraliste répondra l'un et l'autre est inépuisable. Oui, mais non pas pour les arts d'imitation, qui choisissent. Or, quand un artiste tel que Molière aura peint un avare, un faux dévot, un philosophe outré comme le Misanthrope, un bourgeois possédé de la manie de faire le grand seigneur comme Jourdain, des femmes entichées du bel-esprit; quand il aura peint ces originaux à grands traits, il n'y aura plus à y revenir : un homme d'un vrai talent ne l'essaiera même pas; et c'est ainsi que les sujets principaux, saisis par un homme supérieur, ne laisseront plus à ceux qui viendront après lui que le second rang. J'ai fait voir, dans l'analyse du *Misanthrope* et du *Tartufe*, que ces deux pièces étaient les conceptions les plus fortes, les plus profondes, les plus morales dont le génie comique ait pu s'emparer. Donc, à talent égal, un autre Molière n'égalerait pas aujourd'hui les productions du premier. Mais était-il plus difficile de traiter ces deux sujets que ceux des *Horaces* et d'*Andromaque?* Je crois le contraire. J'admets dans l'un et l'autre genre la même mesure d'esprit et de jugement pour bien connaître et bien peindre l'homme, et combiner les situations dramatiques avec la peinture des caractères; il restera une partie essentielle que je regarde comme la plus rare de toutes, et qui est propre à la tragédie; c'est l'accord de l'imagination et de la raison, de la sensibilité et du goût, dans un assez haut degré pour donner à la fois aux personnages tragiques toute la noblesse du langage de la poésie et toute la vérité des sentiments de la nature; ce mélange me semble, je l'avoue, le plus bel effort de l'esprit humain. Il est certainement beaucoup plus aisé d'imiter en vers familiers la conversation ordinaire que de faire parler, dans des situations importantes, les rois et les héros, de manière qu'ils ne soient jamais au-delà de la vraisemblance morale, ni au-dessous des conventions poétiques, et qu'ils satisfassent à la fois l'imagination qui veut admirer, et le cœur qui veut être remué; et c'est ici que s'établit la grande différence des deux genres, dont l'un exige absolument ce qui passe pour le plus difficile dans les arts, le beau idéal, tandis que l'autre ne le comporte pas. On s'est mépris souvent sur ce mot, et sur-tout les détracteurs aiment à s'y méprendre; ils auraient bien voulu confondre une nature idéale avec une nature fausse : mais l'une est le plus misérable abus de l'art, l'autre en est le chef-d'œuvre; et cette distinction, qui est une vérité de sentiment pour tout bon artiste, peut devenir pour tout homme de bon sens une vérité raisonnée. Demandez à un peintre, à un sculpteur, s'il est difficile de dessiner des proportions absolument colossales; ils vous diront qu'il n'y a rien de plus aisé; mais de donner à un héros comme Achille une figure, une taille, une habitude de corps, un caractère de physionomie qui, sans être en rien hors de la nature, présentent pourtant quelque chose au-dessus des autres hommes, c'est là, vous diront-ils, ce qui demande le ciseau ou le pinceau d'un grand maître. De même la nature fausse était dans l'enflure aussi facile qu'insensée de Garnier, de Rotrou, de Mairet, de tous les prédécesseurs de Corneille: la belle nature idéale était dans *Cinna* et dans les *Horaces*, et remarquez qu'elle tient sur-tout à la magie du style tragique.

Celle de la comédie ne consiste qu'à joindre la rime et la mesure au langage usuel sans gêner sa facilité, et seulement pour y ajouter l'avantage de graver plus aisément dans la mémoire ce qui est digne d'être retenu. C'est un mérite sans doute; mais dans la tragédie, la nature des personnages et des intérêts nous fait attendre des choses au-dessus du commun. La poésie, fondée comme tous les arts sur des conventions qui promettent un plaisir, s'engage ici à flatter l'oreille par le nombre et l'harmonie, à frapper l'imagination par de belles figures; et pourtant il faut que ce langage élégant et cadencé conserve assez de vérité pour que l'âme et le cœur soient dans une illusion continuelle, ne croient jamais entendre que le personnage lui-même, et jouissent de la poésie, sans qu'elle le fasse oublier. Dans la réalité, il n'aura jamais parlé aussi bien, du moins habituellement : voilà l'idéal ; mais tout ce qu'il dit, il aurait pu le dire ainsi si l'on parlait en beaux vers, et l'idéal n'est pas faux. Or, quelle plus grande difficulté que de réunir, et cette donnée, qui est de l'art, et ce vrai, qui est de la nature ? Que l'on y fasse attention, et l'on verra que par soi-même l'un devrait nuire à l'autre, et que s'ils se fortifient réciproquement, c'est le prodige du génie. En effet, qu'un malheureux se plaigne à vous, qu'un homme passionné vous exprime tout ce qu'il ressent, il ne lui en faut pas davantage pour vous émouvoir : dans son langage, vous reconnaissez le vôtre ; ce qu'il dit, vous le diriez. Mais que, sous les plus belles formes de la poésie, le malheur et la passion exercent le même empire, et même au-delà ; que ce déguisement convenu les embellisse pour l'esprit, et ne les fasse pas méconnaître pour le cœur, je le répète, c'est le triomphe de l'imitation dramatique, et c'est celui de la tragédie.

Le dialogue et le style en sont essentiellement nobles ; elle seule peut et doit s'élever jusqu'au sublime de toute espèce : et qu'y a-t-il au-dessus du sublime ? On a dit que l'esprit de l'homme tendait naturellement à s'élever, et que l'élévation de la tragédie était peut-être plus facile que le naturel de la comédie. Je ne le crois pas : on a confondu une tendance naturelle au grand avec la faculté de se soutenir à une certaine hauteur ; ce sont deux choses très différentes. Les hommes les plus éclairés ont toujours pensé que le style le plus difficile de tous était le style noble, et pour plusieurs raisons : il faut de la force pour y atteindre, de la sagesse pour le régler, et sur-tout un art infini pour le varier. Il est toujours près ou de l'exagération, ou de l'inégalité, ou de la monotonie : ces trois écueils sont très loin du style de la comédie. Vous risquez peu de tomber, parce qu'il ne s'élève jamais ; et par la même raison, vous risquez peu de monter trop haut, et quant à la monotonie, rien n'en est plus éloigné que la conversation familière, qui, n'ayant point de ton marqué, et les prenant tous, ne peut devenir fatigante que par le fond des choses, et non par l'expression. Aussi convient-on qu'il faut être bien plus grand poète pour la tragédie que pour la comédie : celle-ci peut demander autant d'invention, mais infiniment moins de poésie de style. Ce n'est pas qu'il n'en faille pour l'écrire comme Molière dans ses bonnes pièces, comme Corneille dans le grand récit du *Menteur*, comme Destouches dans quelques scènes du *Glorieux*, comme Piron dans *la Métromanie*, comme Gresset dans *le Méchant*; mais ce style, quel qu'en soit le mérite, n'exige pas, à beaucoup près, la réunion d'autant de qualités qu'en suppose celui des pièces de Racine et de Voltaire, les deux seuls hommes qui, jusqu'à nous, aient écrit la tragédie avec une perfection continue.

On objecte : De votre aveu même on peut inférer que, du moins depuis Molière, la comédie est plus difficile que la tragédie, puisque vous posez en fait qu'il a pris ce qu'il y avait de meilleur. Je réponds : La conséquence n'est pas juste. De ce que j'ai dit on peut conclure qu'il est, non-seulement très difficile, mais peut-être même impossible d'égaler les ouvrages de Molière, et j'en ai indiqué les raisons; mais l'état de la question n'est point changé, et comme j'ai estimé que Corneille avait eu encore plus à faire que Molière, je suis conséquent lorsque j'estime que la tâche de Racine était plus difficile que celle de Regnard, et la tâche de Voltaire plus que celle de Destouches. J'estime de même que *Manlius* et *Rhadamiste* étaient plus difficile à faire que *la Métromanie* et *le Méchant*.

On insiste : Vous avez commencé par établir que le champ de la tragédie est plus vaste que celui de la comédie : donc celle-ci offre moins de ressources, et par conséquent plus de difficultés que l'autre. — Cette objection est pressante; je l'attendais pour développer ce que j'ai mis en avant sur la différence des deux genres, et m'expliquer sur la nature et les résultats de cette différence. C'est en cherchant les meilleures raisons de part et d'autre que l'on peut parvenir à la vérité.

Oui, l'art de la tragédie est composé de parties plus nombreuses, plus diverses et plus importantes que celui de la comédie; et c'est aussi pour cela que l'un me paraît supérieur à l'autre, et demande plus de qualités réunies. Tous les peuples anciens et modernes, tous les personnages fameux de l'histoire, toutes les révolutions des États, sont du domaine de la tragédie; c'est une richesse immense; mais il faut la conquérir, et le grand talent en est seul capable : c'est une mine abondante, mais très pénible à fouiller, et qui ne peut être exploitée qu'à grands frais. Quelle force de tête ne faut-il pas pour soutenir sur la scène un grand caractère donné par l'histoire! quelle solidité de jugement pour en observer toutes les convenances, pour les adapter à l'effet théâtral, pour bien représenter les mœurs nationales, et n'en prendre que ce qu'elles ont de dramatique! Et faites attention que le grand sens nécessaire pour cette partie est loin de suffire, si vous n'y joignez cette sensibilité vive et flexible, nécessaire pour les passions tragiques.

N'est-il pas reconnu que les deux choses qui, dans les ouvrages d'esprit, se réunissent le plus rarement, qui même semblent le plus souvent s'exclure, ce sont la grande force de tête et la grande sensibilité du cœur? La sensibilité est assez commune, il est vrai, dans le degré suffisant pour traiter avec quelque succès des sujets qui offrent de l'intérêt; c'est en général la ressource des écrivains médiocres, et les grands caractères de l'histoire sont leur écueil. Thomas Corneille a tiré parti d'*Ariane*; il a défiguré jusqu'au ridicule la reine Élisabeth et le comte d'Essex. Campistron a su intéresser dans le rôle d'Andronic; il a manqué absolument celui de l'empereur qui devait retracer Philippe II. La Motte lui-même, le froid La Motte, a réussi dans *Inès*, et n'a pas su peindre Romulus. Le *Régulus* même de Pradon n'est pas sans quelque intérêt ni sans art dans la conduite; mais il n'a pas manqué de faire son héros amoureux, et l'a gâté. La Grange et Châteaubrun ont eu des beautés dans les sujets de la Fable; ils ont totalement échoué dans les sujets d'histoire. Tous ceux qui avaient mis sur la scène César, Annibal, Alexandre, Scipion, ne les y ont pas fait reconnaître; il a fallu Voltaire pour faire parler César. De Belloy a tiré des effets, n'importe comment d'un sujet d'invention comme *Zelmire*; il a même peint fort bien le patriotisme monarchique dans le maire de Calais: mais le roi d'Angleterre, Édouard III; mais son fils, le prince Noir, le héros de son siècle; mais ce Titus, surnommé les délices du monde; mais Coucy,

Bayard, Gaston, du Guesclin, ne sont nullement dans ses pièces ce qu'ils sont dans les historiens. Voyez Gustave Vasa dans l'abbé de Vertot, et cherchez-le ensuite dans Piron; et pour finir par un exemple frappant que me fournit ce même Piron, et qui prouve que ce riche terrain de l'histoire n'est fertile que sous une main bien robuste, voyez dans son *Fernand-Cortez* cette époque si fameuse et si poétique de la conquête du Nouveau-Monde : y a-t-il trouvé ce que Voltaire a mis dans son *Alzire ?* Il résulte de cette foule d'exemples que ces trésors de l'art, en lui ménageant tant de ressources, ne le rendent pas plus facile, puisqu'ils ne sont guère accessibles que pour le talent le plus éminent. Crébillon, qui en avait beaucoup, n'a jamais su tracer qu'un seul caractère historique, Pharasmane; encore est-il calqué sur Mithridate : on sait à quel point il s'est égaré dans les rôles de Catilina et de Cicéron. Je ne connais que deux exemples d'écrivains du second ordre qui soient venus à bout d'un grand caractère, La Fosse dans *Manlius*, et La Noue dans *Mahomet II;* et ils servent encore à prouver combien est rare cette réunion des différentes qualités qui seules peuvent mettre dans toute leur valeur les richesses tragiques. Tous deux, avec assez d'esprit et de jugement pour bien dessiner un caractère, n'ont pas eu assez d'imagination poétique pour que le coloris fût digne du dessin.

Je reviens maintenant à la comédie, et j'avoue qu'en effet le nombre des grands caractères est borné, et que Molière a choisi les plus marqués et les plus féconds. Plusieurs de ceux qu'elle peut traiter rentrent les uns dans les autres, ou ne sont que des nuances du même fond. Ainsi *l'Irrésolu*, le *Capricieux*, *l'Inquiet*, *l'Inconstant*, n'ont pas de différences assez prononcées pour fournir des sujets distincts. Mais trois grandes ressources restent au talent comique, l'intrigue, les mœurs et la gaieté : c'est sur-tout la gaieté qui a distingué Regnard. Or, cette qualité si essentielle à la comédie, et qui suffit, même quand elle est seule, pour y procurer des succès, n'est pas à beaucoup près aussi rare que celle qu'exige la tragédie. C'est par la gaieté qu'a réussi la plus ancienne de nos comédies, *Patelin* : elle étincelle dans les pièces de Dufresny, qui a su y joindre une originalité piquante; dans *Turcaret*, où elle est assaisonnée du sel de la plus piquante satire; dans *la Métromanie*, où, graces au sujet et à la tournure d'esprit de l'auteur, elle est toute de verve et toute poétique; elle a tenu lieu d'intrigue aux *Plaideurs;* elle a fait le succès du *Grondeur*, et des plus jolies pièces de Dancourt, et le principal mérite de plusieurs pièces de nos jours, même de celles où elle n'est pas toujours de bon goût, comme nous l'avons vu dans celles de Beaumarchais. J'ai rassemblé ces exemples (et je pourrais en ajouter beaucoup d'autres) pour faire voir que, si quelques tragiques d'un ordre inférieur sont parvenus à faire pleurer, il est encore bien plus aisé et plus commun de faire rire; et, si l'on m'objectait des tragédies fort médiocres que quelques larmes ont fait valoir au théâtre, je citerais Montfleury, qui est encore joué aujourd'hui, quoique sa gaieté ne soit guère qu'une bouffonnerie licencieuse; tant le spectateur est de bonne composition dès qu'on le fait rire.

La facilité, particulière à la comédie, de faire des pièces en quatre actes, en trois, en deux, en un seul, peut faire regarder l'intrigue comme une mine presque inépuisable. Une historiette plaisante, un conte, une aventure de société, peut très aisément fournir une comédie très agréable. Combien d'autres se sont fait quelque réputation avec ces bagatelles! Elles vont tout à l'heure passer sous nos yeux. Mettez-les toutes ensemble, joignez-y même des pièces en cinq actes, telle que *le Complaisant* ou *la Coquette corrigée*, et le tout supposera moins d'esprit et de talent qu'*Iphigénie en Tauride*, *Didon*, ou même le *Siège de Calais*.

Les mœurs sont une partie qui coûte beaucoup davantage, et qu'on a bien plus rarement mise en œuvre. Il y en a dans *les Dehors trompeurs*, dans *le Méchant*, et dans quelques pièces plus modernes; mais en général on les néglige trop, soit qu'on ne sache pas les voir avec un œil observateur, soit qu'on n'aperçoive pas tout ce qu'on en pourrait tirer. C'est aujourd'hui le champ où le vrai talent pourrait faire la meilleure et la plus belle moisson. Il faut d'abord se persuader qu'elles ne sont plus ce qu'elles étaient; et ce sont tous ces changements inévitables, fruit de l'esprit de société, de ses progrès et de ses abus qui sont des inconvénients attachés au genre, mais en même temps une ressource pour ceux qui le cultivent. L'inconvénient consiste en ce que la ressemblance perd, sinon de son mérite, au moins de son effet, quand le modèle est changé. Beaucoup de nos comédies sont, du côté des mœurs, des portraits de nos grands pères qu'on laisse dans l'antichambre, fussent-ils peints par Largilière ou Rigaud. Toutes ces intrigues, conduites par des valets et des soubrettes, ne ressemblent plus à rien. Elles étaient bonnes lorsque les femmes, gênées par des lois plus sévères, avaient besoin de ces agents subalternes. Aujourd'hui l'on peut se passer de leurs secours ; ils peuvent encore tout savoir ou deviner tout, mais on ne leur confie plus rien. Personne n'entretient confidemment son valet d'amour ou de mariage, et les femmes savent qu'il n'y a point de confidente plus dangereuse qu'une femme de chambre. Un auteur qui reviendrait à ces vieilles routines ne serait donc pas un peintre, il ne ferait que copier d'anciens tableaux. On ne retrouverait plus aujourd'hui l'original de *Turcaret* : il y en avait cent quand Le Sage fit la pièce. C'est la gaieté des détails qui la soutient, et non plus le plaisir de retrouver ce que l'on connaît. Nos robins ne ressemblent pas plus à leurs pères que nos financiers à leurs prédécesseurs. La querelle de Vadius et de Trissotin, copiée par Molière d'après nature, ne pourrait tout au plus avoir lieu aujourd'hui que dans la littérature des cafés. Tout est changé, et tout est raffiné : c'est sans doute une des raisons qui ont tant diminué dans ce siècle la vogue des anciennes comédies : toujours estimées, elles sont suivies beaucoup moins. Molière lui-même, que l'on sait par cœur, il est vrai, mais pas plus que Corneille et Racine, a bien moins de spectateurs : c'est que les plaisirs du cœur s'usent moins que ceux de l'esprit, et c'est encore un des grands avantages de la tragédie. Cependant Molière a un mérite particulier, indépendant de toute révolution dans les mœurs. A tout moment il peint ce qui dans l'homme ne change jamais, ce qui tient à la nature, et non pas seulement aux mœurs. S'il refaisait aujourd'hui *les Femmes savantes*, il ferait un autre tableau ; les deux auteurs ne se diraient plus de grosses injures ; mais Vadius, après s'être moqué de ceux qui lisent leurs vers, pourrait encore dire : *Voici de petits vers*: cela est de tous les temps. Molière ne chasserait plus une servante pour n'avoir point *parlé Vaugelas* ; mais Chrysale, qui se vante toujours d'être le maître, et qui est toujours mené par sa femme, pourrait dire encore à son gendre, quand sa femme est d'accord sur le mariage de sa fille :

Je vous l'avais bien dit que vous l'épouseriez.

Cela est de tous les temps. Molière est plein de traits pareils ; et pourtant, comme on le sait, il n'attire plus la foule comme nos grands tragiques, parce que, toutes choses d'ailleurs égales, on aime encore mieux être ému que d'être amusé.

On a dit que, sur le retour de l'âge, il arrivait

assez souvent de préférer la comédie à la tragédie. La vérité est qu'on devient seulement plus difficile sur le tragique, parce qu'on a le goût plus formé que dans la jeunesse, où toute les émotions sont bonnes pour l'extrême besoin qu'on en a; et j'ai toujours vu qu'une bonne tragédie bien jouée produisait son effet sur les spectateurs de tout âge, et n'attirait pas moins les vieillards que les jeunes gens. Mais la comédie est plus communément bien exécutée que la tragédie; de plus, elle supporte bien mieux la médiocrité de l'exécution, et cette différence est encore à l'avantage de la tragédie. Elle prouve l'idée qu'on a de l'excellence de cet art, par le chagrin qu'on éprouve à le voir dégradé; elle prouve le plaisir qu'on s'en promet, par le regret de voir cette espérance trompée. Enfin, pour ajouter une dernière preuve de cette prééminence, j'observerai que tous nos tragiques célèbres se sont essayés avec succès dans la comédie, Corneille dans *le Menteur*, Racine dans *les Plaideurs*, Voltaire dans *Nanine*; et pas un comique n'a pu faire une tragédie passable. Regnard, Brueys, Marivaux, La Chaussée et autres l'ont tenté, et l'on ignore jusqu'au titre de leurs pièces. Thomas Corneille écrit très mal la tragédie, et il a versifié assez heureusement *le Festin de Pierre*.

J'ai exposé l'inconvénient qui résultait, pour la comédie, de la mobilité des mœurs sociales; mais on peut le compenser par l'avantage de rajeunir le portrait en suivant les variations du modèle, et de renouveler ainsi cette partie de l'art, qui est sujette à vieillir. C'est l'espèce de gloire qui se présente aujourd'hui à celui qui aura le courage et la force de s'en servir : ce sont des mœurs qu'il faut peindre. La société mise sur la scène peut seule tenir lieu de ces caractères prononcés, saillants et à gros traits, que ne comportent plus guère l'élégance perfectionnée de nos usages et le ton presque uniforme de ce qu'on appelle le monde. Les vices et les ridicules raffinés, et la corruption raisonnée, et l'hypocrisie, non plus de religion, mais de morale, n'offrent pas, je l'avoue, des surfaces aussi fortement comiques que les mœurs du temps de Molière ; mais ce qui ne peut plus suffire à un portrait peut se rassembler en tableau, et la comédie peut se conformer à la marche de la société. Si chaque individu ne marque pas assez, l'esprit général marque beaucoup ; et ses traits, quoique dispersés sur plusieurs physionomies, peuvent faire sur la scène une peinture vivante, et c'est au vrai talent qu'il appartient de la colorier.

La Harpe, *Cours de Littérature.*

MÊME SUJET.

L'homme a beau varier ses compositions, l'écrivain a beau s'exercer dans les genres les plus différents, tout ce qui sort de sa plume porte le cachet de son talent naturel. C'est ainsi que Marivaux écrivant des comédies, faisait encore des romans, et que Le Sage écrivant des romans, faisait encore des comédies ; car ce n'est pas seulement la facilité de combiner des scènes et de développer une intrigue qui constitue l'auteur comique, c'est l'art de saisir les caractères, d'observer les mœurs, et d'en présenter un tableau dramatique et fidèle. On a beaucoup disserté sur le but de la comédie : des philosophes du siècle dernier l'ont regardée comme la seule école de la sagesse; des critiques de nos jours, au contraire, la représentent comme fatale aux mœurs et à la religion. Mais les philosophes n'étaient pas tout-à-fait sages, les critiques ne sont pas tout-à-fait religieux. Ainsi, ne soyons ni trop séduits par les uns, ni trop effrayés par les autres, et continuons d'aller à la comédie, sans espoir, si l'on veut, d'être plus parfaits, mais sans crainte aussi de devenir plus vicieux.

Peut-être est-ce une erreur de prétendre que la comédie dirige les mœurs; elle les suit, elle en reçoit l'influence, et devient en quelque sorte l'histoire morale des nations. Elle est, pour la postérité, l'image vivante des générations qui ne sont plus. C'est, si je puis m'exprimer ainsi, un écho qui se répète d'un siècle dans un autre, et qui se prolonge à travers la succession des âges. L'histoire nous rappelle, nous retrace le passé, la comédie nous y transporte : elle apprend à connaître les peuples; elle est, pour les moralistes, ce que les médailles sont pour les antiquaires.

Qui peint mieux les Athéniens que les comédies d'Aristophane? Un auteur qui parvint à la célébrité en immolant à la risée publique les grands hommes de son temps, vivait à coup sûr chez un peuple ombrageux, ingrat et jaloux. Si, chez une nation, la satire de tout mérite personnel est une des règles du théâtre, l'ostracisme doit être un des articles de la législation; et les hommes qui se plaisent à voir outrager Euripide, parce qu'il est trop grand, sont les mêmes qui exilent Aristide, parce qu'il est trop juste. Denys, tyran de Syracuse, s'étant adressé à Platon, afin d'avoir une idée positive du gouvernement et du peuple d'Athènes, le philosophe, pour toute réponse, lui envoya le théâtre d'Aristophane.

Peut-être la comédie latine n'offre-t-elle pas un champ aussi vaste à l'observateur. Les Romains, ayant imité les Grecs, n'ont point eu de théâtre national; encore les ouvrages de Plaute et de Térence sont-ils d'excellents sujets d'étude pour les historiens : on y retrouve une foule d'usages qu'eux seuls nous ont transmis, et rien ne nous fait mieux connaître la dissolution de la jeunesse de Rome, les séductions des courtisanes, l'effronterie des parasites, et enfin tous les éléments dont se composait la société sous les maîtres du monde. Mais passons aux temps modernes, et hâtons-nous d'arriver à l'époque la plus mémorable de notre gloire dramatique, à l'apparition de Molière : son théâtre n'est-il pas le tableau le plus parfait des mœurs de son temps? C'est un des privilèges de ce beau siècle; tout en restera : de grands généraux, de grands écrivains en ont immortalisé la gloire. Molière en a immortalisé les ridicules et les vices : c'est lui qui, ouvrant au génie la plus vaste et la plus brillante carrière, a fait voir tout à la fois, dans l'auteur comique, le peintre éloquent, le moraliste sévère et l'historien fidèle. Sous le pinceau de ce grand homme, la comédie s'est tout-à-fait associée à l'histoire; il semble que les personnages de l'une soient des témoins qui restent pour déposer en faveur de l'autre devant la postérité. Et en effet transportons-nous par la pensée dans l'avenir le plus lointain; supposons que de nombreuses générations se sont succédées, et que par l'effet de ces grandes catastrophes qui bouleversent les empires, tout ce qui a été écrit sur les deux derniers siècles a disparu : histoire, chronique, inscriptions, médailles, tout s'est abîmé dans la nuit des temps, et les comédies seules ont survécu à cette destruction universelle. Eh bien! j'ose l'affirmer, on devinerait par elles toutes les révolutions politiques et morales des deux siècles. Au premier coup d'œil jeté sur les œuvres de Molière, qui peut méconnaître le siècle où il a vécu? Le temps où parut *le Misanthrope* était, à coup sûr, celui de la politesse et de l'élégance; la cour où l'on s'exprimait avec cette pureté de langage était l'asyle de l'esprit et des graces; le pays qui produisait de pareils chefs-d'œuvre était parvenu à un haut dégré de gloire et de civilisation. La religion était en honneur; car les fripons se couvraient de son masque pour usurper l'estime publique : *Tartufe* nous l'apprend. Les lettres étaient en crédit; car le faux savoir même était un moyen de fortune : *Les Femmes savantes* en sont la preuve. La noblesse était considérée; car tout ce qui était riche aspirait à devenir noble : *Le Bourgeois Gentilhomme* l'atteste. Mais, à mesure que les classes de la société se confondent, les mœurs publiques se pervertissent : bientôt la noblesse se prodigue; elle se décrédite. La bourgeoisie veut copier la cour; elle n'en imite que les ridicules et les vices, sans en emprunter l'éclat et les graces : enfin, le noble se dégrade, et le bourgeois ne s'anoblit pas. Voilà encore ce que nous dit Molière, et ce que nous confirme Dancourt, historien du second ordre, mais qui n'en est ni moins fidèle, ni moins véridique.

Tel était l'état de la société à la fin du dix-septième siècle. Le dix-huitième commence, et les mœurs se dépravent encore; mais ce n'est point ce désordre seul qui afflige les regards de l'observateur : une plaie cruelle porte ses ravages jusques dans le cœur de l'état. Sans doute, de grands malheurs ont nécessité de grands sacrifices; car la fortune publique est livrée à des parvenus grossiers : des laquais enrichis foulent aux pieds toutes les lois de l'honneur; l'honnêteté, la pudeur sont bravées; la vertu n'est plus qu'un vain mot !!! N'ai-je pas fait l'analyse de *Turcaret?* Dès lors plus de contrainte, plus de frein, plus de masque : l'hypocrisie est le seul vice qu'on n'ait plus. Que dis-je? elle existe encore; mais ce n'est plus l'homme pervers, c'est le sage qui se déguise; on rougit des affections les plus douces, on est honteux des liens les plus sacrés, et *le Philosophe marié* met à cacher son bonheur, le soin que Tartufe prenait pour dissimuler ses vices. Quelle époque de corruption que celle où un homme d'honneur se croit perdu, s'il laisse éclater son amour pour l'épouse qu'il a promis d'aimer. Et remarquez le bien, Messieurs, ce n'est pas le travers, la manie de quelques individus, c'est *le Préjugé à la mode.* Qu'on me cite des pièces historiques, des mémoires particuliers qui caractérisent mieux les désordres de la Régence. En voulez-vous encore des témoins irrécusables ? Voyez ces jeunes débauchés qui semblent se parer du mépris public ; voyez ce marquis de Moncade, qui oublie sa dignité pour réparer sa fortune. De toute part éclatent des symptômes de décadence ; la littérature dégénère avec les mœurs ; les froides antithèses du bel-esprit remplacent les rapides inspirations du génie ; la manie de l'analyse succède à l'esprit d'observation ; le précieux, au naturel ; la manière, à la grace ; des esquisses agréables, des miniatures charmantes, des écrivains spirituels; mais plus de vastes conceptions, plus de grands tableaux, plus de grands hommes : j'en atteste Marivaux, La Noue, Dorat, et leurs tristes imitateurs. D'un autre côté, on disserte, on déclame, on prêche au théâtre. Les comédies de Molière ont dû être écrites pour un peuple éclairé; celles de La Chaussée, de Diderot, de Voltaire, l'ont été pour un peuple raisonneur. Quel mouvement rapide dans la marche des idées! Quels incroyables progrès dans la confusion des rangs ! *Nanine* paraît sur la scène, et ce n'est plus un jeune seigneur perdu de mœurs, c'est un sage qui se mésallie. Moncade sait qu'il s'avilit, Dolban est persuadé qu'il s'honore ; et ce qui était naguère l'oubli de la dignité, n'est plus maintenant que *le Préjugé vaincu.* Sous le siècle de Molière, la bourgeoisie cherche à s'élever ; sous le siècle de Voltaire, c'est la noblesse qui aspire à descendre ; l'un a fait de M. Jourdain *le bourgeois gentilhomme ;* l'autre a fait du comte Dolban *le gentilhomme bourgeois.*

Lorsque tous les rangs se mêlent, lorsque toutes distinctions s'effacent, on doit bientôt parler d'égalité, de loi naturelle : aussi, en suivant les comédies du temps, voyons-nous des imaginations exaltées rêver, dans un siècle corrompu, les perfections chimériques de l'âge d'or. Mais quel contraste entre les nouveaux principes qu'on professe, et la manière dont on les annonce ! On parle de modération avec orgueil, de sagesse avec arrogance ; on met en doute, et l'on ne souffre pas la contradiction ; la religion avait eu des sectateurs cruels, la tolérance a des apôtres fanatiques. Ce serait ici le lieu de parler d'une comédie qui dut causer un grand scandale *; mais je ne la nommerai point, parce que, s'il était certain que cet ouvrage a signalé des sophistes dangereux, il n'est pas moins vrai que son titre a calomnié des sages.

Mais, quand tout semble conspirer pour l'anéantissement des institutions, quand tous les bras sont en mouvement pour renverser l'édifice social, à quoi pensent les hommes chargés de le soutenir? Hélas! Messieurs, les colonels font de la tapisserie, et les abbés chantent dans les boudoirs **. Les grands seigneurs, les magistrats sont parodiés en

---

* La comédie des *Philosophes*, de Palissot. *Voyez* PALISSOT.

** Ces deux personnages se trouvent dans *le Cercle*, comédie de Poinsinet.

plein théâtre : *Figaro* paraît, et ils permettent, ils souffrent qu'un valet réformateur leur donne des leçons! Que dis-je? ils sont eux-mêmes spectateurs, et battent des mains avec le public qui leur insulte! Dès long-temps l'horizon était obscurci : c'en est fait, le siècle finit au milieu des orages, et une nuit épaisse en couvre les derniers moments.

N'attendez pas que je soulève le voile qui les dérobe à vos yeux; ne croyez pas que je déroule devant vous cette longue liste de productions monstrueuses dans lesquelles le bon goût, la langue et les mœurs furent également outragés. A Dieu ne plaise que je parle, dans le sanctuaire des lettres, du triomphe de la barbarie, et que je rappelle, devant les statues de Corneille et de Racine, l'époque déplorable où leurs chefs-d'œuvre furent mutilés par des mains sacrilèges. Non, Messieurs, je n'attristerai point vos souvenirs, en leur offrant de pareils tableaux, et je me bornerai à énoncer cette opinion, que personne ne contestera sans doute : c'est que le théâtre de ces temps malheureux pourrait aussi en être l'histoire.

Je n'ai tracé qu'une esquisse rapide et légère, et cependant les évènements s'y succèdent, les faits s'y enchaînent sans effort; on y voit la comédie suivre et recevoir l'influence du temps où elle a paru, et en devenir, si je puis m'exprimer ainsi, l'histoire dialoguée. Et cependant certains hommes osent soutenir que la carrière de la comédie est fermée! Ne semblent-ils pas nous dire : « Il n'y a plus de « vices, plus de ridicules? » Non, Messieurs, la comédie est éternelle; elle ne cessera d'exister que le jour où tous les hommes seront parfaits, et rien n'annonce encore qu'elle doive finir de sitôt. Si chaque siècle a ses mœurs, chaque siècle a sa comédie. Les abus, les préjugés, les caractères même changent de formes avec des institutions nouvelles. L'auteur comique peut donc reproduire d'anciens personnages sous d'autres couleurs, et peindre une seconde fois des figures qui ne sont plus les mêmes.

Étienne, *Discours de réception à l'Institut.*

COMÉDIE GRECQUE, LATINE, FRANÇAISE, *Voyez* aristophane, plaute, térence, molière, etc.

COMINES (Philippe de) seigneur d'Argenton, naquit en 1447 au château de Comines, situé sur la Lys, près de Menin. Issu d'une illustre famille de Flandre, il passa les premières années de sa jeunesse à la cour de Charles-le-Téméraire, duc de Bourgogne, qui l'honorait de toute sa confiance. Ayant été assez heureux pour contribuer à un traité entre le Duc et Louis XI, prisonnier à Péronne, ce dernier fut tellement satisfait de la médiation de Comines, qu'il ne négligea rien pour l'attirer auprès de lui. Il y réussit; et Comines passa en 1472 de la cour de Bourgogne à celle de France. Dans ses *Mémoires*, il se tait sur les motifs qui ont pu le décider à abandonner son maître, et rien n'éclaircit ce point important de sa vie. Louis XI le combla de faveurs et de richesses, le fit sénéchal de Poitou, et quelque temps après lui donna pour épouse Hélène de Jambes, d'une famille riche et illustre. Comines fut reconnaissant, s'attacha à son maître, et lui rendit des services importants à la guerre et dans diverses négociations. Après la mort de Louis XI, son successeur, Charles VIII, ne l'honora pas de la même faveur; Comines se rangea du parti du duc d'Orléans, à qui on l'accusa d'avoir vendu les secrets de l'état. Il fut arrêté et conduit à Loches, où il passa huit mois, enfermé dans une de ces cages de fer que Louis XI avait mises en usage. De là on le transféra à Paris; et, après une détention de deux ans, il fut absous de tous les crimes qu'on lui imputait. Le roi rappela Comines près de lui, et connaissant son mérite et son expérience, lui confia plusieurs négociations, notamment avec les Vénitiens, où Comines eut le désagrément de ne pas réussir. Le duc d'Orléans (Louis XII) monta sur le trône en 1498. Comines vint rendre ses hommages au nouveau roi; et là se termine tout ce qu'il nous apprend de lui dans ses *Mémoires*. Il mourut le 16 août 1509, dans son château d'Argenton, à l'âge de soixante-quatre ans.

Ses Mémoires sur l'histoire de Louis XI et de Charles VIII, depuis 1464 jusqu'en 1498 sont un des morceaux les plus intéressants de l'histoire de France. « En mon Philippe de Comines, dit Montai-
« gne, vous trouverez le langage doux et agréable
« d'une naïve simplicité; la narration pure, et en
« laquelle la bonne foi de l'auteur reluit évidem-

« ment, exempte de vanité parlant de soi, et d'af-
« fection et d'envie parlant d'autrui ; ses discours et
« exhortements accompagnés plus de bon zèle et
« de vérité, que d'aucune exquise suffisance; et,
« tout partout, de l'autorité et gravité, représen-
« tant son homme de bon lieu, et élevé aux grandes
« affaires. » (*Essais*, liv. II, ch. 10.)

La meilleure édition des *Mémoires* de Comines, est celle qu'a donnée l'abbé Lenglet du Fresnoy, 4 vol. in-4°, Londres (Paris), 1747. Elle a été revue sur le manuscrit, enrichie de notes et de portraits gravés par Odieuvre. L'édition d'Elzévir, 1648, in-12, est d'un format plus commode; mais elle est fort rare. Sleidan a publié une traduction latine abrégée de ces *Mémoires*; elle passe pour être bien écrite, mais peu fidèle. Ph. T.

JUGEMENTS.

I.

Comme écrivain de vies, Philippe de Comines ressemble singulièrement à Plutarque; sa simplicité est même plus franche que celle du biographe antique. Plutarque n'a souvent que le bon esprit d'être simple; il court volontiers après la pensée; ce n'est qu'un agréable imposteur en tours naïfs.

A la vérité il est plus instruit que Comines ; et néanmoins le vieux seigneur gaulois, avec l'Évangile et sa foi dans les ermites, a laissé, tout ignorant qu'il était, des mémoires pleins d'enseignement.

CHATEAUBRIAND, *Génie du Christianisme.*

II.

Recommandons la lecture de Philippe de Comines ; elle est importante. C'est un historien ; car on voit agir ses personnages. C'est un politique, et le plus délibéré penseur qu'ait eu la France avant Montaigne. C'est déjà même un écrivain. Son style est clair, précis, énergique, malgré les tours vieillis et les expressions surannées. C'est qu'il n'écrit jamais à vide ; et, puisqu'il tient les idées, il faut bien que les mots lui viennent.

C'est dans les derniers temps de Louis XI que Philippe de Comines se surpasse. Là, rien n'est à citer, il faut tout lire.

M. J. Chénier, *Fragments du Cours de Littérature.*

III.

Parmi les historiens modernes, aucun peut-être n'a été estimé aussi haut que Comines. Aux charmes d'un langage naturel et flexible, qui reçoit toute l'empreinte des pensées et les laisse voir dans leurs vraies nuances, à l'intérêt, au récit vivant et naïf d'un témoin oculaire, Comines joint une profonde connaissance des hommes et des affaires. Ce n'est pas en philosophe et en moraliste qu'il juge ; ce n'est pas non plus en écrivain politique qui a médité sur les révolutions et les gouvernements ; tout en lui respire la froide observation, le jugement droit et sain. Nourri au milieu du mouvement des empires, des intrigues des princes, de la corruption de leurs courtisans, dans un temps où l'enthousiasme de la chevalerie et de la religion avait déjà fini, où l'empire du monde appartenait aux plus prudents et aux plus habiles, Comines s'accoutuma à estimer avant tout la sagesse de la conduite et du caractère. On ne trouve pas en lui un amour noble et élevé de la vertu, de la loyauté; mais, comme la justice, la bonne foi, le respect de la morale sont les fondements de tout ordre durable, grace à la rectitude de son jugement et à la gravité de son caractère, il les a en grande recommandation; il voit les hommes comme les instruments de la Providence, ne sait point les haïr ni les aimer. Il se rend si bien compte de leur caractère, lit si bien au fond de leur âme, que leurs actions paraissent résulter, par une irrévocable nécessité, de leurs circonstances intérieures et extérieures.

DE BARANTE, *Biographie universelle.*

COMIQUE. Ce qui est comique pour tel peuple, pour telle société, pour tel homme, peut ne pas l'être pour tel autre. L'effet du comique résulte de la comparaison qu'on fait, même sans s'en apercevoir, de ses mœurs avec les mœurs qu'on voit tourner en ridicule, et suppose, entre le spectateur et le personnage visible, une différence avantageuse pour le premier. Il arrive pourtant quelquefois que l'on rit de sa propre image, même en s'y reconnaissant; cela vient ou du plaisir secret qu'on a de se croire plus adroit qu'un autre à échapper au ridicule, ou d'une duplicité de caractère qui s'observe encore plus sensiblement dans le combat des passions, où l'homme est sans cesse en opposition avec lui-même. On se juge, on se condamne, on se plaisante, comme un tiers; et l'amour-propre y trouve son compte.

Le comique n'étant qu'une relation, il doit perdre à être transplanté; mais il perd plus ou moins en raison de sa bonté essentielle. S'il est peint avec force et vérité, il aura toujours, comme les portraits de Van-Dyck et de Latour, le mérite de la peinture, lors même qu'on ne sera plus en état de juger de la ressemblance; et les connaisseurs y apercevront cette âme et cette vie qu'on n'exprime jamais qu'en imitant la nature. D'ailleurs, si le comique porte sur des caractères généraux et sur quelque vice radical de l'humanité, il ne sera que trop ressemblant dans tous les pays et dans tous les siècles. *L'Avocat patelin* semble peint de nos jours. *L'Avare* de Plaute a ses originaux à Paris. *Le Misanthrope* de Molière eût trouvé les siens à Rome. Tels sont malheureusement, chez tous les hommes, le contraste et le mélange de l'amour-propre et de la raison, que la théorie des bonnes mœurs et la pratique des mauvaises sont presque toujours et partout les mêmes. L'avarice, cette avidité insatiable qui fait qu'on se prive de tout pour ne manquer de rien; l'envie, ce mélange d'estime et de haine pour les avantages qu'on n'a pas; l'hypocrisie, ce masque du vice déguisé en vertu; la flatterie, ce commerce infâme entre la bassesse et la vanité; tous ces vices, et une infinité d'autres, existeront partout où il y aura des hommes, et partout ils seront regardés comme des vices. Chaque homme méprisera dans son semblable ceux dont il se croira exempt, et prendra un plaisir malin à les voir humilier : ce qui assure à jamais le succès du comique qui attaque les mœurs générales.

Il n'en est pas ainsi du comique local et momentané. Il est borné, pour les lieux et pour les temps, au cercle du ridicule qu'il attaque; mais il n'en est souvent que plus louable, attendu que c'est lui qui empêche le ridicule de se perpétuer et de se répandre; qu'il détruit ses propres modèles; et que, s'il ne ressemble plus à personne, c'est que personne n'ose plus lui ressembler. Ménage, qui a dit tant de mots et qui en a dit si peu de bons, avait pourtant raison de s'écrier à la première représentation des *Précieuses ridicules : Courage, Molière! voilà le bon comique.* Observons, à propos de cette pièce, qu'il y a quelquefois un grand art à charger les portraits. La méprise des deux provinciales, leur empressement pour deux valets travestis, les coups de bâton qui font le dénouement, exagèrent sans doute le mépris attaché aux airs et au ton précieux; mais Molière, pour arrêter la contagion, a usé du plus violent remède. C'est ainsi que dans un dénouement qui a essuyé tant de critiques et qui mérite les plus grands éloges, il a osé envoyer l'hypocrite à la Grève. Son exemple doit apprendre à ses imitateurs à ne pas ménager le vice, et à traiter un méchant homme sur le théâtre comme il doit l'être dans la société. Par exemple, il n'y a qu'une façon de renvoyer de dessus la scène un scélérat qui fait gloire de séduire une femme pour la déshonorer : ceux qui lui ressemblent trouveront mauvais le dénouement; tant mieux pour l'auteur et pour l'ouvrage.

Le genre comique français, le seul dont nous traiterons ici, comme étant le plus parfait de tous (*Voyez* COMÉDIE), se divise en *comique noble, comique bourgeois, et bas comique.* Comme je n'ai fait qu'indiquer cette division dans l'article COMÉDIE, je vais la marquer davantage dans celui-ci. C'est d'une profonde connaissance de leur objet que les arts tirent leurs règles, et les auteurs leur fécondité.

Le comique noble peint les mœurs des grands; et celles-ci diffèrent des mœurs du peuple et de la bourgeoisie, moins par le fond que par la forme. Les vices des grands sont moins grossiers; leurs ridicules sont moins choquants; ils sont même, pour la plupart, si bien colorés par la politesse, qu'ils entrent dans le caractère de l'homme aimable : ce sont des poisons assaisonnés que l'observateur décompose; mais peu de personnes sont à portée de les étudier, moins encore en état de les saisir. On s'amuse à recopier le *Petit-Maître,* sur lequel tous les traits du ridicule sont épuisés, et dont la peinture n'est plus qu'une école pour les jeunes gens qui ont quelque disposition à le devenir; cependant on laisse en paix *l'Intrigante, le bas Orgueilleux, le Prôneur de lui-même,* et une foule d'autres dont le monde est rempli. Il est vrai qu'il ne faut pas moins de courage que de talent pour toucher à certains caractères; et pour attaquer les mœurs actuelles avec quelque vigueur, on aurait besoin de l'un et de l'autre : mais aussi n'est-ce pas sans peine qu'on peut marcher sur les pas de l'intrépide auteur du *Tartufe*. Boileau racontait que Molière, après lui avoir lu *le Misanthrope*, lui avait dit : *Vous verrez bien autre chose.* Qu'aurait-il donc fait, si la mort ne l'avait surpris, cet homme qui voyait quelque chose au-delà du *Misanthrope ?* Ce problème, qui confondait Boileau, devrait être pour les auteurs comiques un objet continuel d'émulation et de recherches; et ne fût-ce pour eux que la pierre philosophale, ils feraient du moins, en la cherchant inutilement, mille autres découvertes utiles.

Indépendamment de l'étude réfléchie des mœurs du grand monde, sans laquelle on ne saurait faire un pas dans la carrière du haut comique, ce genre présente un obstacle qui lui est propre, et dont un auteur est d'abord effrayé. La plupart des ridicules des grands sont si bien composés, qu'ils sont à peine visibles : leurs vices sur-tout ont je ne sais quoi d'imposant qui se refuse à la plaisanterie; mais les situations les mettent en jeu. Quoi de plus sérieux en soi que *le Misanthrope ?* Molière le rend amoureux d'une coquette; il est comique. *Le Tartufe* est un chef-d'œuvre plus surprenant encore dans l'art des contrastes : dans cette intrigue si comique, aucun des principaux personnages ne le serait, pris séparément; ils le deviennent tous par leur opposition. En général, les caractères ne se développent que par leur mélange.

Les prétentions déplacées et les faux airs sont l'objet principal du comique bourgeois. Les progrès de la politesse et du luxe l'ont rapproché du comique noble, mais ne les ont point confondus. La vanité, qui a pris dans la bourgeoisie un ton plus haut qu'autrefois, traite de grossier tout ce qui n'a pas l'air du beau monde. C'est un ridicule de plus qui ne doit pas empêcher un auteur de peindre les bourgeois avec les mœurs bourgeoises. Qu'il laisse mettre au rang des farces *Georges Dandin*, *le Malade imaginaire*, *les Fourberies de Scapin*, *le Bourgeois gentilhomme*, et qu'il tâche de les imiter. La farce est l'insipide exagération, ou l'imitation grossière d'une nature indigne d'être présentée aux yeux des honnêtes gens. Le choix des objets et la vérité de la peinture caractérisent la bonne comédie. *Le Malade imaginaire*, auquel les médecins doivent plus qu'ils ne pensent, est un tableau aussi frappant et aussi moral qu'il y en ait au théâtre. *Georges Dandin*, où sont peintes avec tant de sagesse les mœurs les plus licencieuses, est un chef-d'œuvre de naturel et d'intrigue; et ce n'est pas la faute de Molière, si le sot orgueil, plus fort que ses leçons, perpétue encore l'alliance des Dandin avec les Sotenville. Si dans ces modèles on trouve quelques traits qui ne peuvent amuser que le peuple, en revanche combien de scènes dignes des connaisseurs les plus délicats!

Boileau a eu tort, s'il n'a pas reconnu l'auteur du *Misanthrope* dans l'éloquence de Scapin avec le père de son maître; dans l'avarice de ce vieillard;

dans la scène des deux pères; dans l'amour des deux fils, tableaux dignes de Térence; dans la confession de Scapin, qui se croit convaincu; dans son insolence, dès qu'il sent que son maître a besoin de lui, etc. Boileau a eu raison, s'il n'a regardé comme indigne de Molière que le sac où le vieillard est enveloppé : encore eût-il mieux valu en faire la critique à son ami vivant, que d'attendre qu'il fût mort pour lui en faire le reproche. Boileau ne laissait pas de rendre justice à Molière : « Je ne lui « connais pas de supérieur, disait-il, pour l'esprit « et pour le naturel. Ce grand homme l'emporte de « beaucoup sur Corneille, sur M. Racine, et sur « moi. » Ce *sur moi* n'est pas d'un écrivain modeste; mais il est d'un homme équitable.

Pourceaugnac est la seule pièce de Molière qu'on puisse mettre au rang des farces; et dans cette farce même on trouve des caractères, tels que celui de Sbrigani, et des situations, telles que celle de Pourceaugnac entre les deux médecins, qui décèlent le grand maître.

Le comique bas, ainsi nommé parce qu'il imite les mœurs du bas peuple, peut avoir, comme les tableaux flamands, le mérite du coloris, de la vérité et de la gaieté. Il a aussi sa finesse et ses graces, et il ne faut pas le confondre avec le comique grossier : celui-ci consiste dans la *manière*; ce n'est point un genre à part, c'est un défaut de tous les genres. Les amours d'une bourgeoise et l'ivresse d'un marquis peuvent être du comique grossier, comme tout ce qui blesse le goût et les mœurs. Le comique bas, au contraire, est susceptible de délicatesse et d'honnêteté ; il donne même une nouvelle force au comique bourgeois et au comique noble, lorsqu'il contraste avec eux. Molière en fournit des exemples. Voyez dans *le Dépit amoureux*, la brouillerie et la réconciliation entre Marinette et Gros-René, où sont peints, dans la simplicité villageoise, les mêmes mouvements de dépit et les mêmes retours de tendresse qui viennent de se passer dans la scène des deux amants. Molière, à la vérité, mêle quelquefois le comique grossier avec le bas comique. Dans la scène que je viens de citer, *Voilà ton demi-cent d'épingles de Paris*, est du comique bas. *Je voudrais bien aussi te rendre ton potage*, est du comique grossier. La *paille rompue* est un trait de génie. Ces sortes de scènes sont comme des miroirs où la nature, ailleurs représentée avec le coloris de l'art, se répète dans toute sa simplicité. Le secret de ces miroirs serait-il perdu depuis Molière? Il a tiré des contrastes encore plus forts du mélange des comiques. C'est ainsi que, dans *le Festin de Pierre*, il nous peint la crédulité des deux petites villageoises, et leur facilité à se laisser séduire par un scélérat dont la magnificence les éblouit. C'est ainsi que, dans *le Bourgeois gentilhomme*, la grossièreté de Nicole jette un nouveau ridicule sur les prétentions impertinentes et sur l'éducation forcée de M. Jourdain. C'est ainsi que, dans *l'École des femmes*, l'imbécillité d'Alain et de Georgette, si bien nuancée avec l'ingénuité d'Agnès, concourt à faire réussir les entreprises de l'amant et à faire échouer les précautions du jaloux.

Qu'on nous pardonne de tirer tous nos exemples de Molière : si Ménandre et Térence revenaient au monde, ils étudieraient ce grand maître, et n'étudieraient que lui.

MARMONTEL, *Éléments de Littérature.*

COMPARAISON. On en distingue deux espèces : l'une oratoire, et l'autre poétique.

La comparaison oratoire fait sentence ; la poétique ne fait qu'image.

L'oratoire conclut du plus au moins, comme dans ces vers :

Celui qui met un frein à la fureur des flots,
Sait aussi des méchants arrêter les complots.
(RAC., *Athalie*, act. I, sc. 1.)

Du moins au plus, comme dans ceux-ci :

Dieu laissa-t-il jamais ses enfants au besoin ?
Aux petits des oiseaux il donne la pâture.
(*Ibid*, act. II, sc. 7.)

Ou sans gradation, comme dans l'apologue :

Selon que vous serez heureux ou misérable,
Les jugements de cour vous rendront blanc ou noir.
(La Fontaine, Fabl. VII, I.)

Tantôt elle ne fait qu'indiquer l'application de l'image, comme dans ces mots d'Iphicrate : « Une « armée de cerfs commandée par un lion est plus « à craindre qu'une armée de lions commandée par « un cerf. » Tantôt elle énonce formellement l'induction, comme dans cet exemple : Brasidas, général des Lacédémoniens, ayant été mordu par une

souris, et la douleur lui ayant fait lâcher prise :
« Vous voyez, dit-il aux assistants, qu'il n'est rien
« de si petit qui ne puisse sauver sa vie, lorsqu'il
« a le courage de la défendre. »

« Vous ressemblez, dit Démosthène au peuple
« athénien, à un gladiateur maladroit et pusilla-
« nime, qui, au lieu de parer et de riposter, perd
« son temps à porter la main tantôt sur une plaie,
« tantôt sur l'autre, à mesure qu'il les reçoit. »

La fleur de la jeunesse athénienne ayant péri dans la guerre de Samos, Périclès comparait cette perte à celle que ferait l'année *si on lui ôtait le printemps.*

Voilà des comparaisons oratoires également frappantes par leur justesse et par leur rareté.

La comparaison poétique n'est donnée ni pour exemple ni pour raison : elle ne conclut rien ; elle éclaire, colore, embellit son objet, souvent l'élève et l'agrandit.

Au lieu d'être précise et transitoire, comme dans cette pensée de Bacon, « les hommes ont peur de « la mort, comme les enfants ont peur des ténèbres, » elle est étendue et développée, comme dans ces vers de Lucrèce, d'où est prise l'idée de Bacon :

Nam veluti pueri trepidant, atque omnia cœcis
In tenebris metuunt ; sic nos in luce timemus
Interdùm nihilo quæ sunt metuenda magis, quam
Quæ pueri in tenebris pavitant fugiuntque futura.
(*De nat. rer.*)

Son usage le plus commun est de rendre présent à l'imagination l'objet de la pensée.

Lucain veut exprimer le respect qu'avait Rome pour la vieillesse de Pompée : il le compare à un vieux chêne chargé d'offrandes et de trophées. « Il « ne tient plus à la terre que par de faibles raci- « nes : c'est de son bois, non de son feuillage, qu'il « couvre les lieux d'alentour : mais quoiqu'il soit « près de tomber sous le premier effort des vents; « quoiqu'il s'élève autour de lui des forêts d'arbres « dont la jeunesse a toute sa vigueur, c'est encore « lui seul qu'on révère. »

    Nec jam validis radicibus hærens,
Pondere fixa suo est; nudosque per aera ramos
Effundens, trunco, non frondibus, efficit umbram.
At quamvis primo nutet casura sub Euro,
Tot circùm silvæ firmo se robore tollant;
Sola tamen colitur.
      (*Phars.* I.)

Lucrèce, pour rendre raison du soin qu'il a pris d'embellir des leçons tristes et sévères, se compare à un médecin, qui, pour faire boire à un enfant une liqueur salutaire, mais rebutante, enduit de miel les bords du vase :

Nam veluti pueris absinthia tetra medentes
Cum dare conantur, priùs oras, pocula circum,
Contingunt mellis dulci flavoque liquore,
Ut puerorum ætas improvida ludificetur, etc [*].
      (*De Nat. rer.*)

─────────
[*] Horace a imité cette ingénieuse comparaison lorsqu'il a dit :
  ..... Ut pueris olim dant crustula blandi
 Doctores, elementa velint ut discere prima.
      (Sat. liv. I, 1, v. 25.)
« Comme ces maîtres caressants qui donnent des gâteaux aux petits en-
« fants, pour les engager à bien apprendre leurs lettres. » H. P.

COMPARAISON.

On ne voit jusque-là dans la comparaison qu'une image simple et fidèle ; mais souvent elle ajoute à l'objet qu'elle exprime plus de noblesse et de grandeur. Telle est, dans une ode d'Horace, la comparaison de Drusus avec l'oiseau qui porte la foudre :

> Qualem ministrum fulminis alitem
> . . . .
> Olim juventas, et patrius vigor
> Nido laborum propulit inscium;
> . . . .
> Nunc in reluctantes dracones
> Egit amor dapis atque pugnæ*.
> (Od. IV, 4.)

<hr>

* Le Tasse s'est tenu plus près de Lucrèce lorsqu'il a dit dans son invocation :

> Cosi a l'egro fanciol porgiamo aspersi
> Di soave licor gli orli del vaso :
> Succhi amari, ingannato, in tanto ei beve ;
> E da l'inganno suo vita riceve.

>   Tel cet oiseau qui, dédaignant la terre,
> Promène dans les airs son vol impérieux ;
> L'oiseau que Jupiter plaça près du tonnerre,
>   Quand il le vit de sa fidèle serre
> Enlever Ganymède, et l'entraîner aux cieux.
>   Dans la vigueur et la fougue de l'âge,
> Loin du nid paternel chassé par le printemps,
> Dans le Zéphir d'abord il croit sentir l'orage ;
>   Mais l'effroi cède à son jeune courage,
> Et ses premiers efforts ont triomphé des vents.
>   Bientôt, terrible, il fond sur la prairie ;
> De la faible brebis il déchire le flanc ;
> Ou, livrant aux combats sa jeunesse aguerrie,
>   Sur le serpent qui lutte avec furie,
> Il s'élance altéré de périls et de sang.
> *Traduction de Léon Halévy* (2 e lit 1824).

Telle est dans la *Pharsale* la comparaison de l'âme de César avec la foudre elle-même :

Magnamque cadens, magnamque revertens
Dat stragem latè, sparsosque recolligit ignes.

Quelquefois aussi l'intention du poète est de ravaler ce qu'il peint, comme dans cette comparaison si nouvelle et si juste des *seize* avec le limon qui s'élève du fond des eaux :

Ainsi, lorsque les vents, fougueux tyrans des eaux,
De la Seine ou du Rhône ont soulevé les flots,
Le limon croupissant dans leurs grottes profondes
S'élève en bouillonnant sur la face des ondes.

Mais alors, et cet exemple en est la preuve, l'objet est vil et l'image est noble. Cela dépend du choix des mots; car la noblesse des termes est indépendante de l'idée, c'est l'usage qui la donne ou qui la refuse à son gré : témoin la *boue* et le *limon*, qu'il a reçu dans le style héroïque. En cela l'usage n'a d'autre règle que son caprice; et c'est lui qu'il faut consulter.

Observons cependant que l'opinion change d'un siècle à l'autre; et à cet égard le siècle présent n'a pas le droit de juger les siècles passés. Si l'on a raison de reprocher à Homère d'avoir comparé Ajax à un âne, ce n'est donc pas à cause de la bassesse de l'image; car Homère savait mieux que nous si elle était vile aux yeux des Grecs. Mais ce qu'on ne peut désavouer, c'est que l'obstination de l'âne ne peint qu'à demi l'acharnement d'Ajax. Ce que l'ardeur d'un guerrier a de fier, d'impétueux, de

terrible, n'y est point exprimé : voilà par où cette comparaison est défectueuse. L'intention du poète, en employant une image, n'est remplie que lorsque son objet s'y fait voir dans ce qu'il a d'intéressant : aussi combien la constance des deux Ajax combattant l'un à côté de l'autre est mieux exprimée par l'image de deux taureaux ! « Ajax Oïlée, dit Ho-
« mère, ne s'éloignait plus d'Ajax Télamonien : ainsi
« que deux vigoureux taureaux attelés au même
« joug traînent la charrue avec une ardeur égale,
« déchirant le sein d'une terre durcie par un long
« repos, et sillonnant profondément la campagne.
« La sueur coule de leurs larges fronts. Ainsi les
« deux guerriers, dans le champ de Mars, parta-
« gent leurs nobles travaux. » Voilà une image vraiment terrible. Lors donc qu'il s'agit d'inspirer l'étonnement, la pitié, la crainte, il est décidé par la nature même, et indépendamment de l'opinion, que les images du lion, du tigre, de l'aigle ou du vautour, rendent mieux l'action d'un guerrier au milieu du carnage, que ne fait celle de l'âne, qui ne peint qu'une patiente stupidité.

Je dis la même chose de la comparaison d'Amate qu'une furie agite, avec un sabot que fouette un enfant : j'y vois la rapidité du mouvement, mais ce n'est point assez ; et l'égarement de Didon est bien mieux exprimé par l'image de la biche que le chasseur a blessée, et qui, courant dans les forêts, emporte le trait avec elle. Ce n'était donc pas la bassesse qu'il fallait attaquer dans l'image de la toupie (car dans le mot *turbo* cette bassesse n'existe pas); c'était la nature de l'objet même, car l'image d'un jeune enfant ne répond pas assez à l'action d'une furie.

Si la comparaison peint vivement son objet, c'est assez; il n'est pas besoin qu'elle le relève : ainsi, pourvu que les fourmis et les abeilles nous donnent une juste idée de la diligence des Troyens et de l'industrie des Tyriens, on n'a plus rien à demander : ainsi, pourvu que la présence d'un homme sage, au milieu d'un peuple séditieux et mutiné, produise l'effet que Virgile attribue à la voix de Neptune, lorsqu'il impose silence aux vents; l'objet familier rend lui-même l'objet merveilleux plus sensible, et enrichit le style et la pensée d'un tableau que l'esprit aime à se retracer.

At veluti magno in populo cum sæpe coorta est
Seditio, sævitque animis ignobile vulgus;
Jamque faces et saxa volant : furor arma ministrat.
Tum pietate gravem ac meritis si forte virum quem
Conspexêre, silent; arrectisque auribus adstant :
Ille regit dictis animos, et pectora mulcet.
(*Æneid.* I, 152.)

Un vice de la comparaison, c'est l'ambiguité du rapport : car si l'image peut également s'appliquer à deux idées différentes, elle n'a plus cette justesse qui en fait le mérite et le charme. Un moyen de s'assurer qu'il n'y ait point d'équivoque, c'est de cacher le premier terme, et de demander à ses juges à quoi ressemble le second. Par exemple, qu'on donne à lire à un homme intelligent ces beaux vers de l'*Énéide* :

Qualis, ubi abruptis fugit præsepia vinclis,
Tandem liber equus, campoque potitus aperto,
Aut ille in pastus armentaque tendit equarum;
Aut assuetus aquæ perfundi flumine noto
Emicat, arrectisque fremit cervicibus altè
Luxurians; luduntque jubæ per colla, per armos.
(XI, 492.)

Ou ces beaux vers de *la Henriade* :

Tel échappé du sein d'un riant pâturage,
Au bruit de la trompette animant son courage,
Dans les champs de la Thrace, un coursier orgueilleux,
Indocile, inquiet, plein d'un feu belliqueux,
Levant les crins mouvants de sa tête superbe,
Impatient du frein, vole et bondit sur l'herbe.
(Ch. VIII.)

Ou ceux-ci du même poète :

Tels, au fond des forêts précipitant leurs pas,
Ces animaux hardis, nourris pour les combats,
Fiers esclaves de l'homme, et nés pour le carnage,
Pressent un sanglier, en raniment la rage;
Ignorant le danger, aveugles, furieux,
Le cor excite au loin leur instinct belliqueux.

On n'aura pas besoin de dire que ce coursier est un jeune héros, et que ces chiens sont des combattants réunis contre un ennemi terrible.

Il peut arriver cependant que le rapport soit si éloigné, que, tout juste qu'il est, on ait besoin d'être conduit pour passer d'une idée à l'autre. Alors plus le rapport sera imprévu, plus la surprise ajoutera au plaisir de l'apercevoir. Rien, par exemple, de plus éloigné que le rapport d'une galère à demi fracassée avec un serpent sur lequel la roue d'un char a passé; et quoi de plus juste et de plus frappant que la ressemblance de l'un à l'autre dans ces vers de Virgile?

> Qualis sæpè viæ deprensus in aggere serpens,
> Ærea quem obliquum rota transiit, aut gravis ictu
> Seminecem liquit saxo lacerumque viator,
> Nequidquam longos fugiens dat corpore tortus;
> Parte ferox, ardensque oculis, et sibila colla
> Arduus attollens; pars vulnere clauda retentat
> Nexantem nodis, seque in sua membra plicantem.
> Talis remigio navis se tarda movebat.

La comparaison s'emploie quelquefois à rassembler en un tableau circonscrit et frappant une collection d'idées abstraites, que l'esprit, sans cet artifice, aurait de la peine à saisir. Ainsi Bayle compare le peuple aux flots de la mer, et les passions des grands au vent qui les soulève : ainsi Fléchier, dans l'éloge de Turenne, dit en s'adressant à Dieu : « Comme il s'élève du fond des vallées des vapeurs « grossières dont se forme la foudre qui tombe sur « les montagnes, il sort du cœur des peuples des « iniquités, dont vous déchargez le châtiment sur « la tête de ceux qui les gouvernent et qui les dé- « fendent. »

De même Lucain, pour exprimer l'inclination des peuples à suivre Pompée, quoique sur le point de céder à l'ascendant de César, se sert de l'image des flots qui obéissent encore au premier vent qui les a poussés, quoiqu'un vent opposé se lève et s'empare des airs :

> Ut quum mare possidet Auster
> Flatibus horrisonis, hunc æquora tota sequuntur.

Si rursus tellus, pulsu laxata tridentis
Æolii, tumidis immittat fluctibus Eurum;
Quamvis icta novo, ventum tenuêre priorem
Æquora; nubiferoque polus quum cesserit Austro,
Vindicat unda Notum.

Dans la comparaison c'est le plus souvent, comme je l'ai dit, une idée, un sentiment, une vérité abstraite, qu'on veut rendre sensible par une image. Mais il arrive aussi quelquefois que la comparaison est inverse, je veux dire qu'elle emploie le terme abstrait pour mieux peindre l'objet sensible. Ainsi, dans une ode au printemps, le poète lui dit :

« Ton sourire fait fleurir la rose, qui, *belle comme
« les joues de l'innocence*, répand une odeur em-
« baumée. » On voit là une image commune rendue nouvelle, délicate et piquante, par le renversement du rapport usité.

Dans la *Henriade*, Voltaire a dit de l'âme de Henri :

Semblable à l'Océan qui s'appaise et qui gronde.

Cette comparaison est l'inverse de celle-ci dans le *Télémaque* : « Les vents commencèrent à s'ap-
« paiser, et la mer mugissante ressemblait à une
« personne qui ayant été long-temps irritée n'a
« plus qu'un reste de trouble et d'émotion. Elle
« grondait sourdement, etc. »

Il est de l'essence de la comparaison de circonscrire son objet : tout ce qui en excède l'image est superflu, et par conséquent nuisible au dessein du poète. La comparaison doit finir où finissent les rapports. Homère, emporté par le talent et le plaisir de peindre, oubliait souvent que le tableau qu'il peignait avec feu n'était destiné qu'à exprimer une ressemblance; et dans la chaleur de la composition, il l'achevait comme absolu et intéressant par lui-même*. C'est un beau défaut, si l'on veut; mais c'en est un grand que d'introduire dans un récit des circonstances et des détails qui n'ont aucun trait à la chose. Le bon sens est la première qualité du génie; et l'à-propos, la première loi du bon sens : aussi, quoiqu'on ait excusé la surabondance des comparaisons d'Homère, aucun des poètes célèbres ne l'a-t-il imitée, non pas même dans l'ode, qui, de sa nature, est plus vagabonde que le poème épique. Lorsque Boileau défendait si hautement, contre Perrault, les comparaisons prolongées, si quelqu'un lui avait dit : Faites-en donc vous-même, et imitez ce que vous admirez; eût-il accepté le défi?

Toute comparaison un peu développée est elle-même une excursion du génie du poète, et cette excursion n'est pas également naturelle dans tous les genres. Plus l'âme est occupée de son objet direct, moins elle regarde autour d'elle : plus le mouvement qui l'emporte est rapide, plus il est impatient des obstacles et des détours : enfin, plus le sentiment a de chaleur et de force, plus il maîtrise l'imagination et l'empêche de s'égarer. Il s'ensuit

---

* C'est aussi le caractère des comparaisons de la Bible, comme le remarque Fleury, dans le morceau que nous avons rapporté t. IV de notre Répertoire, pag. 177. H P.

que la narration tranquille admet des comparaisons fréquentes; qu'à mesure qu'elle s'anime, elle en veut moins, les veut plus concises, et aperçues de plus près ; que dans le pathétique elles ne doivent être qu'indiquées par un trait rapide ; et que s'il s'en présente quelques-unes dans la véhémence de la passion, un seul mot les doit exprimer.

Quant aux sources de la comparaison, elle est prise communément dans la réalité des choses, mais quelquefois aussi dans l'opinion et dans l'hypothèse du merveilleux. Ainsi Voltaire compare les ligueurs aux géants; ainsi, après avoir dit du vertueux Mornay :

Jamais l'air de la cour et son souffle infecté
N'altéra de son cœur l'austère pureté;

il ajoute :
Belle Aréthuse, ainsi ton onde fortunée
Roule, au sein furieux d'Amphitrite étonnée,
Un cristal toujours pur et des flots toujours clairs,
Que jamais ne corrompt l'amertume des mers.
(*Henriade*, ch. IX.)

Finissons cet article par la plus belle et la plus touchante comparaison qu'il soit possible de transmettre à la mémoire des hommes : elle est de notre bon roi Henri IV. Il s'agissait de prendre d'assaut la ville de Paris; il ne le voulut pas, et voici sa réponse : « Je suis, dit-il, le vrai père de mon peu« ple : je ressemble à cette vraie mère dans Salomon ; « j'aimerais mieux n'avoir point de Paris, que l'a« voir tout ruiné. »

MARMONTEL, *Éléments de Littérature*.

CONCERT SPIRITUEL. Nous appelons ainsi un spectacle où l'on n'entend guère que des symphonies et des chants religieux, et qui, dans certains jours consacrés à la piété, tient lieu des spectacles profanes : il répond à ce qu'on appelle en Italie *Oratorio* ; mais il s'en faut bien que la musique vocale y soit portée au même degré de beauté.

Comme ce sont les musiciens eux-mêmes qui, servilement attachés à leur ancienne coutume, prennent, comme au hasard, un des psaumes ou des cantiques, et, sans se donner d'autre liberté que de l'abréger quelquefois, le mettent en chant tout de suite, et le divisent, tant bien que mal, en récitatif, en duo et en chœur; il arrive que sur les versets qui n'ont point de caractère ils sont obligés de mettre un chant qui ne dit rien, ou dit toute autre chose : c'est ainsi qu'après ce début si sublime, *Cœli enarrant*, vient ce verset, *Non sunt loquelæ*, sur lequel Mondonville a mis précisément le babil de deux commères : c'est ainsi qu'à côté de ces grandes images, *A facie Domini mota est terra, Mare vidit et fugit*, le même musicien a fait sauter dans une ariette les montagnes et les collines, en jouant sur les mots, *Exultaverunt sicut arietes, et sicut agni ovium.* (Ps. CXIII.) L'on sent combien ce faux goût est éloigné du caractère simple et majestueux d'un cantique.

Quel génie et quel art n'a-t-il pas fallu à Pergolèse pour varier le *Stabat!* encore dans ce morceau unique tout n'est-il pas d'une égale beauté. La plus belle prose de l'Église, le *Dies iræ*, qui devrait être l'objet de l'émulation de tous les grands musiciens, aurait besoin lui-même d'être abrégé pour être mis en musique. Les deux cantiques de Moïse, tout sublimes qu'il sont, demanderaient qu'on fît un choix de leurs traits les plus analogues à l'expression musicale. Dans tous les psaumes de David, il n'y en a peut-être pas un qui, d'un bout à l'autre, soit susceptible des beautés du chant et des contrastes qui rendent ces beautés plus variées et plus sensibles.

Il serait donc à souhaiter d'abord qu'on abandonnât l'usage de mettre en musique un psaume tel qu'il se présente, et qu'on se donnât la liberté de choisir, non-seulement dans un même psaume, mais dans tous les psaumes, et si l'on voulait même, dans tout le texte des livres saints, des versets analogues à une idée principale, et assortis entre eux, pour former une belle suite de chants. Ces versets, pris çà et là, et raccordés avec intelligence, composeraient un riche mélange de sentiments et d'images qui donnerait à la musique de la couleur et du caractère, et le moyen de varier ses formes et de disposer à son gré l'ordonnance de ses tableaux.

La difficulté se réduit à vaincre l'habitude, et peut-être l'opinion. Mais pourquoi ne ferait-on pas dans un motet ce qu'on a fait dans les sermons, dans les prières de l'Église, où de divers passages de l'écriture rapportés à un même objet, on a formé un sens analogue et suivi ?

Mais une difficulté plus grande pour le musicien, c'est d'élever son âme à la hauteur de celle du prophète; de se remplir, s'il est possible, du même esprit qui l'animait, et de faire parler à la musique un langage sublime, un langage divin. C'est là que tous les charmes de la mélodie, toute la pompe de la déclamation, toute la puissance de l'harmonie doivent se déployer avec magnificence : un beau motet doit être un ouvrage inspiré; et le musicien qui compose de jolis chants et des chœurs légers sur les paroles de David, en profane le caractère.

Au lieu du moyen que je propose pour former des chants religieux dignes de leur objet, on a imaginé en Italie de faire de petits drames pieux, qui, n'étant pas représentés mais seulement exécutés en concert, sont affranchis par là de toutes les contraintes de la scène : ces drames sont en petit ce que sont en grand sur nos théâtres, *Athalie*, *Esther*, et *Jephté* : on les appelle *Oratorio*; et Métastase en a donné des modèles admirables, dont le plus célèbre est, avec raison, *le Sacrifice d'Abraham*.

On a fait au concert spirituel de Paris, quelques faibles essais dans ce genre; mais à présent que la musique va prendre en France un plus grand essor, et qu'on sait mieux ce qu'elle demande pour être touchante et sublime, il y a tout lieu de croire qu'elle fera dans le sacré les mêmes progrès que dans le profane. *Voyez* LYRIQUE, etc.

MARMONTEL, *Éléments de Littérature*.

CONDILLAC (Étienne-BONNOT de), né à Grenoble en 1715, était frère de l'abbé de Mably. Tous deux arrivèrent à la célébrité dans les lettres, mais par une route bien différente. Condillac sentit de bonne heure le désir d'approfondir la métaphysique, et l'on peut dire que ses premiers pas vers l'instruction tendaient déjà à cette science. Ami de la retraite, doué d'un esprit réfléchi, d'un jugement profond, il s'appliqua dans le silence à se créer un système plus juste, plus solide que toutes ces ingénieuses fictions qui étaient alors ce qu'on possédait de plus raisonnable sur un tel sujet : Locke, qui le premier a su discerner la bonne route, n'était pas encore connu en France, ou dumoins sa doctrine était si peu répandue, qu'elle était à peine appréciée de quelques savants. Condillac se lia dans sa jeunesse avec J. J. Rousseau, Diderot et Duclos; mais une réserve estimable l'empêcha de se montrer jamais à la tête du parti des philosophes, et sa conduite offrit toujours la même sagesse que ses écrits. Il n'ignorait pas que la profondeur de ses idées n'était point à la portée du commun des lecteurs; aussi son caractère paisible et peu ambitieux d'éclat se contentait du rang d'un des premiers philosophes dans l'opinion des savants qui pouvaient l'apprécier. Il avait trente-six ans lorsqu'il fit paraître son premier ouvrage, l'*Essai sur l'origine des connaissances humaines*. A cette époque, la philosophie, l'esprit dominant du siècle, était le champ où combattaient toutes les plumes qui se piquaient de quelque savoir. Au milieu de cette abondance d'écrits raisonneurs, le livre de Condillac fit une grande sensation. On y reconnut des vues neuves et ingénieuses, une logique claire et précise, et sur-tout on s'étonna de la subtilité d'une conception qui expliquait la plupart des phénomènes de l'esprit humain. On lui a reproché d'avoir puisé dans Locke *tout* le système de son livre; mais cette inculpation est injuste. Rien dans Locke ne rappelle quelques traces de la seconde partie de l'ouvrage de Condillac, qui a développé et agrandi, dans la première, ce que le philosophe anglais n'avait fait qu'indiquer superficiellement. Son *Traité des Systèmes*, qu'il publia en 1749, avait pour but de renverser tout l'échafaudage de ces principes abstraits que les métaphysiciens avaient établi, chacun selon sa manière de voir. Condillac, après avoir examiné les divers systèmes des Cartésiens, de Leibnitz, de Spinosa, les anéantit, non point en les combattant, mais en leur donnant la clarté qui leur manque, et en démontrant qu'ils ne peuvent en imposer qu'à la faveur des principes obscurs et douteux sur lesquels ils sont appuyés. Condillac venait d'être chargé de l'éducation de l'infant Ferdinand-Louis, duc de Parme, et petit-fils de Louis XV, lorsqu'il fit paraître son *Traité des Sensations*; ouvrage où il montre dans tout son jour le progrès des idées et le développement des facultés de l'homme. Quelques-uns des principes qu'il renferme ont fait soupçonner à des critiques que la doctrine de ce livre tendait au matérialisme; mais cette opinion est sans fondement, et la lecture réfléchie de cet ouvrage prouve plutôt que l'auteur, loin de partager l'absurdité de ce système, est partisan du spiritualisme.

L'honorable emploi dont Condillac était revêtu, lui donna l'idée de composer pour son élève un *Cours d'études*, qu'il publia en 1755, en 13 vol. in-8°. Ils renferment une *Grammaire*, un *Art d'écrire*, un *Art de raisonner*, un *Art de penser*, et une *Histoire générale des hommes et des empires*. Chaque partie se distingue par des vues profondes et utiles, et sur-tout par un raisonnement clair et précis, qualité distinctive du talent de Condillac. Néanmoins, plusieurs passages ont été l'objet de l'attention des critiques, qui y ont trouvé des opinions répréhensibles, notamment dans l'histoire moderne. Après avoir satisfait aux devoirs qui lui étaient confiés, le philosophe revint à ses premières habitudes, et continua de vivre éloigné du monde. En 1768, la mort de l'abbé d'Olivet, laissant une place vacante à l'Académie française, il fut désigné pour son successeur; mais on a remarqué qu'il assista très rarement aux séances. Son *Traité des Animaux* parut en 1775, et son ouvrage sur *le Commerce et le Gouvernement, considérés relativement l'un à l'autre*, en 1776. Ce dernier essuya beaucoup de critiques, et le premier fut fait pour répondre à ceux qui avaient accusé l'auteur d'avoir emprunté, dans son *Traité des Sensations*, plusieurs idées à l'*Histoire naturelle* de Buffon. Ses deux derniers ouvrages sont la *Logique*, imprimée peu de temps avant sa mort, et la *Langue des calculs*, qui ne le fut que seize ans après. On lui attribua long-temps les *Recherches sur l'origine des idées que nous avons de la beauté*, 1749, 2 vol. in-12; mais cet ouvrage est de Hutcheson; il a été traduit en français par Eidous.

Condillac, sur la fin de sa carrière, corrigea et augmenta presque tous ses ouvrages. Il mourut dans sa terre de Flux, près de Baugency, le 3 août 1780, âgé de soixante-cinq ans. Ses *OEuvres* ont été imprimées sur ses manuscrits autographes, Paris, 1798, 23 vol. in-8°. On en a réimprimé une édition complète, en 32 vol. in-12, 1803 et suiv.

PH. TAVIAND.

JUGEMENT.

Tandis qu'on entassait confusément les vérités et les erreurs dans l'énorme magasin de l'*Encyclopédie*, un philosophe, bien supérieur à la plupart des coopérateurs de ce Dictionnaire, recherchait les vraies sources de toutes nos connaissances, et les suivait dans leurs différents canaux, qu'il travaillait à épurer, à débarrasser du limon et des décombres qui s'y étaient amassés pendant des siècles: c'était l'abbé de Condillac. Il fut d'abord moins célèbre que les encyclopédistes, qui, par leur réunion imposante, l'éclat de leur entreprise, le nombre de leurs ennemis, les alarmes du gouvernement et le bruit de leurs querelles, semblaient seuls occuper la renommée, et, parcourant tous les genres, remuant tous les intérêts, pouvaient compter sur toutes sortes de lecteurs. Condillac, méditant dans le silence sur des matières purement spéculatives, devait exciter moins de curiosité; mais, à mesure qu'il attira plus d'attention, il obtint plus d'estime et de confiance. Chacun de ses ouvrages développait successivement, et plaçait dans le plus grand jour une philosophie à peu près nouvelle, au moins pour les Français, chez qui elle était presque généralement, ou ignorée, ou méconnue : c'était la philosophie de Locke; et la gloire de Condillac est d'avoir été le premier disciple de cet illustre Anglais. On ne pouvait plus en prétendre d'autre depuis que Locke eut si bien connu et si bien expliqué la nature des opérations de l'entendement; mais si Condillac eut un maître, il mérita d'en servir à tous les autres; il répandit même une plus grande lumière sur les découvertes du philosophe anglais; il les rendit, pour ainsi dire sensibles, et c'est grâces à lui qu'elles sont devenues communes et familières. En un mot, la saine métaphysique ne date, en France, que des ouvrages de Condillac*; et, à ce titre, il doit être compté dans le petit nombre d'hommes qui ont avancé la science qu'ils ont cultivée.

Son *Essai sur l'origine des connaissances humaines* fut le premier pas qu'il fit dans cette belle carrière, et c'est assez pour l'excuser, s'il y chancelle quelquefois. Il tira même de ses erreurs un avantage très peu commun, celui de les reconnaître, et d'affermir son jugement en apprenant à s'en défier.

* La Harpe, avec une injustice ordinaire de son temps et même du nôtre, oublie le fondateur de la philosophie moderne, Descartes, et les illustres disciples sortis de son école. *Voyez* dans notre répertoire l'article DESCARTES.

H. P.

Rien ne lui fait plus d'honneur que cet aveu, qui se trouve au commencement de son *Traité des Sensations*. Ce passage d'ailleurs est aussi instructif que remarquable; il contient tout le germe de la doctrine qu'il détaille dans tout le reste de l'ouvrage.

« Nous ne saurions nous rappeler l'ignorance
« dans laquelle nous sommes nés : c'est un état qui
« ne laisse point de traces après lui. Nous ne nous
« souvenons d'avoir ignoré que ce que nous nous
« souvenons d'avoir appris; et, pour remarquer ce
« que nous apprenons, il faut déjà savoir quelque
« chose; il faut s'être senti avec quelques idées, pour
« observer qu'on se sent avec des idées qu'on n'a-
« vait pas. Cette mémoire réfléchie qui nous rend
« aujourd'hui si sensible ce passage d'une connais-
« sance à une autre ne saurait donc remonter jus-
« qu'aux premières; elle les suppose au contraire;
« et c'est la l'origine de ce penchant que nous avons
« à les croire nées avec nous. Dire que nous avons
« appris à voir, à entendre, à goûter, à sentir, à
« toucher, paraît le paradoxe le plus étrange; il
« semble que la nature nous a donné l'entier usage
« de nos sens à l'instant même qu'elle les a formés,
« et que nous nous en sommes toujours servis sans
« étude, parceque qu'aujourd'hui nous ne sommes
« plus obligés de les étudier. J'étais dans ces préju-
« gés lorsque je publiai mon *Essai sur l'Origine des
« connaissances humaines*; je n'avais pu en être re-
« tiré par les raisonnements de Locke sur un aveu-
« gle-né, à qui l'on donnerait le sens de la vue;
« et je soutins, contre ce philosophe, que l'œil juge

« naturellement des figures, des grandeurs, des si-
« tuations et des distances. »

On est digne de trouver la vérité quand on la préfère à son amour-propre, ou plutôt quand on le fait consister tout entier à la chercher de bonne foi. Si elle avait échappé à l'abbé de Condillac dans quelques parties de son premier ouvrage, dans plusieurs autres il l'avait puissamment saisie, et sur-tout dans ce qui regarde la liaison des idées et la nécessité des signes convenus ou du langage. Ces deux objets métaphysiques, indiqués par Locke, sont ici très bien exposés, et particulièrement le dernier.

Il montre, quant au premier, tout ce que la liaison des idées a de pouvoir en bien ou en mal; et de ce pouvoir naît celui de l'imagination, soit qu'elle vienne à être remuée par les objets extérieurs, soit qu'elle assemble les idées des objets absents. Il observe, par exemple, que le mouvement d'effroi qui nous fait reculer à la vue d'un précipice vient de ce qu'elle réveille en nous l'idée de la mort, parce que, depuis la première occasion que nous avons eu de joindre ensemble ces deux idées, l'attention que nous y avons donnée, proportionnée à l'importance dont elles étaient pour notre conservation, ne nous a plus permis de les séparer. Par la foule d'exemples que l'analogie fait rentrer dans celui-ci, on peut juger de l'étendue des conséquences de cette observation; mais aussi cette force attachée à la réunion de plusieurs idées devenues inséparables est susceptible des plus dangereux effets : c'est là que se forment tous nos préjugés, et c'est ainsi que l'on aperçoit le point de communication entre la métaphysique et la morale. Écoutons là-dessus Condillac : « Que l'éducation nous accoutume à lier l'idée de « honte ou d'infamie à celle de survivre à un affront, « l'idée de grandeur d'âme ou de courage à celle de « s'ôter soi-même la vie, ou de l'exposer en cher- « chant à en priver celui de qui on a été offensé, « on aura deux préjugés : l'un, qui a été le point « d'honneur des Romains; l'autre, qui est celui d'une « partie de l'Europe. Ces sortes de préjugés étant « les premières impressions que nous ayons éprou- « vées, ils ne manquent pas de nous paraître des « principes incontestables. »

Ces liaisons d'idées morales, fortifiées par le temps et l'habitude, acquièrent une puissance presque égale à celle des idées physiques d'un précipice et de la mort, dont nous parlions tout à l'heure. Rien n'est plus difficile que de les désunir, il faut, pour en venir à bout, de longs efforts de la raison dans quelques têtes mieux organisées que les autres; et ses progrès ne s'étendent que lorsqu'elle est parvenue à empêcher cette malheureuse union d'idées dans les premières années de la génération naissante. C'est la preuve la plus forte et la plus frappante de l'importance de l'éducation.

L'auteur a déduit du même principe d'autres conséquences moins graves, mais qui sont justes et fines, et rendent raison de plusieurs impressions que nous éprouvons communément sans que nous en démêlions la cause. « On ne peut, dit-il, fréquenter « les hommes, qu'on ne lie insensiblement les idées

« de certains tours d'esprit et de certains caractères
« avec les figures qui se remarquent davantage.
« Voilà pourquoi les personnes qui ont de la phy-
« sionomie nous plaisent ou nous déplaisent plus
« que les autres; car la physionomie n'est qu'un as-
« semblage de traits auxquels nous avons lié des idées
« qui ne se réveillent point sans être accompagnées
« d'agrément ou de dégoût. Il ne faut donc pas s'é-
« tonner si nous sommes portés à juger les autres
« d'après leur physionomie, et si quelquefois nous sen-
« tons pour eux, au premier abord, de l'éloignement
« ou de l'inclination. Par un effet de ces liaisons d'i-
« dées, nous nous prévenons souvent jusqu'à l'excès
« en faveur de certaines personnes, et nous sommes
« tout-à-fait injustes par rapport à d'autres. C'est que
« tout ce qui nous frappe, dans nos amis comme
« dans nos ennemis, se lie naturellement avec les
« sentiments agréables ou désagréables qu'ils nous
« font éprouver, et que parconséquent les défauts
« des uns empruntent toujours quelque agrément
« de ce que nous remarquons en eux de plus aimable,
« ainsi que les meilleurs qualités des autres nous pa-
« raissent participer à leurs vices. Par là ces liaisons
« d'idées influent infiniment sur notre conduite;
« elles entretiennent notre amour ou notre haine,
« *fomentent* notre estime ou notre mépris, excitent
« notre reconnaissance ou notre ressentiment, et
« produisent ces sympathies, ou antipathies et tous
« ces penchants bizarres dont on a quelquefois tant
« de peine à se rendre raison. Je crois avoir lu quel-
« que part que Descartes conserva toujours du goût

« pour les yeux louches, parce que la première per-
« sonne qu'il avait aimée avait ce défaut. »

On doit avouer qu'en appliquant ainsi la métaphysique à la morale, comme a fait Condillac, à l'exemple du plus grand des métaphysiciens, du respectable Locke, cette science indépendamment de sa dignité, qui la met à la tête de toutes les autres, à raison des objets qu'elle considère, Dieu et l'intelligence, peut avoir encore cette utilité pratique, sans laquelle toutes nos études ne sont que des amusements stériles. La contemplation des choses intellectuelles n'est plus une curiosité frivole, si, en remontant jusqu'à la première cause de nos erreurs, de nos passions, de nos injustices, que la légèreté ou l'ignorance de la plupart des hommes regarde presque comme des habitudes animales, et dont le philosophe retrouve toujours l'origine dans notre entendement vicié, on s'aperçoit avec quelque honte qu'elles tiennent en effet à des erreurs plus ou moins volontaires; que nous pouvons, par le secours de la réflexion ou par les lumières d'autrui, rectifier nos idées; qu'au fond nos défauts et nos vices ne sont que de mauvais jugements, et que, s'il ne dépend pas de nous de leur donner cette rectitude constante qui n'est point faite pour la faiblesse humaine, nous pouvons du moins les redresser souvent quand nous connaissons bien la cause de nos travers, comme il est plus aisé d'appliquer le remède quand nous connaissons la nature du mal. C'est sans doute ce noble exercice de la raison qui attache si fort les vrais philosophes aux objets de leurs études, et les rend si peu sensibles à la plupart des séductions ou des distractions qui entraînent la multitude. Ils sentent tous les jours qu'un moyen de devenir meilleur, c'est d'être plus éclairé; et quand cette maxime, vraie en elle-même, est démentie par l'expérience, c'est que l'âme était déjà si corrompue, qu'elle corrompait tout ce que les connaissances et les lumières y faisaient entrer, comme un vase infect communique son infection à la liqueur la plus pure. Mais, hors ce cas, on ne peut douter que les forces de la vertu ne s'augmentent des forces de l'intelligence, et que l'âme, accoutumée à se considérer elle-même, n'agisse mieux, parce qu'elle voit mieux. On sait que Locke et Newton étaient des hommes sages et vertueux : ce même Condillac dont je parle ici et d'autres élèves de la bonne philosophie ont eu dans leur conduite la même sagesse que dans leurs écrits.

Quoique Condillac n'ait pas mis dans ce premier ouvrage autant d'exactitude que dans les autres, c'est celui sur lequel je m'arrêterai le plus, par intérêt pour la gloire de l'auteur et pour notre instruction. C'est celui où il a mis le plus de choses qui lui appartiennent en propre; mais, quoiqu'il l'ait refondu depuis dans son *Cours d'études*, il y a laissé, ce me semble, quelques erreurs sur lesquelles il n'est point revenu. Quand il se trompe, c'est qu'il contredit Locke, et c'est de celui-ci que je m'appuie pour réfuter Condillac; en sorte que cette discussion peut servir à les faire connaître tous deux à la fois, et à éclairer par la comparaison plusieurs objets intéressants en philosophie.

Il fait, ainsi que Locke, dériver toutes nos idées de nos sensations; et d'abord ce n'est pas sa faute ni celle de son maître si des matérialistes, nécessairement mauvais raisonneurs dans un mauvais système, ont confondu ou affecté de confondre, selon qu'ils étaient plus ou moins ineptes ou menteurs, les idées des choses qui sont transmises à la substance pensante par l'organe des sens, avec les jugements qu'en forme cette substance pensante, qui seule compare les idées et en compose des raisonnements. Ce ridicule système, cette absurde confusion de facultés si hétérogènes et d'opérations si distinctes, est l'unique fondement du matérialisme; et si l'on veut s'assurer combien il est ruineux, on ne peut mieux faire que de lire l'ouvrage de ce Locke, qu'on peut appeler le maître de l'évidence, car il la mène toujours à sa suite; et si Condillac n'est pas revenu sur cette partie de l'ouvrage anglais qui établit la spiritualité de la substance pensante, c'est qu'il n'y avait rien à faire là-dessus : la matière était épuisée.

Dans tout ce qui concerne les opérations de l'entendement, Condillac ne s'écarte guère de l'auteur anglais que dans quelques dénominations peu essentielles en elles-mêmes, puisque toutes ne sont que des expressions abstraites, inventées pour classer les diverses actions de la substance pensante que nous appelons *âme*, et qu'aucune de ces expressions ne change rien à la conscience que nous avons des facultés de cette substance. Nous connaissons ces facultés par le pouvoir que nous avons de les exercer, et par le pouvoir qu'ont les objets extérieurs d'y occasioner des impressions qui ne sont, comme l'a démontré Locke, ni dans les objets eux-mêmes ni dans les organes qui nous les transmettent, mais dans la substance qui sent et qui pense : elle seule en a la perception, et produit des jugements relatifs à cette perception; mais de savoir quelle est son essence, et d'où vient que les corps agissent sur cette substance incorporelle, et comment sa volonté agit sur notre corps, c'est ce qui, de l'aveu de tous les philosophes, est au-dessus des forces humaines; l'union de l'âme et du corps est un des secrets du Créateur.

Condillac s'appuie tantôt de l'opinion de Locke, tantôt, mais beaucoup plus rarement, il la contredit.

Quelquefois il lui fait des reproches qui ne me semblent pas fondés : c'est sur quoi seulement je hasarderai quelques réflexions. C'est une occasion, quil n'est pas inutile, de faire connaître quelques erreurs d'un philosophe dont le nom peut faire autorité, d'autant plus qu'elle ne sont pas du nombre de celles qu'il a lui-même rétractées.

Locke et Condillac s'accordent à croire que les bêtes, quoique douées de sentiment et de pensée, n'ont point d'idées asbtraites et universelles, et ils en apportent des raisons qui rendent cette opinion extrêmement plausible; mais l'un leur accorde la mémoire, et l'autre la leur refuse. Peut-être me par-

donnerez-vous de vous faire juges entre deux philophes sur une question où l'observation des faits est à la portée de tout le monde, et où les raisonnements, quoiqu'en langue métaphysique, ne demandent qu'un peu d'attention pour être aisément suivis. Voici comme s'explique l'auteur anglais : « Il
« me semble que cette faculté de rassembler et de
« conserver des idées se trouve en un grand degré
« dans plusieurs autres animaux, aussi bien que dans
« l'homme; car, sans rapporter plusieurs autres
« exemples, de cela seul que les oiseaux apprennent
« des airs de chanson, et s'appliquent visible-
« ment à en bien marquer les notes, je ne saurais
« m'empêcher d'en conclure que ces oiseaux ont de
« la perception, et qu'ils conservent dans leur mé-
« moire des idées qui leur servent de modèle; car il
« me paraît impossible qu'ils puissent s'appliquer,
« comme il est clair qu'ils le font, à conformer
« leur voix à des sons dont ils n'auraient aucune
« idée. »(Ce qui suit se rapporte au système cartésien du mécanisme des bêtes, système qui était encore en vigueur dans le temps où Locke écrivait, mais qui depuis a été universellement reconnu comme une chimère. Le peu qu'en dit ici Locke suffit pour en faire sentir toute l'absurdité.)« En effet,
« quand j'accorderais que le son peut exciter mécani-
« quement un certain mouvement d'esprits animaux
« dans le cerveau de ces oiseaux pendant qu'on
« leur joue un air de chanson, et que ce mouve-
« ment peut être continué jusqu'aux muscles des
« ailes, en sorte que l'oiseau soit poussé mécanique-

« ment, par certains traits, à prendre la fuite, parce
« que cela peut contribuer à sa conservation, on
« ne saurait pourtant supposer cela comme une rai-
« son pour laquelle, en jouant un air à un oiseau,
« et moins encore après avoir cessé de le jouer, cela
« dût produire mécaniquement, dans les organes
« de la voix de cet oiseau, un mouvement qui l'o-
« bligeât à imiter les notes d'un air, dont l'imita-
« tion ne peut être d'aucun usage à la conservation
« de ce petit animal; mais, qui plus est, on ne sau-
« rait supposer avec quelque apparence de raison,
« et moins encore prouver que des oiseaux puis-
« sent, sans sentiment ni mémoire, conformer peu
« à peu et par degrés les inflexions de leur voix à un
« air qu'on leur joua hier, puisque, s'ils n'en ont
« aucune idée dans leur mémoire, il n'en est pré-
« sentement nulle part, et par conséquent ils ne
« peuvent avoir aucun modèle pour l'imiter ou en
« approcher plus près par des efforts réitérés; car
« il n'y a point de raison pour que le son du flageo-
« let laissât dans leur cerveau des traces qui ne dus-
« sent point produire d'abord de pareils sons, mais
« seulement ensuite de certains efforts que les oi-
« seaux seraient obligés de faire après avoir ouï le
« flageolet; et d'ailleurs, il est impossible de concevoir
« pourquoi les sons qu'ils rendent d'eux-mêmes ne
« seraient pas des traces qu'ils devraient suivre tout
« aussi bien que celles que produit le son du fla-
« geolet. »

C'est là raisonner conséquemment : Locke n'en
dit pas davantage sur le prétendu mécanisme des

bêtes : il a cru, avec raison, que ce seul paragraphe suffisait pour démontrer la folie d'un pareil système. Condillac n'était pas homme à le renouveler; il ne le pouvait même pas, puisqu'il reconnaît avec Locke une faculté pensante dans les bêtes, seulement très inférieure à la nôtre. Mais voici comme il raisonne :

« La mémoire ne consiste que dans le pouvoir de
« nous rappeler *les signes de nos idées* ou les circons-
« tances qui les ont accompagnées, et ce pouvoir
« n'a lieu qu'autant que, par l'analogie des signes
« que nous avons choisis, et par l'ordre que nous
« avons mis entre nos idées, les objets que nous
« voulons nous retracer tiennent à quelques-uns de
« nos besoins présents. Enfin, nous ne saurions
« nous rappeler une chose qu'autant qu'elle est liée
« par quelque endroit à quelques-unes de celles
« qui sont à notre disposition. Or, un homme qui
« n'a que des signes accidentels et des signes natu-
« rels, n'en a point qui soient à ses ordres. Ses be-
« soins ne peuvent donc occasioner que l'exercice
« de son imagination. Ainsi il doit être sans mé-
« moire : de là on peut conclure que les bêtes n'ont
« point de mémoire, et qu'elles n'ont qu'une imagi-
« nation dont elles ne sont point maîtresses de dis-
« poser. Elles ne se représentent une chose absente
« qu'autant que, dans leur cerveau, l'image en est
« étroitement liée à un objet présent. Ce n'est pas
« la mémoire qui les conduit dans un lieu où la
« veille elles ont trouvé de la nourriture; mais c'est
« que le sentiment de la faim est si fort lié avec les
« idées de ce lieu et du chemin qui y mène, que

« celles-ci se réveillent aussitôt qu'elles l'éprouvent.
« Ce n'est pas la mémoire qui les fait fuir devant les
« animaux qui leur font la guerre, mais quelques-
« uns de leur espèce ayant été dévorés à leurs yeux,
« les cris dont, à ce spectacle, elles ont été frappées,
« ont réveillé dans leur âme les sentiments de dou-
« leur dont ils sont les signes naturels, et elles ont
« fui. »

Je ne serais pas surpris que des personnes peu exercées sur ces matières fussent tentées de dire comme Henri IV, après qu'il eut entendu plaider deux avocats pour et contre : *Ventre-saint-gris, il me semble que tous deux ont raison.* Il est pourtant certain qu'un des deux a tort, et je crois que ce n'est pas Locke.

Si Condillac avait suivi dès-lors les règles du raisonnement que dans la suite il a recommandées et pratiquées avec plus de soin que personne, il n'aurait pas fait ici une théorie d'un amas de suppositions purement gratuites, puisque aucune n'est fondée sur un principe avoué ni sur un fait reconnu. Ce n'est pas ainsi que procède Locke, et l'on voit d'abord que Condillac ne lui répond point; il se borne à établir une doctrine contraire à la sienne : mais comment ? en accumulant des assertions dont il est facile de prouver la fausseté. Préoccupé de la nécessité des signes de convention, qui sont en effet, comme ailleurs il le prouve complètement, le plus grand instrument du progrès de nos connaissances, il en a abusé ici pour donner une définition de la mémoire qui est contredite par le sentiment et l'expérience : il la fait consister dans *le pouvoir de nous rappeler les signes de nos idées.* Il est cependant incontestable que la mémoire est réellement le pouvoir de rappeler les idées mêmes, indépendamment de toute espèce de signes. Qui peut douter qu'avant que les hommes eussent inventé aucun mot pour exprimer la neige, un arbre, un rocher, ils ne pussent en conserver dans leur mémoire et en rappeler l'idée, c'est-à-dire la perception de blancheur, de verdure, de dureté? C'est ce pouvoir que Locke appelle *rétention* en langage métaphysique, et qui n'est autre chose, en langage vulgaire, que la mémoire, qui est, dit-il, *comme le réservoir de toutes nos idées.* Et comment Condillac n'a-t-il pas vu que, si notre âme n'avait pas eu cette faculté de retenir les idées antérieurement à l'invention des signes artificiels, jamais l'homme ne l'aurait acquise? Car d'abord aucun signe ne peut être la cause d'une faculté; il ne peut être que l'occasion de son développement : de plus, comment lier des idées si on ne les retient pas? et sans la liaison des idées, comme il le redit lui-même après Locke, les sensations et les perceptions seraient absolument inutiles, et l'on serait dans l'état d'imbécillité complète.

Il ajoute tout aussi gratuitement que « la mémoire « n'a lieu que par l'analogie des signes que nous « avons choisis, par l'ordre que nous avons mis en-« tre nos idées, et par le rapport des objets à nos « besoins. » Il confond ici les causes occasionelles des actes d'une faculté avec la faculté même : il est bien vrai que ce sont toutes ces circonstances qui sont ordinairement les adminicules de la mémoire, et qui la mettent le plus souvent en action; mais elle existe sans elles et avant elles; et s'il était vrai que « nous ne saurions nous rappeler une chose « qu'autant qu'elle est liée par quelque endroit à « quelques-unes de celles qui sont à notre disposi- « tion, » d'où viendrait cette foule d'idées qu'on se rappelle en dormant? Assurément *rien n'est à notre disposition* pendant le sommeil, et pourtant on y fait jusqu'à des discours suivis, des vers même: quelle preuve plus forte de *ce réservoir d'idées*, comme le dit si bien Locke, où nous puisons à notre volonté pendant la veille, et où l'état de sommeil jette cette confusion qui produit la bizarrerie des songes?

Des propositions fausses ne peuvent amener que de fausses conséquences, et ce que je viens de dire anéantit d'avance la conclusion de l'auteur contre la mémoire des bêtes. Mais la manière dont il explique leurs actions n'est pas moins fautive. Il les attribue à l'imagination, et sans toutes les assertions erronées qui précèdent, ceci ne serait plus qu'une dispute de mots; car l'imagination, qui, dans le sens philosophique, n'est que la faculté de se rappeler les images des objets, est-elle au fond autre chose que la mémoire? Écoutons encore le judicieux Locke : « *C'est l'affaire de la mémoire de* « *fournir à l'esprit dans le temps qu'il en a besoin*, « *ces idées dont elle est la dépositaire*, et qui sem- « blent y sommeiller; et c'est à les avoir toutes

« prêtes dans l'occasion, que consiste ce que nous
« appelons invention, imagination et vivacité d'es-
« prit. »

Rien n'est plus vrai; et si, dans le langage actuel, on regarde l'imagination dans les beaux-arts comme une sorte de création, ce n'est pas qu'il soit donné à l'homme d'inventer une seule idée proprement dite, puisque toute idée n'est originairement en lui que la perception ou le rapport des objets aperçus, et que par conséquent il les reçoit toutes et n'en peut faire aucune; mais, par la faculté de réflexion, c'est-à-dire, par le pouvoir qu'a notre âme de comparer, d'assembler, de combiner ses perceptions, nous pouvons en former des résultats qui soient ou qui paraissent nouveaux, c'est-à-dire qu'un autre que nous n'ait pas encore faits, ou qui, si on les a faits, ne soient pas connus. Mais, dans l'exacte vérité, nous ne pouvons pas plus créer au moral qu'au physique, pas plus une idée qu'un atome; et il est rigoureusement vrai qu'imaginer n'est au fond que se ressouvenir. Les ouvrages même bâtis sur les fictions les plus chimériques, tels que les poèmes, les romans merveilleux, les contes des fées, ne sont des inventions que par l'assemblage; chaque partie prise à part est fondée sur des idées vraies; l'impossibilité n'est que dans la réunion. Ces sortes de fables ne sont que des rêves d'un homme éveillé : comme ceux du sommeil, ils ne sont composés que d'idées acquises : comme eux, ils s'éloignent de la raison et de la vraisemblance : ils diffèrent en ce qu'ils sont rangés dans un certain ordre, et tendent à un objet, qui est de flatter le goût que les hommes ont naturellement pour le merveilleux.

Il s'ensuit que, dans le sens philosophique, tous les hommes ont de l'imagination, parce que tous ont de la mémoire; mais que, dans le langage ordinaire, on appelle imagination par excellence la facilité d'assembler des images dans le style, et dans les arts d'imitation, le talent de trouver des combinaisons nouvelles qui produisent des effets heureux.

Les philosophes peuvent avoir, comme les autres hommes, la confiance et l'ambition de la jeunesse : il est presque impossible d'échapper aux illusions de cet âge charmant et dangereux; elles tiennent à ses avantages. Il conçoit si vivement, qu'il lui est bien difficile de s'arrêter sur ses conceptions; ses organes tout neufs en sont tellement frappés, qu'elles s'offrent toutes à lui comme autant de démonstrations. Le doute est, dit-on, en philosophie, le commencement de la sagesse, et douter est en tout genre ce que la jeunesse sait le moins. On voit que, dans son *Essai*, Condillac, qui a tout appris de Locke, ne doute pas un moment que sur bien des points il ne voie mieux ou plus que lui, et qu'il ne résiste pas à l'ambition d'en savoir plus que son maître : de là viennent les efforts qu'il fait pour assigner des distinctions réelles entre des choses qui sont originairement les mêmes dans l'acception philosophique, et qui ne diffèrent que comme usage plus ou moins étendu de la même faculté; par exemple, la mémoire et l'imagination, qui certainement ne sont l'une et l'autre que la puissance de réveiller les idées, de rappeler les images des objets, puissance exercée avec plus ou moins de force dans les différents individus, selon les secours qu'elle reçoit des organes, qui ne sont pas également heureux dans tous les hommes, non plus que dans les animaux. Quelle est la cause de cette différence ? c'est ce que nous ignorons ; mais qu'elle existe, c'est ce dont l'expérience ne permet pas de douter, et ce que le seul Helvétius a imaginé de nier. Le mystère de cette différence est renfermé dans celui de l'union de l'âme et du corps, de l'esprit et de la matière ; et, comme Locke l'a très bien fait voir, tout ce que nous savons avec certitude, et tout ce que la raison peut apercevoir, c'est qu'il résulte de la différence de leurs propriétés que leur essence n'est pas la même.

Sur toutes ces matières, Locke s'énonce toujours avec la réserve d'un sage qui ne veut affirmer que ce qui est évident ; et rien n'est plus commun chez lui que les formules circonspectes : *Il me semble, on peut supposer, je crois pouvoir inférer*, et autres semblables ; seul langage qui laisse au moins à l'homme le mérite de la sagesse, lorsqu'il ne peut pas avoir celui d'une science qui lui a été refusée. Condillac n'en savait pas encore assez pour être si modeste dans son premier ouvrage : il affirme toujours. Il reproche à Locke et à tous les philosophes d'être *tombés dans la même erreur*, d'avoir confondu l'imagination et la mémoire. « Il est im-

« portant (dit-il avec un ton dogmatique qu'il n'eut
« pas dans la suite) *de bien distinguer le point qui
« les sépare.* Locke fait consister la mémoire en ce
« que l'âme a la puissance de réveiller les percep-
« tions qu'elle a déjà eues.... *Cela n'est point exact;*
« car il est constant qu'on peut fort bien se sou-
« venir d'une perception qu'on n'a pas le pouvoir
« de réveiller. »

C'est cette réponse qui n'est point *exacte;* car
Locke n'a point dit qu'on eût toujours ce pouvoir.
Si nous l'avions dans ce degré, nous n'oublierions
jamais que ce que nous voudrions oublier, et nous
ne sommes entièrement les maîtres ni de ce que
nous voulons effacer de notre souvenir, ni de ce
que nous voulons y conserver. Locke a parlé de cette
faculté comme étant de la même nature que toutes
les nôtres, c'est-à-dire imparfaite. Voici ce qu'il dit
à ce sujet : ce passage pourra faire reconnaître le
caractère d'esprit de cet excellent observateur; il
contient d'ailleurs tout ce que l'on peut dire de
mieux sur la mémoire.

« Comme nos idées ne sont rien autre chose que
« des perceptions que nous avons actuellement dans
« l'esprit, lesquelles cessent d'être quelque chose
« dès qu'elles ne sont point actuellement aperçues,
« dire qu'il y a des idées en réserve dans la mémoire
« n'emporte, dans le fond, autre chose, si ce n'est
« que l'âme a, *en plusieurs rencontres*, la puissance
« de réveiller les perceptions qu'elle a déjà eues,
« avec un sentiment qui, dans ce même temps, l'a-
« vertit qu'elle a eu auparavant ces sortes de per-

« ceptions... ce que quelques-uns font plus aisément,
« d'autres avec plus de peine, quelques-uns plus
« vivement, d'autres d'une manière plus faible et
« plus obscure. C'est par le moyen de cette faculté
« qu'on peut dire que nous avons dans notre en-
« tendement toutes les idées que nous pouvons y
« rappeler, et faire redevenir l'objet de nos pensées
« sans l'intervention des qualités sensibles qui les
« ont d'abord excitées dans notre âme. »

J'observerai, en passant, que ceci est une conséquence immédiate de ce qu'il a d'abord posé en
principe, lorsqu'il a distingué les deux principales
facultés de l'âme, l'une passive, par laquelle elle
reçoit l'impression des objets; l'autre active, par
laquelle elle agit sur ses propres impressions en
les considérant, les jugeant, les comparant, etc.
L'impression sentie des objets se nomme *perception;* l'action de l'âme qui les considère se nomme
réflexion *. De ces deux facultés dérivent toutes les
autres : ainsi, quand la mémoire est avertie par la
présence d'un objet, c'est une sensation renouvelée; quand elle est l'ouvrage de notre volonté, elle
tient à la réflexion. Toute cette théorie de Locke
est conséquente, et fondée sur la connaissance de
ce qui se passe en nous, comme chacun peut s'en
assurer par le sens intime, qui est une espèce d'é-
vidence.

* *N. B.* Ce mot, il est vrai, exprime un mouvement physique, celui de
se replier sur soi-même ou sur quelque chose ; mais toutes nos idées venant
des sens, nous sommes souvent obligés de nous servir de termes physiques
pour exprimer les opérations de l'âme.

« L'attention et la répétition servent beaucoup
« à fixer les idées dans la mémoire; mais celles qui
« d'abord font les plus profondes et les plus dura-
« bles impressions, ce sont celles qui sont accom-
« pagnées de plaisir et de douleur. Comme la fin
« principale des sens consiste à nous faire connaî-
« tre ce qui fait du bien ou du mal à notre corps,
« la nature a sagement établi que la douleur ac-
« compagnât l'impression de certaines idées, parce
« que, tenant la place du raisonnement dans les
« enfants, et agissant dans les hommes faits d'une
« manière bien plus prompte que le raisonnement,
« elle oblige les jeunes et les vieux à s'éloigner des
« objets nuisibles avec toute la promptitude néces-
« saire pour leur conservation; et, par le moyen de
« la mémoire, elle leur inspire de la précaution
« pour l'avenir.

« Mais pour ce qui est de la différence qu'il y a
« dans la durée des idées qui ont été gravées dans
« la mémoire, nous pouvons remarquer que quel-
« ques-unes ont été produites par un objet qui n'a
« affecté les sens qu'une seule fois, et que d'autres,
« s'étant présentées plus d'une fois à l'esprit, n'ont
« pas été fort observées, soit par nonchalance,
« comme dans les enfants, soit par la préoccupation
« d'autres idées, comme dans les hommes faits. Dans
« quelques personnes, ces idées ont été gravées avec
« soin et par des impressions réitérées; et pourtant
« ces personnes ont la mémoire très faible, soit à
« cause du tempérament de leur corps, ou pour
« quelque autre défaut. Dans tous ces cas, les idées

« qui s'impriment dans l'âme se dissipent bientôt,
« et souvent s'effacent de l'entendement sans laisser
« aucune trace : ainsi plusieurs des idées produites
« dans l'esprit des enfants par leurs premières sen-
« sations, se perdent entièrement, sans qu'il en reste
« le moindre vestige, si elles ne sont pas renouve-
« lées dans la suite de leur vie. C'est ce qu'on peut
« remarquer dans ceux qui, par quelque malheur,
« ont perdu la vue encore fort jeunes : comme ils
« n'ont pas alors beaucoup réfléchi sur les couleurs,
« ces idées n'étant plus renouvelées dans leur esprit,
« s'effacent entièrement ; de sorte que, quelques
« années après, il ne leur reste non plus d'idées
« des couleurs qu'à des aveugles de naissance. D'un
« autre côté, il y a des gens dont la mémoire est
« heureuse jusqu'au prodige ; cependant il me sem-
« ble qu'il arrive toujours du déchet dans nos idées,
« dans celles-là même qui sont gravées le plus pro-
« fondément, et dans les esprits qui les conservent
« le plus long-temps ; de sorte que, si elles ne sont
« pas renouvelées quelquefois par le moyen des
« sens ou par la réflexion de l'esprit, l'empreinte
« s'use, et il n'en reste plus aucune image. Ainsi
« les idées de notre jeunesse souvent meurent avant
« nous, comme nos enfants ; et, sous ce rapport,
« notre esprit ressemble à ces tombeaux dont la
« matière subsiste encore : on voit l'airain et le
« marbre, mais le temps a fait disparaître les ins-
« criptions et emporté les caractères. Les images
« tracées dans notre esprit sont peintes avec des
« couleurs légères : si on ne les rafraîchit quelque-

« fois, elles passent entièrement. De savoir quelle
« part peut avoir à tout cela la constitution de nos
« corps et l'action des esprits animaux, et si la dis-
« position du cerveau produit cette différence, en
« sorte que dans les uns il conserve comme le mar-
« bre les traces qu'il a reçues, en d'autres comme
« une pierre de taille, en d'autres comme une cou-
« che de sable, c'est ce que je ne prétends pas exa-
« miner ici : mais il peut du moins paraître assez
« probable que la constitution du corps a quelque-
« fois de l'influence sur la mémoire, puisque nous
« voyons souvent qu'une maladie dépouille l'âme
« de toutes ses idées, et qu'une fièvre ardente con-
« fond en peu de jours et réduit en poudre toutes
« ces images, qui semblaient devoir durer aussi
« long-temps que si elles eussent été gravées sur le
« marbre. »

Dans ce passage de Locke, sa manière de philo-
sopher est la même que dans tout le reste de son
livre : vous le voyez toujours sobre d'assertions, at-
tentif à l'expérience, à l'analogie, aux probabilités,
et renfermant dans ses observations une foule de
conséquences qui en appuient la justesse. On peut
voir ici, par exemple, pourquoi il nous reste si peu
de souvenir de tout ce qui a rapport à nos premières
années ; c'est qu'alors toutes les impressions, passant rapidement sur des organes tendres, n'y agissent qu'autant qu'il le faut à chaque moment pour
la conservation et l'accroissement de l'individu. Le
peu de réflexion dont il est capable se borne aux
besoins physiques. D'ailleurs, tout ce qui se passe

autour de lui est comme étranger : la faculté passive est presque la seule qu'il exerce; la faculté active est presque nulle, et concentrée entièrement dans les nécessités physiques. L'enfant peut être très sensible à la perte de son déjeûner, et insensible à la perte de son père.

Que l'homme devenu capable de réflexion le soit aussi de se rappeler ses idées en l'absence des objets et sans le secours d'aucune circonstance relative, c'est ce que chacun peut constater à tout moment par sa propre expérience; et cela est si vrai, que si je voulais le prouver par le fait, je rappellerais indifféremment et à mon choix, ou une tragédie, ou une chanson, ou une histoire, ou un palais, ou une campagne, ou un bon mot, etc., sans qu'il y eût le moindre rapport avec les circonstances présentes, et uniquement pour exercer un acte de volonté ou de mémoire. Je crois donc pouvoir conclure avec Locke que la mémoire est une faculté libre et spontanée, quoiqu'elle ne soit pas toute-puissante; que l'imagination n'est qu'un mode de cette faculté, qui en rend l'exercice plus facile, plus prompt, plus marqué, plus étendu; et cette différence est en raison de la différente disposition de nos organes et de notre esprit, à être plus ou moins affectés des choses, soit physiques, soit morales : ainsi, celui qui n'a que beaucoup de mémoire et peu d'imagination nous rendra un compte assez exact d'une pièce de théâtre qu'il vient de voir, d'une action dont il a été témoin, d'un ouvrage qu'il vient de lire; celui qui a plus d'imagination fera le même exposé, mais d'une manière beaucoup plus vive, et en rendra l'impression beaucoup plus sensible pour tous ceux qui l'écouteront.

Condillac trouve beaucoup de confusion dans ce que les philosophes ont dit sur l'imagination et la mémoire; mais on peut, ce me semble, faire voir qu'il est lui-même un peu confus sur cette matière à force d'être subtil, et qu'il finit par tomber dans une sorte de contradiction. La distinction qu'il met entre l'imagination et la mémoire, c'est que l'une se retrace la perception même de l'objet, et que l'autre n'en rappelle que les signes, le nom et les circonstances accessoires : c'est en conséquence de cette distinction qu'il établit que les bêtes, ne connaissant point les signes du langage, ni les noms, ni les idées abstraites qui forment la combinaison des circonstances, n'ont que de l'imagination et point de mémoire. Mais Locke a démontré qu'elles en ont par l'exemple d'un oiseau qui répète l'air qu'il a entendu la veille; et les efforts réitérés de l'oiseau pour plier ses organes aux modulations de cet air, prouvent la volonté d'exercer une faculté. La diversité d'avis entre les deux philosophes vient de ce que l'abbé de Condillac veut absolument assigner deux facultés distinctives, l'une pour l'homme, l'autre pour la bête, et que Locke se contente d'y voir ce qui est, c'est-à-dire une différence de plus ou de moins. L'expérience et le raisonnement décident pour celui-ci, car l'auteur français se garde bien de dire un mot de l'exemple allégué par Locke, et qui est en effet sans réplique; et les exemples cités par Condillac prouvent seulement que les bêtes, bornées aux idées simples et aux impressions physiques, ne font le plus souvent usage que de ce mode de la mémoire qu'on appelle imagination, et ne sont mues le plus souvent que par la présence des objets; au lieu que l'homme, à la faveur des avantages prodigieux que lui donnent l'usage de la parole et la facilité d'attacher un signe à chaque idée, fait un usage infiniment plus étendu de sa mémoire, de son imagination et de toutes les facultés de l'entendement. Enfin, Condillac dit lui-même en propres termes : « Il y a entre l'imagination, la « mémoire et la réminiscence, un progrès qui est « la seule chose qui les distingue. » Voilà la vérité; mais comment concilier avec cet aveu les longs raisonnements où il s'engage pour montrer que Locke les a confondus, que les bêtes n'ont pas de mémoire; enfin pour faire deux choses distinctes de ce qui ne diffère que par des degrés? Il se peut qu'alors il crût s'entendre lui-même; mais il lui était difficile de se faire entendre aux autres, et je croirais volontiers que par la suite il a eu le bon esprit de voir qu'il ne s'était pas entendu.

C'est dans la théorie des signes, dans l'explication de leur pouvoir, dans le développement de leurs effets, que l'abbé de Condillac déploie ici toute la supériorité de ses vues. Il ne pouvait guère que s'égarer quand il a risqué de s'éloigner de Locke dans l'analyse des opérations mentales, où il ne paraît pas qu'on puisse pénétrer plus avant et plus sûrement que ce sage Anglais, que Voltaire a si bien caractérisé dans ces deux vers :

Et ce Locke, en un mot, dont la main courageuse
A de l'esprit humain posé la borne heureuse.

Mais il restait à Condillac une gloire dont il s'est saisi, celle d'étendre au loin les conséquences de ces premières vérités, d'en former une chaîne, et d'y faire passer d'anneaux en anneaux tous les progrès de la perfectibilité humaine. C'est ce qu'il a fait avec le plus grand succès dès son premier ouvrage, et cette seule partie si bien exécutée suffirait pour faire excuser quelques fautes et pour annoncer un grand métaphysicien, un philosophe du premier ordre.

« Les progrès de l'esprit humain, dit-il, dépendent entièrement de l'adresse avec laquelle nous nous servons du langage. Ce principe est simple, et répand un grand jour sur cette matière : personne, que je sache, ne l'a connu avant moi. »

On pourrait trouver peut-être un peu de jactance dans cette manière de s'exprimer; mais faut-il défendre aux philosophes de faire gloire de leurs découvertes, comme les artistes de leurs productions? Ce serait être trop sévère. Il est naturel que l'amour-propre ne perde nulle part ses droits : on est en possession de se moquer de celui des poètes ; c'est quelque chose, qu'ils puissent se mettre à couvert près de celui des philosophes. Tout ce qu'on pourrait dire à Condillac, c'est qu'il va un peu trop loin en disant que personne avant lui n'a connu ce principe. Sans parler de Locke, qui l'a indiqué, comme on le verra tout à l'heure, des anciens même avaient observé combien l'homme était redevable à la communication des idées par la parole et par l'écriture. Mais on doit avouer aussi qu'une vérité appartient particulièrement à celui qui la féconde et en forme une théorie complète, et l'on ne peut refuser cet honneur à l'abbé de Condillac.

Il remonte jusqu'au langage d'action, qui dut être celui des premiers hommes avant qu'ils eussent formé des langues, et qui est encore celui des enfants avant qu'ils sachent articuler et parler; et ce langage consiste dans des gestes, des cris, des mouvements. Ce doit être encore aujourd'hui le seul de quelques peuplades sauvages qui, au rapport des voyageurs, ne s'expriment que par une sorte de gloussement pareil à celui de quelques animaux. On sait combien étaient bornés les idiomes des petits peuples du nord de l'Amérique au moment de sa découverte, et quelle quantité d'idées n'avait et n'a même encore aucune expression dans leur langue. On a plus d'une fois reconnu dans cette stérilité de signes la principale cause de leur ignorance, comparée à nos lumières; mais ce que personne n'avait fait, c'est de rechercher avec sagacité, et de démêler avec vraisemblance tout ce que ce premier langage d'action a eu d'influence sur la formation des langues, et combien il a fallu de temps avant que les hommes renonçassent à ce langage naturel qui leur était aussi facile qu'il était borné, et se faisait comprendre sans peine, au moins autant qu'il était nécessaire pour leurs besoins essentiels; combien ils devaient s'y attacher par la difficulté de plier leur organe à l'articulation dont il fallait deviner et suivre les principes à mesure que quelques essais en donnaient une faible expérience; par cette autre difficulté non moins grande d'établir la convention et la réciprocité dans la signification des termes, après qu'on était parvenu à en déterminer l'articulation; enfin, combien de fois ce premier lien de la sociabilité dut se rompre et se dissoudre avant de se consolider. On ne peut exiger des conjectures* de l'auteur sur les moyens successifs qui ont

* Ces conjectures mêmes doivent être restreintes et modifiées pour se concilier avec le récit des livres saints, dont il n'est permis ni à la raison ni à la foi de douter. Rien ne nous est connu historiquement du monde antédiluvien, que le peu qui en est rapporté dans les cinq premiers chapitres de la Genèse, et qu'apparemment l'Esprit Saint a cru devoir suffire au monde renouvelé. Nous y voyons que Dieu converse avec Adam, Caïn, Noé; que le serpent converse avec Ève : d'où il suit que le premier homme apprit de Dieu même le langage articulé, qu'il put sans doute communiquer à ses descendants. Quel était ce langage primitif? C'est ce que nous ignorons encore, quelques efforts qu'on ait faits dans tous les temps pour le deviner. Nous voyons encore que ce langage, commun à tous les habitants de la terre, et transmis par Noé et les siens au monde post diluvien, dura jusqu'à la confusion des langues et la dispersion de la race de Noé par toute la terre; ce qui eut lieu un peu plus de cent ans après le déluge, à une époque où la terre devait être infiniment moins peuplée qu'elle ne l'a été depuis. Sur tout cela, le texte de l'Écriture est positif. Il y est dit que jusque là les hommes n'avaient qu'un seul et même langage. *Terra erat labii unius et sermonum eorumdem.* Mais après qu'ils se furent dispersés dans les différentes parties du globe, il est naturel de présumer que ce qui dut assez long temps mettre en usage cette expression des signes et des cris dont s'occupe ici Condillac, ce fut encore moins la difficulté de perfectionner l'articulation que le besoin de se faire entendre dans cette diversité de langages

contribué à former les langues, que le degré de probabilité possible dans une révolution dont les premiers âges du monde n'ont point laissé de traces;

parlés, opérée à Babel par l'ordre de Dieu même. On peut croire d'ailleurs que ces langages originaires étaient fort bornés, et proportionnés à la simplicité de ces premiers âges. Il fallut donc former successivement les idiomes de chaque climat, comme il fallut rapprendre tous les arts de la main déjà inventés avant le déluge, et perdus ensuite; et ce fut une des punitions de la race humaine, qui paraît, comme la terre elle-même, avoir dégénéré sous plusieurs rapports physiques par la grande plaie de l'inondation universelle. C'est donc dans l'intervalle de ce progrès plus ou moins lent des premières sociétés qui se formaient, que les signes naturels, les gestes et les cris se mêlèrent à ce que Condillac appelle les signes d'institution, c'est-à-dire aux langages parlés, dont il fallait suppléer l'imperfection; car il ne faut pas croire, et sûrement il n'a pas voulu dire, que l'homme ait jamais été sans aucun langage articulé; cela serait contre toute vraisemblance. L'articulation est une faculté trop naturelle à l'homme pour qu'il n'en ait pas usé plus ou moins comme de toutes les autres, en quelque temps que ce soit; et ces sauvages eux-mêmes, chez qui nos voyageurs ont remarqué *une espèce de gloussement* habituel y mêlaient des sons articulés.

Avec cette explication très plausible, ce me semble, et qui ne contredit en rien ni les faits certains de l'Écriture, ni les conjectures probables de Condillac, tout va de suite dans sa théorie des signes de différentes espèces, et de leurs modifications successives. Non-seulement la lenteur plus ou moins marquée dans les progrès de chaque peuple, en fait de langage, est attestée par tous les monuments historiques; mais il est dans l'esprit de notre religion de reconnaître que la nature humaine, créée d'abord dans toute la perfection dont elle était susceptible, a été, depuis sa chute, condamnée au travail d'une perfectibilité toujours difficile, et toujours balancée par l'inévitable mélange du bien et du mal.

Observez, en passant, que dans tout ce qui est conjectural en théorie, comme dans toute controverse de faits historiques, ce qui est appuyé par analogie sur la révélation rentre toujours dans la vraisemblance et dans la raison, et que tout ce qu'on imagine en sens contraire retombe toujours dans l'improbable, et même dans l'absurde, depuis les hypothèses où l'on a voulu faire un monde sans un Dieu, jusqu'à celles où l'on a voulu expliquer l'établissement du christianisme sans ce même Dieu. Partout mensonge et déraisonnement, par-tout l'on peut dire: *Narraverunt mihi iniqui fabulationes, sed non ut lex tua.* Ps. CVIII.

et là-dessus, les hypothèses de l'abbé de Condillac ne laissent rien à désirer. Mais les conjectures le mènent par l'analogie jusqu'à l'évidence, quand il remarque les rapports que dut nécessairement avoir la prosodie des premières langues avec le langage d'action, c'est-à-dire celui des gestes et des cris. Cet article est neuf et curieux : il faut entendre l'auteur lui-même. « La parole, en succédant au « langage d'action, en conserva le caractère. Cette « nouvelle manière de communiquer ses pensées « ne pouvait être imaginée que sur le modèle de « la première. Ainsi, pour tenir la place des mou-« vements violents du corps, la voix s'éleva et s'a-« baissa par des intervalles fort sensibles. Ces lan-« gages ne se succédèrent pas brusquement ; ils « furent long-temps mêlés ensemble, et la parole « ne prévalut que fort tard. Or, chacun peut éprou-« ver par lui-même qu'il est naturel à la voix de « varier ses inflexions, à proportion que les gestes « le sont davantage. Plusieurs autres raisons con-« firment ces conjectures. Premièrement, quand les « hommes commencèrent à articuler des sons, la « rudesse des organes ne leur permit pas de le faire « par des inflexions aussi faibles que les nôtres. « En second lieu, nous pouvons remarquer que ces « inflexions sont si nécessaires, que nous avons « quelque peine à comprendre ce qu'on nous lit « sur un même ton. Si c'est assez pour nous que « la voix se varie légèrement, c'est que notre esprit « est fort exercé par le grand nombre d'idées que « nous avons acquises, par l'habitude où nous

« sommes de les lier à des sons : voilà ce qui man-
« quait aux hommes qui eurent les premiers l'usage
« de la parole. Leur esprit était dans toute sa gros-
« sièreté : les notions les plus communes étaient
« nouvelles pour eux. Ils ne pouvaient donc s'en-
« tendre qu'autant qu'ils conduisaient leur voix par
« des degrés fort distincts. Nous-mêmes nous éprou-
« vons que moins une langue dans laquelle on nous
« parle nous est connue, plus on est obligé d'ap-
« puyer sur chaque syllabe, et de les distinguer
« toutes d'une manière sensible. En troisième lieu,
« dans l'origine des langues, les hommes, trouvant
« trop d'obstacles à imaginer de nouveaux mots,
« n'eurent pendant long-temps, pour exprimer les
« sentiments de l'âme, que les signes naturels, aux-
« quels ils donnèrent le caractère des signes d'ins-
« titution. Or, les signes naturels introduisent né-
« cessairement l'usage des inflexions violentes, puis-
« que différents sentiments ont pour signes le même
« son varié sur différents tons. *Ah!* par exemple,
« selon la manière dont il est prononcé, exprime
« l'admiration, la douleur, le plaisir, la tristesse,
« la joie, la crainte, le dégoût, et presque tous les
« sentiments de l'âme. Enfin, je pourrais ajouter
« que les premiers noms des animaux en imitèrent
« vraisemblablement le cri : remarque qui convient
« également à ceux qui furent donnés aux vents,
« aux rivières, et à tout ce qui fait quelque bruit.
« Il est évident que cette imitation suppose que les
« sons se succédaient par des intervalles très mar-
« qués. On pourrait improprement donner le nom

« de chant à cette manière de prononcer, ainsi que
« l'usage le donne à toutes les prononciations qui
« ont beaucoup d'accents... Cette prosodie a été si
« naturelle aux premiers hommes, qu'il y en a eu à
« qui il a paru plus facile d'exprimer différentes
« idées avec le même mot, prononcé sur différents
« tons, que de multiplier le nombre des mots à
« proportion de celui des idées. Ce langage se con-
« serve encore chez les Chinois. Ils n'ont que trois
« cent vingt-huit monosyllabes, qu'ils varient sur
« cinq tons, ce qui équivaut à mille six cent qua-
« rante signes.... D'autres peuples, nés sans doute
« avec une imagination plus féconde, aimèrent
« mieux inventer de nouveaux mots. La prosodie
« s'éloigna chez eux du chant peu à peu, et à me-
« sure que les raisons qui l'en avaient fait appro-
« cher davantage cessèrent d'avoir lieu ; mais elle
« fut long-temps avant de devenir aussi simple
« qu'elle l'est aujourd'hui. C'est le sort des usages
« établis, de subsister encore après que les besoins
« qui les ont fait naître ont cessé. Si je disais que
« la prosodie des Grecs et des Romains participait
« encore du chant, on aurait peut-être de la peine
« à deviner sur quoi j'appuierais une pareille con-
« jecture : les raisons m'en paraissent pourtant
« simples et convaincantes. »

Elles le paraissent en effet; et nous allons voir qu'à partir de ce point il va bien plus loin, et subordonne au même principe l'origine de tous les arts d'imitation, le caractère qu'ils ont eu chez les anciens, et les changements qu'ils ont éprouvés chez les modernes. C'est ouvrir une vaste route, et pourtant il ne s'y égare pas : il faut l'y suivre.

De l'articulation extrêmement marquée des premiers langages, et de l'expression violente des gestes qui l'accompagnaient, Condillac fait naître la musique et la danse. La prosodie, très ressentie, devint une espèce de rhythme, et conduisit peu à peu jusqu'au chant. On s'aperçut de quelque agrément dans la progression et le retour des sons : le hasard découvrit les premiers rapports harmoniques; et les hommes, accoutumés à conformer certains mouvements à certaines inflexions de voix, réglèrent la durée des uns sur la valeur des autres, et la gesticulation, soumise à une mesure, devint une danse régulière, une pantomime notée par l'oreille, telle qu'on la voit encore chez les peuples sauvages, et particulièrement chez les nègres. Dès qu'on eut mesuré les sons, ce fut un acheminement à mesurer les paroles qu'on y joignait : on les assujettit à un mètre résultant d'un certain nombre de syllabes, de leur quantité, de leur disposition, et la phrase métrique eut ses relations avec la phrase musicale : de là les vers, si anciens chez tous les peuples, et remontant jusqu'à la naissance des langues. Le sentiment de l'harmonie, qui avait produit la musique, y fit succéder la poésie, et toutes deux furent long-temps inséparables. Les poèmes de Moïse et d'Homère, les plus anciens que nous connaissions, étaient chantés. Le chant, la poésie, les instruments, la danse, la pantomime, tous ces arts, provenant d'une origine commune, étaient génériquement exprimés chez les Grecs par le mot de musique, μουσική, qui les renfermait tous ; et, dans leur religion emblématique, les Grecs avaient formé de ces arts les différents départements de leurs muses, dont le nom appartenait à la même étymologie. Il ne faut pas s'étonner s'ils les réunirent tous dans le système de leurs représentations théâtrales, qui fut le dernier terme de leurs progrès. Ces spectacles étant des fêtes publiques et religieuses, ils voulurent y rassembler tous les plaisirs de l'esprit et des sens : il fallait qu'un peuple nombreux y participât, et que, pour cet effet, leurs moyens fussent très différents des nôtres. Ils l'étaient au point que nous avons aujourd'hui beaucoup de peine à les expliquer, et même à en imaginer la possibilité, quoique les faits soient constatés par des témoignages irrécusables. L'abbé de Condillac est, de tous nos écrivains, celui qui en a donné l'explication la plus plausible. Il la trouve dans les rapports que conservait la prononciation des Grecs et des Romains leurs imitateurs, avec cette prosodie si distincte et si fortement accentuée du premier langage articulé, qui remplaça celui d'action, et avec cette gesticulation non moins caractérisée, qui en était une dépendance. Il s'appuie de faits connus et avoués, dont il tire des conséquences que l'expérience et la réflexion justifient. Cent passages des anciens nous attestent le pouvoir singulier qu'ils attribuaient au nombre et à l'harmonie, non-seulement dans la poésie, mais dans l'éloquence. Cicéron, dans la tribune aux harangues, avait derrière lui un joueur de flûte qui lui donnait, au commencement de son discours et dans les intervalles qu'il prenait, une première intonation : c'était pour lui comme la note fondamentale dont il partait pour s'élever progressivement sur l'échelle diatonique dont sa voix était susceptible, et jusqu'à la dernière octave où il pût parvenir.* Ce même Cicéron assure que la versification des meilleurs poètes lyriques ne paraît qu'une simple prose quand elle n'est pas soutenue par le chant. Aristote dit dans sa *Poétique* qu'il n'est pas possible d'exprimer le charme que la musique ajoute à la poésie dramatique; il ne conçoit même pas comment l'une pourrait subsister sans l'autre, et là-dessus il s'en rapporte à l'impression commune à tous les spectateurs. Personne n'ignore que chez les Romains la comédie même était notée, et nous voyons encore à la tête de chaque pièce de Térence le nom du musicien qui avait travaillé avec lui **. On sait qu'un

* Ce fait est ici rapporté par erreur à Cicéron, qui nous apprend dans ses *Dialogues sur l'Orateur* III, 59, que C. Gracchus usait de ce procédé singulier.   H. P.

** La Harpe se décide un peu légèrement sur une question fort controversée parmi les savants, et qui est encore loin d'être arrivée à sa solution. On peut lire ce qu'ont écrit à ce sujet l'abbé Dubos, dans ses *Réflexions sur la poésie française, la peinture et la musique*, et d'après lui Rollin, dans son *Histoire ancienne*; l'abbé Vatry, Duclos, L. Racine, dans les *Mémoires de l'académie des Inscriptions et Belles-Lettres*, tom. VIII, pag. 211; XXI, 191, 209; Barthélemy, dans son *voyage d'Anacharsis*, ch. LXX, note 2; Marmontel, dans ses *Éléments de Littérature* article, sur la *déclamation théâtrale*; Schlegel, dans son *Cours de Littérature dramatique*, etc., etc. Sur cette question, *la déclamation des anciens était-elle notée ?* Dubos, Rollin, Vatry se décident pour l'affirmative; Duclos, L. Racine, Barthélemy, pour la négative; Schlegel se borne à prétendre que les inflexions de la voix étaient plus solennellement mesurées sur le théâtre que dans la vie réelle; Marmontel résume les opinions et ne prend point parti. C'est peut-

autre musicien battait la mesure sur le théâtre en
frappant du pied, comme nous l'avons vu battre avec
un bâton dans l'orchestre de l'Opéra; et le comédien
était aussi astreint à la mesure que le sont aujour-
d'hui le chanteur et le danseur : la déclamation des
anciens avait donc les deux choses qui caractérisent
le chant, c'est-à-dire la modulation et le mouvement.
Préoccupés de nos habitudes, qui commandent à nos
opinions, nous demandons sans cesse comment il
pouvait y avoir, dans ces sortes de représentations,
cette espèce d'illusion que nous avons bien de la
peine à obtenir par des moyens infiniment plus rap-
prochés de la nature; et que sera-ce si l'on y ajoute
les masques qui détruisaient tout le jeu de la physionomie, et ce partage d'un rôle entre deux acteurs,
dont l'un prononçait les vers, et l'autre faisait les
gestes *? Condillac pense que la différence essentielle dans l'accent prosodique et dans la manière
de prononcer peut seule rendre raison de ces procédés et de notre étonnement; que cet étonnement
aurait dû être le même chez les Grecs et les Romains,
si, dans le langage ordinaire, leur prononciation,
très rapprochée du chant, ne les eût disposés d'a-
vance à entendre dans la déclamation théâtrale un
chant véritable. Quelques réflexions peuvent rendre
cette induction très plausible. On ne peut nier que
tous les étrangers n'aient été souvent frappés de la

être ce qu'on peut faire de plus sage dans l'état où est encore cette controverse, et ce que nous ferons nous-mêmes.   H. PATIN.

* Cette opinion que La Harpe emprunte à Dubos et à Rollin, a été contredite avec beaucoup d'apparences de raison dans les mémoires cités plus
haut de L. Racine et de Duclos.)   H. P.

monotonie de notre parler, et même de notre déclamation ; ils nous trouvent dans l'un et dans l'autre presque dénués d'accent et d'inflexion, et il est sûr qu'à cet égard un Italien, par exemple, est si différent de nous, qu'il nous paraît presque chanter en parlant. Il en est de même du peuple de la plupart de nos provinces, et sur-tout de celles du midi. Au contraire, on a remarqué que la capitale, la cour, les grandes villes, n'avaient pas d'accent. Ne pourrait-on pas présumer que cette différence date originairement du temps où Paris et la cour avaient attiré presque toute la noblesse des provinces, et donné le ton à tout ce qui en approchait ? Naturellement l'accent de l'homme est ferme, assuré, expressif, en raison de ce qu'il sent et de ce qu'il se croit permis de produire au dehors : le respect et la crainte l'atténuent, le modifient, l'abaissent, l'étouffent presque entièrement ; car le respect et la crainte n'ont qu'un accent comme ils n'ont qu'une attitude ; et comme celle-ci ressemble le plus qu'il est possible à l'immobilité, l'autre voudrait ne pas faire plus de bruit que le silence. Ainsi, à mesure que l'on se conforma davantage au ton et aux manières des courtisans, l'on fit consister la politesse dans un parler froid, faible et uniforme, sans inflexion et sans mouvement, et l'habitude de parler bas fut un précepte de l'usage et une règle de l'éducation. C'était précisément l'opposé dans les anciennes républiques, où les hommes, continuellement en présence des autres hommes, une concurrence réciproque, des droits égaux et de nombreuses assemblées dûrent conserver à la voix tous les accents de l'âme, et à l'articulation toute sa variété et son énergie. La nécessité de se faire entendre d'un grand nombre dut exagérer tous les moyens du langage; et par conséquent ce qui nous semblerait outré dans nos cercles, dans nos salles de spectacle, dans de petites assemblées, dut paraître naturel dans les comices de Rome et d'Athènes, et dans leurs vastes amphithéâtres; car l'idée que nous avons du naturel, en ce genre, n'est guère que le résultat de nos habitudes.

Mais ces habitudes, étant déterminées par les circonstances, sont également conséquentes et raisonnables dans leur diversité; et comme un orateur ou un comédien aurait paru froid chez les anciens, s'il eût parlé à soixante mille personnes comme on ferait parmi nous à douze ou quinze cents, de même nos orateurs et nos comédiens seraient véritablement outrés, s'ils employaient sur un petit nombre les moyens d'action qui ne conviennent qu'à une grande multitude. Plus on examinera ceux des anciens, plus on comprendra qu'ils étaient très bien entendus. Nous concevons maintenant pourquoi leur prosodie était infiniment plus forte que la nôtre, et de là il n'y a qu'un pas à faire pour comprendre que, leur principal objet devant être de donner la plus grande valeur possible à la prononciation de chaque syllabe, la mesure, le rhythme, le mètre et même le chant, en un mot, toutes les formes régulières, non-seulement concouraient à cet objet, mais devaient y ajouter un agrément réel et un effet sensible. Supposons-nous dans un grand éloignement de celui qui parle, et avec un grand intérêt à l'entendre; alors tout ce qui gravera dans notre oreille le son de ses paroles et les accents qui en expriment l'intention ne pourra que nous satisfaire davantage. L'éloignement effacera par degrés ce qui de près semblerait forcé, et il ne restera que ce qu'il faut pour le rapport de ses organes aux nôtres; et s'il joint encore à la netteté de la prononciation cette espèce d'arrondissement que le nombre ou le mètre peut donner aux membres de la phrase, et ces chutes harmonieuses qui terminent à la fois la période et la pensée, on sera d'autant plus charmé, que l'effet, venant de plus loin, aura parcouru un plus grand espace sans rien perdre de sa force ni de sa régularité. L'orateur, le poète, le musicien, l'acteur, transportera d'admiration son auditoire; et, à la distance où je les suppose, chacun d'eux rappellera l'idée de ce fameux mécanicien qui, du rivage où il était assis, donnait le mouvement à des machines énormes qui allaient au loin enlever les vaisseaux du milieu des mers.

C'est en combinant ainsi les effets de l'éloignement, les moyens qui les compensaient, et ce que l'harmonie pouvait encore y ajouter, que l'on embrassera tout le système théâtral des anciens. Il fallait bien qu'il eût son illusion comme le nôtre, puisqu'on ne peut douter des impressions de pitié et de terreur qu'il produisait, et notamment du prodigieux succès de la pantomime chez les Romains. Elle naquit de l'usage où l'on était de noter les gestes comme les paroles dans la déclamation; en sorte que l'on aurait sifflé un acteur qui aurait gesticulé hors de mesure, comme celui qui aurait manqué au rhythme ou à la quantité dans la prononciation du vers. Tout était soumis aux mêmes règles : cet assujettissement serait pour nous ridicule et froid : les personnages sont si près de nous, que nous voulons retrouver en eux la vérité du dialogue ordinaire avec la noblesse et les graces d'un langage cadencé. Cet accord est très difficile ; c'est le comble de l'art, et c'est ce qui fait que rien n'est si rare aux yeux des connaisseurs qu'un grand acteur tragique. Mais qu'on prenne garde qu'à une certaine distance, gestes, paroles et accent, tout se confondrait, si tout était abandonné à la nature; au lieu que tout devient distinct avec des intervalles bien marqués. Voilà le principe de la méthode antique : l'exécution en était plus fatigante, mais la perfection devait en être moins difficile : il est plus aisé d'obéir en tout à des règles convenues que de diriger soi-même ses tons et ses mouvements et toujours avec le même succès.

La manière dont s'introduisit la pantomime chez les Romains, qui en furent long-temps idolâtres, mérite d'être rapportée. « Le poète Livius Andro-
« nicus, qui jouait dans une de ses pièces, s'étant
« enroué à répéter plusieurs fois des endroits que
« le peuple avait goûtés, fit trouver bon qu'un es-
« clave récitât les vers, tandis qu'il ferait lui-même
« les gestes ; il mit d'autant plus de vivacité dans
« son action, que ses forces n'étaient point parta-
« gées ; et son jeu ayant été applaudi, cet usage
« prévalut dans les monologues. Il n'y eut que les

« scènes dialoguées où le même comédien continua
« de se charger de faire les gestes et de réciter.
« L'usage de partager la déclamation conduisait à
« découvrir l'art des pantomimes : il ne restait plus
« qu'un pas à faire : il suffisait que l'acteur qui s'é-
« tait chargé des gestes parvînt à y mettre tant
« d'expression, que le rôle de celui qui chantait
« parût inutile. C'est ce qui arriva sous Auguste :
« bientôt les pantomimes exécutèrent des pièces
« entières. Leur art était, par rapport à notre gesti-
« culation, ce qu'était par rapport à notre déclama-
« tion le chant des pièces qui se récitaient, c'est-à-
« dire un degré de force et d'expression superflu et
« même déplacé devant un petit nombre de specta-
« teurs, mais proportionné à une grande multitude.
« C'est ainsi que, par un long circuit, on parvint
« à imaginer comme une invention nouvelle le lan-
« gage des gestes, qui avait été le premier que les
« hommes eussent employé.

« On avait fait, long-temps auparavant, des re-
« cueils de gestes notés, un pour la tragédie, un
« pour la comédie, et un troisième pour une espèce
« de drame qu'on appelait *satyres*. C'est là que Pi-
« lade et Bathylle, les premiers pantomimes que
« Rome ait vus, prirent les modèles de leur art : il
« charma les Romains dès sa naissance, passa dans
« les provinces les plus éloignées, et subsista aussi
« long-temps que l'empire. On pleurait à ces repré-
« sentations : elles plaisaient même beaucoup plus
« que les autres, parce que l'imagination est plus
« vivement affectée d'un langage qui est tout en ac-

« tion, et qu'elle a le plaisir de deviner. Enfin, la
« passion pour ce genre de spectacle vint au point
« que, dès les premières années du règne de Tibère,
« le sénat fut obligé de faire des règlements pour
« défendre aux sénateurs de fréquenter les écoles
« des pantomimes, et aux chevaliers romains de
« leur faire cortège dans les rues.

Il semble qu'on ait voulu ressusciter cet art dans nos ballets-pantomimes; mais, quoiqu'on les voie avec plaisir, je ne crois pas qu'ils puissent jamais avoir la même vogue que la pantomime chez les Romains. Nous sommes peut-être plus sensibles aux jouissances de l'esprit, précisément parce que nous avons des sens moins vifs; et heureusement nous ne sommes pas disposés à sacrifier à des pas de ballet tous les chefs-d'œuvre du génie, qui sont une de nos richesses nationales. Heureusement encore la pantomime n'a pas fait parmi nous assez de progrès pour exprimer tout, comme elle faisait, à ce qu'on prétend, chez les Romains. Notre expérience nous a fait voir qu'il y a des sujets qui s'y refusent, au moins pour nous, et pour cette fois nous ne pouvons expliquer tout ce dont elle était capable autrefois. S'il faut croire ce qu'on en rapporte[*], il se faisait entre Cicéron et Roscius une espèce de défi qui confondrait, je crois, nos plus habiles pantomimes. L'orateur prononçait une période qu'il venait de composer, et le comédien en rendait le sens par un jeu muet. Cicéron en changeait ensuite les mots ou le tour, de manière que

[*] Ce fait est raconté par Macrobe, *Saturnales*, III, 14.

le sens n'en était pas énervé, et Roscius l'exprimait également par de nouveaux gestes. Il y a bien dans Cicéron tel morceau dont je crois la traduction possible en langage d'action, et ce sont, par exemple, tous ceux d'un certain pathétique; mais comment rendre les phrases de raisonnement? comment rendre une grande pensée? Il n'y a point d'art qui n'ait ses bornes naturelles; et si tous les sujets ne sont pas propres à la poésie, comment le seraient-ils tous à la pantomime? Nous avons vu le contraire lorsqu'un artiste justement célèbre a tenté de mettre en ballet la tragédie des Horaces. Il suffisait d'en avoir lu les plus belles scènes pour pressentir que Noverre, malgré tout son talent, devait échouer en voulant les traduire en pas et en gestes. Tout le monde les savait par cœur, et personne n'imaginait comment il serait possible d'exprimer en gestes ce vers :

Que vouliez-vous qu'il fît contre trois ?—Qu'il mourût.

La demande et la réponse échappent également à l'imitation figurée, et celle dont on se servit parut ridicule. Je le répète : il ne faut rien confondre, parce que tout a ses limites. Il y a dans l'intelligence humaine une hauteur de conceptions et de sentiments qui tient de l'excellence de sa nature, et qui ne peut être rendue par les mouvements muets; elle ne peut l'être que par cet organe qui lui est particulier, la parole, et c'était une suite de ces rapports d'harmonie que l'on remarque dans toutes les œuvres de la création, que l'être supérieur aux autres par la pensée eût aussi par-dessus eux le don de la manifester par un instrument qui n'est qu'à lui.

L'abbé de Condillac, suivant de tous côtés les conséquences qui dérivent de ses observations, assigne une des raisons principales de la supériorité de la langue des Grecs, et de l'influence qu'elle avait sur la manière de concevoir et de sentir.

« L'imagination agit bien plus vivement dans des « hommes qui n'ont point encore l'usage des signes « d'institution ; par conséquent le langage d'action « étant immédiatement l'ouvrage de cette imagi- « nation, il doit avoir plus de feu. En effet, pour « ceux à qui il est familier, un seul geste équi- « vaut souvent à une phrase entière. Par la même « raison, les langues faites sur le modèle de ce « langage doivent être les plus vives, et les autres « doivent perdre de leur vivacité à proportion que, « s'éloignant davantage de ce modèle, elles en con- « servent moins le caractère. Or, la langue grecque « se ressentait plus qu'aucune autre des influences « du langage d'action, comme on le voit par la « liberté de ses inversions, par sa prosodie si ri- « chement accentuée, et la formation pittoresque « de ses mots : cette langue était donc très propre « à exercer l'imagination. La nôtre, au contraire, « est si simple dans sa construction et dans sa pro- « sodie, qu'elle ne demande presque que l'exercice « de la mémoire. Nous nous contentons, quand « nous parlons des choses, d'en rappeler les signes

« vocaux, et nous en réveillons rarement les idées.
« Ainsi l'imagination, moins souvent remuée, de-
« vient naturellement plus difficile à émouvoir :
« nous devons donc l'avoir moins vive que les
« Grecs. »

Il explique d'une manière non moins satisfaisante l'ancienneté de la poésie et le caractère qu'elle eut dans l'antiquité. « Si, dans l'origine des lan-
« gues, la prosodie approcha du chant, le style,
« afin de copier les images sensibles du langage
« d'action, adopta toutes sortes de figures et de mé-
« taphores, et ce fut une vraie peinture. Par exem-
« ple, pour donner à quelqu'un l'idée d'un homme
« effrayé, on n'avait eu d'abord d'autre moyen que
« d'imiter les cris et les mouvements de la frayeur.
« Quand on voulut communiquer cette idée par la
« voix des sons articulés, on se servit de toutes les
« expressions qui la présentaient dans le même dé-
« tail. Un seul mot, qui ne peint rien, eût été trop
« faible pour succéder immédiatement au langage
« d'action. Ce langage était si proportionné à la
« grossièreté des esprits, que les sons articulés n'y
« pouvaient suppléer qu'autant qu'on accumulait les
« expressions les unes sur les autres. Le peu d'a-
« bondance des langues ne permettait pas même
« de parler autrement. Comme elles fournissaient
« rarement le terme propre, on ne faisait deviner
« une pensée qu'à force de répéter les idées qui
« lui ressemblaient davantage. Voilà l'origine du
« pléonasme, défaut qui doit particulièrement se
« remarquer dans les langues anciennes. Les exem-

« ples en sont trés fréquents dans les psaumes de
« David, dans les poèmes d'Homère, dans ceux de
« Sadi, dont nous avons des traductions littérales :
« ils le sont beaucoup moins dans les poètes latins
« plus modernes, parce que la précision dans les
« langues est l'ouvrage du temps, et demande un
« grand nombre d'expressions abstraites. On ne
« s'accoutuma que fort lentement à lier à un seul
« mot des idées qui auparavant ne s'exprimaient
« que par des mouvements fort composés, et l'on
« n'évita l'expression diffuse que quand les langues,
« devenues plus abondantes, fournirent des ter-
« mes propres et familiers pour toutes les idées
« dont on avait besoin. La précision du style fut
« connue beaucoup plus tôt chez les peuples du
« nord; par un effet de leur tempérament froid et
« flegmatique, ils abandonnèrent plus facilement
« tout ce qui se ressentait du langage d'action. Ail-
« leurs cette manière de communiquer ses pensées
« conserva plus long-temps ses influences. Aujour-
« d'hui même, dans les parties méridionales de l'Asie,
« le pléonasme est regardé comme une éloquence
« du discours.

« Le style, dans son origine, a donc été poéti-
« que, puisqu'il a commencé par rendre les idées
« par les images les plus sensibles, et qu'il était
« d'ailleurs extrêmement mesuré. Dans l'usage, il
« se rapprocha insensiblement de la prose; mais
« les auteurs adoptèrent d'abord le langage figuré
« et cadencé comme le plus vif et le plus propre
« à se graver dans la mémoire, unique moyen

« qu'ils eussent de faire passer leurs ouvrages à la
« postérité, avant l'invention de l'écriture. L'on
« crut pendant long-temps qu'on ne devait com-
« poser qu'en vers. Cette opinion était fondée sur
« ce que les vers s'apprennent et se retiennent plus
« facilement. Elle subsista encore long-temps après
« qu'on eut inventé les caractères qui tracent la
« parole, et ce fut un philosophe, Phérécyde de
« Samos, qui, ne pouvant se plier aux règles de la
« poésie, hasarda le premier d'écrire en prose. »

On sait quelle réputation se fit Hérodote lorsqu'il lut aux Grecs la première histoire qu'on eût
écrite en prose; et ce qui lui fit tant d'honneur,
c'est l'étonnement où l'on fut que la prose fût susceptible d'un agrément, d'une élégance et d'un
nombre qui empêchassent de regretter la poésie.

Il n'en fut pas de la rime comme de la mesure,
des figures et des métaphores ; elle ne doit pas
son origine à la naissance et à la formation des
langues. Les peuples du nord, moins vifs et moins
sensibles que les autres, ne purent conserver une
prosodie aussi mesurée, lorsque la nécessité qui
l'avait introduite ne fut plus la même : pour y suppléer, ils furent obligés d'inventer la rime.

Rien n'est plus propre que cette théorie à con-
firmer l'opinion où l'on est assez généralement,
que, dans tous les temps et chez tous les peuples,
il y a eu quelque espèce de danse, de musique et
de poésie. Les Romains nous apprennent que les
Gaulois et les Germains avaient leurs musiciens et

leurs poètes, et de nos jours on a observé la même chose des Caraïbes, des Nègres et des Iroquois.

Ainsi l'on trouve parmi les barbares le germe de ces arts qui font les délices des nations policées, et tout s'est établi dans le monde par une sorte de descendance et de filiation dont il n'appartient qu'à la philosophie observatrice de compter tous les degrés.

C'est à la lumière de cet esprit philosophique que Condillac saisit un rapport entre les premières habitudes des peuples et le génie de leur langue, comme il a démêlé celui des signes, langage primitif de tous les hommes. « Dans le latin, par « exemple, les termes d'agriculture emportent des « idées de noblesse qu'ils n'ont point dans le fran- « çais : la raison en est sensible. Quand les Romains « jetèrent les fondements de leur empire, ils ne « connaissaient encore que les arts les plus néces- « saires. Ils les estimèrent d'autant plus, qu'il était « également essentiel à chaque membre de la ré- « publique de s'en occuper, et l'on s'accoutuma « de bonne heure à regarder du même œil l'agri- « culture et le général agriculteur. Par là, les « termes de cet art s'approprièrent les idées acces- « soires qui les ont ennoblis. Ils les conservèrent « encore quand la république romaine donnait dans « le plus grand luxe, parce que le caractère d'une « langue, sur-tout s'il est fixé par des écrivains « célèbres, ne change pas aussi facilement que les « mœurs d'un peuple. Chez nous, les dispositions « d'esprit ont été toutes différentes dès l'établisse-

« ment de la monarchie. L'estime des Francs pour
« l'art militaire, auquel ils devaient un puissant
« empire, ne pouvait que leur faire mépriser des
« arts qu'il n'étaient pas obligés de cultiver par eux-
« mêmes, et dont ils abandonnaient le soin à des
« esclaves. Dès lors les idées accessoires qu'on at-
« tache aux termes d'agriculture durent être bien
« différentes de celles qu'ils avaient dans la langue
« latine. » Aussi l'excellent traducteur des Géorgiques n'a-t-il pu faire passer ces termes qu'à la faveur de ceux dont il savait les entourer.

Si le génie des langues commence à se former
d'après celui des peuples, il n'achève de se développer que par le secours des grands écrivains. On
a remarqué que les arts et les sciences ne sont pas
également de tous les pays et de tous les siècles,
et que les plus grands hommes, dans tous les
genres, ont été presque contemporains. On en a
souvent cherché la raison; l'abbé de Condillac nous
met sur la voie, et, en appliquant ses principes
sur le pouvoir des signes d'institution, nous pour-
rons résoudre deux questions qui n'ont jamais été
bien éclaircies.

La différence des climats a paru d'abord en fournir la solution; mais elle est très insuffisante. Le
climat n'influe proprement que sur les organes;
le plus favorable ne peut produire que des machines mieux organisées, et vraisemblablement il
en produit en tout temps un nombre à peu près égal.
Quand le climat serait partout le même, on ne
laisserait pas de voir la même variété dans l'esprit

des peuples ; les uns, comme à présent, seraient éclairés; les autres croupiraient dans l'ignorance; et la distance qui se trouve entre les anciens Grecs et les modernes suffirait pour le prouver. Il faut donc des circonstances qui, appliquant les hommes bien organisés aux choses pour lesquelles ils sont propres, en développent les talents. Le climat n'est donc pas la cause du progrès des arts et des sciences ; il n'y est nécessaire que comme une condition essentielle.

Or, ces circonstances favorables au développement des esprits se rencontrent, chez une nation, dans le temps où sa langue commence à avoir des principes fixes et un caractère décidé. C'est ce qui est confirmé par l'histoire des arts ; mais on ne peut donner une idée tirée de la nature même des choses.

Les premiers tours qui s'introduisent dans une langue, ne sont ni les plus clairs, ni les plus précis, ni les plus élégants. Il n'y a qu'une longue expérience qui puisse peu à peu éclairer les hommes dans ce choix. Les langues qui se forment des débris de plusieurs autres, rencontrent même de grands obstacles à leurs progrès. En adoptant quelque chose de chacune, elles ne sont qu'un amas bizarre de tours qui ne sont point faits les uns pour les autres. On n'y trouve point cette analogie qui éclaire les écrivains et qui caractérise un idiome. Tel a été le français dans son établissement : c'est pourquoi nous avons été si long-temps sans écrire en langue vulgaire ; et ceux qui les premiers en ont fait l'essai, n'ont pu donner de caractère soutenu à leur style. Marot lui-même, quoique venu long-temps après, composa dans le même goût et sur le même ton ses poésies chrétiennes et ses épigrammes galantes ou licencieuses.

Si l'on se rappelle que l'exercice de la mémoire et de l'imagination dépend entièrement de la liaison des idées, et que celle-ci ne peut être fortifiée et facilitée que par l'analogie de signes, on reconnaîtra que moins une langue a de tours analogues et réguliers, moins elle prête de secours à la mémoire et à l'imagination; elle est donc peu propre à développer les talents. Il en est des langues, dit l'abbé de Condillac, comme des signes de la géométrie : elles donnent de nouvelles vues et étendent l'esprit à proportion qu'elles sont plus parfaites. Les mots répondent aux signes des géomètres, et la manière de les employer répond aux méthodes du calcul. On doit donc trouver, dans une langue qui manque de mots ou qui n'a pas de constructions assez commodes, les mêmes obstacles qu'on trouvait en géométrie avant l'invention de l'algèbre. Cette comparaison est très juste : les mots sont les matériaux nécessaires, sans lesquels l'édifice ne peut s'élever; il faut qu'ils soient en assez grand nombre et de la qualité requise. Le français a été pendant long-temps si peu favorable aux progrès de l'esprit, que, si l'on pouvait se représenter Corneille successivement dans les différents âges de la monarchie, on lui trouverait moins de génie à proportion qu'on s'éloignerait davantage du temps où il a vécu, et l'on arriverait enfin, en remontant toujours, jusqu'à un Corneille qui ne pourrait donner aucune preuve de talent.

N'oublions pas que, dans une langue qui ne s'est pas formée des dépouilles de plusieurs autres, les progrès doivent être beaucoup plus prompts, parce qu'elle a dès son origine un caractère ; c'est pourquoi les Grecs ont eu de bonne heure d'excellents écrivains.

Voici maintenant dans leur ordre les causes qui concourent au développement des talents. 1° Le climat est une condition essentielle : hors des zones tempérées, aucun art n'a été perfectionné. 2° Il faut que le gouvernement ait pris une forme assez décidée pour fixer le caractère d'une nation. 3° C'est à ce caractère à en donner un au langage, en multipliant les tours qui expriment le goût dominant d'un peuple. 4° Cela doit arriver lentement dans les langues formées de plusieurs autres ; mais ces obstacles une fois surmontés, les règles de l'analogie s'établissent, le langage fait des progrès, et ceux du talent viennent à sa suite. Il nous reste à voir pourquoi c'est à peu près à la même époque que paraissent les hommes excellant dans presque tous les genres.

Quand un homme de génie, profitant de tout ce qui l'a précédé, a découvert le caractère d'une langue, il l'exprime vivement et le soutient dans tous ses écrits. Le reste des gens à talent aperçoivent par son secours ce qu'ils n'auraient pas pénétré d'eux-mêmes. La langue s'enrichit peu à peu de quantité de nouveaux tours qui, par le rapport qu'ils ont avec son caractère, le développent de plus en plus. Alors, tout le monde tourne naturellement les yeux sur ceux qui se distinguent : leur goût devient le goût dominant de la nation ; chacun apporte, dans les matières où il s'applique, le discernement qu'il a puisé chez eux ; chaque science acquiert les mots qui doivent composer sa langue particulière, et par conséquent l'étude en devient plus facile : tous les arts prennent le caractère qui leur est propre, parce que tous se tiennent par certains principes généraux, mieux connus depuis que les idées se sont multipliées avec les termes ; et l'on voit des hommes supérieurs dans chaque partie. C'est ainsi que les grands talents, quels qu'ils soient, ne se rencontrent guère qu'après que le langage a fait des progrès considérables. Cela est si vrai, que, quoique les circonstances favorables à l'art militaire et à la politique soient les plus fréquentes, les grands généraux et les grands hommes d'état appartiennent cependant, comme on le voit dans l'histoire, au siècle des grands écrivains. Telle est l'influence des lettres, dont peut-être on n'a pas senti toute l'étendue.

Mais si les talents doivent leur accroissement aux progrès sensibles que le langage a faits avec le temps, le langage doit à son tour à ces mêmes talents de nouveaux progrès qui l'élèvent à la perfection. Quoique les grands hommes tiennent par quelque endroit au caractère de leur nation, ils en ont toujours un qui leur est propre ; et pour exprimer leur manière de voir et de sentir, ils sont obligés d'imaginer de nouveaux tours dans les règles de l'analogie, ou du moins en s'en écartant aussi peu qu'il est possible. Par là ils se conforment au génie de leur langue, et lui prêtent en même temps le leur. Condillac fait à ce sujet un aveu remarquable dans la bouche d'un philosophe. Il convient que c'est aux poètes que nous avons les premières, et peut-être aussi les plus grandes obligations. Assujettis à des règles qui les gênent, leur imagination fait de plus grands efforts, et produit nécessairement de nouveaux tours. Aussi, les progrès subits du langage sont-ils toujours l'époque de quelque grand poète, témoin celle de Malherbe et de Corneille. Les philosophes n'achèvent que long-temps après de donner à la langue ce qui peut lui manquer encore, comme l'exactitude, la netteté, la finesse et la délicatesse des nuances, enfin tout ce qui est propre au raisonnement et à l'analyse.

L'auteur ajoute : « De tous les écrivains, c'est « chez les poètes que le génie d'une langue s'ex- « prime le plus vivement : de là la difficulté de les « traduire. Elle est telle, qu'avec du talent il serait « plus aisé de les surpasser souvent que de les « égaler toujours »

Je me suis étendu sur cette théorie des signes et de leur influence sur les arts, non-seulement parce qu'elle forme un ensemble complet, aussi attachant qu'instructif, mais encore parce qu'elle pouvait servir à tempérer l'austérité des matières métaphysiques. Il faut pourtant y revenir encore un moment pour achever tout ce qui regarde les obligations que nous avons à l'organe de la parole et à la multiplicité des signes de convention. Condillac a mis dans le plus grand jour cette vérité essentielle par ses conséquences ; car toutes les connaissances réfléchies étant formées d'idées complexes, il prouve très bien que, sans les signes artificiels, il nous eût été extrêmement difficile, ou même presque impossible d'aller au-delà des idées simples, et par conséquent d'acquérir aucune science.

« L'esprit est si borné, qu'il ne peut pas se re-
« tracer une grande quantité d'idées pour en faire
« tout à la fois le sujet de la réflexion. Cependant
« il est souvent nécessaire qu'il en considère plu-
« sieurs ensemble : c'est ce qu'il ne fait qu'avec le
« secours des signes, qui, en les réunissant, les
« lui font envisager comme si elles n'étaient qu'une
« seule idée. Il y a deux cas où nous rassemblons
« des idées simples sous un seul signe : nous le
« faisons sur des modèles ou sans modèles. »

Je trouve un corps, et je vois qu'il est étendu, figuré, divisible, solide, dur, capable de mouvement et de repos, jaune, fusible, ductile, malléable, fort, pesant, etc. Il est certain que, si je ne puis pas donner tout à la fois à quelqu'un une idée de toutes ces qualités réunies, je ne saurais non plus me les rappeler à moi-même qu'en les faisant passer en revue devant mon esprit. Mais si, ne pouvant les embrasser toutes ensemble, je ne voulais penser qu'à une seule, par exemple, à sa couleur, une idée aussi incomplète me serait inutile, et me ferait souvent confondre ce corps avec ceux qui lui ressemblent par cet endroit. Pour sortir de cet embarras, j'invente le mot *or*, et je m'accoutume à lui attacher toutes les idées dont j'ai fait le dénombrement. Quand par la suite je penserai à la notion de l'*or*, je me rappellerai avec ce son *or*, le souvenir d'y avoir lié une certaine quantité d'*idées* simples que je ne puis réveiller toutes à la fois, mais que j'ai vu coexister dans un même sujet, et que je me retracerai les unes après les autres dès que je le voudrai.

Nous ne pouvons donc réfléchir sur les substances qu'autant que nous avons des signes qui déterminent le nombre et la variété des propriétés que nous y avons remarquées, et que nous voulons réunir dans des idées complexes, comme elles le sont hors de nous dans des sujets simples. Qu'on oublie pour un moment tous ces signes, et qu'on essaie d'en rappeler les idées, on verra que les mots sont d'une si grande nécessité, qu'ils tiennent, pour ainsi dire, dans notre esprit la place que les objets occupent au dehors : comme les qualités des choses ne coexisteraient pas hors de nous sans des sujets où elles se réunissent, de même leurs idées ne coexisteraient pas dans notre esprit sans des signes où elles se réunissent également.

La nécessité des signes est encore bien plus sensible dans les idées complexes que nous formons sans modèles, et qu'on appelle *archétypes*, ou *originales*, comme la bonté, la vertu, le vice, etc. ;

parce qu'elles se forment de plusieurs idées réunies dont nous composons comme un modèle intellectuel qui n'existe en effet nulle part, mais auquel nous rapportons toutes les qualités que nous avons remarquées dans les individus. Or, qui est-ce qui fixerait dans notre esprit ces sortes de collections mentales, si nous ne les attachions à des mots qui sont comme des liens qui les empêchent de s'échapper ? Si vous croyez que les noms vous soient inutiles, arrachez-les de votre mémoire, et essayez de réfléchir sur les lois civiles et morales, sur les vertus et les vices, enfin sur toutes les actions humaines, et vous reconnaîtrez votre erreur. Vous avouerez que si, à chaque combinaison que vous faites, vous n'avez pas des signes pour déterminer le nombre d'idées simples que vous avez voulu recueillir, à peine aurez-vous fait un pas que vous n'apercevrez plus qu'un chaos. Vous serez dans le même embarras que celui qui voudrait calculer en disant plusieurs fois un, un, un, etc., et qui ne voudrait pas imaginer des signes pour chaque collection d'unités : cet homme ne se ferait jamais l'idée d'une vingtaine, parce que rien ne pourrait l'assurer qu'il en aurait exactement répété toutes les unités.

Il est facile à chacun de faire l'épreuve de cette dernière observation que l'abbé de Condillac a empruntée de Locke; elle est si frappante d'évidence, qu'elle fera comprendre sur-le-champ que, sans les signes numériques, aucune science de calcul n'eût existé. Faute de ces signes, la plupart des sauvages ne pouvaient pas compter jusqu'à dix ; plusieurs n'allaient pas au-delà de trois ; et comme la parité est exacte entre les chiffres et les mots considérés comme signes, vous direz avec l'abbé de Condillac : « Combien les ressorts de nos connaissances sont « simples et admirables. » Voilà l'âme de l'homme avec des sensations et des opérations! Comment disposera-t-il de ces facultés, des gestes, des sons, des chiffres, des lettres? C'est avec ces instruments, par eux-mêmes si étrangers à nos idées, que nous les mettons en œuvre pour nous élever aux connaissances les plus sublimes ; c'est de là qu'il faut partir pour arriver aux Homère, aux Newton, aux Cicéron, aux Montesquieu. Daignez, Messieurs, vous rappeler cette métaphysique si simple et si lumineuse, lorsque incessamment vous entendrez Helvétius attribuer toute la perfectibilité de l'homme à la conformation de ses mains ; et vous jugerez ce qu'il faut penser de sa philosophie, comparée à celle de Locke et de Condillac.

Mais en tout le mal est près du bien; et ces mêmes abstractions qui nous étaient si nécessaires pour unir tour à tour et séparer nos idées, les philosophes en ont abusé à l'excès pour réaliser des fantômes, et tirer des conséquences très fausses de principes imaginaires. Condillac, à la fin de son ouvrage, fait voir le vice et le danger de cette méthode; mais il crut la matière assez importante pour en faire le sujet d'un ouvrage particulier, et c'est celui de son *Traité des Systèmes*. Il en distingue de trois sortes : les principes abstraits ou généralités métaphysiques, que l'ancienne école appelait *universaux*; les hypothèses ou suppositions d'un fait donné, par lequel on prétend expliquer tous les autres; enfin les théories fondées sur une suite d'observations constatées, et cette dernière espèce est la seule bonne. C'est celle qu'ont adoptée Newton et Locke, celui-ci dans la métaphysique, celui-là dans la physique; et c'est à elle seule que nous devons, dans l'une et dans l'autre, nos connaissances réelles. Condillac détruit par les fondements les deux autres sortes de systèmes. Il montre l'inconséquence d'établir d'abord des axiomes pour y ramener les faits particuliers; ce qui contredit la marche naturelle de l'esprit et la vraie méthode de la science, qui consiste à observer des faits pour remonter du particulier au général, et chercher par l'analogie l'explication des phénomènes. Il est constant d'ailleurs que ces axiomes n'apprennent rien par eux-mêmes, puisqu'ils ne peuvent tirer leur force que de l'examen des faits. L'auteur passe en revue les systèmes abstraits qui ont fait le plus de bruit, les idées innées de Descartes, la vision en Dieu de Malebranche, les monades et l'harmonie préétablie de Leibnitz, et la substance universelle de Spinosa. Il fait disparaître aux clartés de sa logique tous ces fantômes long-temps renommés, mais déjà fort décrédités avant lui; il les anéantit entièrement. A l'égard des hypothèses qui ont égaré tant de physiciens depuis Aristote jusqu'aux commentateurs de Descartes, il n'y avait guère que celle des tourbillons qui eût encore quelques partisans dans les écoles, lorsque Condillac écrivait. Il ne blâme pas l'usage des hypothèses en astronomie, lorsqu'elles sont fondées sur un grand nombre de faits connus, et que l'on ne fait que supposer une direction qui s'y rapporte, et qui peut conduire avec vraisemblance à quelque théorie, d'où l'on part pour aller plus loin en suivant toujours l'analogie. Partout ailleurs il les regarde comme dangereuses et capables d'ouvrir une source d'erreurs, pour peu que l'on en vienne, comme il arrive trop souvent, à regarder comme démontré ce qui n'était qu'hypothétique.

Le *Traité des sensations* est l'ouvrage qui a fait le plus d'honneur à l'abbé de Condillac. L'idée en est aussi agréable qu'ingénieuse. Il suppose une statue qu'il organise par degrés, en lui donnant successivement l'usage d'un sens, puis d'un autre, etc. Il rend ainsi palpable, pour ainsi dire, cette vérité, qui est le fondement du livre de Locke, que toutes nos idées sont originairement des sensations. Il fait voir qu'il est impossible que la statue ait d'autres idées que celles qu'elle acquiert tour à tour avec chacun des sens qui les lui fournissent; et le dernier qu'il lui donne, le plus sûr, le plus essentiel de tous, et, si l'on peut parler ainsi, le maître de tous les autres, c'est le toucher, qui rectifie peu à peu toutes les erreurs qui sans lui se mêlent à leurs impressions. Ce livre est un traité de métaphysique expérimentale. L'auteur reconnaît que l'idée de décomposer un homme et de l'examiner ainsi par degrés, lui avait été suggérée par mademoiselle

Ferrand, son amie. On voit dans les lettres de Voltaire qu'elle était fort connue par son esprit; et cette sorte d'obligation peu commune que lui avait l'abbé de Condillac, prouve qu'elle méritait sa réputation ; comme la dédicace du philosophe, l'aveu qu'elle contient et la reconnaissance qu'elle exprime, prouvent qu'il méritait une telle amie.

L'envie ne voulut pas apparemment que la gloire de Condillac eût une source si pure. On prétendit qu'il avait pris le dessein et l'idée de son livre dans l'*Histoire naturelle*, où Buffon, d'après Locke et Barclay, avait fait valoir les services que le sens du tact rend aux autres sens. Condillac, plus piqué peut être de cette injuste imputation qu'il ne convenait à un philosophe, ne crut pas pouvoir mieux la détruire qu'en donnant pour suite à son *Traité des Sensations*, celui *des Animaux*, où il relève les erreurs métaphysiques et même physiques de Buffon, qui s'était extrêmement rapproché du système cartésien sur l'âme des bêtes. C'était montrer bien clairement combien les principes du *Traité des Sensations* étaient loin de devoir quelque chose à ceux de l'*Histoire naturelle*, puisqu'il y avait entre eux la même opposition qu'entre Locke et Descartes. Condillac avait d'ailleurs dans son nouvel écrit, moitié polémique, moitié philosophique, tout l'avantage que le raisonnement peut avoir dans les matières spéculatives sur l'imagination; celle de Buffon, qui en fit un si grand peintre de la nature et des animaux, en avait fait trop souvent un métaphysicien trop chimérique. Le sévère raisonneur Condillac ne fait point grace à l'un en faveur de l'autre; il use un peu durement de la victoire, et mêle l'amertume de l'ironie à la force des arguments. On voit qu'il était irrité du reproche de plagiat. Il aurait peut-être eu moins d'humeur, s'il eût considéré que Buffon pouvait n'y avoir aucune part, et que probablement il ne fallait l'attribuer qu'au zèle mal entendu des enthousiastes ou à la malignité des envieux. Quoi qu'il en soit, s'ils réussirent à éloigner l'un de l'autre deux hommes supérieurs chacun dans leur genre, cette division, qui n'eut pas d'autre suite, eut un avantage que n'ont pas souvent les querelles littéraires : elle tourna au profit du public, qui s'instruisit dans le livre de Condillac, sans cesser de se plaire à la lecture de Buffon, et vit détruire par la raison des erreurs que l'éloquence pouvait rendre contagieuses.

Enfin, Condillac rassembla tous les résultats de ses travaux et toute la substance de sa philosophie dans un *Cours d'études*, composé pour l'éducation de l'infant de Parme, près de qui sa célébrité l'avait fait appeler. Nous n'avons point de meilleur livre élémentaire; mais son plan d'institution générale n'est pas, à beaucoup près, aussi parfait; il tient trop à des moyens et à des procédés qui ne sont pas à l'usage de tout le monde. Le précepteur du prince veut, par exemple, conduire la première instruction de son élève par la route que les premiers hommes ont dû suivre. Il fait dépendre ses premières études des premiers besoins; et pour lui faire connaître l'importance de l'agriculture, il l'occupe à défricher et à cultiver un petit terrain voisin de son appartement. L'enfant se familiarise ainsi avec les idées physiques qui ont dû être les premières chez tous les peuples. Cette méthode, pour être bonne, n'est pas à la portée de toutes les conditions. Ce qui est d'une utilité générale, c'est le principe trop méconnu, et que le sage instituteur pose pour base de toute sa conduite, que les enfants sont beaucoup plus capables de raisonnement qu'on ne le croit d'ordinaire, pourvu qu'on ne les fasse raisonner que selon les forces de leur esprit. Un moyen de le rendre juste autant que la nature le permet, c'est de graduer leurs idées et leurs connaissances de manière que la plus simple, la plus claire et la plus facile conduise à celle qui l'est moins, et ainsi de suite, et qu'on ne leur mette jamais rien dans la tête dont ils ne puissent eux-mêmes se rendre compte. Ainsi, pour commencer par la grammaire, Condillac apprend à son disciple ce que la logique des langues a de plus intelligible, et ce qu'elle a de commun avec les premières notions métaphysiques, qui, débarrassées de l'ancien langage des écoles, sont, suivant l'auteur, accessibles à l'intelligence d'un enfant de sept ou huit ans, que l'on a rendu capable de quelque attention. Après qu'on lui a fait comprendre de quelle manière notre esprit acquiert des idées, et comment nous les exprimons par des mots, il n'est plus effrayé de ces expressions abstraites d'adjectif et de substantif, de genre, de nombre et de cas; il est aisé de lui en rendre l'acception aussi familière que celle des termes les plus communs, et alors il peut suivre sans beaucoup de peine les procédés du langage, qu'autrement il ne peut retenir que par une longue et machinale répétition des mêmes leçons, qui chargent d'autant plus sa mémoire que son esprit ne les comprend pas. Cependant j'observerai que, pour se proportionner à la portée du plus grand nombre, il vaut mieux ne commencer l'étude raisonnée des langues anciennes qu'à l'âge de onze ou douze ans, et après un examen préalable, qui en exclurait ceux qui n'ont aucune disposition à ce genre de connaissances; et il est prouvé que c'est le plus grand nombre.

La grammaire est l'art de parler; et Condillac veut que son élève, avant d'apprendre cet art, ait déjà parlé de beaucoup de choses : il en sentira mieux l'objet et l'utilité de la grammaire, qui règle les opérations du langage et ses rapports avec la pensée; et ces vues de Condillac rentrent dans celles que je viens d'énoncer, et sont une raison de plus pour ne pas appliquer les enfants à la grammaire d'aussi bonne heure qu'il le propose.

De *l'Art de parler* il passe à *l'Art d'écrire*, et fait un traité de l'élocution à la portée de son élève, d'autant plus que la lecture des poètes et de quelques bons prosateurs l'a mis en état de rapprocher les principes des exemples. Ce traité est en général propre à former le goût. Cependant, sur l'article de la poésie, l'auteur n'a pu se garantir d'un travers trop ordinaire, celui d'étendre sur un art d'imagination la rigueur des analyses philosophiques; ce qui est une espèce d'inconséquence dont un esprit aussi sage que le sien aurait dû se préserver, car deux choses si différentes ne sauraient avoir une mesure commune. Sans doute les premiers principes du style en tout genre sont fondés sur la raison; mais tout art a des convenances relatives que cette raison même approuve et peut expliquer, et qui ne peuvent guère être bien connues que de ceux qui ont manié l'instrument. Si Condillac eût fait cette réflexion, il n'eût pas hasardé une foule de critiques sur les vers de Despréaux, où il ne prouve rien, si ce n'est qu'un homme qui n'est que philosophe n'est pas un juge compétent en poésie. Cependant ces erreurs de détail n'empêchent pas que le bon esprit de l'auteur ne se fasse sentir dans les aperçus généraux. Peut-on, par exemple, saisir mieux le rapport du physique au moral que dans ce qu'il dit des comparaisons et des figures?

« Les rayons de lumière tombent sur les corps,
« et réfléchissent les uns sur les autres. Par là les ob-
« jets se renvoient mutuellement leurs couleurs. Il
« n'en est point qui n'emprunte des nuances; il n'en
« est point qui n'en prête; et aucun d'eux, lorsqu'ils
« sont réunis, n'a exactement la couleur qui lui
« serait propre s'ils étaient séparés. De ces reflets
« naît cette dégradation de lumière qui, d'un objet
« à l'autre, conduit la vue par des passages imper-
« ceptibles. Les couleurs se mêlent sans se con-
« fondre; elles contrastent sans dureté; elles s'a-
« doucissent mutuellement; elles se donnent mu-
« tuellement de l'éclat; et tout s'embellit : l'art du
« peintre est de copier cette harmonie.

« C'est ainsi que nos pensées s'embellissent mu-
« tuellement : aucune n'est par elle-même ce qu'elle
« est avec le secours de celles qui la précèdent et
« qui la suivent. Il y a en quelque sorte entre elles
« des reflets qui portent des nuances de l'une sur
« l'autre, et chacune doit à celles qui l'approchent
« tout le charme de son coloris. L'art de l'écrivain
« est de saisir cette harmonie : il faut qu'on aper-
« çoive dans son style ce ton qui plaît dans un beau
« tableau. Les périphrases, les comparaisons, et en
« général toutes les figures sont très propres à cet
« effet ; mais il faut un grand discernement. Quels
« que soient les tours dont on fait usage, la liaison
« des idées doit toujours être la même ; cette liaison
« est la lumière dont les reflets doivent tout em-
« bellir...... La beauté d'une comparaison dépend
« de la vivacité dont elle peint : c'est un tableau
« dont l'ensemble veut être saisi d'un coup d'œil et
« sans effort. Il faut donc qu'un écrivain aperçoive
« toujours en même temps les deux termes qu'il
« rapproche, car il ne lui suffit pas de dire ce qui
« convient à chacun séparément, il doit dire ce qui
« convient à tous deux à la fois ; encore même ne
« s'arrêtera-t-il pas sur toutes les qualités qui appar-
« tiennent également à l'un et à l'autre ; il se bor-
« nera au contraire à celles qui se rapportent au
« but dans lequel il les envisage. »

Ce morceau est plein de grace comme de justesse. Quintilien ne l'eût pas mieux fait.

A *l'Art d'écrire* succède, dans le *Cours d'études*, *l'Art de raisonner*. Il semblerait d'abord que ce dernier, qui doit faire partie de l'autre, et même en être le fondement, dût être placé auparavant. Mais il s'agit ici du raisonnement philosophique, des moyens de certitude dont nos diverses connaissances sont susceptibles; et l'auteur a suivi la marche de l'esprit humain, qui a manifesté ses pensées et ses sentiments en vers et en prose avant de réduire ses procédés en un système méthodique. Condillac fait entrer dans son *Art de raisonner* des éléments de mathématiques et d'astronomie, si propres à exercer et fortifier l'entendement, et à l'accoutumer à la netteté des vues et aux moyens de démonstration. Enfin, dans son dernier traité philosophique, intitulé *l'Art de penser*, il conduit son élève aux plus sublimes spéculations de cette métaphysique dont il avait commencé par lui expliquer les premières notions. Il finit par ouvrir devant lui le grand théâtre de l'histoire, la meilleure école des princes, et même de tout homme qui réfléchit sur les droits et les intérêts du genre humain. Condillac n'est point un historien éloquent; c'est un sage qui cherche à convertir le récit des faits en résultats moraux pour l'instruction de son élève, et qui, s'appliquant sur-tout à lui montrer la connexion des causes et des effets, le met à portée de comprendre ce qui, dans tous les temps, peut faire le bonheur ou le malheur des nations. Il ne perd jamais de vue son but principal, de prémunir le jeune prince contre la flatterie, l'erreur et le préjugé; et à cet égard encore il soutient dignement son caractère de philosophe et d'instituteur.

CONDORCET.

Le style de Condillac est clair et pur comme ses conceptions : c'est en général l'esprit le plus juste et le plus lumineux qui ait contribué, dans ce siècle, aux progrès de la bonne philosophie *.

La Harpe, *Cours de Littérature.*

CONDORCET (Marie-Jean-Antoine-Nicolas Caritat, marquis de) naquit le 17 septembre 1743, à Ribemont, près de Saint-Quentin, en Picardie. Son oncle, Jacques-Marie de Condorcet, évêque de Lisieux, le plaça au collège de Navarre; il y fit de tels progrès dans les mathématiques, qu'à peine âgé de seize ans, il soutint une thèse sur cette science, en présence de d'Alembert, de Clairaut et de Fontaine. Les félicitations et les encouragements qu'il reçut de ces trois savants, et de toutes les personnes qui l'avaient entendu, décidèrent du but de ses travaux : il se livra avec ardeur à cette étude vers laquelle un goût irrésistible l'entraînait. Il avait dix-neuf ans, lorsqu'il vint se fixer à Paris, seule ville où il pût perfectionner et utiliser ses connaissances; mais il était sans fortune. La protection du duc de la Rochefoucault lui fit obtenir une pension et l'accès des maisons les plus distinguées. Sa réputation commença par la publication de son *Essai sur le calcul intégral*, qui parut en 1765 : il s'était proposé d'y développer les principes de son ami

---

* A la liste des productions de Condillac que La Harpe parcourt dans ce morceau, il faut joindre *la Langue des calculs* ouvrage posthume dont les principes ont été développés en 1805, dans une disertation, intitulée *Paradoxes de Condillac*, par M. de La Romiguière, à qui nous devons un excellent cours de philosophie. H. P.

Fontaine, célèbre géomètre, qui, malgré son attachement pour Condorcet ne put s'empêcher d'avouer « qu'il était jaloux de ce jeune homme. » Cet ouvrage et son *Problème des trois corps* qu'il donna deux ans après, lui ouvrirent les portes de l'académie des sciences, où il fut admis en 1769. Il justifia ce choix, et fit paraître de nouveaux Mémoires sur le calcul analytique; il les refondit ensuite, et en forma un traité sur le *Calcul différentiel et intégral*, qui ne fut pas imprimé entièrement. Ses deux premiers ouvrages avaient été réunis sous le titre d'*Essais d'analyses*, 1768, in-4°. Dans les Mémoires des académies de Paris, de Berlin, de Saint-Pétersbourg, de Turin, et de l'institut de Bologne, on trouve tous les autres travaux de Condorcet sur les sciences exactes. Désireux de s'illustrer dans plusieurs genres, et ambitionnant la place de secrétaire de l'académie des sciences, il entreprit les *Éloges des académiciens morts avant* 1699, et les publia en 1773. On trouva que son style manquait de vigueur et sur-tout d'intérêt; on rendit néanmoins justice au talent littéraire dont il donnait la preuve, et on jugea qu'il n'était pas resté au-dessous de Grand-Jean de Fouchy, secrétaire de l'académie, qui s'aquittait de cette tâche avec succès. Il obtint la place à laquelle il aspirait, et fut nommé secrétaire perpétuel. Il ne désirait pas moins ardemment d'être reçu à l'académie française; mais son refus de faire l'éloge du duc de la Vrillière, académicien honoraire, blessa M. de Maurepas qui, tant qu'il vécut, l'empêcha d'y arriver : elle ne lui fut ouverte qu'en 1782. Son discours de réception traitait *des avantages que la Société peut retirer de la réunion des sciences physiques aux sciences morales*. Parmi les éloges que Condorcet lut à l'académie des sciences, on distingue ceux de d'Alembert, de Buffon, d'Euler, de Franklin et de Linné. C'est là qu'il montra toute l'étendue de ses connaissances et toute la flexibilité de son talent; car de pareils noms le ramenaient à développer les plus grandes découvertes du siècle. En 1776, il avait fait paraître à Londres, *Éloge et pensées de Pascal*, avec des observations qui tendent à redresser les écarts que Condorcet reprochait à ce célèbre philosophe; mais en voulant relever l'homme que Pascal avait abaissé, il s'appuya sur des principes anti-religieux qui lui attirèrent nombre de détracteurs. L'année suivante, parut sa *Théorie des Comètes* qui remporta le prix à l'académie de Berlin.

Marchant sur les traces des plus célèbres philosophes de l'époque, partageant leurs doctrines et leur système de réformation, Condorcet fut surtout un des plus zélés admirateurs de Voltaire, qui ne le paya pas d'ingratitude, comme on peut le voir dans la préface de la seconde édition de *l'Éloge de Pascal*. Pendant la guerre de l'Amérique septentrionale, Condorcet manifesta ses principes républicains, et défendit la liberté des nègres contre l'abus du despotisme. Dans plusieurs de ses ouvrages, il avait déjà semé le germe des idées régénératrices : sous un extérieur froid, il cachait un cœur plein d'énergie ; aussi d'Alembert disait que c'était *un volcan couvert de neige.* Cependant elle avançait cette révolution qu'appelait à grands cris la secte philosophique. Dans le but de préparer les réformes dont l'État lui paraissait susceptible, Condorcet publia, en 1788, un ouvrage *sur les Assemblées provinciales*, et de concert avec Cérutti, travailla dans *la Feuille villageoise*, à exciter dans le peuple cette effervescence dont il ne prévoyait pas les terribles suites. Descendant au style le plus simple, il voulait que les premiers éléments d'administration et de politique fussent mis à la porté du peuple, et qu'il pût raisonner sur les institutions qu'on lui donnait. A la nouvelle de la fuite malheureuse de Louis XVI, Condorcet publia un discours, accueilli avec enthousiasme, puisqu'il démontrait que la royauté est une institution anti-sociale : aussi reçut-il en récompense la place de commissaire de la trésorerie, et ensuite la nomination de député à l'assemblée législative dont il fut élu secrétaire le 3 octobre. Nous nous abstiendrons de retracer encore le détail des actions odieuses qui lient la mémoire de Condorcet à celle de ces temps orageux. Élevé au premier rang des républicains, il partagea leurs principes, et voua son talent à les prouver : aussi la Czarine et le roi de Prusse firent rayer son nom du tableau des académies de Saint-Pétersbourg et de Berlin. Cependant, comme M. J. Chénier, Condorcet voulait des lois, et non pas du sang. A la vue des horreurs dont se souillèrent ses partisans, aux fatales journées des 31 mai, 1 et 2 juin, Condorcet s'éleva en reproches amers contre de tels bourreaux, et les accabla de tous le poids de son génie, dans un écrit sur la constitution de 1793. Mandé au comité de salut public, on voulut lui faire retirer sa protestation; il refusa avec orgueil, et préféra sauver sa gloire. Quelques jours après il fut mis hors la loi. Obligé de se soustraire aux poursuites, il trouva une retraite dans la maison d'une amie généreuse chez qui il resta caché huit mois. C'est là que, malgré la crainte terrible dont il devait être assailli, il composa son ouvrage intitulé : *Esquisse d'un tableau historique des progrès de l'esprit humain*, et les premiers vers sortis de sa plume, son *Épitre d'un Polonais exilé en Sibérie, à sa femme*. Un nouveau décret vint l'arracher à l'asyle de l'amitié; ce décret frappait de mort tous ceux qui recevraient les personnes mises hors la loi : Condorcet, tremblant pour sa bienfaitrice, et malgré ses instances, sortit de Paris le 19 mars 1794, et se dirigea vers une maison de campagne où il espérait trouver un ancien ami. Trompé dans son attente, il se cacha pendant plusieurs jours dans des carrières abandonnées : la faim l'obligea de les quitter, et l'amena dans un cabaret de Clamart. Son air effrayé, sa longue barbe, et le désordre de ses vêtements éveillèrent les soupçons, et causèrent son arrestation. Il fut conduit au Bourg-la-Reine, et jeté dans un cachot où on le trouva sans vie le lendemain, 26 mars : il s'était donné la mort avec un poison qu'il portait sur lui depuis long-temps, pour se dérober au supplice qu'il avait prévu. Ainsi périt, à l'âge de cinquante ans, ce philosophe qui avait consacré sa vie à étendre le cercle des connaissances, et dont les erreurs avaient hâté cette révolution dont il a été victime. Condorcet avec un extérieur paisible, portait au fond du cœur des passions ardentes : doué d'un caractère ferme et élevé, sa société était pourtant des plus faciles, et la bonté brillait dans ses regards : il poussait jusqu'à la passion l'amour de l'humanité, et dans tous ses travaux, il se proposait pour but le perfectionnement indéfini de l'espèce humaine. « Condorcet, dit Palissot, était véritablement ap-« pelé, comme d'Alembert, aux sciences exactes ; « mais il n'a jamais eu de réputation parmi les gens « de lettres. Son style est, en général, lourd et dif-« fus, sans imagination et sans coloris. Rivarol le « caractérisait avec plus de vérité encore que de « malice, en disant qu'il écrivait avec de l'opium « sur des feuilles de plomb. »

Outre les ouvrages que nous avons cités, on a encore de lui : *Lettres d'un théologien à l'auteur du Dictionnaire des trois siècles*, Berlin, 1774, in-8°. On attribua d'abord cet ouvrage à Voltaire ; *Essai sur l'application de l'analyse à la probabilité des décisions rendues à la pluralité des voix*, Paris, 1785, in-4° ouvrage qui, en 1804, reparut avec des additions, sous le titre de : *Éléments du calcul des probabilités, et son application aux jeux de hasard; Bibliothèque de l'homme public*, Paris, 1790, 1792; *Vie de M. Turgot*, Londres, 1786, in-8° : *Vie de Voltaire*, Genève, 1787, Londres, 1790, 2 vol. in-18; *Moyen d'apprendre à compter sûrement et avec facilité*, Paris, 1799, in-12, etc. On peut voir, dans la *France littéraire* de M. Ersch, le détail de tous les ouvrages de Condorcet dont on ne rapporte ici que les principaux. Ses OEuvres ont été imprimées à Paris, 1804, 21 vol. in-8°. A. Diannyère a publié son éloge sous ce titre : *Notice sur la vie et les ouvrages de Condorcet*, 1796, 1799, in-8°.

Ph. Taviand.

JUGEMENT.

Faut-il autre chose que du bon sens pour trouver souverainement ridicule un emploi de la science tel que celui qu'en a fait un savant moderne, Condorcet, l'application du calcul mathématique aux vraisemblances morales, calcul qu'il substituait, avec un sérieux aussi incompréhensible qu'infatigable, et dans toute l'étendue d'un in-4° hérissé d'algèbre, aux preuves juridiques, écrites ou testimoniales, les seules admises, dans tous les tribunaux du monde, par le bon sens de toutes les nations? C'est pourtant avec ce calcul algébrique que l'auteur, qui apparemment ne voulait plus qu'il y eût d'autres juges que des mathématiciens, prétendait que l'on décidât de la vie, de la fortune et de la liberté des hommes, par des dixièmes, des vingtièmes, des fractions de preuves, balancées les unes par les autres, et réduites en équations, en additions et en produits. On osa vanter comme une conquête de l'esprit philosophique cette prétendue invention, bien digne de la *Philosophie révolutionnaire*, et qui pourtant n'a pas fait fortune, parce que l'extravagance fut repoussée cette fois par l'impossibilité absolue. Mais elle a du moins fait voir jusqu'où peut s'égarer un sophiste entraîné par la vanité de soumettre à ses études des objets qu'elles ne sauraient atteindre; et c'est une exception assez singulière à ce que j'ai dit, qu'on ne peut guère délirer en mathématiques.

La Harpe , *Cours de Littérature.*

CONFUCIUS, père des philosophes chinois, naquit l'an 551 avant J. C., à Tséou-y, aujourd'hui Kin-fou-hien, ou Tséou-hien, ville de la principauté de Lou, qui forme à présent la province de Chan-Tong, et dont son père était gouverneur. Sa famille, aujourd'hui la plus illustre de la Chine, remonte, selon les historiens, jusqu'à Hoang-ti, qui passe pour le premier législateur de cet empire. Confucius s'annonça comme un enfant extraordinaire : la rapidité de ses progrès dans les études, sa gravité précoce, le firent regarder comme un jeune homme qui égalerait bientôt les plus anciens lettrés. A dix-sept ans, il parut dans le monde honoré de l'emploi d'un petit mandarinat. Peu de temps après, on lui confia une charge plus importante; mais la mort de sa mère vint bientôt interrompre ses fonctions administratives. Confucius, rigide observateur des rites et lois de la Chine, qui voulaient qu'à la mort du père ou de la mère, tout emploi public fût interdit aux enfants, se renferma dans l'intérieur de sa maison, et passa dans une solitude entière les trois années de son deuil. Ce temps fut utilement employé par lui à l'étude de la philosophie, et il mûrit dans la retraite les principes de morale qu'il se disposait à mettre au grand jour. Il entreprit de fonder une école, de former des disciples zélés qui l'aidassent à propager sa doctrine dans tout l'empire, et qui en continuassent l'enseignement après lui. Il devint mandarin et ministre d'état du royaume de Lou. Le prince, admirateur des vertus et des talents d'un sage si renommé, lui accorda toute sa confiance, et un pouvoir illimité en administration. Confucius profita de ces dispositions bienveillantes pour réformer tous les usages vicieux qu'une longue suite de temps avait établis, et eut la gloire de s'associer à la législation d'un grand peuple. Le royaume de Lou était devenu tellement florissant, que sa prospérité alarma le roi de Tsi; il craignit avec raison qu'un état où régnaient les lois et les mœurs ne devînt bientôt trop puissant et redoutable à ses voisins. Le caractère léger du roi de Lou, et son goût pour les plaisirs, lui firent naître l'idée d'arrêter le cours de ce nouveau gouvernement, et de renverser tous les travaux de Confucius. Sous prétexte de renouveler les traités qui existaient entre les deux états, il envoya au jeune prince, à titre de présents, une grande quantité de bijoux et de raretés, trente chevaux habilement dressés, et quatre-vingts jeunes filles charmantes, douées d'une beauté rare et de talents séducteurs. On conçoit que l'austere rigidité de la cour ne put tenir contre la folie enchanteresse de ces syrènes étrangères : il ne fut plus question que de fêtes, de danses, de plaisirs de tout genre. Le philosophe voulait en vain réprimer ces désordres; sa morale était faible et ne pouvait se faire entendre. Le roi même, fatigué de ses remontrances, lui fit défendre de paraître à la cour. Confucius quitta sa patrie, et se retira avec ses disciples dans le royaume de Ouei, où il fonda une école de philosophie qui devint, dit-on, si célèbre, qu'il eut jusqu'à trois mille disciples. C'est là qu'il s'occupa de continuer ses ouvrages. Il ne fut pas constamment heureux; et on rapporte qu'il éprouva les dernières extrémités de la misère. A l'âge de soixante-huit ans, il revint dans sa patrie, et acheva de mettre en ordre les six *King*, livres sacrés où se trouvent rassemblés les plus anciens monuments écrits de la Chine. Parvenu à sa soixante-treizième année, il tomba dans un état léthargique dont aucun secours de l'art ne put le faire sortir. Il mourut l'an 479 avant notre ère, et neuf ans avant la naissance de Socrate. Son tombeau est dans l'Académie même où il donnait ses leçons, près de la rivière de Rio-Fu. Les Chinois offrent des sacrifices à sa mémoire, et pratiquent en son honneur une idolatrie proprement dite.

Confucius a mis en ordre et épuré les livres canoniques des Chinois; il a composé le *Chou-King* et le *Tchun-Tsieou*. Le but de ces ouvrages fut de conserver les vrais principes de l'ancien gouvernement de la Chine, en réunissant les principaux faits de la vie des empereurs, des ministres et des sages de la plus haute antiquité. Le P. Gaubil, jésuite, a publié une traduction du *Chou-King*, Paris, 1770, in-4°. On attribue à Confucius quelques autres ouvrages;

mais on doute avec raison qu'ils soient réellement de lui, tant la morale qu'ils contiennent semble s'écarter de sa doctrine et de ses principes. *La Morale de Confucius, philosophe de la Chine*, Amsterdam, 1688, in-8°, est un extrait de ses divers ouvrages. On les retrouve dans l'ouvrage qu'a publié M. l'abbé Pluquet, intitulé : *Livres classiques de l'empire de la Chine*, 7 vol. in-18, Paris, Didot, 1784 et 1786.

Ph. Taviand.

JUGEMENT.

Confucius, comme Socrate qui vint après lui, cultiva et professa la morale : né vertueux, conduit par sa raison à l'étude de la sagesse, philosophe sans ostentation, il aima ses concitoyens, et se crut appelé à les éclairer sur les routes qui mènent à la vertu et au bonheur. Loin de se donner pour l'inventeur de sa doctrine, il rappelait sans cesse que les maximes qu'il enseignait étaient celles des anciens sages qui l'avaient précédé. « Ma doctrine, di-« sait-il est celle de Yao et de Chun ; quant à ma « manière de l'enseigner, elle est fort simple. Je « cite, pour exemple, la conduite des anciens ; je « conseille la lecture des *King*, dépositaires de leurs « sages pensées, et je demande qu'on s'accoutume « à réfléchir sur les maximes qu'on y trouve. » Mais si Confucius a emprunté de ses prédécesseurs les principes fondamentaux de la philosophie, quels heureux développements il a su leur donner ! quelles sages et nombreuses applications il en a su faire ! Jamais la raison humaine privée des lumières de la révélation, ne s'est montrée avec autant de force et d'éclat. Quelque sublime que soit sa morale, elle paraît toujours simple, naturelle, conforme à la nature de l'homme. Il traite de tous les devoirs, mais il n'en outre aucun; un tact exquis lui fait toujours sentir jusqu'où le précepte doit s'étendre. Tout le code moral du philosophe chinois peut se réduire à un petit nombre de principes : l'exacte observation des devoirs qu'imposent les relations du souverain et des sujets, du père et des enfants, de l'époux et de l'épouse. Il y joint cinq vertus capitales dont il ne cesse de recommander la pratique: l'humanité, la justice, la fidélité à se conformer aux cérémonies et aux usages établis, la droiture ou cette rectitude d'esprit et de cœur qui fait qu'on recherche toujours le vrai; enfin, la sincérité ou la bonne foi.

GROSIER, *Biographie universelle.*

MORCEAU CHOISI.

Maximes et Pensées.

Qui a offensé le *Tien* (le Seigneur du ciel), n'a plus aucun protecteur.

— Le sage est toujours sur le rivage, et l'insensé au milieu des flots : l'insensé se plaint de n'être pas connu des hommes, le sage de ne pas les connaître.

— Un bon cœur penche vers la bonté et l'indulgence; un cœur étroit ne passe pas la patience et la modération.

— La bienfaisance d'un prince n'éclate pas moins dans les rigueurs qu'il exerce, que dans les plus touchants témoignages de sa bonté.

— Conduisez-vous toujours avec la même retenue que si vous étiez observé par dix yeux, et montré par dix mains.

— Pécher, et ne pas se repentir, c'est proprement pécher.

— Un homme faux est un char sans timon : par où l'atteler ?

— La vertu, qui n'est pas soutenue par la gravité, n'obtient pas de poids et d'autorité parmi les hommes.

— Ne vous affligez point de ce que vous ne parvenez pas aux dignités publiques; gémissez plutôt de ce que, peut-être, vous n'êtes pas orné des vertus qui pourraient vous rendre digne d'y être élevé.

— Il est du devoir d'un monarque d'instruire ses sujets ; mais ira-t-il dans la maison de chacun d'eux leur donner des leçons? non, sans doute : il leur parle à tous par l'exemple qu'il leur donne.

CONGRÈVE (Guillaume), poète dramatique anglais, naquit en 1672. Plusieurs de ses biographes ont placé le lieu de sa naissance dans le comté de Cork, en Irlande; mais il paraît certain qu'il vit le jour en Angleterre. Son père, officier de l'armée d'Irlande, l'envoya faire ses études à l'université de Dublin, son intention étant de lui faire suivre la carrière du barreau : mais le jeune Congrève se sentait plus de goût pour la poésie que pour la chicane, et loin de suivre la route que la volonté de son père lui traçait, il suivit le penchant qui l'entraînait vers le théâtre. A dix-sept ans, il publia sous le nom de *Cléophile*, un roman intitulé : *Incognito* ou *l'Amour réconcilié avec le devoir*, dans lequel il s'exerçait déjà à vaincre les difficultés de l'art dramatique, en s'imposant une sorte d'unité de temps et de lieu. Sa première comédie *the old Batchelor* (*le Vieux Garçon*), donnée trois ans après, fut représentée avec le plus grand succès. Le célèbre Dryden à qui il l'avait soumise avant de la faire jouer, reconnut dans le jeune poète un talent qui n'avait besoin que d'être dirigé pour illustrer bientôt la scène. Il lui indiqua quelques corrections, et c'est à ces conseils dont il sut profiter que Congrève dut son premier succès. L'année suivante, en 1694, il fit jouer *the double Dealer* (*le Fourbe*), comédie que Peyron traduisit en français, Paris, 1775, in-8°. L'auteur avait voulu dans cette pièce ramener les spectateurs à la régularité des unités dramatiques, et, pour atteindre ce but, avait sacrifié la licence de transporter la scène d'un lieu dans un autre et de prolonger l'action au-delà des règles prescrites ; mais cette innovation, en détruisant l'effet rapide et varié auquel les Anglais étaient habitués, fut cause que l'ouvrage, mieux accueilli des connaisseurs que de la majorité du public, n'obtint pas tout le succès que Congrève avait droit d'attendre. *Love for Love* (*Amour pour Amour*) passe pour être la meilleure de ses comédies. Cette pièce, ainsi que sa tragédie *the Mourning Bride* (*l'Épousée en deuil*) ont été traduites en français par Laplace dans son *Théâtre anglais*. Cette dernière est remarquable par un pathétique vrai, un intérêt noble, des développements ingénieux, et par l'exaltation de ce sentiment romanesque qui ne manque jamais de produire de l'effet. Le peu de succès de sa dernière pièce qui fut jouée en 1700, *the Way of the World* (*le Train du Monde*) affecta si péniblement Congrève, qu'à l'âge de vingt-cinq ans il renonça à la carrière dramatique. La cause de cette défaveur vint, à ce qu'on assure, du mécontentement de ce même *monde* qui trouva que cet ouvrage avait peint avec trop de vérité ses ridicules et ses vices. Les critiques amères de Collier avaient toujours été bien sensibles à l'auteur, et cette dernière chute le découragea tellement qu'il prit la résolution de ne plus s'y exposer. Un homme d'un tel mérite devait être au-dessus de ces sortes d'attaques, et ne s'en venger que par de nouveaux succès.

Ce qui peut-être, plus que toutes ces raisons, décida Congrève, c'est que l'état de sa fortune lui assurait une existence honorable et brillante : plusieurs emplois dont il était revêtu lui rapportaient près de 12,000 liv. sterl. de rentes. Il vivait dans le monde, et y jouissait de toute la considération que ses talents lui avaient acquise ; mais son amour-propre était peu flatté lorsqu'on ne rendait hommage qu'à l'auteur. Dans un voyage qu'il fit en Angleterre, Voltaire alla rendre visite à Congrève qui se trouvait alors dans sa campagne. L'illustre Français lui dit qu'il se serait reproché d'avoir parcouru l'Angleterre sans voir un homme qui l'honorait par un mérite si reconnu. « Monsieur, répondit Congrève, je suis un simple gentilhomme plus occupé à cultiver ses terres que la littérature. Monsieur, répliqua Voltaire, si vous n'étiez qu'un simple gentilhomme, je n'aurais pas aujourd'hui l'honneur de vous voir chez vous. »

Depuis l'époque où il ne travailla plus pour le théâtre, Congrève ne composa que quelques poésies fugitives qui servirent à entretenir sa réputation. Des *Odes*, des *Épitres*, des *Pastorales*, des *Chansons*, des imitations en vers de quelques passages d'Homère, de Juvénal, d'Horace et d'Ovide, voilà quelles furent les productions du reste de sa carrière. Il mourut à Londres, en janvier 1729, âgé de cinquante-six ans. Ses OEuvres parurent à Londres, 1730, 3 vol. in-12; Baskerville en a donné une belle édition, Birmingham, 1761, 3 vol. in-8°, avec figures.

Ph. Taviand.

JUGEMENT.

C'est par l'intrigue et le mouvement que les Anglais remplacent ce comique que nos bons auteurs dramatiques tirent d'un ou de plusieurs caractères, groupés ou contrastés, et contribuant à se faire ressortir mutuellement. Sur le théâtre anglais, les caractères les plus comiques ne paraissent guère dans des situations très variées, ont peu de développements, et ne peuvent par conséquent produire leur effet sans un peu de caricature. Où manque le trait profond, il faut un trait plus brillant, pour avertir l'esprit et donner du relief au ridicule. Les comédies de Congrève sont très intriguées ; son dialogue est extrêmement spirituel, mais d'un esprit souvent recherché et même sophistique. Il semblerait qu'à cette époque, peu éloignée des troubles civils du règne de Charles Ier, les Anglais, du moins les gens du monde, avaient conservé dans leur conversation quelque chose de cette subtilité que donne l'habitude des disputes de théologie et même de politique. Congrève, qui s'en moque, ne sait pas s'y soustraire ; il ne connaît pas cet art de Molière, d'opposer la simplicité du gros bon sens au langage apprêté qu'il veut tourner en ridicule. Ses personnages les plus raisonnables ont toujours quelque chose du ton de ceux dont il se moque. Rarement d'ailleurs montre-t-il un personnage tout-à-fait raisonnable, et encore moins un personnage honnête. « Vous voyez partout dans ses pièces, dit Voltaire, « le langage des honnêtes gens avec des actions de « fripons ; ce qui prouve qu'il connaissait bien son « monde et qu'il vivait dans ce qu'on appelle la « bonne compagnie. » Cependant il doit se trouver, même dans la société la plus corrompue, quelque personnage plus moral dont la rectitude, présentée avec art par le poète comique, peut servir comme de règle pour mesurer les autres et fixer l'esprit du spectateur, embarrassé de ne savoir où s'attacher dans cette multitude de personnages sans foi et sans probité, qui ne varient guère que dans l'objet et le degré de leur immoralité. *Amour pour Amour*, la meilleure des pièces de Congrève, offre cependant l'exemple d'un amour honnête et intéressant, et

Congrève a peint aussi cette passion d'une manière fort touchante dans sa tragédie de *l'Épouse en deuil.* Au total, comme poète comique, on ne peut guère lui refuser le mérite d'un écrivain élégant, très spirituel, et plus sage dans ses compositions que tous les autres poètes anglais; mais il manque de cette originalité d'observation, de cette naïveté de ton, de cette vigueur de pinceau qui distingue le génie. On l'a appelé le Molière des Anglais; mais il est bien loin de mériter ce titre. Molière est peut-être le seul homme de génie qui n'ait eu ni modèle chez les anciens, ni concurrent parmi les modernes.

Suard, *Biographie universelle.*

CONTE. Le conte est à la comédie ce que l'épopée est à la tragédie, mais en petit, et voici pourquoi. L'action comique n'ayant ni la même importance, ni la même chaleur d'intérêt que l'action tragique, elle ne saurait nous attacher aussi long-temps lorsqu'elle est en simple récit. Les grandes choses nous semblent dignes d'être amenées de loin, et d'être attendues avec une longue inquiétude; les choses familières fatigueraient bientôt l'attention du lecteur, si, au lieu d'agacer légèrement sa curiosité par de petites suspensions, elles la rebutaient par de longs épisodes. Il est rare d'ailleurs qu'une action comique soit assez riche en incidents et en détails pour donner lieu à des descriptions étendues et à de longues scènes.

Or l'intérêt du conte est dans un trait qui doit le

terminer; alors il faut aller au but le plus vite qu'il est possible : ou l'intérêt du conte est dans le nœud et le dénouement d'une action comique; alors le plus ou le moins d'étendue dont il est susceptible dépend des détails qu'il exige; et les règles en sont les mêmes que celles de l'épopée. Le conteur doit décrire et peindre, rendre présent aux yeux de l'esprit le lieu de la scène, la pantomime, et le tableau de l'action; mais dans le choix de ces détails il ne doit s'attacher qu'à ce qui intéresse ou la vraisemblance ou les mœurs. On reproche à La Fontaine un peu de longueur dans ses contes.

Le conteur fait aussi, comme dans l'épopée, le personnage de spectateur, et il mêle ses réflexions et ses sentiments au récit de la scène; mais ce qu'il y met du sien doit être naturel, ingénieux, piquant; et avec cela, le récit ne laisserait pas de languir, si les réflexions étaient trop longues ou trop fréquentes.

Le caractère du fabuliste est la naïveté, parce qu'il raconte des choses dont le merveilleux exige toute la crédulité d'un homme simple, ou plutôt d'un enfant. Je le fais voir dans l'article FABLE. Le sujet du conte ne suppose pas la même simplicité de caractère : le conte est donc plus susceptible que l'apologue des apparences du badinage, de la finesse et de la malice.

La partie la plus piquante du conte, ce sont les scènes dialoguées. C'est là que les mœurs peuvent être vivement saisies, finement indiquées, délicatement nuancées, et qu'avec des touches légères, mais brillantes de vérité, un peintre habile peut produire des groupes animés et des tableaux vivants. Mais selon que ces groupes seront mieux composés, ils donneront eux-mêmes au dialogue un mouvement plus vif, une vérité plus exquise. C'est toujours par les situations que les caractères sont mis en jeu; et c'est au jeu des caractères et à leur singularité que tient l'intérêt de la scène.

L'unité n'est pas aussi sévèrement prescrite au conte qu'à la comédie; mais un récit qui ne serait qu'un enchaînement d'aventures, sans une tendance commune qui les réunît en un point, serait un roman, et non pas un conte. L'action du conte de *Joconde* ressemble en petit à l'action de l'*Odyssée*.

Quant à la moralité, quoiqu'on n'en fasse pas au conte une loi rigoureuse, il doit pourtant, comme la comédie avoir son but, s'y diriger comme elle, et comme elle y atteindre : rien ne le dispense d'être amusant, rien ne l'empêche d'être utile; il n'est parfait qu'autant qu'il est à la fois plaisant et moral; il s'avilit s'il est obscène.

Marot, pour la naïveté et la bonne plaisanterie, fut le modèle de La Fontaine. Un exemple donnera l'idée de sa manière de conter.

> Un gros prieur son petit-fils baisait
> Et mignardait, au matin, dans sa couche,
> Tandis rôtir sa perdrix l'on faisait.
> Se lève, crache, émeutit et se mouche.
> La perdrix vire. Au sel de broc en bouche,
> La dévora. Bien savait la science.
> Puis quand il eut pris sur sa conscience
> Broc de vin blanc, du meilleur qu'on élise :

Mon Dieu, dit-il, donnez-moi patience.
Qu'on a de maux pour servir sainte Église!

Mais au naturel de Marot, La Fontaine a joint ce génie que personne n'eut avant lui, et que personne encore n'a fait revivre. Quoique moins accompli dans ses contes que dans ses fables, il est le premier des conteurs en vers, comme le premier des fabulistes. Tous en ont imité ce qu'il y a de plus facile, la négligence et la licence; mais aucun n'en a eu la grace, la précieuse facilité, le naturel ingénieux. Un seul homme est comparable à La Fontaine en ce genre: c'est l'Arioste, qui est d'ailleurs supérieur à lui par le génie de l'invention, par une élégance plus exquise, et une plus grande variété de tons et de couleurs; mais qui dans le style naïf n'a ni ces traits délicats et fins, ni cette simplicité charmante qui nous ravissent dans La Fontaine.

Le Tasse nous a laissé un modèle parfait de l'art de conter avec grace, dans une scène de l'Aminte: on entend bien que je parle de l'*aventure de l'abeille*.

Bocace a été le modèle des Italiens dans les contes en prose, comme l'Arioste dans les contes en vers. Le caractère de Bocace est l'élégance, la simplicité, le naturel et le comique. La Fontaine, en répétant ses contes, les a tous embellis: il a fait de Bocace ce qu'il a fait d'Ésope et de Phèdre en les imitant.

Platon disait qu'en voyant Diogène il croyait voir Socrate devenu fou: en lisant Rabelais, on croit voir un philosophe dans l'ivresse. Les Anglais ont aussi leur La Fontaine dans Prior, et leur Rabelais dans Swift; mais ni l'un ni l'autre n'est comparable aux conteurs français pour le naturel, la gaieté et la naïveté piquante. En général, ce qu'il y a de plus précieux et de plus rare dans l'art de conter, ce n'est pas la parure des graces, mais leur négligence; ce n'est pas le mordant de la plaisanterie, mais la finesse et sur-tout la gaieté.

Voltaire a réussi dans ce genre léger comme dans tous les autres; et un mérite qui lui est propre, c'est d'avoir fait du conte, soit en vers, soit en prose, un badinage philosophique, plein de gaieté, de sel et d'agrément.

Un vrai modèle encore dans ce genre d'écrire, c'est Hamilton, je ne dis pas seulement dans ses contes, mais singulièrement dans les *Mémoires de Grammont*; c'est là qu'il faut prendre le ton de la bonne plaisanterie; et il n'est guère possible de conter avec plus d'enjouement, d'aisance et de légèreté.

Dans la conversation, ce qu'on appelle conte est le récit bref et rapide de quelque chose de plaisant. Le trait qui termine ce récit doit être, comme un grain de sel, piquant et fin. Un conte de cette espèce qui n'a point de mot est ce qu'il y a de plus insipide. J'ai vu Fontenelle écouter avec patience les plus mauvais conteurs jusqu'au bout; mais au bout, s'il ne trouvait pas le mot pour rire, toute sa politesse ne pouvait empêcher qu'on aperçût en lui un mouvement d'humeur. Le mot du conte n'est pourtant pas toujours ce qu'on appelle un bon mot; c'est un trait de naturel, de mœurs, de caractère, d'originalité, de vanité, de naïveté, de bêtise, de ridicule en général.

De naturel. — Un enfant s'était obstiné toute la matinée à ne point vouloir dire *a*, la première lettre de son alphabet; et on l'avait fouetté pour cette obstination. Madame J. le trouve tout en pleurs, et on lui en dit la cause; elle appelle l'enfant, le prend sur ses genoux, le caresse et lui dit : « Mon petit « ami, pourquoi n'avez vous pas voulu dire *a* ? Cela « n'est pas bien difficile. » L'enfant pleure et ne répond rien. Elle insiste; même silence. Elle le presse tant, qu'il lui répond d'un air chagrin : « C'est que « je n'aurais pas plutôt dit *a* qu'on me ferait dire *b*. »

De mœurs. — A Paris, une de nos jolies femmes, chaussée pour la première fois par le cordonnier à la mode, s'aperçut que dès le premier jour ses souliers s'étaient déchirés; elle fit venir le cordonnier, et lui marqua son mécontentement. L'ouvrier prend le soulier crevé, l'examine avec une attention sérieuse, et après avoir réfléchi sur la cause de cet accident : « Je vois ce que c'est, dit-il enfin, Ma« dame aura marché. »

De caractère. — On raconte qu'à Naples les pages d'un bailli de Malte, homme d'une extrême avarice, lui ayant représenté qu'ils manquaient de linge, et que leurs chemises s'en allaient par lambeaux, il fit appeler son majordome, et, devant eux, lui dit d'écrire à sa commanderie que l'on eût à semer du chanvre pour faire du linge à ces messieurs : sur quoi les pages s'étant mis à rire; « les petits coquins, « reprit le bailli, les voilà bien contents, à présent « qu'ils ont des chemises ! »

D'originalité. — Le second fils d'un négociant

de Bordeaux, où les cadets ne sont pas riches, à son retour d'un voyage aux îles, fut assailli d'une tempête à l'embouchure de la Garonne; mais, le péril passé, il arriva au port. Son père, sa mère, son frère aîné allèrent au-devant de lui, bien contents de le voir sauvé. « Ah! leur dit-il, c'est par « un miracle, et je l'attribue à un vœu que j'ai fait. » « —Mon enfant, il faut l'accomplir, lui dirent ses « parents : quel vœu avez-vous fait ? J'ai promis à « Dieu, reprit-il, que, s'il me faisait la grace d'é-« chapper au naufrage, mon frère aîné se ferait « chartreux. »

De vanité.—Dans un couvent de capucins, l'un d'eux, qui n'était pas aussi avantageusement pourvu de barbe que les autres, en était méprisé et tourné en dérision. Le gardien, homme grave et sévère, leur en fit une réprimande, et leur dit qu'il ne fallait pas s'enorgueillir des dons du ciel, ni insulter à ceux qu'il n'avait pas favorisés de même. «*Ipse fe-« cit nos, et non ipsi nos*, ajouta-t-il; et si le père « Nicaise n'a pas une aussi belle barbe que nous « devant les hommes, peut-être en aura-t-il une « plus belle devant Dieu. »

De naiveté. — Une fille poursuivait un jeune homme pour cause de séduction; mais son avocat ne trouvait pas ses moyens suffisants. Elle revint de chez lui fort triste : mais le lendemain elle y retourna, et d'un air triomphant : « Monsieur, nou-« veau moyen, dit-elle, il m'a séduite encore ce « matin. »

De bêtise. — Un négociant venait de mourir de

mort subite, et il avait laissé sur son bureau une lettre écrite à l'un de ses correspondants, mais qui n'était point cachetée. Son commis crut devoir faire partir la lettre, et mit au bas par apostille : « De-« puis ma lettre écrite, je suis mort. »

Le caractère essentielle de ces petits contes, c'est la simplicité et la précision. La femme du monde qui contait le mieux, Madame J., avait à dîner un jeune homme de qualité, plein d'esprit, mais qui eut le malheur de faire une histoire un peu longue, et de tirer de sa poche un petit couteau pour couper une dinde. « M. le comte, lui dit-elle, il faut avoir « à table un grand couteau, et de petites histoires. » M. le comte profita de l'une et de l'autre leçon.

Marmontel, Éléments de Littérature.

MÊME SUJET.

Le merveilleux de la féerie, les *péris* des Persans, les *gines* des Arabes, le pouvoir des génies et des talismans, toutes ces fictions de la théologie des Orientaux, fondées sur la croyance d'êtres intermédiaires entre Dieu et l'homme, qui a été commune à toutes les nations, quoique avec différents caractères, sont le fond de ces contes, dont les traductions qui parurent dans le dernier siècle étaient la suite et la preuve de l'encouragement donné à l'étude des langues orientales par Louis XIV qui encourageait tout. On peut les rapprocher de la classe des romans, comme appartenant à l'imagination. Il est vrai que ce genre de merveilleux en est l'abus; mais l'agrément fait tout pardonner. On sait que l'Orient fut le berceau de l'apologue et la source de ces contes qui ont rempli le monde. Ces peuples amollis par le climat et intimidés par le despotisme, ne se sont point élevés jusqu'à la vraie philosophie, et n'ont fait qu'effleurer les sciences. Mais ils ont habillé la morale en paraboles, et inventé des fables amusantes que les autres peuples ont adoptées à l'envi. Quelle prodigieuse fécondité dans ce genre! quelle variété! quel fond d'intérêt! Ce n'est pas que, dans la mythologie des Arabes, il y ait autant d'esprit, d'art et de goût que dans celle des Grecs: les fables de ces derniers semblent faites pour des hommes: ici l'imagination connaît des bornes et des règles; là elle n'en a point, et ses inventions semblent faites pour des enfants. Mais ne sommes-nous pas tous un peu des enfants dès qu'il s'agit de contes? Y a-t-il une histoire plus agréable que celle d'Aboulcasem, une histoire plus touchante que celle de Ganem? D'ailleurs, l'amusement que ces livres procurent n'est pas leur seul mérite : ils servent à donner une idée très fidèle du caractère et des mœurs de l'Orient, et sur-tout de ces Arabes qui autrefois y régnaient. On y reconnaît cette générosité qui a toujours été une de leurs vertus favorites, et sur laquelle l'âme et la verve de leurs poètes et de leurs romanciers semblent toujours exaltées. Les plus beaux traits en ce genre nous viennent d'eux; et ce qui rend cette nation remarquable, c'est la seule chez qui le despotisme n'eût point avili les âmes ni étouffé le génie. Il n'y eut point de despote plus absolu, plus redoutable que ce fameux Aaroun, dont le nom revient à tout moment dans leurs contes, et dont le règne fut l'époque la plus brillante du califat et de la grandeur des Arabes. On est toujours étonné de ces mœurs et de ces opinions singulières qu'inspirent à une nation ingénieuse et magnanime, d'un côté l'habitude de l'esclavage, et de l'autre l'abus du pouvoir; cette disposition, dans des princes d'ailleurs éclairés, à compter pour rien la vie des hommes; et dans ces mêmes hommes la facilité à se persuader qu'ils ne valent pas plus qu'on ne les apprécie, et à faire de la servitude politique un dévouement religieux : voilà ce qu'on voit sans cesse dans leurs livres; et peut-être ce mépris d'eux-mêmes tient en partie à ce dogme de la fatalité, de tout temps enraciné dans les têtes orientales. Il revient dans toutes leurs fables, dont le fond est presque toujours un passage rapide de l'excès du malheur au faîte des prospérités, de l'abjection la plus basse au plus haut point d'élévation, et de l'ivresse de la joie au comble de l'infortune. Il semble qu'ils n'aient eu pour objet que de nous faire comprendre à quel point nous sommes assujettis à cette destinée éternelle, écrite sur *la table de lumière*; et il faut encore observer que ces révolutions extrêmes ont toujours été beaucoup plus fréquentes chez eux que parmi nous, parce que la volonté d'un seul homme dans les gouvernements asiatiques, peut en un moment tout renverser et tout confondre, et que ce même homme, par la même raison, peut passer de la grandeur au néant aussi facilement qu'il y précipite les autres. Les états despotiques sont nécessairement le théâtre le plus mobile de tous les jeux de la fortune.

Les Mille et une Nuits sont une sorte de peinture dramatique des peuples qui ont dominé dans l'Orient. L'audace et les artifices de leurs femmes, qui osent et risquent d'autant plus qu'elles sont plus rigoureusement captives, l'hypocrisie de leurs religieux, la corruption des gens de loi, les friponneries des esclaves, tout y est fidèlement représenté, et beaucoup mieux que ne pourrait faire le voyageur le plus exact. On y retrouve aussi de ces traditions antiques que plusieurs nations ont rapportées à leur manière. L'histoire de Phèdre et celle de Circé y sont très aisées à reconnaître. Plusieurs endroits ressemblent à des traits historiques des livres juifs. Cette aventure de Joseph, la plus touchante peut-être que l'antiquité nous ait transmise, cet emblème de l'envie qui anime des frères contre un frère, se retrouve aussi en partie dans les *Contes arabes*, mais d'une manière bien inférieure à celle de l'ouvrage hébreu. Quant à la manière dont ces contes sont amenés, on ne saurait en faire cas. L'on sait que l'aventure de Joconde sert de fondement aux *Mille et une Nuits,* et que le sultan Schak-Riar, irrité de l'infidélité d'une sultane, prend le parti de faire étrangler tous les matins la nouvelle épouse de la veille, pour éviter les accidents du lendemain. Si le moyen est sûr, il est violent; mais enfin la fille de son visir parvient à faire cesser ces noces meurtrières, et à sauver sa propre vie en amusant le sultan par des contes. On peut en conclure que

Schak-Riar aimait mieux les contes que les femmes, et qu'il était à peu près aussi raisonnable dans sa clémence que dans sa cruauté. Il faut pourtant avouer que toutes les histoires du premier volume sont arrangées de manière à exciter tellement la curiosité dès le commencement, qu'en effet il est bien difficile de n'avoir pas envie de savoir le reste, sur-tout lorsqu'on peut dire ce que le sultan disait de sa femme en se levant : « Je la ferai toujours « bien mourir demain. »

Les contes persans, que l'on appelle *Mille et un Jours*, ont un fondement plus raisonnable. Il s'agit de persuader à une jeune princesse, trop prévenue contre les hommes, qu'ils peuvent être fidèles en amour; et en effet, la plupart des contes persans sont des exemples de fidélité. Plusieurs sont du plus grand intérêt ; mais il y a moins de variété, moins d'invention que dans les *Mille et une Nuits*. On s'aperçoit d'ailleurs qu'ils sont l'ouvrage d'un religieux, à la multitude de traditions tirées de la théologie musulmane, et à la haine fanatique qu'ils respirent contre la religion des Mages, détruite par les successeurs de Mahomet.

C'est à Galland et Pétis de La Croix que nous avons l'obligation (et c'en est une véritable) de nous avoir fait connaître les contes arabes et persans. Le premier a écrit avec une grande négligence; le second avec plus de correction, et tous deux avec du naturel. Au reste, il n'y a peut-être personne qui n'ait entendu raconter ce qui arriva au traducteur des *Mille et une Nuits*, quelque temps après la publication de son premier volume, où il répétait si souvent : *Ma chère sœur, si vous ne dormez pas, contez-moi un de ces contes*, etc. Quelques jeunes gens que cette répétition continuelle avait impatientés (et ils n'étaient pas les seuls), imaginèrent d'aller réveiller ce pauvre Galland au milieu d'une nuit d'hiver, en criant de toute leur force sous sa fenêtre : *M. Galland! M. Galland!* Il ouvre enfin la fenêtre, et demande ce qu'on lui veut. « M. Galland, n'est-ce pas vous qui nous avez « donné ces beaux contes arabes? — Oui, Messieurs, « c'est moi. — Eh bien! M. Galland, si vous ne dor- « mez pas, contez-nous un de ces contes, etc. »

Il faut bien, à propos de contes, descendre à ceux qu'on appelle particulièrement *Contes des Fées*, ne fût-ce que pour observer le tort qu'on a eu de les croire bons pour des enfants, sous prétexte de la moralité qu'on y joint. Cette espèce d'instruction, que l'on peut leur donner beaucoup mieux de toute autre manière, ne balance pas, à beaucoup près, l'inconvénient de remplir leur faible cerveau d'ogres, de loups-garoux, de sorciers; en un mot, de tout ce qui est propre à entretenir la peur et la crédulité, deux faiblesses dangereuses, qui de l'imagination passent quelquefois dans le caractère; tant les premières impressions ont de force, sur-tout quand les enfants ont l'esprit naturellement borné, et que leur condition ne les met pas à portée d'acquérir des lumières. Il n'est jamais bon à rien de tromper l'enfance ; au contraire, c'est l'âge dont il importe le plus de soigner les premières idées, parce qu'il en reçoit plus facilement l'empreinte. On ne saurait croire combien les premières erreurs, gravées dans une imagination tendre, ont produit souvent de très mauvais effets. La raison qui vient ensuite ne détruit pas toujours radicalement ce qu'ont fait la nourrice et la gouvernante. Il est bien étrange que l'on ait cru la tête d'un enfant plus faite pour le mensonge que pour la vérité : elle est également ouverte à l'un et à l'autre; il ne s'agit que de mettre la dernière à sa portée. C'est un principe sûr, que tout ce qui peut former le jugement et affermir le courage ne saurait être trop tôt mis en œuvre dans l'éducation des enfants : les abuser et les effrayer est toujours un mal. L'imagination, que Montaigne appelle si bien *la folle de la maison*, n'a que trop de facilités pour s'en rendre la maîtresse; et au lieu de lui ouvrir toutes les portes, on ne saurait de trop bonne heure mettre la raison en sentinelle pour écarter *la folle*.

Plusieurs collections récemment publiées font voir combien l'on a été fécond dans ces bagatelles, et que quelquefois des personnes d'esprit et de mérite n'ont pas dédaigné de s'y exercer. On peut mettre de l'art et du goût jusque dans ces frivolités puériles. Madame d'Aulnoy est celle qui paraît y avoir le mieux réussi : elle y a mis l'espèce d'intérêt dont ce genre est susceptible, et qui dépend, comme dans toute fiction, d'un degré de vraisemblance conservé dans le merveilleux, et d'une simplicité de style convenable à la petitesse du sujet.

Mais il convient de mettre à part Hamilton, esprit original, qui, pressé par des dames de la cour de faire des contes dans le goût des *Mille et une Nuits*, qui étaient en grande faveur, prit le parti d'en faire, comme Cervantes avait fait un livre de chevalerie, mais pour s'en moquer. (*Voyez* HAMILTON.)

La Harpe, *Cours de Littérature.*

NOTE A.

Une question se présente naturellement : Archias avait-il et inspirait-il cet enthousiasme? était-il digne des pompeux éloges que lui donne son défenseur? Avouons d'abord qu'il nous est difficile d'en juger, quand nous n'avons plus aucun des ouvrages qui seuls pouvaient être empreints d'un grand caractère; et on nous permettra de croire ensuite que ces sublimes effets de la poésie grecque n'étaient plus guère possibles après l'asservissement de la Grèce. Les poètes n'appartenaient plus à leur pays; ils étaient les poètes de la nation victorieuse. Théophane de Mitylène, nommé citoyen romain par Pompée, aux acclamations des soldats romains (*Pro Arch.*, X), devait avoir peu de ressemblance, comme historien, avec Hérodote, applaudi aux jeux Olympiques par un peuple libre; et, comme poète, avec Alcée, dont la muse menaçait les tyrans[*]. Telle est la destinée des nations chez qui les arts survivent à la puissance et à la liberté. L'Italie moderne a long-temps fourni aux cours de l'Europe des astronomes, des historiens, des poètes. Ces génies transplantés, qui n'ont plus même le droit de regretter l'air natal, produisent rarement des fruits heureux; et parmi tous ces écrivains grecs qui, depuis la prise de Corinthe, inondèrent les palais des maîtres du monde, à peine en trouve-t-on deux ou trois dont le nom, fort vanté sans doute par les héros qu'ils célébraient se soit

---

[*] Alcæi minaces..... Camænæ. Horat., *Od.* IV, 9, 7.

fait jour à travers cette foule d'esclaves. Ces poètes qui, la plupart, venaient de l'Asie et de la Grèce pour chercher fortune à Rome, et dont quelques-uns même étaient des affranchis, faisaient de la poésie un métier frivole, sans indépendance et sans majesté. Ce n'était plus le temps où Homère, encore plein des premières pensées religieuses qui éclairèrent le monde naissant, animait d'une vie surnaturelle tout ce qu'il voulait peindre, montrait partout, dans les choses et dans les hommes, les traces de l'âme divine, et rapprochait la terre des cieux; où Eschyle, après avoir combattu à Marathon, donnait à ses concitoyens le spectacle de leur propre victoire, et leur inspirait par ses chants de triomphe l'amour de leur gouvernement et la haine des barbares. La Grèce, sous le joug de Rome, n'avait plus ni dieux ni patrie.

Mais s'il était rare que les genres qui demandent de l'élévation et de la verve fussent traités alors dignement, on pouvait retrouver encore dans les genres inférieurs, de l'esprit, de la facilité, de la grace; plusieurs même de ces poètes, comme Archias (c. 8) et Antipater de Sidon (*de Orat.*, III, 50), improvisaient des vers agréables; et il y a quelques jolies pièces parmi les poésies fugitives de ces Grecs devenus Romains, dont le nom reste oublié dans *l'Anthologie*. Archias, qui serait oublié comme eux sans le plaidoyer de Cicéron, se montre de temps en temps, dans les vingt-six épigrammes que les critiques lui laissent, le digne successeur de Léonidas, d'Antipater et de Méléagre. J. Blocius les a réunies dans une édition spéciale en 1617, Saalbach en 1693, et après quelques autres, Brunck, dans ses *Analectes*, tome II, p. 92 et 528. Archias a peu d'invention, et il copie ses devanciers; mais on lui accorde l'élégance et la pureté du style. Ce n'est donc pas une chose aisée de donner une idée de

NOTE. 477

ces petites compositions; presque toutes, formées d'idées communes, et ne valant que par le choix et l'arrangement des mots, échappent au traducteur, dont la langue ne peut pas toujours rendre ce luxe d'harmonie et ce calcul de syllabes. J'essaierai cependant quelques imitations.

LE SANGLIER DE CALYDON (*Anth.*, IV, 7).

L'airain semble frémir : quelle est la main savante
Qui du monstre fatal lui donna la fureur.
     Son poil se hérisse d'horreur;
Il menace, il écume, et sa rage est vivante.
     Dans ses regards l'éclair a lui;
Tout tremble du courroux dont le feu le dévore :
     Qui pourrait s'étonner encore
Si les enfants des dieux ont succombé sous lui?

HERCULE VAINQUEUR DU LION (IV, 8).

Habitants de Némée, enfin des jours plus doux
Dans le calme et la paix s'en vont couler pour vous;
Le lion, qui long-temps désola ce rivage,
Exhale aux pieds d'Alcide une impuissante rage.
Allez, pasteurs; rendez à la voix des échos
Le bruit de vos chansons, les bonds de vos troupeaux.
Et toi, dont les mortels bénissent la victoire,
Que Junon te contemple, et pardonne à ta gloire!

Ces souvenirs mythologiques, trop commodes pour une imagination paresseuse, font quelquefois place, dans les épigrammes d'Archias, à des idées morales énergiquement exprimées. Il a pu mettre en vers quelques pensées des grands hommes qu'il voyait souvent chez Lucullus; en voici une qu'il devait peut-être à César (*Anth.*, III, 14) :

Hector tomba; Pergame oublia la victoire.
Alexandre n'est plus; Pella pleure sa gloire.

NOTE.

Un héros de son peuple est l'honneur et l'appui;
Le héros disparaît, et son peuple avec lui.

Ailleurs c'est une petite scène philosophique, déjà saisie par d'autres poètes; l'épigramme suivante (III, 34) est imitée de Léonidas de Tarente et d'Antipater de Sidon (III, 59, 80); mais, dans le texte, l'imitateur a peut-être surpassé ses modèles:

Nocher des morts, toi que charment les pleurs,
Toi qui nous fais passer le fleuve des douleurs,
Quoique ta barque semble pleine,
Diogène t'attend; prends aussi Diogène.
Tiens, voici mon bâton, mon manteau, ma besace;
J'ai même une obole pour toi;
Mais c'était tout mon bien, et chez l'humaine race
Je ne laisse rien après moi.

« Combien de fois, dit Cicéron en parlant d'Archias, chap. 8, l'ai-je vu exprimer les mêmes choses en changeant les mots et les phrases! » C'est là un bien petit mérite, et il est malheureux pour l'honneur d'Archias que son panégyriste en ait parlé; car nous pouvons croire que c'est faute d'avoir d'autres sujets d'éloges. Il nous reste (VI, 15) un exemple de cette facilité:

OFFRANDES A PAN.

Trois frères, trois chasseurs, que l'amitié rassemble,
Sont venus, ô dieu Pan, te consacrer ensemble
Les instruments de leurs travaux;
Pigrès, les lacs trompeurs où tombent les oiseaux;
Damis, ses toiles redoutables;
Et Clitor, les filets qu'il lança sur les eaux.
Daigne, ô dieu Pan, leur rendre favorables
L'air, la terre et les flots!

NOTE.

Croirait-on que le poète a la patience de rendre cette même idée de quatre manières différentes, dans quatre épigrammes consécutives, où il abuse des synonymes de la plus riche des langues pour rebattre ces frivolités? Telle était donc alors cette nation qui avait produit Homère et Alexandre! Virgile naissait, Cicéron disputait à Athènes la palme de l'éloquence; César songeait à l'empire du monde, et le Grec oisif cherchait des paroles pour ne rien dire.

J. V. Le Clerc, *Introduction à la traduction du plaidoyer de Cicéron pour le poète Archias**.

* On lira avec fruit le reste de cette introduction où l'ouvrage de Cicéron est apprécié avec toute l'étendue que réclamait son importance littéraire, et avec le goût naturel à son traducteur.   H. P.

FIN DU HUITIÈME VOLUME.

Contraste insuffisant

NF Z 43-120-14

www.ingramcontent.com/pod-product-compliance
Lightning Source LLC
Chambersburg PA
CBHW050245230426
43664CB00012B/1830